マレーシアにおける国際教育関係

教育へのグローバル・インパクト

杉本 均
Hitoshi Sugimoto

*Malaysian Education
from an International Perspective:*
Globalization Impact on Education

東信堂

はじめに

　東南アジアの赤道近くに位置する、人口2,300万人（2000年）ほどのマレーシアという国は、日本からみてその豊かな自然と文化的コントラストは魅力的ではあるが、当事者としてみた社会の多様性・乖離性は過酷なほどに峻烈であるともいえる。マレーシアの人口のマレー系約6割、華人系約3割、インド系約1割という民族構成は、19世紀以後の移民の子孫が全人口の4割を占めるという、世界でもまれにみる移民国家として社会に緊張関係をはらみながら、微妙な安定を維持してきた。そしてその3つのグループがさらにいくつものサブ・グループに分かれながら、イスラーム文化とマレー伝統、中華文明と華語、インド文明といういずれも世界を代表する偉大な文化中心をコアにしたゆるやかな連結の周縁に位置している。

　マレーシアは独立以来、この圧倒的に強力で、かつ互いに共通の起源を持たない、それぞれの民族的・文化的アイデンティティを包摂できるだけの、新しい国家的アイデンティティを形成して、国民をひとつに統合するという困難な課題を背負ってきた。イスラーム文化圏のアラビア語、東アジアの漢字、南アジアのサンスクリットといった、ある程度地域をまとめる共通の文化基盤がないばかりか、それらすべてを国内に内包して、それぞれが国外のルーツから常に強力な求心力を受けるという、施政者の立場としてみれば、国家建設、国民統合という課題において、これほど過酷な条件をつきつけられた国は少ないであろう。

　その国家の至上命題の追及において、特に未来を担う若者の意識に直接働きかけることのできる分野として、国家教育システムは他のどの国にもまして重要な役割を担うとともに、それだけに摩擦や衝突の火種と

して大きな問題をかかえてきた。マレーシアの政治問題や社会問題の多くが教育問題を契機に発生していることや、初代を除く歴代すべての首相がすべて文部大臣出身であることなどは、マレーシア社会における教育の重要性の一端を示すしるしでもある。その志なかばというよりも、一歩足を踏み出したばかりの矢先に、マレーシアは西洋を中心としたグローバル化や文化的多元主義といった世界の潮流のなかに巻き込まれることになる。国際社会やその経済競争は、その国家が国民統合をなしとげるまで、競争のスタートを待ってくれることはないからである。

　本研究の出発点は著者が大学院の学生時代に、マレーシアというフィールドを持ちながら、京都大学教育学部の多文化教育の研究会（小林哲也・江渕一公先生主宰）に参加していたときの問題意識にある。西洋先進国の多民族社会において政策にも取り入れられるようになってきた多文化教育や多民族主義などの理論は、社会と教育の多元性を尊重することを主眼とした主張ないし理論であった。この時期のマレーシアは、社会も教育もすでに十分に多元的（複合的）であり、1969年の民族間暴動を経て、むしろ授業用語をマレー語に統一し、教育内容を多数派の視点から統合し、多数派の学生を保護し、教育参加を促進する政策（いわゆるブミプトラ政策）を展開していた。

　このコントラストを生起させる背景は、マレーシアがアジアの風土にあることや、途上国であることからではなく、西洋先進国の理論が、文化的・経済的に圧倒的に優勢な多数派の存在をアプリオリに想定し、その文化や言語、生活様式によるマイノリティへの強烈な同化圧力の存在を前提としていたからである。もし文化的多元主義(cultural pluralism)を文化的複合社会という意味で用いるならば、ファーニバルの「複合社会論」を持ち出すまでもなく、マレーシア（マラヤ）はその独立よりはるか以前より同化圧力の希薄な文化的に多元的な社会であった。マレーシアは独立後、全国民の拠って立つ共通価値の構築に多大の労力を費やしてきたが、西洋先進諸国からみるとそれはマイノリティを抑圧する反動的潮

流とも映ったかもしれない。

　また独立後のマレーシアには、政治権力はマレー系が、経済的実力は華人系を中心としたマイノリティが握るという、集団力学の不安定な分離が生じていた。経済的強者が同時に政治的強者であるという「常識」から出発する先進国の理論は、こうしたマレーシアの「救済されるべき対象」（経済的弱者か政治的弱者か）の認定においても限界を示さざるをえなかった。もちろん全世界ひとつの例外も許さない理論は存在しないし、アジアの特定の国への適用を想定した議論では全くない以上、限界そのものはあることが当然であるが、マレーシアの状況を希有な例外としてかたづけるのではなく、その例外を積極的に分析することにこそ、生産的な知見をもたらし議論を発展させる契機が所在しているのではないかと思う。

　本書の第1章で扱う、マレーシアの教育へのグローバル・インパクトについても相似的な関係が浮かび上がってくる。グローバル化を国境の存在感の低下と外的基準への同調としてとらえるならば、社会のグローバル化の必要性が唱えられるはるか以前から、マレーシア（マラヤ）の境界は英国植民地統治、イスラーム思潮とアラブ商人、華僑ネットワーク、マレー交易世界によって苦もなく乗り越えられて、外的基準に同調させられて来ていた。その意味で、植民地マラヤはすでにグローバル化社会であり、マレーシアが独立後に、少なくとも1990年代まで追求してきた文化・教育政策の大部分は、そのグローバル化された状況から脱して、マレーシアを隔離し、その固有性を追求してきた歴史であった。

　独立後30年間のマレーシアの文化・教育政策努力は、国家中央によるコントロールを強化し、授業用語に国際語の英語に代えてマレー語を採用し、外国の教育システムへの従属からの脱皮を模索し、自由競争の抑制による特定グループを教育的に保護する政策を行うことに向けられてきたが、これらは今日のグローバル化社会の特徴とされる、国境の存在感の低下、世界的共通基準の拡大、情報の無制限な流出入、自由競争や

規制緩和、という流れとおよそ反対のものであった。

　したがって、マレーシアの少なくとも多数派ナショナリストからみれば、社会のグローバル化はマレーシア社会にとって迷惑このうえない、何とか避けて通るべき事態の到来と映ったことは当然のことである。理想にはほど遠いとはいえ、とりあえず国民意識の形成を促進するためのいくつかの教育プログラムを導入し、マイノリティの高等教育進学率や留学率を上昇させ、マレー語も以前に比べれば社会に定着してきた矢先に、それらの苦労を根こそぎなぎ倒すような暴風雨のようなグローバル化が押し寄せてきたことになる。

　大きな外圧に直面したときの国家の対応は大きく2つに分かれる。ひとつは国を閉ざして大きな潮流から孤立することによって現状を維持しようとする方向、もうひとつは外圧を受け入れ、むしろ積極的にそれを利用し、できれば外圧を加える側に立つことによって生き残りをはかる方向である。多くの国は、前者の選択はいつか限界に達し崩壊を招くことが明らかである以上、重い腰を上げて後者を選択することになるが、先のような不利な状況にあったマレーシアは、他国にもましてリスクは大きかったといえるだろう。

　マレーシアは前述のとおり、独立以来経済においても、教育においても保護主義的な政策をとってきたが、1990年代を境にその政策の一部を大幅に転換し、公共セクターの市場化・民営化、規制緩和・競争評価の強化、情報革新の導入、国際語の導入などを矢継ぎ早に取り入れてきた。世界規模での国境を越えた競争にあえて参入することによって先進国化への道を開いたが、同時にこれまで多くの犠牲を払って進めてきた、国内資本の強化、不平等の是正、国語の地位の向上などの国民統合への努力と成果のかなりの部分が停滞もしくは後退することになった。とりわけ教育の分野は、上記目標の重要な推進機構とみなされてきたため、その揺れ戻しの大きさは相当のものであった。

　マレーシアの国境は現在においてもある意味で、世界に類をみないく

らい存在感が低いともいえる。国民の一部には、世界イスラーム共同体の実現を目指すムスリムの超国家主義的な団結意識、大陸の偉大な文明を継承する華人系とインド系の世界規模のコネクション、共通の言語によって結ばれたマレー海洋世界の同胞意識、さらにはかつての英国植民地としての英連邦への帰属意識などを保持している場合があり、国境の存在感がこれほどまでに薄い独立国家を他にあげることは難しい。本書はこうしたマレーシアの教育を舞台にした、国境を越えたシステムの連続性とそれに対抗する断続性、教育内容としては普遍性と特殊性、そして、社会潮流としてのグローバリズムとナショナリズムの葛藤と相克について、国際教育関係という視点から分析しようとするものである。

　本書は1997年に英国レディング大学、地域研究・教育学部に提出した博士（Ph.D.）論文、'*Malaysian Education from an International Perspective: The Changing Role of the British-Malaysian Relationship and the Look East Policy*' の中核となる3章（Chapter 3: Language Issues in Malaysia and Singapore, Chapter 4: Curriculum Development and Transplant in Malaysia, Chapter 5: International Academic Flows for Study Abroad）を和訳し、その後の関連論文をあわせて刊行したものである。本書では第2、3、および4章の一部を構成している。第2章はかつて高等教育人口の半数が海外（留学）に依存していたマレーシアの国際教育流動が、国際教育関係の変化によってどのような影響を受けたかについて分析したものである。第3章は中等理科教育カリキュラムの開発をめぐって、外的なシステムの影響と国産化の努力の葛藤についてたどったものである。第4章は言語教育政策の変遷を取り上げ、文化的に抑圧を受けるマイノリティとしての華人系が、その国際ネットワークとともにどのような教育的選択を示してきたかについて分析した。

　第5章はマレーシア教育制度において、その複合性が最も残る初等教育において、多言語社会の教育コストを軽減するための試みとして、3言語の小学校を同じ敷地にゆるやかに統合しようという、ビジョン・ス

クール・プロジェクトの取り組みと問題点について分析した。第6章はグローバル化の潮流を最も直接的・劇的に受けることになった、高等教育の歴史的な政策転換の諸側面を、アジア諸国や日本との共通点とともに、マレーシア独自の問題点の双方から位置づけることを試みた。第7章はもうひとつのグローバル・インパクトである、1980年代に顕著となった「知識のイスラーム化」の世界的潮流がマレーシアの高等教育に与えた影響と、国家統合やナショナリズムとの相克について論じた。第8章は教育言語における英語のリバイバルに焦点をあて、それへの対応を迫られる就学前教育と教員養成分野での改革動向についてまとめた。

　教育レベルおよび教育分野としては、就学前教育（第8章）、初等教育（第5章）、中等教育（第3章）、高等教育（第2、6、7章）、言語教育（第4章）、宗教・価値教育（第7章）、教員養成（第8章）と、マレーシアの教育の重要な部分はほぼ全般をカバーしており、それぞれに簡単な歴史的レビューがある。

　第2部としての第9、10、11章はマレーシアを取り巻く近隣社会の教育を、マレー・イスラーム社会の連続性と断続性というテーマで展開したものである。マレーシアの教育はそれ自体で完結したものとしてとらえるべきではなく、近隣諸国からの影響、近隣諸国への影響、そしてそれらとの政策的な相互差異化の側面からもとらえなおすことができる。第9章はインドネシアとマレーシアという2つのイスラーム社会の高等教育を比較することによって、イスラーム高等教育機関にもその近代化へのスタンスや、国家機構としての役割に温度差があることを示し、それによってマレーシアの高等教育の国家からの乖離性を描き出そうとした。第10章は対照的なマイノリティ政策を採用したマレーシアとシンガポールを比較し、自由競争とメリトクラシーの原則が採用されたシンガポールにおけるマレー系の教育問題について論じ、その教育水準の向上のために結成された自助組織の活動について検討している。第11章は東マレーシア・サラワク州に隣接するマレー系イスラーム王国、ブルネイの

教育制度について取り上げている。小国として教育が自己完結しにくいことによる問題と、それを逆に生かした英語とマレー語のバイリンガル教育システムと独特の価値科目について分析する。ここに取り上げた3カ国はいずれもマレー・インドネシア語を国語として採用している点でマレーシアとともにひとつの文化圏を形成している。

　本書が世に出ることによってささやかな貢献ができればと思われる点は3つある。ひとつは日本人研究者によるマレーシアの教育の描写として、相対的に客観的な視野を提供できればということである。民族的な利害が深刻にからむマレーシアの教育については、国内で出版された文献は、特に政府系出版社、イスラーム系出版社、そして華人系出版社ごとに明確なバイアスがあり、それらを統合した中立的かつ視野の広い文献はきわめて数が少ない。本書はブミプトラ政策(特に積極的差別)や教育のイスラーム化、言語政策、市場化政策など、数多くの論点について明確な賛否の表明をしていない。論旨不明と評されてもしかたないが、これまでの教育文献が政治的・民族的立場を反映したがために失ってきた正確さ、説得力、国際的視点についてふりかえるとき、むしろ日本人としてマレーシアのどのグループにもアクセスできる等距離性を大事にすべきと考えたためである。

　2つ目に、マレーシアの社会や教育の特殊性を分析することによって、ただ単にめずらしい国であるという結論に至るのではなく、その事実がつきつける西洋や日本の理論的常識への挑戦への効果に期待したい。例えばマジョリティ・グループに対するアファーマティブ・アクション(大学入学優遇措置)(第4章)、ひとつの小学校において3人の校長が独立に運営する3つの学校が並存するビジョン・スクール(第5章)、森林に住む非定住民への配慮から義務教育を施行してこなかった問題、理科教育にイスラーム的世界観を反映させ(第3章)、道徳もしくはイスラーム教育科目を必修としていること(第7章)、高等教育におけるフランチャイズ学位(第6章)など、ユニークな実態や試みがみられる。これらは例えば

「裕福な教育的弱者」への配慮とは何か、教育権とは母語を学ぶ権利なのか、母語で教わる権利なのか、義務教育は常に望ましい制度なのか、科学教育とは没価値的であるべきなのか、大学の学位とはキャンパスでの生活を必要としないのか、などといったそれぞれの分野において実に根源的な問いを投げかけている。読者はこの小さな国の教育が世界の教育論に提示する事例の特殊さと豊富さに驚かれることであろう。

　３つ目は日本の教育への示唆・教訓であるが、これは慎重に扱うべき事項である。というのは、ひとつにはマレーシアと日本の教育は、その国際性やナショナルなコアの強さにおいて対極にあるような国で、比較の土俵が少ないこと、またマレーシアは日本以上に外国の理論、実践、政策の借用がさかんであり、参考にすべき実践や理論がどこまでマレーシア固有のものであるかについて自明ではないからである。とはいえ近年のグローバル化の波はそうした日本とマレーシアの距離をも小さいものにみせるかのような圧倒的な勢いをもって押し寄せており、両国のいくつかの教育事象が相対的な比較の射程に入ってきたことも事実である。例えば日本より５年先行して実施された国立大学の法人化（第６章）など、ともに外国の実践を模倣した国どうしにおいて、比較の土俵が成立することになり、教訓や示唆を得るものも少なくないと考える。

　以上のような点もしくは勝手な期待において、本書がマレーシアや比較教育に関心のある方々、さらにはたまたま本書を手にした一般の読者の意識を触発するところが少しでもあるとすれば著者として幸いなことである。

　2004年10月

著　者

マレーシアにおける国際教育関係——教育へのグローバル・インパクト——／目次

はじめに ……………………………………………………………… i

図表一覧(xvi)

写真一覧(xix)

第1部　マレーシアの教育にみる国際関係……3

第1章　マレーシアの教育における
　　　　　グローバル・インパクト ……………………… 5

(1) グローバル・インパクト ……………………………………… 5
　２つのグローバル・インパクト(5)　マレーシアにおけるグロー
　バリゼーション概念(6)　マハティール前首相の対応(8)

(2) マレーシアにとってのグローバル・インパクト ……10
　独立前のグローバル・インパクト(10)　教育制度のマレーシア化
　(12)　統合政策の加速(13)

(3) マレーシアの高等教育における規制緩和と民営化……15
　規制緩和への圧力(15)　私立大学の認可(17)　国立大学の「法人
　化」(18)

(4) スマート・スクールとカリキュラム改革 ……………20
　学校と情報技術革新(20)　スマート・スクール(ICT重点校)(21)
　スマート・スクールのカリキュラム(23)

(5) 結　語 ……………………………………………………26
　【出典および註】(29)

第2章　アカデミックな人的流動にみる
　　　　　国際教育関係 ……………………………………33

(1) 教育をめぐる国際関係 ……………………………………33
　国際教育流動としての留学(33)　国際教育流動の費用と効用(35)
　高等教育における従属と相互依存(38)

(2) マレーシアと英国の国際教育関係……………………………41

マレーシアをめぐる国際教育流動(41)　英国の留学生受け入れ政策(43)　マハティールとルック・イースト政策(46)　ルック・イースト政策の評価(48)　英国政府の譲歩と対応(50)

　(3) 学位取得先国の分布と変遷 ……………………………51
　　　大学教員の学位取得先国(51)　国内・国外大学との比較(54)　時系列的比較(57)

　(4) 結　　語 ………………………………………………59
　　　〈追録〉(60)
　　　【出典および註】(61)

第3章　中等理科カリキュラムの開発と国際「移植」…… 69

　(1) 国際教育関係からみたカリキュラム移植 ……………69
　　　カリキュラムの定義と種類(69)　カリキュラムの移植と伝播(70)　国際的理科カリキュラム(73)　カリキュラムと従属(75)

　(2) マレーシアにおけるカリキュラム開発の歴史 ………79
　　　マラヤにおける英語学校のカリキュラム(79)　マレー語母語学校でのカリキュラム(81)　日本統治下の教育カリキュラム(84)　独立マラヤの共通内容シラバス(85)

　(3) マレーシアにおける理科カリキュラムの
　　　移植と開発 ……………………………………………87
　　　独立マレーシアの理科カリキュラム改革(87)　英国の理科カリキュラムの移植(88)　カリキュラム移植の背景と効果(90)　マレーシアの教育風土(92)　全面的カリキュラムの改定(96)　価値の吸収と刻印(97)　イスラーム的価値観の浸透(99)

　(4) 結　　語 ………………………………………………102
　　　【出典および註】(103)

第4章　教育言語と華人の国際教育ネットワーク ……113

　(1) マレーシアにおける華語教育問題 ……………………113
　　　民族的アイデンティティと母語(113)　英語：植民地言語と国際語(115)

　(2) マラヤにおける華語教育の歴史 ………………………116
　　　マラヤにおける華語教育の起源(116)　革命思想の波及(118)

戦中戦後のマラヤ華語教育(120)　独立前華人の教育運動(122)
- (3) 独立マレーシアにおける華語教育の変遷 …………124
独立マレーシアの教育政策(124)　華語中等学校の英語媒体への改制(126)　マレー語媒体への授業用統合政策(129)　母語で教育を受ける権利(131)　華語独立大学問題(132)
- (4) 教育政策の転換と華語教育の新展開 ……………134
マハティールの国家発展構想(134)　教育言語の規制緩和(135)　新教育関連4法(137)
- (5) ジョホール州を中心にした華語教育動態 …………138
華語を学ぶマレー系児童(138)　マレーシアの華語小学校の現況(139)　華語小・中学校質問紙調査(140)　マレーシアの華文独立中学の現況(142)　華文独立中学校長調査(143)　華語教育を経由した国際流動(147)
- (6) 結　語 ………………………………………148
【出典および註】(151)

第5章　民族統合学校「ビジョン・スクール」構想 ……159

- (1) マレーシアにおける初等教育言語政策 ……………159
多言語社会の教育コスト(159)
- (2) 統合学校計画の変遷 ……………………………162
綜合学校計画(162)　三言語児童交流計画(163)　ビジョン・スクール(Vision School)構想(165)
- (3) テロック・スンガット・ビジョン・スクールの事例 ……………………………………166
テロック・スンガット・ビジョン・スクールの概要(166)　TSビジョン・スクールの教育カリキュラム(171)　TSビジョン・スクールの評価(176)　全国の動向と展望(178)
- (4) ダマンサラ華語小学校移転問題 ……………………179
過密化・老朽化する華語学校(179)　原校保存要求と立てこもり(181)
- (5) 結　語 ………………………………………182
〔付録〕ビジョン・スクール・ガイドライン(185)

【出典および註】(188)

第6章　高等教育へのグローバル・インパクト …………191
(1) マレーシアの高等教育……………………………………191
エリート型高等教育の伝統(191)　アファーマティブ・アクション(192)　高等教育政策の劇的転換(194)

(2) 私立高等教育セクターの拡大 …………………………195
トゥイニング・プログラム(195)　私立大学・カレッジの急増(196)　私立中等後教育機関の急増(198)　国際的リンケージ(200)　中継型高等教育貿易の出現(201)

(3) 高等教育の評価と国家アクレディテーション委員会 ……………………………………………………202
国家アクレディテーション委員会(LAN)法(202)　アクレディテーションに必要な要件(204)　高等教育機関の必修科目(207)　継続的評価(208)　マレーシアの大学評価の位置づけ(209)

(4) 国立大学の改革と法人化…………………………………210
国内高等教育機関への需要の急増(210)　5国立大学の法人化(213)

(5) 結　語 ……………………………………………………215
【出典および註】(217)

第7章　高等教育へのイスラーム・インパクト ………221
(1) 高等教育とイスラーム的価値 …………………………221
マレーシアの科学高等教育(221)　国家教育哲学(223)　高等教育へのイスラーム価値の反映(225)　西洋合理主義科学への懸念(225)

(2) イスラーム科学の世界的復興 …………………………228
イスラーム科学とは(228)　中世イスラーム科学(230)　「現代イスラーム科学」(231)　イスラーム倫理の国家的限界(240)

(3) 複合社会マレーシアのイスラーム化 …………………241
穏健なイスラーム化(241)　「知識のイスラーム化」(242)　世界イスラーム教育会議(244)　マレーシアのイスラーム・ディレンマ(246)

(4) マレーシアのイスラーム教育の展開と
　　　復古主義的運動 ……………………………………247
　　マラヤの伝統的イスラーム教育(247)　独立マレーシアの公教育
　　とイスラーム教育(249)　大学におけるイスラーム学習の義務化
　　(250)　ダックワ(伝道)運動とイスラーム教育(251)　イスラー
　　ムと世俗が隣り合う教育(257)

　(5) マレーシア国際イスラーム大学の誕生 ……………258
　　アル・アッタスのイニシアティブ(258)　国際イスラーム大学の
　　設立(260)　国際イスラーム大学の特徴(262)

　(6) 結　語 ……………………………………………267
　　マレーシアの公教育におけるイスラーム教育(267)　イスラーム
　　とナショナリズムの相克(269)
　　【出典および註】(271)

第8章　就学前教育のグローバル化
　　　　　対応と教員養成システム ………………………282

　(1) マレーシア就学前教育の発展 ……………………282
　　英語による教育のリバイバル(282)　就学前教育の発展と現状
　　(283)

　(2) 国民就学前教育カリキュラム ……………………287
　　就学前教育ガイドライン(287)　2003年国民就学前教育カリキュ
　　ラム(288)　新カリキュラムの英語への対応(290)

　(3) 私立幼稚園の動向と教員養成 ……………………294
　　多様な所轄官庁(294)　イスラーム系私立幼稚園の英語教育(295)
　　幼稚園教員の再訓練(296)

　(4) 教員養成システムの発展 …………………………298
　　植民地期の教員養成(299)　教員養成システムの統合(301)

　(5) マレーシアの教員養成プログラム ………………303
　　二重の教員養成システム(303)　教員養成カレッジでのコース
　　(305)　教員養成の現職訓練コース(307)　大学における教員養成
　　コース(308)　管理職教員訓練機関(311)

　(6) マレーシア教員養成制度の改革動向 ………………311

機関提携学位プログラム(311)　カレッジから大学への昇格(313)
学校管理職の再教育(315)

(7) 結　語 ……………………………………………………317
国家教育システムへの包摂の影響(317)　マレー語から英語への
スイングとその影響(318)
【出典および註】(320)

第2部　国境を越える教育問題
――近隣諸国とマレーシア―― ……………327

第9章　インドネシアのイスラーム高等教育 ……………329
(1) イスラーム社会の連続性と断続性 ……………………329
イスラーム社会の経済的発展と教育(329)　インドネシアの高等
教育(331)　2つの国家5原則(334)
(2) インドネシアの国立イスラーム専門大学
　（IAIN） ………………………………………………336
イスラーム高等教育体系(336)　イスラーム近代派の抬頭(339)
国立イスラーム専門大学の特徴(340)　スタディア・イスラーミ
カ(343)　伝統と近代の融合(345)
(3) マレーシア国際イスラーム大学との比較 ……………346
マレーシア国際イスラーム大学(346)　学部・学科構成(348)　教
育内容・活動(350)
(4) 結　語 ……………………………………………………351
〈追録〉(355)
【出典および註】(356)

第10章　シンガポールのマレー人教育 ……………363
(1) マレー社会の連続性と断続性 …………………………363
シンガポールの社会と教育(363)　シンガポールの起源と発展
(365)　シンガポールの近代教育(366)　民族教育格差の形成
(368)　マレー系の特別な地位(370)
(2) シンガポール共和国の教育政策 ………………………371

民族平等とメリトクラシー(371) 無差別と平等の相違(374)
(3) マレー系コミュニティの教育的自助組織 …………375
マレー系の政治活動(375) マレー系の教育問題(377) ムスリム児童教育評議会の結成(379) MENDAKIの活動(380) MENDAKIの改組(382)
(4) 民族別自助組織(Ethnic Based Self Help)の独立…383
ムスリム専門家協会(AMP)の結成(383) AMPの活動(384)
(5) 結　語 …………………………………………………386
民族別教育自助支援組織の評価(386)
【出典および註】(390)

第11章　ブルネイ王国の言語・価値教育 …………395
(1) ブルネイ王国の社会と教育 ……………………………395
豊かなマレー・イスラーム王国(395) ブルネイ王国の教育制度(396) ブルネイ王国の教育政策(399) バイリンガルによる学校種統合(402) 外国人教員問題(403)
(2) 二言語(Dwibahasa)教育政策 ………………………405
授業言語の転換と教員の手配(405) カリキュラムと授業言語(407) 二言語システムの評価(409) シンガポールとの比較(410)
(3) 価値教育「マレー・イスラーム王権(MIB)」科目 ……411
ブルネイの国家イデオロギー(411) MIB科目の導入(413) MIBの内容(415) 東南アジア諸国の価値教育科目(417)
(4) 結　語 …………………………………………………418
【出典および註】(419)

おわりに ………………………………………………………424
初出一覧(427)
マラヤ・マレーシア教育史年表 ……………………………429
事項索引(443)
人名索引(453)

〔図表一覧〕

表1-1 マレーシア教育段階別就学率の変遷(1985-2003年)(17)
表1-2 スマート・スクールの設備基準(22)
表1-3 スマート・スクール学習パッケージ(数学、中等4年)(25)

表2-1 アジア諸国の留学生送り出し上位国の第1位の留学先国(40)
表2-2 マレーシアからの留学生派遣先国(1978-84年)と同受け入れ国(1985-91年)(42)
表2-3 マラヤ大学教員の専門分野別博士号取得先国(1991年)(53)
表2-4 マラヤ大学教員の職階別博士号取得先国(1991年)(54)
表2-5 マレーシアの3総合大学の教員の博士号取得先分布(1991年)(54)
表2-6 旧英領植民地の大学の教員の博士号取得先分布(55)
表2-7 4大学における職階別英国大学博士号取得者の占有率(56)
図2-1 マラヤ大学・シンガポール大学教員の博士号取得先国の年次変化(58)
表2-8 マレーシアの高等教育就学生の海外留学者数と比率(63)

表3-1 1930年頃の英領マラヤの中等学校のカリキュラム(82)
表3-2 マレーシアにおけるカリキュラム開発と移植の歴史(90)
表3-3 中等カリキュラムの科目時間配分(%)の新旧比較(97)
表3-4 文部省 KBSM 理科シラバス 第4学年(高校1年)の教師用授業指針(98)
表3-5 中等学校理科シラバスにおける「吸収される価値態度」項目の分類(98)
表3-6 日本軍政期の小学校のカリキュラム(週あたり授業数)(108)
表3-7 KBSM 理科の授業において教師が予想する深刻さの程度(111)

表4-1 西マレーシアの華文独立中学の授業言語の変遷(128)
図4-1 マレーシアの教育(授業)言語の変遷(模式図)(130)
表4-2 マレーシア公立小学校の言語ストリーム別入学者数と学校統計(139)
表4-3 ジョホール・バル地区華語小学校(6校)の児童構成(141)
図4-2 西マレーシア華文独立中学(14校)およびジョホール・バル地区華語小学校(6校)に在籍するマレー系児童・生徒数の変遷(141)
表4-4 マレーシア(全国)中等学校統計 (2003年)(144)
表4-5 マレーシア華文独立中学校(14校)の生徒民族構成(145)
図4-3 華文独立中学14校の教員学歴取得先国(146)
図4-4 独立中学卒業生国外留学先国分布(148)
図4-5 ジョホール州ジョホール・バル地区をモデルとした民族教育動態(149)

表5-1 マレーシア初等教育統計(2003年)(159)

表 5- 2	言語別小学校学校数・生徒数32年間の増減	(160)
表 5- 3	「第6次・第7次マレーシア計画」初等教育予算の学校種格差	(160)
図 5- 1	2枚の既存ビジョン・スクール	(167)
表 5- 4	テロック・スンガット学校統合体(KSTS)の構成校	(167)
表 5- 5	テロック・スンガット学校統合体基本統計(2000年6月)	(169)
図 5- 2	教室配置(垂直断面図)	(170)
表 5- 6	テロック・スンガット・ビジョン・スクールの週間時間割	(172-173)
表 5- 7	初等学校到達度評価試験(UPSR)各校共通科目の合格率(C以上)	(177)
表 5- 8	各校2000年度週間授業時間数(時限・分)	(177)
表 5- 9	ダマンサラ地区の華語小学校の状況(1998年)	(180)
表 5-10	ダマンサラ華小原校(委員会運営校)水曜時間割	(181)
表 5-11	2種類以上の小学校が校地・校舎を共有する例	(186)
表 5-12	西マレーシア既存のビジョン・スクール	(187)
表 5-13	政府ビジョン・スクール計画(新規・統合)	(187)
図 6- 1	マレーシアの高等教育就学率の変遷	(192)
表 6- 1	国立大学への入学者民族比率	(193)
表 6- 2	大学の授業料比較(2000・2001年)	(195)
表 6- 3	マレーシアの私立大学と外国の大学の分校(2002年)	(197)
表 6- 4	マレーシアの高等教育の概要	(200)
表 6- 5	私立高等教育機関の学生・教員比率の規定	(205)
表 6- 6	LAN認可審査費用	(207)
表 6- 7	マレーシアの公立大学	(212)
図 7- 1	祈りの人数と恩寵量との関係	(237)
表 7- 1	西洋科学の規範とイスラーム科学の規範の比較	(239)
表 7- 2	マレーシア国際イスラーム大学コース別在学生数(1995/96年度)	(263)
図 7- 2	海外留学生の出身地域別構成	(263)
表 7- 3	海外留学生の主な出身国(1995/96)	(263)
表 7- 4	マラヤ・マレーシアの中・高等教育機関におけるイスラーム教育	(268)
表 7- 5	現代の指導的なイスラーム科学者とその立場の概略	(275)
表 8- 1	理数科科目の英語による授業の小学校と中学校での開始年	(283)
表 8- 2	1980年代のマレーシアの幼稚園の公立・私立比(1981年)	(285)
表 8- 3	マレーシアの所轄機関別の就学前教育統計(2003年)	(286)
表 8- 4	就学前教育ガイドライン、カリキュラムの言語・宗教に関する扱いの比較	(291)

表 8- 5	国民就学前教育の英語カリキュラムの活動試案(2002年)(292)
表 8- 6	1980年代のマレーシアの私立幼稚園の民族別児童数(1980年)(294)
表 8- 7	1980年代の私立幼稚園の地域別授業言語(1981年)(294)
表 8- 8	教員養成カレッジ(2003年9月現在)統計(304)
図 8- 1	マレーシアの教員養成カレッジの分布(305)
表 8- 9	小学校教員(306)
表 8-10	中等学校教員統計(306)
表 8-11	教育学士(B.Ed)コースの必要単位構造(UPSI)(310)
表 8-12	スルタン・イドリス教育大学の提供プログラム(2002年)(310)
表 8-13	IABによる学校管理職養成プログラム(NPQH)(312)
表 8-14	イポー教員養成カレッジのスタッフ(2004年)(313)

表 9- 1	インドネシアとマレーシアの教育関連指標の比較(331)
表 9- 2	インドネシアとマレーシアの国家原理(National Ideology)(335)
図 9- 1	国立イスラーム専門大学(IAIN)の分布と国際イスラーム大学(IIUM)(338)
図 9- 2	タウヒードの原理に基づく学部教育の統合(350)
表 9- 3	国立イスラーム専門大学(IAIN)と国際イスラーム大学(IIUM)の対照表(354)

表10- 1	シンガポールとマレーシアの人口と構成(2000年)(363)
表10- 2	過去3回の国際数学理科到達度調査(IEA, TIMSS)結果(上位5カ国)(364)
表10- 3	英領海峡植民地における英語学校の民族別生徒数と比率(1901年)(369)
表10- 4	シンガポールの民族別最終学歴分布(1970/1980/1990/2000年)(373)
表10- 5	シンガポールの大学生の民族分布(374)
図10- 1	PSLE試験民族別数学合格率(1978–89年)(378)
図10- 2	GCE-O試験民族別数学合格率(1978–89年)(378)
図10- 3	MENDAKI参加者数(1982–99年)(381)
表10- 6	MENDAKIの教育プログラム(1997年)(381)
表10- 7	AMPの教育プログラム(1998/99年)と参加者数(385)
図10- 4	AMPの支出配分(385)
図10- 5	PSLE試験民族別数学合格率(1990–99年)(388)
図10- 6	GCE-O試験民族別数学合格率(1990–99年)(388)

図11- 1	ブルネイ王国とその近隣(396)
図11- 2	ブルネイ教育制度体系図(398)
表11- 1	ブルネイの教育統計(1996年)(404)
表11- 2	ブルネイの小・中学校における必修・試験科目(408)

表11-3　東南アジア諸国の宗教・道徳・公民科目の導入パターン(417)
表11-4　ブルネイの学校・教育統計(2004年)(423)

〔写真一覧〕

写真 4-1　寛柔華独立中学(ジョホール州)(144)
写真 5-1　テロック・スンガット・ビジョン・スクール内の南亜小学校(華語)の授業(169)
写真 5-2　3つの学校の校長室が横に並ぶ校長室棟(171)
写真 6-1　最初の私立大学　マルティメディア大学(MMU)(198)
写真 7-1　国際イスラーム大学ゴンバックキャンパス(264)
写真 8-1　スルタン・イドリス教育大学(UPSI)(314)
写真10-1　AMPの幼児教室(386)

マレーシアにおける国際教育関係
──教育へのグローバル・インパクト──

第1部　マレーシアの教育にみる国際関係

第1章　マレーシアの教育における
　　　　グローバル・インパクト

(1) グローバル・インパクト

2つのグローバル・インパクト

　グローバル・インパクトという言葉をグローバリゼーションの各国へのインパクトと解するならば、その意味するところはグローバリゼーションと同様に多義であり、必ずしも論者の間に一定の合意があるわけではない。グローバリゼーション（グローバル化、世界化）の概念は主として経済分野における地球規模での関係の強化とボーダレス化を予測する理論もしくは展望として生まれたとされるが、本家の経済分野においても、その将来的展望については議論は様々であるし、短期的な展望については否定的な議論も多い。ましてやそれが政治や教育などのその他の分野において適用された場合、どの程度の共通性と有効性を持つのかについても未知数である。しかし1980年代以降、少なくとも過去にはみられなかった、全地球的活動や交流が、国境を越えてかつてない規模で展開しつつあることは事実で、それは教育においても、またアジアにおいても同様であるといえる。

　Oxford English Dictionary によれば「グローバル(global)」という言葉には400年の歴史があるが、「グローバリゼーション(globalization)」という言葉は1960年代に初めて使われるようになった新しい概念であるという[1]。同様にマレー語でも「グローバリサシ(globalisasi)」という言葉は、新しい言葉でありながら、ごく一般的に古来から起こってきた地球的規模の同

化圧力 (特にセンターから周縁 (periphery) への、宗主国から植民地へのなど) を指して使われる場合もあれば、特に1980年代以降、経済分野を中心に、世界各国は市場原理に支えられた世界経済態勢に包摂され、国民経済や国家経済戦略というものの意義が低下もしくは消滅するという理論もしくは予測に基づいて、（賛否を含めて）用いられる場合もあり、そのどちらであるか不明である場合も多い。

　グローバリゼーションはより広義には、①「地理的・物理的制約を越えて、遠距離にある人々が全世界的につながれる関係の強化」を指すと定義されるが、より限定的には、②「国民意識や国境という概念の希薄化」、③「国内の規制の緩和もしくは自由化，世界標準化」、さらには、④「結果的には各国制度の西洋化あるいはアメリカ化」のことを指して使われる場合もある[2]。本書ではグローバル・インパクトやグローバリゼーションの定義をこの時点であえて限定せず、むしろマレーシアの特に教育の分野で、どのような概念として受け取られ、どのようなリアクションを生んでいるのかに焦点をあてて検討したい。

マレーシアにおけるグローバリゼーション概念

　マレーシア国民大学教育学部長のロビア・シディン (Robia Sidin) は「グローバリゼーションの挑戦と教育システムの改革」という文章のなかで、グローバル・インパクト (*impak globalisasi*) という言葉を使い、今日のマレーシアの教育システムの変化を決定づけている最大の要因のひとつであると結論している。彼女はそのなかで教育へのグローバル・インパクトを次の4つにまとめている[3]。

　(1) 理科およびテクノロジー教育の重要性の増大。
　(2) 変革は進歩にとっての前提条件となること。
　(3) 教育のプロセスにおいても成果においても革新と創造が必要となること。
　(4) 学校カリキュラムはその外で起こっている事象を考慮し、地域環境

科、政治科学、英語・日本語・フランス語といった外国語の教育が重要となる。

そしてカリキュラムの目標は、単に子どもを物理的・社会的環境に適応させ文化化させるだけでなく、国家の政治的・経済的・商業的目的に合致しなくてはならず、若者を急速に変化する世界に準備させる必要がある、と述べている。この論調は世界のグローバリゼーション潮流に対して、マレーシアの教育システムは国家と国民の利益を守り、競争に勝ち残るための変革と革新の必要性を主張するもので、グローバリゼーションに対するナショナリズム・リアクションに近いものである。

グローバリゼーションはその国境に対する価値観において、ナショナリズムとは定義的には対立する概念であるとはいえ、必ずしも相互に排他的な概念でもない。ある国がグローバリゼーションの影響を受けることによって、歴史的に国民のなかに潜在化させてきたナショナリズムや新たなアイデンティティが触発され、ナショナリズムの運動が再興したり活発化することはめずらしいことではない。グローバリゼーションの影響のひとつがその社会におけるナショナリズムの活性化であるというケースはこの場合である。

さらには、多民族国家や社会ではナショナリズムと常に拮抗関係にあったリージョナリズム／ローカリズム（地域主義）が、グローバリゼーションの浸透を受けて勃興するというパターンもある。国境という障壁が低くなり、国家を越えた個人と個人、地域と地域の直接のコミュニケーションが可能になるにつれて、地域が文化的、社会的に活性化するというケースも少なくない。ある社会がグローバリゼーションの波を受けた場合、その社会の国家、地域、個人という構成カテゴリーのうち、個人の地位や役割は多くの場合相対的に上昇することが多いが、一方地域（リージョン／ローカル）もしくは国家（ネーション）の必要性も新たに認識される場合が多い[4]。

マハティール前首相の対応

　多民族国家として独立したマレーシアにとって、民族融和の実現と国民統合は国家の至上命題であり、独立後30年間の政策努力の大部分は植民地時代の諸制度をマレーシア化し、ナショナリズムを強化することに注がれてきたといっても過言ではない。近年到来したグローバリゼーションの波は、こうした発展途上の多民族国家にとって、少なくとも社会の支配層(マレーシアの場合はマレー・ナショナリスト)にとって、歓迎すべき事態とはいい難かった。植民地遺制を廃し、土着の政治・社会・教育のシステムを作り上げ、新たな国民意識やアイデンティティの形成にようやく一定の成果をみたところに、グローバリゼーションの波は到来し、国境の存在が希薄化され、様々な現地固有のシステムやしくみが世界標準の前に色あせてしまう事態が起これば、これまでの努力の多くが水泡に帰すことになりかねない。しかしグローバリゼーションの波は遅かれ早かれ浸透し、少なくとも完全には避けられるものではないとの認識に至れば、次の判断は現在の国家システムのどの部分を保護し、どの部分を世界化に合わせて変革し、さらにはその圧力を逆手にとって、世界の標準を作りリードする側に参加できるかどうかの積極策に打って出るか、ということになる。マレーシアのマハティール前首相が1996年に、クアラルンプル郊外の2,823ヘクタールに及ぶ土地に、ハイテク工業都市サイバージャヤの建設を含むマルティメディア・スーパー・コリドー(MSC)のプロジェクトを打ち出したのは、まさにその判断に基づいたものであったと考えられる[5]。

　グローバリゼーションについての認識については、マハティール個人の発言においても、その楽観的側面(歓迎)と悲観的側面(批判)が時と場合によって使い分けられている。例えば、国際的な会議では、首相は「グローバリゼーションはアジアの資本主義市場の発展を促し、外資の流入を促進する機会を与えるものである。国家が発展に成功するか否かは、グローバリゼーションに対してそれを受け入れ、自らを変革する能

力があるか否かにかかっている⁽⁶⁾(1994)」と述べたり、さらに「21世紀に向かって、かつての産業化時代に不可能であったことが、この情報化時代において突然可能になるような、画期的な変化が起こりつつある。知識、資本、企業活動、そして消費者嗜好などの世界では、実際上の目的から、地図上の線などは無視されるので、すでに国境は消え去りつつある⁽⁷⁾(1997)」と述べている。

これらの発言はグローバリゼーションに対する楽観的・積極的な姿勢を代表している。彼はその到来はこれまでの先進国と途上国の関係を変え、とりわけ経済と情報革命 (IT) の分野においては対等の土俵と新しい共生の道が開かれたと認識していた。そしてそのプロセスに参加するに際して、古いタイプの産業構造が十分に発達しなかったマレーシアのような小国は恰好の時期と条件にあるとみなしていた⁽⁸⁾。

しかし一方で、マハティールは先進国や多国籍企業による途上国経済への介入に関してきわめて警戒的で批判的であることでも知られている。グローバリゼーションは単に経済や文化の交流が深まるだけではなく、国境の役割の相対的低下により、自由競争による弱者淘汰のシステムが強化され、先進国による途上国経済の支配の強化につながる危険性を警告している。「途上国の多くは独立後すでに30年を越えるが、今日でもその経済は先進国に依存している。巨大な多国籍企業は途上国の経済を支配し、先進国の思惑に途上国を服従させている。グローバル化した世界というのは必ずしも民主的な世界ではなく、強者が弱者を独占する選別の世界である。グローバリゼーションは国家の独立性を相対的に低下させ、新たな形の宗主国─植民地関係を復活させるかもしれない。すでにマレーシアはそのプロセスによって多大の犠牲を払ってきている⁽⁹⁾。」

彼はこのようなグローバリゼーションの危険な性格を認識し、繰り返し批判しながら、マレーシアは国を閉ざしてその流れから孤立するのではなく、むしろ積極的にその戦いに参加して、グローバリゼーションへの「上からの戦い」によってそれを利用する姿勢が必要であると主張して

いる。マハティールがグローバリゼーションのプロセスを時には批判し、時には絶賛する二面性は、こうした首相のプラグマティックな思想から導き出されており、それは現実のグローバリゼーションの影響の多面的で複雑な性格を反映しているといえる。

(2) マレーシアにとってのグローバル・インパクト

独立前のグローバル・インパクト

グローバリゼーションという概念を広くとらえて、国家の枠を越えた教育的関係の強化と外的影響の教育制度への浸透というテーマで、マレーシアの教育とその歴史を振り返るならば、マラヤ・マレーシアの教育は1980年代の到来を待つまでもなく、独立当時から、いやむしろ独立以前から高度にグローバライズされてきたといえる。むしろ外的インパクトそのものがマラヤ・マレーシアにおける教育の起源であり、本質であり、独立後の克服の対象でもあったといえる。

英領植民地期のマラヤにおける教育とは、モスクや寄宿塾（ポンドック）におけるイスラーム教育か、植民地政府による英語学校、後にそれに付属したマレー語学校、そして華人系のコミュニティによる華語学校が独立併存していた。これらの外来要素の支配性は、そのうちの宗教や宗主国や言語をいくつか置き換えれば、他の東南アジア諸国の多くにおいてもいえることではあるが、それを克服すべき現地固有アイデンティティの弱体性という意味においてマレーシアは群を抜いており、そこから導かれる今日的問題もよりいっそう深刻なものとして現象することが予想される。

イスラーム教育はアラビア語による聖典クルアーン（コーラン）の読誦を中心にした宗教教育で、その求心力はメッカにあり、学問的な究極の頂点はカイロにあるという、14世紀以降の怒涛のようなグローバルな文化文明的インパクトの帰結であった。英語学校は植民地政府の英語を解

する中間官吏を養成するためのエリート機関であったが、その教育内容は一部教科を除いて、英国のシラバスに準拠し、ケンブリッジ外地試験審査局により標準化され、英国への奨学金による留学をその頂点とする、大英帝国のグローバルな世界展開の一翼をになうものであった。一方華語学校は、福建、広州、潮州などの華人の祖先である華僑の中国大陸の出身地を中心にしたクランの運営になる私立学校で、四書・五経など大陸の教科書を使用し、マラヤにあって教育内容の半分以上は中国大陸の歴史や地理、文芸によって占められていた。これもやや規模は小さいとはいえ、中華諸民族のグローバル・ネットワークによる外的インパクトの産物であった。

　ひとり政府の補助により建てられた農村部のマレー語初等学校のみはドメスティックな性格の強い教育機関であり、マレー文化・マレー言語を保護し媒介する機能を果たしたが、そのマレー文化・マレー語も、厳密にいえば現在のインドネシア・スマトラ島南部を起源とする外来文化・言語であり、独立後も1973年、マレー語の正字法や綴り字の統一においてインドネシアとの調整が必要となり、協定が調印された。現在でもマレー語はインドネシア、マレーシア、シンガポール、ブルネイ王国の東南アジア4カ国の国語としてマレー語文化圏を形成している。

　複合社会マラヤ・マレーシアの地に萌芽をみていた各種の教育ストリームは、英語教育体系にせよ、華語・タミル語教育体系にせよ、イスラーム教育にせよ、いずれも外来の起源を持ち、その教育内容、教育目標、教育風土はマラヤ・マレーシアの環境とは無関係に、それぞれ英国で、中国本土で、そしてアラブ中近東で行われている教育とほとんど同じものであり、教科書も輸入されたものであった。マレー語教育体系はそのなかでは最も現地に根差した教育内容や目的を持っていたが、それとても、マレー語の文化的・言語的広がりを考えると、国境の内部にはおさまりきらないセミ・グローバルな性格を持っていたといえる。

教育制度のマレーシア化

独立後の新生マレーシア政府の最初の教育目標は、こうした教育の非マレーシア性(外因指向性)を除去し、マレーシア(主として多数派マレー系を中心とした国民統合)のための教育制度に作り換えることであった。その第一の作業は、教育内容、教育カリキュラムをすべての学校において統一する、共通内容シラバス(common content syllabus)の開発であった。独立前後の1956年、1960年の教育委員会報告はいずれも共通内容シラバスの必要性を強調し、その作業に中央カリキュラム委員会(Central Curriculum Committee)があたった[10]。

しかし次の難問は教育言語であった。英語、マレー語、華語、タミル語による4言語の教育ストリームが分立する複合状態を、どの程度まで、そしてどの言語に統合するかということは大きな問題であった。華語とタミル語の小学校は将来国民教育制度に統合されるべき存在として、国民型小学校として存続が許されることになった。しかし教育法第21条第2項には「文部大臣は国民型小学校が国民小学校に移行する時期が成熟したと判断したとき、それを国民小学校に改制する命令権を有している[11]」という、いわゆる華語・タミル語小学校転換条項が設けられた。

まず中等学校において、マレー語・英語の二元システムへの統合が強行された。1962年以降、政府の補助を受けるすべての公立中等学校は国語であるマレー語か英語のいずれかを授業用語として用いることが要求され、中等学校の公的試験はマレー語または英語で行われることになった。これによって華語教育はその中等部以上においては、英語かマレー語媒体の学校に改制して国民型中学校になるか、政府の補助をいっさい受けない華文独立(私立)中学として存続するかのどちらかの選択しかなくなることを意味した。また華語・タミル語小学校の卒業生はマレー語国民中学校に進学する際に、1年間の移動学級(remove class)を経なければならなくなった。

1961年時点で西マレーシアに存在していた華語学校は70校であった。

このうち54校は政府の教育政策を受け入れて、英語を授業用語とする国民型中学校へと改制する道を選び、残りの16校は独立の華語中学校として残ることを選んだ。その選択傾向は州によって異なり、ペラク州では14校すべての華語学校が国民型中学校に改制をしたのに対して、ジョホール州では寬柔(Foon Yew)中學をはじめとする6校が独立中学として残り、華語教育の最後の牙城となった(本書第4章参照)。

統合政策の加速

　1969年の民族間暴動によって政府のマレーシア化政策が実をあげていないことに対する強い不満がマレー人の間にあることを知った新政府は、教育政策を転換し、マレーシア語による単線型ストリームを含む一連の強力な統合政策への移行を宣言した。1969年国家作戦会議によって任命されたマジッド・イスマイル(Majid Ismail)委員会は高等教育の改革を中心にした国家統合の推進を勧告した。その『マジッド報告(1971)』において、高等教育学生の民族比率を社会全体のそれに近づけるために、入学時点において、学力以外の条件も考慮されること、すなわちマレー系をはじめとする先住系民族（ブミプトラ）に入学選考上の優遇措置がとられるべきことが勧告された[12]。

　これにより1970年1月、国語以外の授業用語として唯一残った英語学校が初等第1学年から教授用語が国語に置き換えることが宣言された(英語・民族語の授業を除く)。この変換は年ごとに上級学年に展開され、1982年までに中等学校、1983年には大学にまで漸次的に変換が及ぶように計画された。1990年までに小学校の華語とタミル語のストリームと一部の大学・大学院を除いて、公立学校は全レベルマレー語による教育に一本化された。

　また各種の国家選抜試験において国語科目での合格が必要条件となり、さらに教員養成カレッジへの入学や海外の大学への留学にも国語の資格が必要となった。続いて1970年には国語を唯一の公用語・授業用語とす

るマレーシア国民大学（*Universiti Kebangsaan Malaysia*：UKM）が設立され、高等レベルの教育がマレー語によって完全に行われうることが示された。その一方で、1971年には「大学および大学カレッジ法（Universities and University Colleges Act）」を通過させ、私立大学の設立には文部大臣の認可が必要とされ、非マレー人はついに事実上母語による高等教育への道を閉ざされることになった[13]。

これら一連の教育のマレーシア化を目指した国民統合政策は、もし当時グローバリゼーションへの圧力があったとすれば、それに逆行するものであったろう。例えば教育用語としてのマレー語の採用と英語の使用の制限は、国民の英語能力の低下と高等教育レベルの研究水準の低下をもたらした。また中等教育以上の公教育の教育言語から華語とタミル語を排除したことや、大学の入学定員に民族別の入学枠を（暗黙にではあるが）設けたことは、華人などのマイノリティばかりではなく、保護されたマジョリティであるマレー系グループにおいても教育熱の低下と人的資源の損耗をもたらした。しかしこれらの政策は、70～80年代には、民族格差除去はそれだけの痛みや犠牲を払っても貫徹すべき最優先課題であるとみなされてきた。

その後、こうした保護主義的で規制的なマレーシア化政策が継続された結果、①中高等教育におけるマレー語の普及、マレー系学生の高等教育進学比率の増加などに一定の成果がみられたこと、②さらに80年代のマレーシア経済の急速な成長により、国民にある程度の受益者負担能力が生まれ、手厚い教育補助金政策からの脱皮が可能な情勢になったこと、そして、③80年代における世界の経済・情報分野でのグローバリゼーション圧力から国内諸制度の規制緩和と自由化への要請が高まったことなどにより、90年代初めからマレーシアの教育制度は大きな転換期を迎えることになる。

ノラニ・オスマン（Norani Othman）は、マレーシアの教育および近代性（modeniti）に対するグローバリゼーションの影響について、マレーシ

ア社会システム内には積極的に変容し適応すべき分野と、それに対抗して強化し「文化防衛」すべき分野があることを示した[14]。すなわち、前者は科学技術教育、高等教育（規制緩和・民営化）、教育用語（英語）であり、後者は現地文化と多元的教育、宗教教育・価値教育である。そこで本章では、グローバリゼーションのマレーシアの教育に及ぼす影響のうち、積極的な適応を求められている分野を中心に動向をみていきたい。まず、①高等教育の規制緩和による私立大学の認可と国立大学の民営化について、続いて、②教育（授業）用語の規制緩和と国際化の問題、そして最後に、③中等教育を中心とした情報技術（information technology）教育の改善とカリキュラム改革について触れることにしたい。

(3) マレーシアの高等教育における規制緩和と民営化

規制緩和への圧力

マレーシア経済は1989年には世界有数の経済成長率を記録するなど、1980年代後半に奇跡の成長をとげ、国内の政治的・民族的問題が棚上げされた形で、その関心が経済と世界に向けられた。その結果1990年代に入り、これまで強化される一方であった教育的規制が、言語教育と高等教育の分野で緩和されるようになった。1991年にマハティール前首相は国家発展構想「ビジョン2020（Vision 2020/*Wawasan 2020*）」を発表し、マレーシアは西暦2020年までに、年7％以上の経済成長率を維持し、経済的にイスラーム国として最初の先進国の地位を達成するとともに、社会文化的に成熟したアジア的精神の先進国を建設するという構想を掲げた[15]。

1990年代におけるマレーシアの中等教育改革は、産業界と商業セクターのハイタレント・マンパワーへの需要に応えて、科学・技術・ビジネス分野のコースの拡充に焦点があてられた。しかしこの改革によって生み出された科学技術分野のコースには主として非マレー系学生が積極的に進んだが、当時国内唯一の高等教育であった国立大学への道が厳し

く制限されていたため、大きなマンパワーの損耗を生み出すことになった。従来のブミプトラ政策期には国民統合の達成という至上命題の名のもとに封印されてきたこの問題が、グローバリゼーションの波を受けて、国際的な経済の自由化とハイテク分野での競争の重要性という点でもはや放置できない問題として認識されるようになった[16]。

　マレーシア政府の政策転換はまず高等教育の授業言語に関する規制緩和から始まった。大学を含めたすべての公立教育機関の授業用語をすべてマレー語（国語）にしようという1970年代以来の国語化政策を転換し、1983年、政府は首都郊外に半官半民による国際イスラーム大学(IIUM)を誘致し、そこでの授業は英語とアラビア語の二言語とした。さらに1991年「東のイートン」とも呼ばれる、英語を主たる授業媒体とする、エリートカレッジを設立し、1994年2月には高等教育機関の科学および医学分野で英語による授業を行うことを容認した。もちろんこれらの動きは科学および国際ビジネス世界における英語の価値と、世界言語としての共通性を改めて政府が認識した結果であるが、同時にマレーシアで英語がはらんできた英国植民地統治のマイナスイメージがかなり払拭されたことを意味していた[17]。

　1996年の新「教育法（Education Act）」によれば、国民教育制度（National Education System）には幼稚園から高等教育機関に至る政府立学校、政府補助学校、私立学校のすべてが包摂されると明記されたが（第15条、第16条）、教育言語に関しては、国民型小学校および文部大臣の認める他の教育機関を除く全教育機関でマレー語を授業用語とし、そうでないすべての機関では（幼稚園も含めて）国語の授業が必修科目とされた（第17条、第23条）。しかし、私立の中等後教育機関の条文に「国語以外の言語を授業用語とする機関は国語の授業を提供しなければならない（第75条(a)項）」という表現が、逆に「国語以外の言語を授業用語とする教育機関」の存在を暗示している。実際にカレッジレベルでは華語を含めた、国語、英語の多言語で授業を行うことを想定した、新紀元学院（New Era College）が

中等後教育機関として1998年3月に開校している[18]。

私立大学の認可

さらに同年、「私立高等教育機関法（Private Higher Educational Institutions Act 1996 (Act 555)）」を公布し、私立の高等教育機関として、大学、大学カレッジのほかに外国の大学の分校というカテゴリーが加えられた。授業用語については、基本的には国語によるコースを提供するとしながらも、文部大臣の許可を得て、(a)その授業の大部分を英語で行うコースと、(b)アラビア語で行うイスラーム教育の授業の提供が認められた[19]。一方でアジア的な要素としてイスラームもしくは道徳教育の履修がこれらの学校でも必修とされるようになり、1997年政府は国立大学も含めて、全高等教育機関で「イスラーム文明とアジア文明」という科目を設け、全学生に必修にした。

私立大学が正式に認知されたことを受けて、マレーシアには私立セクターの財源を積極的に利用した、企業立大学・財団立大学が急速にその数を伸ばしてきている。すでにマレーシアの大企業である、ペトロナス（石油）、トゥナガ・ナシオナル（電力）、テレコム（通信）などの企業が、それぞれの母体の技術や資金を生かしたコースを提供する大学を開校しつつある。また外国の大学の分校についても、英国、オーストラリア、日本などの大学の分校の設立・設立計画が進んでいる。このような動きを

表1-1　マレーシア教育段階別就学率*の変遷（1985－2003年）

教育段階（該当標準年齢）	1985	1990	1995	2000	2003
小学校（6＋～11＋）	95.43	99.81	96.73	96.77	98.49
前期中等学校（12＋～14＋）	84.33	83.04	82.46	85.00	84.40
後期中等学校（15＋～16＋）	47.88	49.14	55.78	72.61	73.58
中等後・カレッジ（17＋～18＋）	15.00	18.89	23.22	16.24	24.05
大学（19＋～24＋）	2.29	2.87	3.70	8.06	9.95

註：＊就学率(％)：総在籍数／当該年齢人口×100。
出典：Ministry of Education Malaysia, *Malaysian Educational Statistics*, 1989, p.2; 1995, p.23；2000, p.8；2003, p.23.

受けてマレーシアの大学就学率は10％に達し、カレッジ、インスティチュートを含めた私立高等教育機関の数は2000年で652校に達し(本書第6章参照)、人口比高等教育就学率も16.6％に上昇した。将来的にはこの数値を40％にまで引き上げる構想もあり、それが実現すればマレーシアの高等教育はマス化を一挙に通り越してユニバーサル化をうかがう規模となる[20]。

国立大学の「法人化」

　もうひとつの動きとしては、既存の国立大学に市場原理と競争原理を取り入れる「法人化(corporatisation/*Korporatisasi*, 華語では企業化)」構想が動き出している。この言葉のイメージから誤解されやすいが、「法人化」とは、民営化(privatization)のように大学の資産が個人所有され私立大学と同じ企業体になることではない。この改革により、大学は予算と人事権についてのより大きな自治権を獲得し、大学が、利潤を生みそれを自ら回収処分できる営利体を設立することが許されるようになる。政府の関与は「法人化」された大学にも続けられるが、マラヤ大学だけで年に2億Mドル(リンギット＝約30円)以上と見込まれている収益の多くを政府補助金の削減にまわすことになっていた。これにより大学は、政府からの国庫補助のほとんどを失い、学生への奨学金という形でのみ還流されることになる代わりに、学生数や授業料とその配分を自由に設定することが可能になり、企業提携と子会社からの収入を教員の給与に加えることが許されるようになるとされていた[21]。

　1995年に打ち出された国立大学の「法人化」構想により、これまで学生1人あたり1万2,000Mドルもの政府補助金で、一律に安く(年間3万円程度に)押さえられてきた授業料が、国庫補助の打ち切りにより、各大学は授業料収入で運営可能な程度にまで授業料を引き上げざるをえなくなった。そのかわりに学生への政府奨学金を拡充し、学生の授業料支払いを一部負担すると同時に、裕福な学生からは全額を徴収することが可能に

なった。当然教育コストのかかる理科系、医学系や大学院の授業料ははねあがり、しかも採算ベースに乗せるために入学定員も大幅に増加させる必要が生じてきた。

ここで狙い撃ちにされたのは、従来は割引きレートが適用されていた留学生で、1995年時点での構想によれば、国内学生が年間1,100Mドルから7,000Mドルに値上がることになるのに対して、留学生は800Mドルから一気に10,500Mドルにまで引き上げられる計画となった。大学院ではさらに21,000Mドルへと実に16倍以上の急騰が計画されている。これまで留学生を送り出す一方であったマレーシアが海外からの留学生の経済的効用を本気で考慮し始めたことを示している。しかしこれは見方を変えれば、かつて15年まえに自らが厳しく批判した英国の大学授業料の内外格差の導入(第2章参照)と同じ発想といえる。

また国立大学の「法人化」のもうひとつの側面は、大学の政府機関としての制約を大幅に緩和して、その自律性と産学提携可能性を飛躍的に拡大したことである。マラヤ大学では2000年に研究・経営およびコンサルタンシー機構(IPPP)を設置し、民間から委託研究や翻訳などの契約をとり、その利益を教員と当局が折半する事業も可能となった。大学教員の収入はこれまでの給与スケールに基づく給与と、出来高制ともいえる独立採算によって得られる報酬の2本立てとなる。ビジネスチャンスのさほど多くはない文科系学部でも、例えば学部が窓口となって企業から専門文書などの翻訳依頼を請け負い、それを大学教員のなかの希望者が翻訳を行い、利益を当局と折半するというケースもあらわれている[22]。

1990年代後半のアジア通貨危機によって、「法人化」の実施はしばらく凍結されていたが、最近最も体力のあるマラヤ大学を皮切りに部分的に実行に移されることになった。すでに学生の入学定員は一歩先に拡大されており、すでに学生寮では定員の3倍が入居するほどの過密化など、部屋の不足が深刻な問題となってきている。現在のところ授業料・納付金の大幅な上昇は押さえられており、内外学生の授業料格差の導入も見

送られているようであるが、将来にわたって値上げの方向に向かうことは間違いなく、かつてのような「幼稚園より安い大学授業料」というものは過去のものとなった。

　このような国立大学の「法人化」は次のような効用をもたらすものと期待されている。まず大学のアカデミックな側面の運営が政府のコントロールを離れて、教員が本来の職務に関心を集中できること。また大学の給与スケールが公務員のそれから独立し、平均2〜3割の昇給になるうえに、出来高制の収入が加わり、教員の研究・教育環境が改善されるであろうこと。同時に大学の機関収入も増加して施設や教育インフラが拡充されること。さらに市場原理の導入により、社会の要請に敏感な教員が増え、学生による授業評価なども行われ大学研究・教育の生産性が向上すること、などである。

　しかし一方、その反作用ともいえる弊害も危惧されている。まず授業料が引き上げられ、奨学金の支給にも限界があるので、貧しい学生の進学機会を奪うことが心配されること。また学生の選抜や評価にも競争原理が導入されるために、従来から政府が重点的かつ慎重な対応を続けてきた、大学生の民族構成の片寄りの問題や、授業における国語の地位の相対的低下などのセンシティブな問題が再びむしかえされる可能性がある。また大学の研究分野によっては企業との連携や短期的成果の還元になじまない分野があり、政府は既存の講座の存続を保証しているものの、そのような分野の教育や研究へのマイナスの影響は避けられないであろう。

(4) スマート・スクールとカリキュラム改革

学校と情報技術革新

　マレーシア政府が1996年に打ち出した先進技術革新のための複合国家プロジェクト、マルティメディア・スーパー・コリドー（Multimedia

Super Corridor: MSC/*Koridor Raya Multimedia*）構想は、グローバル化しつつある世界の経済市場やハイテク技術競争へのマレーシア自らのボーダレス化への挑戦の表明でもあり、また同時にそうした圧力に対するマレー（シア）・ナショナリズムに基づく防衛の表明でもある。いずれにしてもこのプロジェクトがグローバル・インパクトに対する、政府レベルでの最も顕著なリアクションのひとつであることは間違いない。

　MSC はマルティメディア通信情報技術の革新的な応用を通して、グローバル化しつつある世界および地域の経済において、マレーシアのもつ潜在的な能力を引き出し、アジアの急成長市場におけるハブとなるための理想的インフラを提供する政治、経済、社会、文化領域にまたがるプロジェクトである。政府はそのモデルケースとして、首都クアラルンプル・シティセンター (KLCC) から新国際空港 (KLIA) までの幅15km、長さ50km の地域に2つのハイテク都市を建設し、最新通信流通インフラを備えてマルティメディア関係の製造業、サービス業、研究所を誘致しようとするものである[23]。

スマート・スクール（ICT 重点校）

　そのなかでスマート・スクール（smart school/*sekolah bestari*）構想は、1997年に打ち出された、MSC を構成する7つの基幹プロジェクトのひとつであり、マルティメディア施設やコンピューターを利用して、これまでにない新しい学習へのアプローチを模索する学校計画である。スマート・スクールは「テクノロジーを効果的な実施ツールとして使用する学校であり、国家教育哲学 (1988) の定める目標の達成を飛躍的に加速させる手段を教育にもたらすものである」として、テクノロジーのインフラ整備だけでなく、教授・学習教材、カリキュラム、評価システム、管理運営システムが新たに開発されることとなった[24]。スマート・スクールはその目的として、①個人の知的、身体的、情緒的、精神的領域を含む全面的な発達を促進し、②個人の特に優れた点、能力を発達させる機会を

与え、③テクノロジー・リテラシーを持つ思考する労働力を養成し、④子どもたちの学習への平等な機会を保証するよう教育を民主化し、⑤両親、地域社会、私企業セクターなどすべての関係者が教育のプロセスに参加することを目的としている[25]。

ロジナ・ジャマルディン (Rozinah Jamaludin) によれば、教育分野におけるマルティメディアの活用形態には次のような6形態があるという。すなわち、①絶え間なく生徒の状況をフィードバックしながらのインタラクティブ・チュートリアル、②コンピューターやビデオ、その他のエレクトロニクスの活用、③現実には実行し難いテーマについてのシミュレーション授業、④実際の状況をシミュレーションできるバーチャル・リアリティ (realiti maya) や3次元を用いた訓練や研究、⑤WWWのようなインターネット情報を活用した授業と学習資料の作成、⑥テキスト、ヴィジュアル、オーディオからの各種情報を利用したマルティメディア・プロジェクト(作業)である[26]。

1999年には全国14州に第一群のパイロット・スクール90校(中等学校85校、小学校5校)、2004年にはさらに100校、2005年までにさらに300校が設立・指定される予定であり。文部省は他の学校にも自発的転換を促し、2010年までにすべての学校がスマート・スクールに転換されることを目標にしている[27]。既存の学校でスマート・スクールの指定を受けた学校の多くは設備クラスではBにカテゴライズされ、新設のスマート・ス

表1-2 スマート・スクールの設備基準

( )内小学校

設備クラス(コンピューター数)	B	B+	A
事務室	3	3	5
職員室	5	10	30
教室／理科実験室	0	60	286(213)
資料室／メディアルーム	10	10	20
コンピュタールーム	20	—	140
サーバー	3	3	3
1999年現在数	81校	2校	新設9校

出典：http://www.ppk.kpm.my/smartschool/levels

クールはすべて実験室やコンピュータルームを備えたAクラスの学校に分類されている[28]。

スマート・スクールのカリキュラム

スマート・スクールのための新カリキュラムは中等1年から4年（下級中学と上級中学）までの学年の4科目、マレー語（国語）、英語、数学、理科について1999年を目標に準備された。カリキュラムの基本的特徴は既存の統合中等カリキュラム（KBSM=Integrated Curriculum for Secondary Schools）（本書第3章を参照）と同じく、①知識の獲得、②良き人間を育成する価値の挿入、③科目を越えた統合的な思考能力、④新たな革新的思考を生み出す創造性、とされるが、スマート・スクール・カリキュラムはさらに、⑤IT能力（IT competency）と⑥グローバリゼーションに伴う国際言語の習得という力点が加えられている。生徒は外国の共通の関心を持つ友人との間にネットワークを構築し、協力し合うことが期待されている。これは生徒が社会に出てからの、社会的・経済的ネットワーク構築の基礎となると考えられている[29]。

スマート・スクールは21世紀のハイテク産業社会における知識労働者を養成することを目指しており、この学校経験を基礎に、新たなプロダクツやプロセスを生み出すことができるような高度な能力のある人材を作り上げることが求められている。したがって、教育現場（教室）では知識の探求、発見、その道筋が重視され、教師中心の一斉授業よりも、学際的なプロジェクト作業や発展活動（extension activities）が勧められる[30]。

学習の方策としては、①教師だけに頼らず、書籍・雑誌・テレビ・ネットワークなどの様々な情報源（ソース）から情報を収集し、②他の学習者の進度にかかわりなく、自分に合った難度の教材を用いて独自のペースで学習し、③既存のカリキュラムに縛られることなく、自らの関心領域やトピックを自由に展開することが許されるとされる。しかし実際には物理的・時間的制約から全く自由なペースでの学習は難しいので、

各教科各単元の到達目標として、①すべての生徒が達成する基礎的レベル (*Aras 1*)、②大部分の生徒がクリアーできる中級レベル (*Aras 2*)、そして、③優秀な生徒が到達する上級レベル(*Aras 3*)という3レベルが設定されている。

各モジュールは活動コードシステムを持ち、例えば［A5-1 (P1)］というコードの場合、［A］は初級、［5］は単元(到達目標)、［-1］は活動モジュールを意味し、さらに配布される教材(付録)が用意され、教師には［(G1)］、生徒には［(P1)］［(P2)］のように表示されている。

例えば中等4年レベルの数学のカリキュラムでは、初級レベルの集合論の学習はA1からA6までの6つの単元(到達目標)を持ち、さらにそれぞれが例えば「交差集合」を学ぶA5単元では、A5-1からA5-4までの4つの活動 (*Aktiviti P & P*) が設定されており、それぞれは約20分で、使用する教材、教具が指定されている。例えば［A5-2］のパンチカード活動では、生徒に1列に並んだ1から10までの数字の下に穴のあいたカードが数枚配られ、先生の指示に従い、例えば1枚は奇数、1枚は素数についてハサミで切り込みを入れる。その後2枚のカードを重ねてピンを穴に刺し、抜け出た数字(要素)が両者の交差集合(積)であることを理解する[31]。

単元内の［A5-1］から［A5-4］までの活動については特に順序は想定されておらず、その配分・順序についてはいくつかのパターンが示唆されている。ひとつは、①全生徒に1活動を指定するパターン、②全生徒に各活動を順番に行わせるパターン、生徒を数人のグループに分け、③各活動に別個に取り組ませるパターン、④グループごと各活動をローテーションさせるパターン、⑤グループごとに好きな活動を自由にさせるパターン、そして、⑥中程度の難易度の活動をまず全員に行わせ、目標を達成した生徒をより複雑な活動に、できなかった生徒をよりやさしい活動に誘導する分岐型パターンである。中級レベル［B1］［B2］［B3］では、扱う集合の数が3つ以上に増やされ、最上級レベルである［C1］の活動では、中等学校修了試験 (SPM) の近年の過去問がそのまま載せられており、

表1-3　スマート・スクール学習パッケージ（数学、中等4年）

学習領域　集合論			
初級レベル（Aras 1）			
A1　〔 　〕を使った集合の表現			
A1-1（略）			
A2　要素の数の表現[n (A)]、要素関係[∈]			
A2-1, A2-2, A2-3, A2-4, A2-5（略）			
A3　部分集合、包含関係[⊂⊃]			
A3-1, A3-2, A3-3（略）			
A4　ベン図の描画　全集合、　空集合			
A4-1, A4-2, A4-3, A4-4（略）			
A5　2つの集合の交差[A ∩ B]、ベン図を使った交差表現			
活動コード	時間	活動名	教材
A5-1（P1/P2）	20分	パワーポイント	コンピューター
A5-2（P1/P2）	20分	パンチカード	パンチカード　ピン　ハサミ
A5-3（P1/P2）	20分	数字ブロック	集合パネル　数字カード（1-20）
A5-4（P1/P2）	20分	クロスワードパズル	クロスワードパズル
A6　2集合の統合[A ∪ B]、ベン図を使った統合表現			
A6-1, A6-2, A6-3（略）			
中級レベル（Aras 2）　3つの集合の積			
B1　B1-1（P1/P2）	10分	ナンバー・チップ	
B2　B2-1（P1）	—	マルチメディア	
B3　B3-1（P1）	30分	集合論統合	
上級レベル（Aras 3）			
C1　C1-1（P1/P2）	50分	1994-1997　SPM試験問題	

出典：Kementerian Pendidikan Malaysia, *Pakej Pembelajaran Sekolah Bestari*, Matematik, Tingkatan Empat, 1998, pp.62-79.

最も進度の早い生徒はそのなかのひとつに取り組むように指示される[32]。

　ラヒム・スラマット（Rahim Selamat）はスマート・スクールの数学教育もしくはカリキュラムの特徴として、①現在直面している問題を解決す②採用した解決法や結果が良いか、正しいか、誤っているかについて、検討する手段のひとつとしてコンピューターの使用が促され、③生徒は未知の状況に対して、論理的に考え、分析できるように導かれ、④新たな解決の手段や手順を構築し、それを明晰に確信が持てるような方法で他人に伝えることができるように指導する、などをあげている[33]。またIT能力については、与えられた課題に対して、自ら最も適した教材、

機器、アクセス先を探し出して利用する、選択検出能力(*kemahiran memilih*)が重要であると指摘されている[34]。

IT リテラシーのクラスについてはジョホール州、ジョホールバル市のスマート・スクール(クラス B)、トゥン・ファティマ女子中学校(*Sekolah Tun Fatimah*)の事例が参考になる。教員は IT ファシリテーター(*Penyelaras IT*)と呼ばれる非常勤で、28人のクラスを4人ずつグループに分けて、教員が与えた8つのトピックについてのフォリオ(レポート)をコンピューター(インターネットや資料 CD)のみを使って作成するという課題(*Tugauan Kelas Komputer*)が与えられていた。トピックとしては、

(1)教育における情報技術の役割
(2)マレーシアにおけるインターネットの歴史
(3)Web(頁)を用いた教育
(4)Web(頁)を用いた数学教育
(5)Web(頁)を用いた物理教育
(6)教育 Web(頁)の梗概
(7)生徒、教師、社会にとってのインターネットの重要性
(8)学習を向上させるための Web(頁)利用法

からの選択が指定されていた。作成期限は2カ月で、フォリオはダブルスペースで7頁以上、使用するワープロ、活字サイズ、フォントも指定されていた[35]。

学習の評価には、学校レベルでの基準設定型(criterion-based)の評価と、生徒の能力のより包括的で意味のある多元手法による評価へ向かう動きがある。将来的には生徒の最終成績を決めるために、学校レベルで行った生徒の成績評価を、中央が管理する試験と組み合わされることになる。

(5) 結　語

新しい意味でのグローバリゼーションの波が、マレーシア独立(1957)

後20年以内に到来しなかったことは、新生マレーシアにとっては幸運なことであった。なぜなら、ひとつにはこの時点ではマレーシアには、国際的科学技術競争に参入する経済力や科学力は蓄積されておらず、またこの時期は最優先の国家目標として、マレーシアの国民意識の形成と、国家ナショナリズムの育成に全力が注がれた時期で、そのためには国際的な外圧は国境で食い止めねばならなかった。例えば、教育の分野では、マレーシア独自の教科書を編纂し、高等教育機関を含むすべての公教育用語のマレー語に統合し、私立大学の設立を禁止し、高等教育（大学）の入学選抜プロセスに民族別の枠を（暗黙に）設定してきたが、これらの政策はグローバリゼーションの進行する時代にはとうてい容認されない保護主義的な教育政策であった。

1990年代以降、マレーシア政府がこれらの政策を一部転換し、規制緩和と自由化を認めたことは、これらの政策の一定の成果を認識し、国民の経済的水準の向上と国民意識の成熟を確信したことがその背景にはある。しかしその一方で、グローバリゼーションの時代の到来はマレーシアにとってはまだ10〜20年は早すぎたという印象が、マレー系ナショナリストの間にはあることも確かであろう。これまでの40年間に行ってきたマレーシア・ナショナリズムを育成するための様々な施策が、ようやく国民に定着するかどうかという時期に、グローバリゼーションの一吹きによって、その多くが中途で凍結されるか、たちまちのうちに揺り戻しを受けることになってしまったからである。

先の公立学校の授業用語のマレー語化がようやく高等教育にまで達した1983年に、政府は国際機関との折半によるマレーシア国際イスラーム大学（International Islamic University Malaysia：IIUM）を誘致したが、その大学の授業用語が、イスラームのボーダレス的性格を反映して、文部省の方針に逆行する英語とアラビア語とされたことはきわめて象徴的である。

しかしイスラーム大学に入学する国内の学生のほとんどはマレー系であろうから、彼らが国際化することは、政府にとっても何の問題もな

かったのである。問題は非マレー系の学生の英語への接触をいかに抑制しながらそれを達成するかであったが、グローバリゼーションの影響を受けた自由化の波のなかでそれを達成することはますます難しくなったといえるであろう。

　したがって、この時期のグローバリゼーションのマレーシアへの到来は、マイノリティには一般的には機会の拡大として受け取られている。今後、多くのITやマルチメディア関連の自由競争のなかで、マレー系と非マレー系は全く（もしくは「より」）対等に競わねばならないが、そこで遜色ない戦いができるまでに、マレー系学生の力量や科学志向を向上させておくことに、これまでの40年で十分に成功したとはいえないからである。マレーシア政府にとっても、当然これらの潮流と自らの政策の転換により、国民意識の希薄化と自由競争におけるマレー系学生の苦戦がありうることは予想しており、スマート・スクールの目標に国家教育哲学や道徳教育（*perbudi*）を密接に関連づけたり、高等教育分野において「イスラームとアジア文明」などの価値教育を必修化したのは、その対応策の一環と考えられる。これらの評価については第7章などにゆずるが、こうした状況において、MSC構想にみられるような先手をあえてとったマレーシア政府（マハティール政権）の戦略の基礎には、各分野へのグローバル・インパクトは不可避であり、中途半端な抵抗と時間かせぎはさらに深刻な事態を招くという判断があったと考えられる。

　マレーシア理科大学のハリム・サレー（Halim Salleh）は「グローバリゼーションのマレー（シア）・ナショナリズムへの挑戦」という論文において、マレーシアの教育を含む各分野におけるグローバリル・インパクトとその予想される緊張について分析している。すなわち、①マレーシアの宗教勢力の間に世俗化と原理主義化の二極分解をもたらし、国内の他の宗教も活性化され、一部で緊張が高まる。②英語による授業の解禁は、同時に華語やアラビア語による母語教育にも勢いを与え、やはり文化的な緊張が高まる。そして、③現在の規制緩和と自由化の流れは、社会全

体の経済的な成長に大きく依存しており、経済成長の牽引が見込めなくなったときの国内の各種の矛盾や協力関係の失速がさらに緊張を増大させる[36]。これらのやや悲観的な展望の基礎には、すべてマレーシア国民の間の国民意識・結合力の脆弱さがかかわっており、その醸成のための時間が短すぎたことと、そのための酵素ともいえる全国民による豊かさの享受が不完全であったことが、さらにその副次的要因としてあげられる。

【出典および註】

(1) *The Oxford English Dictionary; A Supplement to the Oxford English Dictionary.*
(2) Malcolm Waters, 1995, *Globalization*, Routledge, London & New York, pp.1-10.
(3) Robia Sidin, 1998, 'Cabaran Globalisasi dan Pengubahsuaian Sistem Pengurusan Pendidikan', in her *Pemikiran dalam Pendidikan*, Penerbit Fajar Bakti, Shah Alam, pp.13-22.
(4) Mark Beeson, 2000, 'Mahethir and Markets: Globalization and the Pursuit of Economic Autonomy in Malaysia', in *Pacific Affairs*, p.337.
(5) Ibrahim Ariff and Goh Chen Chuan eds., 1998, *Multimedia Super Corridor: What the MSC is all about, How it benefit Malaysians and the rest of the world*, Leeds Publications, Kuala Lumpur.
(6) Mahathir Mohamad, 1994, 'The opening of the Asian capital markets', Growth Frontiers Conference における演説(1994.6.24)。
(7) Mahathir Mohamad, 1997, 'Global bridge to information age', UCLA における MSC 紹介演説(1997.1.14)。
(8) Abdul Rahman Embong, 2000, 'Wancana Globalisasi', in Norani Othman and Sumit K. Mandal eds., *Malaysia Menangani Globalisasi: Peserta atau mangsa?*, Penerbit Univerisit Kebangsaan Malaysia, Bangi, pp.39-44.
(9) Mahathir Mohamad, 1996, 'Globalization — What it means to small nations', Prime Ministers of Malaysia Fellowship Exchange Programme における演説(1996/6)。
(10) *Report of the Education Committee 1956*, 1956; *Report of the Education Review*

Committee, 1960, 1964.
⑪ *Education Act 1961*, 1961, Legal Research Division, 1982, p.14.
⑫ *Report of the Committee Appointed by the National Operations Council to Study Campus Life of Students of the University of Malaya (Majid Report)*, 1971, pp.44-48.
⑬ *Universities and University Colleges Act, 1971*, 1971, International Law Book Services.
⑭ Norani Othman, 2000, 'Globalisasi, Pendidikan dan Modeniti di Malaysia', in Norani Othman and Sumit K. Mandel eds., *op. cit.*, pp.143-156.
⑮ 1988年の1人あたり国民総生産(GNP)は1988年の1,940米ドルから1995年の4,500米ドルに文字どおり倍増した。このまま年7％台の成長を維持し、10年ごとにGNPを倍増することによって、20年後には現在の先進国諸国のそれに追いつくことが可能であると構想された。この構想は1997年以降のアジア経済危機によって大きな修正を余儀なくされた。
⑯ マレーシアにおけるハイタレント・マンパワー養成に関する政策的背景および民族別偏りについては、竹熊尚夫、1998、『マレーシアの民族教育制度研究』九州大学出版会、129-143頁を参照。
⑰ 'Class Act: 'Eton of the East' attracts well-heeded students' in *Far Eastern Economic Review*, 1995.6.13, p.30.
⑱ 『新紀元学院簡介』New Era College;『董教總教育中心期間訊』(Dong Jiao Zong Higher Learning Centre Bulletin), Issue 2, August 1997; 馬来西亞董教總編、1995、『真相大白：華社為甚麼反対「1995年教育法案」』。
⑲ この節の「1996年私立高等教育機関法」の条文は *Private Higher Educational Institutions Act (Act555)*, 1996, Laws of Malaysia, Government Printer からの抜粋。
⑳ Moses Samuel and Le Tan Sin, 1997, 'Language Policies in Malaysian Education: Some Recent Development', in Zainah Marshallsay ed., *Educational Challenges in Malaysia: Advances and Prospects*, Monash Asia Institute, pp.74-75.
㉑ 「馬大提高學費700％建議」、『星州日報』1995.5.20; Michael Leigh, 1997, 'The Privatisation of Malaysian Higher Education: A Cost Benefit Analysis Stakeholders, Agenda Setting', in Zainah Marshallsay ed., *op.*

cit., pp.119-134. マレーシアの国立大学の法人化の状況については、本書第6章「高等教育へのグローバル・インパクト」第4節に詳しく述べた。

(22) University of Malaya, Consultancy Unit (UPUM), Mohd Sahar Yahaya 局長、Rahimah Haji Ahmad マラヤ大学教育学部長、Rameyah 教授へのインタビュー (1999.12.29); University of Malaya, Business Development Department, Muhamad Zakaria 部長へのインタビュー (2001.2.2)による; *Unit Perundigan Univeristi Malaya* (UPUM), *Brochure*.

(23) Ibrahim Ariff and Goh Chen Chuan eds., *op. cit.*, pp.9-11; スマート・スクール以外の基幹プロジェクトは、電子政府、電子医療、世界電子産業ネットワーク、多目的インテリジェントカード、メルティメディア研究開発、ボーダーレス市場である。

(24) Ministry of Education Malaysia, 1997, *Smart School Flagship Application: The Malaysian Smart School: A Conceptual Blueprint*, Kuala Lumpur.

(25) Ibrahim Ariff and Goh Chen Chun eds., *op. cit.*, pp.70-71.

(26) Rozinah Jamaludin, 2000, *Asas-asas Multimedia dalam Pendidikan*, Siri Pengajian dan Pendidikan Utusan, Utusan Publications, Kuala Lumpur, p.20.

(27) Smart School HP, http://202.190.218.3/smartschool/technology (2001.5.1).

(28) Pusat Perkembangan Kurikulum, 1998, *Panduan Ke Arah Sekolah Bestari, Kurikulum Sekolah Bestari, (Edisi Pertama)*, Kementerian Pendidikan Malaysia, p.45; http:www.studymalaysia.com (2004.10.17).

(29) Smart School Homepage, http://202.190.218.3/smartschool/curriculum (2001.5.1).

(30) Smart School HP, http://202.190.218.3/smartschool/focuses (2001.5.1); Pusat Perkembangan Kurikulum, 1998, *op. cit.*, p.30.

(31) Kementerian Pendidikan Malaysia, 1998, *Pakej Pembelajaran Sekolah Bestari, Matematik, Tingkatan Empat*, Bahagian Pendidikan Guru, pp.62-79.

(32) *Ibid.*, pp.4-9.

(33) Rahim Selamat, A. B., 2000, *Kemahiran Dalam Sekolah Bestari*, Badan Cemerlang, Johor Bharu, p.118.

(34) *Ibid.*, pp.225-229.

(35) *Tugasan Kelas Komputer Tingkatan 3*, 授業配布資料 (unpublished)。

(36) Halim Salleh, 2000, 'Globalization and the Challenges to Malay Nationalism as the Essence of Malaysian Nationalism', in Leo Suryadinala ed., *Nationalism and Globalization: East and West*, Institute of Southeast Asian Studies, Singapore, p.156.

第2章 アカデミックな人的流動にみる国際教育関係

(1) 教育をめぐる国際関係

国際教育流動としての留学

　教育をめぐる国際関係は、国家や民族などの政治的、軍事的、経済的、宗教的力学の支配する鮮烈な国際舞台にあって、控えめではあるが、持続性と浸透性の強い文化関係として注目が高まっている。フィリップ・クームス (Philip Coombs) は国際教育および文化関係を、政治、軍事、経済に続く外交政策の第四の次元と位置づけ、当時の冷戦構造の影に隠れて等閑視されてきた、「アメリカ合衆国の外交政策の未開発の領域」であると指摘した[1]。そして、1962年当時、はるかに大きな高等教育規模を持つアメリカと、ほぼ同数の留学生を受け入れていた英国を模範として取り上げ、戦時中にも国家のプロパガンダから離れて、自律的に堅実な教育関係の構築を推進した、ブリティッシュ・カウンシル (The British Council) の努力を評価した[2]。

　国際教育関係における人的側面が教育機関を中心とした国際的人的流動（交流）であり、その形態には留学 (overseas study, foreign study, study abroad)、研修・視察、訓練、顧問・指導、在外研究 (sabbatical study leave)、国際会議、文化交流 (cultural exchange) などがある。教育における人的流動の起源はきわめて古く、紀元前4世紀のギリシアの哲学および修辞学の学校にすでに留学生のグループがあったという記録がある[3]。教育機関とは本来、教育に関して特定の意志と能力を持つ者の集まりであるか

ら、そこに様々な出身や所属の者が混在することは自明のことである。そこにたまたま国家という概念が持ち込まれたとたん、その機関のある集団が留学生(foreign students)や外人教師(expatriate)と呼ばれるようになるのである。

　近代的な意味では、留学は、国家教育システムの持つ規模と質の面での限界を克服するための、「個人と国家にとっての重要な教育的選択肢(オプション)を提供するもの[4]」ととらえられている。また在外研究は科学者、とりわけ自然科学の研究者にとっては「知の普遍性の追求、連続した系としての地球世界の探求のため[5]」に必要不可欠の活動であると認識されている。また国連の経済・社会委員会は1960年、UNESCOにあてて、「国際的な人的・知的相互接触は、国際協調と平和の前提条件であり、教育・科学・文化の分野での交流は、経済的・社会的発展の必須の要素である」とする決議を採択している[6]。

　これと対象的な留学の側面は、第二次世界大戦中の日本の南方特別留学生のような例にみられる留学生の戦略的利用であった。1943年から1944年にかけて、東南アジア諸国の王族や支配層の子弟ら212名が日本に留学させられ、「国家の人質」として、戦争の遂行に利用された。しかし特別留学生の一部が、戦後各国で頭角を現し、新国家の政界や経済界で「知日家」として活躍するようになり、留学生の重要性が皮肉な形で実証されることになった。第二次世界大戦後の冷戦構造が終結した今、国際関係における教育と文化の交流の役割はかつてない重要な局面を構成するようになってきた。これまで教育における人的流動の問題は、多くの国においてその存在と重要性は確かに認識されてきたが、あくまでその国の教育システムの例外的な、周縁的問題であった。近代化の達成に海外留学を最も有効に利用した明治日本の経験は遠い昔の歴史的例となったが、戦後の日本の復興と、それに続くアジアの新興工業化諸国・地域の成長が、いずれも海外留学と研修に最も熱心な諸国で起こったことは、交流の経済的効用に対する関心を高めることになった。

国際教育流動の費用と効用

　フィリップ・アルトバック（Philip Altbach）は、教育を受けるための学生の国際的流動は、西洋の工業化諸国と第三世界の国々との間で最も顕著であると論じ、教育の場で国際的流動が起きる要因をプッシュ・プルの両側面から分析した。要約すれば、人的流動は、①国内教育施設の量的不足と②質的格差（±）、③外国学位の威信（－）、④国内の政治的制約・弾圧と⑤民族差別（＋）、⑥外国政府の受け入れ姿勢と奨学金（－）、⑦国際的生活機会への期待（±）（＋はプッシュ要因、－はプル要因）が存在するときに最も起こりやすいという[7]。一方、留学や海外研修は、一部の渡航先国からの招聘を除けば、その経費の多くは送り出し国側の負担であり、大量の派遣には、国としてのある程度の経済的成長が前提になる。2000年前後のアジア諸国について、人口1,000人あたりの留学生送り出し率を計算してみると、上位10カ国のうち、6カ国は中近東の国であり、残る4カ国は香港（2位）、シンガポール（3位）、ブルネイ（5位）、マレーシア（9位）とすべて経済的に中進国に属するとされる諸国・地域であった。日本は25位で2,000人に1人という比率であった[8]。しかし活発な留学生送り出し政策が経済的離陸に貢献したのか、経済的発展が大量留学生送り出しを可能にしたのかは、このデータからは明らかではない。

　従来、先進諸国は、外国、とりわけ途上国からの留学生に対して、奨学金を用意するほかに、授業料の免除や割引きなどのための補助金を拠出するなどして、海外からの留学生に門戸をできる限り開いてきた。これは留学生の受け入れが、受け入れ国の義務感や責務感を満足させる効率的な援助の形態であるからというだけでなく、受け入れ国にとっても長期的に様々なメリットをもたらすという、暗黙の認識があったからである。近年各国の高等教育機関に学ぶ留学生の数が顕著になるにつれて、彼らの教育に対して支払われる補助金や援助の負担も無視できない存在となり、これらの国民の税金に基づく費用が本当にメリットに見合うも

のなのかという疑問が広く問われるようになった。

　多くの論者が教育における人的交流の効用を論じているが、その要点はおよそ次のとおりである。①アカデミックな効用（優秀な学生による学術水準への刺激、研究に対する国際的視野の提供、研究の国際的拡大・海外調査への便宜の提供）、②経済的効用（授業料、生活費の支払い、帰国後の留学先国への商品・サービスの発注、貿易上のコネクションの形成、国内学生数の増減に対する緩衝定員）、③政治的効用（留学先国への政治的支持、政治的コネクションの形成、受け入れ国政府や社会の唱道する政治的立場やイデオロギーの輸出）[9]。

　留学生受け入れの社会的利益（social benefits）に関する議論は、主として直接的経済収支の側面と、間接的・長期的経済外収支の側面がある。前者は、国民の税金から支払われる留学生等への援助や授業料の減免に費やされた費用（costs）が、それによってもたらされる留学生等の増加とその国内消費の増加の収支と見合うものであるかどうかという議論であり、後者はその計算に、留学生を当該国に招くことによって、留学生の出身国との間に生じる政治的、経済的、文化的利益（もしくは損失）を加算した議論である。後者の議論を量的に数式にのせることはほぼ不可能であるので、調査は質的調査にならざるをえない。これには留学生本人への調査、インタビュー、雇用者や教師への調査などが考えられるが、結果はきわめて大きく環境要因に左右されるので、議論を普遍化させることは困難である[10]。

　前者の試みには、英国では、貿易取引先国の順位と留学生送り出し国の順位に数年間のインターバルをおいてスピアマンβの相関係数を求めて否定的な結果を得たマーク・ブラウ（Mark Blaug）の報告や、留学生受け入れの社会的収益率を計算した、ロビン・マリス（Robin Mariss）などの研究があり、アメリカでは補助金と学位授与率の関係を調べたソロモンおよびベッドウ（Lewis Solomon and Ruth Beddow）、またブラウの研究をアメリカの状況に合わせて修正したドナルド・ウィンカー（Donald Winkler）、オーストラリアでは『ゴールドリング委員会報告（1984）』などの研究が

ある[11]。結果は概して肯定的な色調が強いが、いずれもパラメータの設定に「感触 (feel)」にたよる部分が大きく、付帯条件つきの議論しかできていない。しかし、これらの留学生マーケットは、向こうから渡航費用を払って、受け入れ国の商品(高等教育)を長期間買いに来てくれる、きわめて優遇された「輸出」産業であることは確かである。マリスの次の表現は印象深い。「GATT(現在ではサービス貿易に特化してGATS)では輸出品にかける政府助成を削減するよう各国に働きかけている。ところが、ECの規定によれば、高等教育という『輸出品』には、ある国が留学生への政府助成を行ったならば、他国も助成を<u>行わなければならない</u>と求められているのである[12]。」(下線引用者)

　海外留学や研修が受け入れ国側からみれば有効な輸出であれば、送り出し国の側からみれば高等教育というサービスの輸入すなわち購入にあたり、大規模な購入は投資としての性格も持つようになる。送り出し国側からみた海外留学生派遣の効用は、自明ながら、①最新の知識、方法、概念の吸収、②国内高等教育施設の不足の補填、③国際ネットワークへの参加、④政治的、経済的、学術的なコネクションの形成、があげられる。さらに留学生個人についてみれば、上記①③④に加えて、⑤個人的威信・就職条件の向上、⑥国内の政治的弾圧や差別の回避、⑦徴兵制等の猶予や免除、⑧国際的活動能力や外国語能力の獲得、⑨海外生活の体験、国際交流の実践などのうちいくつかが当てはまるであろう。

　反面、送り出し国にとって留学はコストとリスクも伴う。例えば、①膨大な留学費用と外貨の流出、②言語など準備に要する時間的負担、そして特に国家にとっては、③頭脳流出のリスク、④反体制的思想・宗教・風潮の流入、⑤自国の文化や伝統に対する軽視などが考えられる。さらに論者によって見解は分かれるであろうが、以下に述べる、⑥教育的従属の現象とそれに起因する国内教育システムのゆがみの問題も起こりうる。

高等教育における従属と相互依存

　アルトバックは、教育・科学の分野にも、知識の生産とその分配において、地球規模の不平等が存在し、それによって生じる従属(dependency)は、第三世界の国々が軍事や政治・経済の面において先進国に従属している状況に似て、少数の中軸的国家に知的権力や影響力が集中し、それに第三世界の教育が従属し、また再生産されるような構造が作り上げられていることを示した。新植民地主義（neo-colonialism）とはそのより意図的な枠組みで、かつての宗主国が、そこから独立した旧植民地との関係において、その影響力を独立後も維持しようとして、意図的な政策によって組織的・知的なネットワークを作り上げようとする現象をいう[13]。教育および科学の分野においては、言語、出版、カリキュラムなどのコントロールがその典型的な例としてあげられているが、彼は海外留学もそうした地球的規模での不平等の状況において発生する、新植民地主義的従属関係であると分析した[14]。その根拠として、彼は、①教育・研究上の言語の制約、②国際知識ネットワークへの束縛、③留学先国の商品、サービスへの依存、④研究方法、学派・学閥的系列化、といった弊害をあげている。

　問題は、これらの従属関係は、従属する側から断ち切ることが困難なだけでなく、進んでその関係に安住し、断ち切ることに消極的である場合が多いことである[15]。第三世界の諸国の政策担当者は、短期的・局所的には外国の既存のシステムに頼ることによって、すべてを一から創造する場合より、資源と労力と時間の無駄を省き、国内の教育的不備を効率的に埋め合わせることができると考えるかもしれない。特定の国、A国で教育を受けたB国のエリートは、A国に対する彼の個人的好悪がどうであれ、帰国後はA国派と認識され、B国とA国の関係が深まるほど、職場での本人の立場は高まるため、彼はA国派として行動せざるをえなくなる。したがって、政府官僚であろうが大学教員であろうが、B国の指導者層はA国との関係を断ち切ることに消極的になるのである。

キース・ワトソン（Keith Watson）はこうした先進国と第三世界の国々の教育関係を一方的な従属関係としてとらえることに反対し、相互従属（inter-dependency）という概念を提唱した。彼によれば、まず国際的教育現象の多くを、経済的下部構造の不平等に起因する必然的結果として説明しようする従属理論を批判し、非資本主義的従属関係や、国内の地域的・個人的・偶発的要因の存在を強調した。続いて、新植民地主義の理論などに用いられる、植民地支配者対被支配者、中央対周縁、といった二極構造の枠組みを疑問視し、かつての宗主国を凌駕する経済的勢いの新興工業化諸国・地域（NICs/NIEs）の存在や、第三世界の国の側が援助等の決定のイニシアティブを握るいくつかの事例をあげて、先進諸国の側でも、第三世界の国々の政治的決定に大いに依存している状況を、タイとマレーシアの事例で説明した[16]。　教育における国際的流動の現象を、国家間の高等教育の「輸出」・「輸入」産業ととらえるならば、原油の輸出と輸入における国際的駆け引きにみられたような、貿易に対する双方の依存、すなわち相互従属の関係が浮かび上がってくる。

　第三世界の多くの国々でも、高等教育施設は急速に拡大してきているが、中等教育修了者の数もそれを上回る勢いで増加している。国内の教育の質や政治風土に問題のある国も依然多く、前述のプッシュ要因はますますその圧力を高め、世界の教育的国際流動はその勢いをゆるめる気配は今のところない。現在の教育流動をめぐるグローバルな傾向をまとめるならば、①送り出し側ではアジアからの留学生の急増、②受け入れ側ではアメリカ合衆国への留学生の集中、といえるであろう。世界の留学生受け入れ実績上位50カ国に留学している外国人学生は総数で100万人を越えており、その45％以上がアジアからの留学生である。そして全体の3分の1強にあたる35万人（2003年で58万人）がアメリカ合衆国一国に集中して学んでいる。アフリカ諸国に対するフランスの影響力を別にすれば、アメリカは現在（過去もそうであったが、相対的意味では特に近年）、世界で唯一の高等教育「輸出」大国としての地位を固めつつある[17]。

表2-1 アジア諸国の留学生送り出し上位国の第1位の留学先国

	送り出し国	総　数	第1位の留学先国とそのシェア(%)
1	中　国	115,871	米　国(62.4)
2	韓　国	69,736	米　国(52.0)
3	日　本	62,324	米　国(73.1)
4	マレーシア	41,159	米　国(34.1)
5	インド	39,628	米　国(80.1)
6	トルコ	37,629	ドイツ(55.8)
7	香　港	35,141	米　国(34.2)
8	イラン	26,796	ドイツ(39.5)
9	インドネシア	22,235	米　国(57.7)
10	シンガポール	16,493	英　国(31.6)
11	タ　イ	16,244	米　国(74.9)

出典：UNESCO, *Statistical Yearbook*, 1999.

　世界の高等教育「輸出」市場では、戦後米・仏・独・英の4国が大手を形成しており、それぞれが旧植民地を中心に、留学生の圧倒的多数をもとの宗主国に派遣する、「お得意」をいくつかかかえていたが、アメリカは世界的にそれらのシェアを切り崩しつつある。英国に関しても、英連邦諸国を中心に、アジアではスリランカ、香港、マレーシアなどのいわゆる「お得意」があったが、次第にアメリカへの留学が主流となりつつある。表2-1は1999年前後で留学生送り出しの多いアジア諸国とその第1位の留学先国、すなわち最大の高等教育「輸入」先国およびそのシェアである。

　ウィリアム・カミングス（William Cummings）は、アジアの学生がなぜアメリカへの留学を望むのか、について論じ、一般的には、アメリカ高等教育の高い質と受容力（規模）、適正な授業料とパートタイムでの職の得やすさなどを理由にあげた。さらに、アジア34カ国について6つの変数で回帰分析を行った結果、アメリカが留学生大国であるまえに移民大国であったこと、アメリカ製品が送り出し国で普及していることなどが、留学先としてのアメリカの選択に関係があると結論した[18]。

　上述の2つのグローバルな潮流に加えて、小規模ながら顕著な動きを

みせているのが、アジア諸国からの日本への留学生の急増である。日本政府、文部省は1983年、当時1万人強(国内高等教育機関人口比0.8%)を受け入れていた留学生数を、西暦2000年までに10倍の10万人にまで増やす計画を含む、『21世紀への留学生政策の展望について』という報告を提出した。この新政策は、折しもアジア諸国の一部で打ち出された、日本の経済発展に学ぼうという機運や、増加する留学生の渡航先を多様化しようとする派遣国の方針に合致して、計画を上回る実績をあげ、1990年までに年平均21.8％の増加で、41,347人(計画では29,650人)の留学生を受け入れるようになった[19](章末〈追録〉を参照)。

アメリカは過去にフィリピンに、日本は台湾と朝鮮半島に植民地支配の経験があるが、それ以外の国々への教育的影響力の増大があったとすれば、それは植民地主義や新植民地主義の枠組みではもはや説明できない。アジア地域における経済的な支配力を背景に、両国の教育的進出がなされたのであれば、従属理論を支持する事実であるが、アメリカと日本のアジア地域における経済的実力と教育的浸透力はパラレルな関係にあるのであろうか。そしてまた、この地域での旧宗主国の影響力はどこまで逓減しているのであろうか。以下では、複雑な国際的教育関係の動きのなかで、国家としての教育政策が比較的明確に、個性的に打ち出されてきた、マレーシアと英国の教育関係の変遷を中心に考察してみたい。

(2) マレーシアと英国の国際教育関係

マレーシアをめぐる国際教育流動

わが国でも、海外留学ブームや国内での留学生の増加、あるいは海外の大学の日本進出(これはまさに文字どおりの高等教育の輸出である)などで、教育における国際流動は、身近な問題となってきたが、あくまで教育の周縁的問題であり、それが国家の最重要関心事になることはまれである。日本における留学生問題は、絶対的にも比率的にも、微小であるし、

翻って考えればそれは日本の教育システムが、少なくともハード的には自己完結度が高いことを意味している。

一方、人口2,300万の東南アジアの国、マレーシアを舞台にして国際的教育流動をみてみると、全く別の様相が浮かんでくる。マレーシアは1980年代まで6校の国立大学と2校のカレッジを持つのみで、当該年齢人口比就学率は2.07％にすぎなかった[20]。ところがこの小さな国は、1989年UNESCO統計によれば、中国に次ぐ世界第2位の留学生送り出し国であり（上位50カ国の受け入れ総数は40,324人）、1981年から1985年の統計までは世界最大の送り出し国の座にあった[21]。マレーシア政府の統計でも、1988年には42,381人が海外の高等教育の学位コースに在籍しており、これら留学生は同年のマレーシア人学生で高等教育総学生数の約半数の46.0％に達しており、1983年のように過半数を越えていた時期もあった[22]。1984年当時、マレーシア人の海外留学に費やされた費用（私費留学も含む）は、12億Mドル（リンギット＝約30円、1986年当時＝約60円）であったが、当時のマレーシア国家の総教育支出が41億Mドル、そのうち高等教育の支出が5億8千万Mドルであった（1985）ことを考えると、留学による負担の大きさがわかる[23]。

表2-2 マレーシアからの留学生派遣先国(1978-84年)と同受け入れ国(1985-91年)[24]

	1978	1980	1982	1984	1985	1989	1991
米　国	3,360	7,500	13,000	17,100	7,537	19,480	12,720
英　国	15,470	15,970	12,530	14,000	5,467	5,642	5,969
豪　州	998	4,750	8,294	9,100	4,886	7,654	7,040
カナダ	6,016	5,383	5,769	7,212	4,960	1,359	*1,410
日　本	357	184	275	1,925	204	678	1,050
ニュージーランド	2,258	18,85	1,263	2,000	824	969	1,008
インド	3,231	6,000	6,300	7,020	1,726	―	824
学生総数	36,921	46,093	52,015	65,589	30,107	40,324	29,528

註：＊この年の受け入れ数は5となっていて誤植の可能性が高いので1990年データで補正した。
出典：Higher Education Division, Ministry of Education Malaysia ; UNESCO, *Statistical Yearbook*, 1985, 89, 90, 91.

マレーシアの教育制度は高等教育を含めて、起源的には英国の既存のモデルの移植であった。英国による植民地化は、マラヤにとって幸運以外の何ものでもないと考える英国植民地官僚と、彼らによって選抜され、英国風教育と訓練を受けたマレー人官僚組織（Malayan Civil Service）との調整によって、マレーシアの独立は流血の惨なく達成された。マレーシアは独立後、大学組織においては少なくとも10年、高等教育の授業用語においては少なくとも20年、中等学校理科カリキュラムや試験制度においてはおよそ30年間、英国を中心とする西洋のパターンに従属することになった。しかし、それらの改革は教育制度全体のまだほんの一部であるし、改革そのものも植民地時代の遺構を根こそぎ刷新しようとするものは少なかった。アシュビー卿（Sir Ashby）は、植民地教育制度の設立の際の英国植民地官僚の「思い込み」について次のように表現している。

「もし我々が大学を海外の植民地に輸出しようとするのであれば、ちょうど我々の輸出する車が英国車であるように、それらはもちろん英国の大学でなくてはならなかった。我々は気候に適したマイナーな修正は喜んでするが、現地にはフランスやアメリカのモデルがより適しているのではないか、という疑問を検討することは我々の仕事ではなかった[25]。」

マラヤ大学の設立後、英国の直接の大学の輸出は跡絶えたが、高等教育の間接的「輸出」である、海外留学生の受け入れはますますさかんになった。多くのマレーシア人学生や政府の留学担当官は、留学先の選定にあたって、フランスやアメリカの大学より英国のそれが適しているから、というよりは、ごくあたりまえのこととして英国（英連邦）の大学を選んでいた。独立直後の統計がないので推測の域を出ないが、各種統計より留学生の半数以上は英国に留学していたものと思われる[26]。

英国の留学生受け入れ政策

5,800万余の人口を持つ英国は、1960年当時大学学生人口比7.6％（アメ

リカ1.5%、日本0.7%）にあたる、12,410人の留学生を受け入れていたが、その大部分が英連邦諸国からの留学生であることは当然のことと認識されていた[27]。マレーシアからの留学生の波は次第に顕著な存在となり、1969/70年度には留学生集団の最大の国別グループとなり、1982/83年度まで14年間にわたりその地位を維持した[28]。英国では1966年から67年にかけて、国内学生と外国人に対する大学の授業料に格差が導入されたが、これに基づく騒動の拡大を政府が嫌って、以降1974年に至るまでの8年間、海外留学生の授業料が250ポンドという額に凍結された。そのためにインフレーションを加味すると、逆に授業料は実質的に3分の1安くなったとされるが、この時期は、まさにマレーシアからの留学生が英国で急増した時期と符合している。

　英国の高等教育は基本的には公的に維持されており、授業料収入は経費全体の約20%をまかなうにすぎず、残りは大学設置委員会（University Grants Committee）からの補助金と個人的な研究資金で運営されている。したがって、授業料が固定された場合、増大する運営経費の大部分は補助金によって補填されることになり、これは国民の税負担に跳ね返ることになる。最初に留学生に対する補助金の「費用－効用分析（cost-benefit analysis）」に触れた報告書は、1963年の『高等教育委員会報告』（通称『ロビンズ報告』）であった。委員会は留学生数が20,000人に達した時の補助金総額は、900万ポンドになると予測し、次のようなコメントをしている。

　　「我々の判断では、（留学生に対する）支出は正当なものである。それは明確な目的をもって行われる海外援助の一形態であり、受益者の利益と一般的な友好関係の育成によって、目に見える報いをもたらしてくれる。しかし、そうした援助が、補助金という形で最も望ましく提供できるのか、また政府はその援助を将来どのレベルにまで、無制限に増やすのかという問題はある[29]。」

　1970年代には、国内の高等教育需要が安定化に向かったのに反して、海外留学生の流入が増え続けたため、国内高等教育機関の留学生比率は

1971/72年の5.6％から、1977/78年には11.2％へと倍増し、公的な補助金の国民負担は急膨脹した(30)。1975年に政権に返り咲いた労働党は、以後大学の授業料を毎年上昇させたが、海外からの留学生流入の抑制に効果がないと知るや、海外留学生比率を1975年の水準に安定化させるために、各教育機関に留学生に入学割り当て（quota）枠を設けて留学生数を抑制しようと試みた。

ところがその効果が顕在化しないうちに、2年後の1979年春の総選挙で労働党は敗退し、マーガレット・サッチャー（Margaret Thatcher）率いる保守党が政権についた。新政権は深刻な財政危機に直面し、留学生問題に根本的な改革が必要であるとの結論に達した。同年10月、政府は1980年10月より新政策の施行を宣言したが、それは教育機関に在学する海外留学生の数に従って、補助金を削減し、留学生とそのスポンサーから全額の授業料を徴収してそれを補うという徹底的なものであった。すなわち、それまでは「税金食いのお荷物」的な存在であった留学生が、一転して、「現金払いのお得意様」へと変身することになった。しかしその代償に、1980/81年度でいえば、国内学部学生の授業料740ポンド、大学院学生1,105ポンドなのに対して、海外留学生は学部・大学院一律に、文系2,000ポンド、理系3,000ポンド、医学系5,000ポンドの授業料が必要となり、値上げ幅は最大で15倍という高率となった(31)。

サッチャー政権の「留学生授業料全額負担制（full-cost fees policy）」は、1年間、両院で審議された後通過し、1980/81年度から実施されることになったが、それと同時に内外から様々な批判の声が巻き起こった。この政策が導入されれば、かなりの留学生の減少が予想されるので、留学生に依存度の高い機関は死活問題であった(32)。学生組合と学界は理念的な批判を中心に、議論の不十分さと外交上の損失を強調した。また一部の実業界ロビーは、それによって予想される貿易実績への悪影響を懸念していた。しかし誰よりも突然の値上げに困惑したのは、最大の顧客である、マレーシア、香港、ナイジェリアなどの留学生大口派遣国・地域

であった。特に当時最大の留学生派遣国であったマレーシアは、官民ともに最も敏感な反応を示した。

マハティールとルック・イースト政策

この時期はマレーシアの政界においても、独立以来の転機がおとずれていた。1981年6月、フセイン・オン (Hussein Onn) 首相を継いで、第4代マレーシア首相にもと文部大臣マハティール・モハマッド (Mahathir Mohamad) が就任した。マハティールは、英国でなくシンガポールで医学博士号を取得し、これまでの歴代首相のように貴族階級との縁故もほとんどなかった、という点で異色な存在であった。彼はマレー・ナショナリズムの強力な唱道者で、1970年には『マレー・ジレンマ (*The Malay Dilemma*)』を著し、マレー民族の自律と因習および植民地的依存からの脱皮を唱えたが[33]、民族対立を刺激するとの理由で10年間の発禁処分を受けている。西洋嫌いといわれる彼が、首相の座についたときの英国—マレーシア関係は最悪の状態に近かった。前述の英国の高等教育機関の留学生の授業料の大幅値上げを一方的に通告されて、英国の独善に反感が高まっていたところに、ガスリー事件 (Guthrie Affair) が勃発した。1981年6月、英国系マレーシア資本の現地化を進めていたマレーシア政府は、ロンドン証券取引所において英国系商社ガスリー社の子会社の株式の過半数を一挙に取得した。これに対して英国政府は証券取引所の規則を「締めつけ」て対抗したため、両国関係は一気に悪化した。さらに新任の在マレーシア英国高等弁務官の軽率な言動や、マレーシアの人権問題に対する干渉などの事件が重なり、マレーシア政府は「英国製品遅買運動 (Buy British Last)」を呼びかけるまでに発展した[34]。

そのような両国関係のなかで、1982年2月、クアラルンプルにおける、第5回マレーシア・日本／日本・マレーシア経済協会、合同年次会議 (The 5th Joint Annual Conference of the Malaysia-Japan and the Japan-Malaysia Economic Associations) におけるスピーチのなかで、ルック・イー

スト政策(The Look East Policy)が宣言された。ルック・イースト政策とは、マレーシアの経済発展と自律を促進するために、マレーシア国民が日本および韓国の社会的価値観や労働倫理、態度を見習い、それらの国民の意欲と方法と技能に目を向けるように促す、政府主導の社会・経済運動のことである。イーストとは西洋に対する東洋の価値観のことであり、複合民族国家全体が目標とし、社会的変革を目指すモデルとして、特定理論や聖典を持たず、西洋的要素、華僑的要素、インド的要素、イスラーム的要素から比較的フリーな価値観として注意深く、選ばれたものである。

「ここでアジアに目を転じると、特に日本と韓国は民主主義を採用し、施行しているが、集団あるいは多数の者の権利をないがしろにし、損なうような、そういう個人の自由は許されていない。その結果、国は安定し、その競争力は高められているのである。日本や韓国の労働倫理は、規律、忠誠、勤勉をその内容として、それぞれの経済や社会の発展の原動力となった。以上のような理由で、マレーシアは東方を重視することを決定した[35]。」

「もしこれまで西洋の悪しき労働倫理を存分に学んできたならば、今や東洋の良き労働倫理の一部も学ぶべき時である。ルック・イースト政策とは、西洋をすべて放棄しようというのではなく、西洋一辺倒を脱して他の何らかの手段にも活路を開こうというものである。西洋の良いものには我々は依然として従うが、ここ(東洋)にも我々にとって有益な倫理価値、システムが存在している[36]。」

マハティール首相はルック・イースト政策を採用することで、「マレーシアは日本や韓国からの援助を期待しているわけではない。もちろん、マレーシアが日本の衛星国家になったり、日本の同盟国もしくはそれと類似のものになることを望んでいるのではない。また日本のすべてをまねようというのではなく、日本の失敗にも学ばなくてはならない[37]」とも述べている。しかし、同時に、この政策の達成には、日本および韓国

からの企業進出と投資がきわめて重要であることも認識していた。首相は日本政府および日本企業に対しては、次のような協力と援助を行うように要請した[38]（韓国に対してもほぼ同内容）。

(1) 日本の大学、専門学校でのマレーシア人学生の受け入れ。
(2) 日本の労働倫理、経営管理の方法をマレーシア企業、官庁に取り入れる。
(3) 日本の企業にプロジェクトを発注して、マレーシア人労働者と接触させる。
(4) 日本企業を誘致する。
(5) 日本語出版物の翻訳、辞書編集などの文化事業。

ルック・イースト政策の評価

ルック・イースト政策はその構造として、①英国に対して譲歩を引き出すための政治的側面、②価値観の転換を目指す文化・教育的側面、そして、③究極的な目標としての経済的側面がある。この政策の発端には、マハティール首相の、英国の教育・外交・経済政策に対する失望と反感があったことは確かであるが、その背景には、彼個人の反西洋的気質に加えて、マッケンジー社の経営顧問であった大前研一との個人的親交からの影響が大きいといわれる[39]。

この政策の特色は、その立案、宣伝、施行の各場面において、マハティール首相個人のイニシアティブがきわめて大きく、それだけに、彼の引退後の政策の継続性が不明確なことである。したがって、この首相の個人的「思い込み」に対する批判は国内からも様々な角度からなされた。例えば、①価値観移植の困難さ、②技術移転の限界（日本にとっては競争相手の育成になる）、③モデルとしての日本の不完全さ、④日本への経済的従属の強化などが指摘された[40]。1983年には英国との和解もなり、日本・韓国側の対応の消極さもあって、マハティール首相は1984年以降、公式の場でルック・イースト政策を表明することはなくなっているが、

文化・経済政策は基本的に今日まで継続されている。

　そのひとつがマレー系ブミプトラ（*Bumiputera* ＝土地の子：先住民族）の学生を対象とした日本留学制度である。日本語で授業が行われる日本の大学に学生を派遣する準備として、マラヤ大学に日本留学のための予備課程プログラムと日本文化センターが1982年開設され、マレー系から選抜された学生が2年間の日本語および専門科目研修を受けて、1984年には第1期39名が日本の各大学に配属され、近年では毎年100名程度が派遣されている。専門学校へは、毎年25～30名が、東京の語学集中コースで1年間のコースを受けた後、送り込まれている[41]。

　このプログラムを実施に移すために、日本のいくつかの大学の学位が急遽マレーシア政府に認定され、卒業生のマレーシアの官公庁への就職の道が開かれたが[42]、最終的にプログラムが成功するためには、マレーシアに進出している日系企業が積極的にこれらのコースの卒業生を採用することが、暗黙のうちに期待されていた。研修プログラムとしては、産業研修（Industrial Training）や管理職研修（Executive Development）として、専門職員や技術者が4カ月から1年間、日本の公共機関や公企業に日本語研修の後に送られている。そのほかにも、特定の目的を持った政府間および私企業間の研修プロジェクトが多数あり、マレーシアでの建設工事を落札した日本および韓国の企業が、現場で数百人規模の作業者および幹部に対して研修を行った例もある[43]。

　このような政府主導のプロジェクトに私費留学生も加えて、マレーシアからの日本留学生は急増し、1982年の156名から1990年には1,544名となり、日本における海外留学生のなかでは中国、韓国、台湾に次ぐ第4位（非漢字文化圏からの学生としては最大）の集団となった[44]。また、マレーシアからの送り出し側からみた場合でも、前掲の**表2-2**のとおり、第5～6位の派遣先国となった。しかし、日本語修得の難しさに加えて、日本の大学の学位の取得の難しさ、帰国後のマレーシア国内での評価の問題などがあり、これ以上の大幅な増加は考えにくく、むしろマハティー

ル政権が退陣した後の反動が予想される。

英国政府の譲歩と対応

一方、留学生の授業料全額負担政策を導入した英国は、直後の4～5年には、海外留学生の急激な減少に見舞われた。新政策が施行された1982/82年度には、留学生は全年度の48,136名から30,975名へと35％の減少がみられた。国別では、マレーシアからの留学生が大学レベルで24％、継続教育レベル（non-advanced further education）で81％という下落を記録した。1984年までの5年間で、留学生は全体で36％減少したが、英連邦諸国からは40％減少したのに対し、OECD諸国からは14％の減少にとどまり、EC諸国からはほぼ現状を維持した。したがって、この政策が英国の海外留学生の構成に与えた影響は、留学生の出身国に関して、①英連邦諸国からEC（現在のEU）諸国へ、②途上国から先進国へのシフト、教育レベルに関しては、③継続教育から大学院教育へ、としてまとめられる[45]。

各界各国からの非難の高まりに対して、サッチャー政権は補助金復活への後退はいかなる意味でも否定すると断言していたが、強硬なロビー活動と留学生基金（Overseas Students Trust）等の民間団体の助言によって、1983年、外務省が譲歩策を打ち出した。すなわち、補助金全廃の基本方針は変更せず、ODA予算の一部である海外技術協力プログラムの資金を用いて、打撃の大きい特定の国からの留学生に対して奨学金の形で助成するというものである。これによって、マレーシア、香港、キプロスの英連邦諸国・地域に対して、3年間にわたって総額4,600万ポンドが用意され、この声明を発した外務大臣の名にちなんで、この助成をピム・パッケージ（Pym Packege）と呼んでいる[46]。

これ以外にも、様々な資金から奨学金制度が特定の国や地域を対象に設定され、英国は「これまでの留学生に対する無差別の国庫援助から、政府が英国に来て欲しいと思う種類の学生を対象とした、絞った援助

(targeted scholarship schemes)⁽⁴⁷⁾」に方針を切り替えたことになる。これによって香港からの留学生の大部分は、国内学生なみの授業料になり、マレーシアの学生にも3年間で5百万ポンドの助成が与えられた。リン・ウィリアムズ（Lynn Williams）は新たな英国の留学生政策を次のように要約している[48]。

(1)英国は様々な理由、教育、政治、経済、開発上の理由、から海外留学生を歓迎する。
(2)基本的に彼らの教育費用は英国の納税者によって負担されるべきではない。
(3)しかしながら、国家的な優先順位が認められた場合には、特定の個人や学生カテゴリーに対して、注意深く絞られた助成制度が用意されるべきである。

こうした助成に加えて、クアラルンプルや香港での「大学フェア」開催などにみられる英国大学の海外における商業努力によって[49]、英国への留学生数は1984年以降回復の兆しをみせ、高等教育部門に限れば、1987年には新政策導入前の水準を回復した。一方、マレーシアに関しても、1983年には英国製品に対する遅買運動を撤回し、両国首相の非公式の会談の後、マレーシアから英国への留学生数の変動も安定化した。またこれには、マレーシア学生が英国等の大学に留学する際に、一定期間を国内のカレッジのコース履修で代替し、海外での滞在期間を短縮する、スプリット・コース（sprit courses/dual-location courses）、トゥニング・プログラム（twinning programmes）などの創設による、コスト削減努力にも負うところが大きい[50]。

(3) 学位取得先国の分布と変遷

大学教員の学位取得先国

特定の国や地域間のより強い教育的依存・影響の関係を検出するもう

ひとつの指標として、その国・地域の知識人、指導者、経済人がどの国の教育機関で教育的資格や学位を取得したかということを調べる方法がある。前述の、英国への依存からの脱皮を主張した、マレーシアのマハティール首相は、独立以来の歴代首相として、初めて英国で教育を受けていない首相として有名である。また立憲君主制のマレーシアでは、国王は各州の9人のスルタン(イスラーム社会の首長)から5年ごとに互選されるが、その9人のスルタンのうち7人までが、英国での高等教育を受けている[51]。さらに1983-4年時点でのマハティール内閣の大臣25人中、副首相を含む10人が英国留学経験者、オーストラリアが3名、カナダ、米国留学組が各2名、インドネシア、スイスが各1名であった[52]。

　学位の取得は本人の肩書きとして終生残るので、取得先国の傾向の時間的な変化は比較的ゆっくりと表れ、現状を反映しにくい面もあるが、逆に一時的な流行や政変による影響を受けず、ある程度将来の長期的な傾向を予測することができるという側面がある。もちろん全留学者の学位の取得先を知ることは不可能であるが、通常の場合最高の学位である博士号を取得し、帰国後アカデミックな意味での最高学府である大学の教員として採用された人々に対象を絞れば、ある意味での「成功した留学」の傾向を知るうえで、有効なサンプルとなりうるし、また資料的にも時間的な変化を遡及することが可能である。またマレーシアをはじめとする東南アジア諸国では、フィリピンを除いて、大学の数はそれほど多くなく、歴史的にも規模でも一国をリードする指導的大学が比較的自明なので、その国の状況を代表していると考えられるサンプルが得やすいという点がある。本章では英連邦諸国の大学教育職員のリストを1950年代から掲載している *Commonwealth Universities Yearbook*）を主な資料として利用した[53]。

　博士号の取得のために外国の大学に留学を考慮する場合、その行き先を選ぶ際に、多くの要因がその決定を左右する。①その国・大学・コースのアカデミックなレベルと実績および、取得した博士号の自国での評

表2-3　マラヤ大学教員の専門分野別博士号取得先国(1991年)

人(%)

取得国	英　国	合衆国	豪　州	国　内	その他
人文科学	21(32.8%)	11(17.2%)	4(1.6%)	22(34.4%)	6(9.4%)
社会科学	20(21.7%)	35(38.0%)	9(9.8%)	23(25.0%)	5(5.4%)
自然科学	89(50.2%)	25(14.1%)	13(7.3%)	27(15.3%)	23(13.0%)
農工建築	33(76.7%)	2(4.7%)	0	5(11.6%)	3(7.0%)
医歯薬学	17(43.6%)	3(7.7%)	4(10.3%)	8(20.5%)	7(17.9%)
総　計	180(43.4%)	76(18.3%)	30(7.2%)	85(20.5%)	44(10.6%)

出典：杉本調査。以下表2-4～表2-7、図2-1も同じ。なお註(53)参照。

価、②奨学金の有無や大学間の交流、共同研究などの人的・制度的つながり、③自国の大学では得られない教育内容・分野、④留学のしやすさ(生活言語、授業料や生活費のコスト、自国からの距離、治安状況)などである。したがって、ある大学の教員の博士号の取得先大学や国を調べても、それだけでは、それが意味するものは複雑で曖昧である。しかし、同様のデータをいくつかの国や時代にわたって対照する、(多国間および時系列間)比較法を用いれば、同一大学の学部(学系)間で、職階間で、あるいは大学間、さらには世代(時代)間で、何らかの特徴ある傾向があればそれを抽出できる可能性がある。そこで、まずマレーシアで最も歴史のある総合大学、マラヤ大学の教員の1991年(データ収集は1990年)時点での博士号取得先を、学系別、職階別に集計した結果を表2-3に示す。

　1991年度にはマラヤ大学の教員の40%にあたる417人が博士号を取得していたが、さらにその43%にあたる180名は英国の大学の学位取得者であった。続いてアメリカ合衆国76名(18.2%)、オーストラリア30名(7.2%)が多かったが、国内の大学(ほとんどの場合マラヤ大学)での博士号取得者も85名(20.5%)に達していた。それ以外では、カナダ20名、ニュージーランド、ドイツが各6名、インドの5名、インドネシアの4名などが目立つものであった。留学生がアメリカやオーストラリアへ流れているという一般的傾向は、社会科学の分野でアメリカでの博士号取得者がトップに立っている点にわずかに反映しているが、自然科学など理系コースでの英国の影響力は依然大きく、一般的な留学生の動きほど、博

士号取得者の国際的分散は進んでいないことがわかる。

国内・国外大学との比較

また**表2-4**に教員の職階ごとの分布を示したが、教授、助教授レベルよりも、むしろ講師などの若手レベルにおいて、英国学位取得組が67％を占めているという事実は、近い将来に英国学位の支配がマラヤ大学において崩れる可能性はきわめて低いことを示している。マラヤ大学はマレーシア最古、最大の大学であり、他に同国には2つの総合大学と4つの専門大学が存在している。マレーシア国民大学とマレーシア理科大学（実際には総合大学）は、1969年以降の創立であり、植民地時代からの英国とのしがらみから解放された組織や学術交流の展開を期待できる反面、創立後歴史が浅く、自校からの博士号取得者が十分に育っていないという要素もあり、同様のデータの比較集計を行ってみた（**表2-5**）。

結果は新設2大学とも、マラヤ大学とよく似た取得先の分布を示し、英国学位はいずれの大学でも4割以上の占有率を示した。ただし、新設大学では、まだ自校の博士号授与数が少ないために、国内大学での博士号取得者の比率がマラヤ大学より低く、その分をアメリカでの学位取得

表2-4 マラヤ大学教員の職階別博士号取得先国（1991年）

取得国	英国	合衆国	豪州	国内	その他	計	教員総数
教授	16	9	9	8	8	50	72
助教授	78	54	18	61	27	238	375
講師助手	86	13	3	16	9	127	591
総計	180	76	30	85	44	415	1,038

表2-5 マレーシアの3総合大学の教員の博士号取得先分布（1991年）

人（％）

博士号取得先	合計	英国	合衆国	豪州	国内	その他
マラヤ大学 創立1959年	415 (100％)	180 (43.4)	76 (18.3)	30 (7.2)	85 (20.4)	44 (10.6)
マレーシア国民大学 創立1970年	408 (100％)	172 (42.2)	112 (27.5)	31 (7.6)	47 (11.5)	46 (11.3)
マレーシア理科大学 創立1969年	384 (100％)	154 (40.1)	111 (28.9)	33 (8.6)	19 (4.9)	67 (17.5)

者が補って進出しており、学位の取得先に分散化が進んでいるようにみえる。マレーシア工科大学、マレーシア農科大学(1997年よりマレーシア・プトラ大学)、国際イスラーム大学等の専門大学についても、同様の集計を行ったが、その博士号取得先における英国の占有率は、理学部、工学部の教員の比率の高い大学ほど、大きくなる傾向があり、設立年や大学の規模との関連は見出されなかった[54]。

英国学位の支配力は旧英国植民地の大学に共通する現象であろうか。次にアジアの旧英国植民地における、マラヤ大学に似た形態と歴史を持ついくつかの大学について同様の検討を行った。ただしインドに関しては、最も歴史の古い、植民地期3大学(カルカッタ、ムンバイ(ボンベイ)、マドラス)がいずれも規模が小さいので、3大学を合計した数値で集計してある(表2-6)。

アジアにおける旧英領植民地の大学において、英国の大学は、海外における博士号の取得先として依然として最も有力な地位を維持していたが、各国各大学における学位取得国の分布パターンには大きな差がみられた。学者の養成において旧宗主国への依存が高いアジアの新興国のなかで、最も特異であったのはインドの各大学で、博士号保持者の90%以上が、インド国内の大学での取得であった。インドの大学の博士号の自給率が高いのは、マラヤ大学よりも100年を越える長い歴史に加えて、

表2-6 旧英領植民地の大学の教員の博士号取得先分布

人(%)

博士号取得先	合　計	英　国	合衆国	豪　州	国　内	その他
マラヤ大学 創立1959年(1991)	415 (100%)	180 (43.4)	76 (18.3)	30 (7.2)	85 (20.4)	44 (10.6)
国立シンガポール大学 創立1959年(1991)	933 (100%)	321 (34.4)	258 (27.7)	80 (8.6)	107 (11.5)	168 (18.0)
香港大学 創立1911年(1989)	380 (100%)	150 (39.5)	103 (27.1)	23 (6.1)	66 (17.4)	38 (10.0)
インド3大学 創立1857年(1989)	910 (100%)	38 (4.2)	33 (3.6)	1 (0.1)	827 (90.9)	11 (1.2)
コロンボ大学 創立1921年(1989)	108 (100%)	66 (60.6)	7 (6.5)	2 (1.9)	23 (21.1)	11 (10.2)

註:各大学の( )内の年のデータ。

国内の大学が充実して発展しつつあることが基本にあるが、近年の頭脳流出などによる留学のコストに悩んだインド政府が導入した留学制限と外貨持ち出し制限の影響も考えられる。最近では、「インドのカレッジの最も優秀な卒業生の多くは、海外の大学院に進学して帰国しないこともしばしばある」という[55]。

マラヤ大学は上記大学中では、コロンボ大学を除くすべての大学よりも高い英国大学への依存度を示した。コロンボ大学は伝統的に英国学位への依存度がきわめて高く、1982年には英国大学の博士号取得者が71.8％を占めていた。コロンボ大学は農工学系学部を持たず、人文科学系も小さく、総合大学と呼ぶには疑問もあるが、それでも7年間のうちに英国学位の占有率が10％以上も下がったということは、ここでも英国の影響力は急速に低下しているといえるであろう。

香港大学においても、従来から教員の英国学位への集中度は高く、1970年には71％、1982年でも47.1％の博士号は英国の大学から授与されていた。したがって1989年の39.5％という数値は英国の学位の占有率のかなりの低下を意味している。マラヤ大学と他の旧植民地の大学との最大の相違は、教授・助教授層における英国学位の影響力と若手の講師・助手層における英国学位の影響力の変化が一般的傾向と逆転していることである。表2-7に示したように1991年のマラヤ大学の教授・助教授で博士号取得者のうち、英国学位を持つものの比率（A）は、講師・助手層のそれ（B）より低くなっている。すなわち、一般的には大学教員の上の層になるほど英国大学での博士号取得者の比率が高まるのに、マラヤ大学ではそれが逆になっているのである。この傾向はそれほど極端ではな

表2-7　4大学における職階別英国大学博士号取得者の占有率

(％)

	マラヤ大学	国立シンガポール大学	香港大学	コロンボ大学
教授・助教授（A）	32.6	37.8	45.6	75.0
講師・助手（B）	67.7	33.1	37.2	57.9

註：マラヤ大・シンガポール大のデータは1991年、香港大、コロンボ大は1989年。

いが、マレーシアの他の2つの総合大学、マレーシア国民大学（A＝41.7％＜B＝42.4％）、マレーシア理科大学（A＝34.8％＜B＝44.7％）においてもみられ、マレーシアに特徴的である。

インドを除く各国では、高等教育の教員の市場はかなり限られており、それぞれが国内の指導的大学であることを考えれば、大学教員の流動は欧米諸国ほど顕著ではない。その場合、確率的に無作為の昇進が行われるとすれば、今日の講師・助手における博士号の取得傾向は、将来の大学の教授・助教授層の傾向として長期的な影響を残すことになる。すなわち、若手教員層にアメリカの学位取得者の多いシンガポール大学では、将来教授・助教授層にアメリカの学位取得者が増えるであろう。一方、若手に英国帰国組が多いマレーシアでは、他の英連邦諸国の大学のような英国の学位の影響力の低下がそれほど起こらないか、もしくは逆に影響力が増大する可能性があるということになる。

時系列的比較

そこで、このことをより精密に検討するために、*Commonwealth Universities Yearbook* のバックナンバーをあたり、1950年代からの博士号取得傾向の時間的変遷をたどることにした。シンガポール大学は創立当時はマラヤ大学シンガポール校と呼ばれており、1962年にシンガポールの独立とともにシンガポール大学となり、1980年には中国語系の南洋大学と合併して、国立シンガポール大学となったが、これを一貫してシンガポール大学と表現する。コロンボ大学も1921年にセイロンユニバーシティ・カレッジとして創設され、1942年にセイロン大学、1972年にスリランカ大学コロンボ校、1979年以降スリランカ、コロンボ大学が正式名称となったが、これもコロンボ大学という呼称で統一する[56]。

図2-1は1960年から1991年までのマラヤ大学とシンガポール大学の博士号取得者の学位取得先国の比率の年次変化を示している。独立前の1950年のデータではマラヤ大学とシンガポール大学の共通の母体である

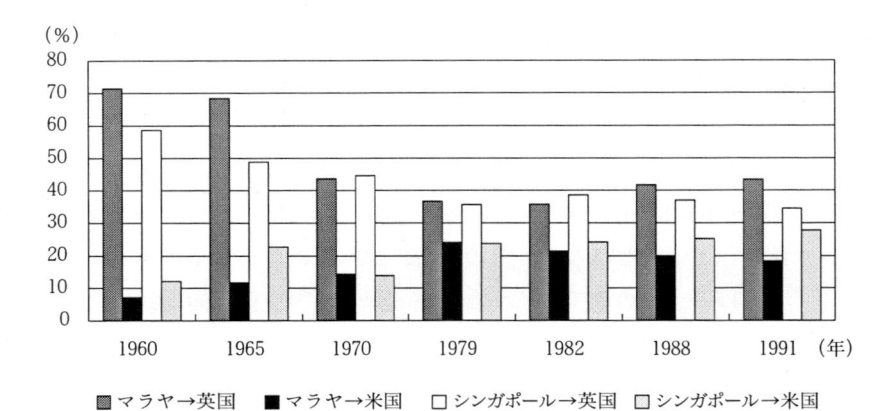

図2-1 マラヤ大学・シンガポール大学教員の博士号取得先国の比率の年次変化

(凡例：■マラヤ→英国　■マラヤ→米国　□シンガポール→英国　□シンガポール→米国)

ラッフルズ・カレッジのデータが記載されているが、それによれば当時の博士号を保持する教員は28名中8名で、そのうち英国の学位取得者が7名（85.7％）で、残りの1名はアメリカ、シカゴ大学の博士号保持者であった。これが英領マラヤの教育機関における英国の影響力の出発点といえる。

　以後、図より明らかなように、1960年から1991年まで、英国大学の博士号の比率の全般的な衰潮と（マラヤ大学1960年71.4％→1991年43.2％、シンガポール大学1960年58.6％→1991年34.4％）、アメリカ学位の進出の傾向はほぼ一貫している（マラヤ大学1960年7.1％→1991年18.2％、シンガポール大学1960年12.1％→1991年27.7％）。また図では省略したが、自前（自校で）の博士号取得率もマラヤ大学ではほぼ一貫して上昇しつつある（1960年0％→1991年20.4％）。両大学の顕著な差は、マラヤ大学では英国学位のシェアがシンガポール大学に比べて、各年度とも高いだけでなく、近年になってそのシェアが下げ止まり、むしろやや上昇する傾向がみられることである。同様の集計を香港大学、コロンボ大学についても試みたが、英国大学の学位のシェアは、香港大学の場合、1970年代に（71.0％）、コロンボ大学の場合は1980年代に（71.8％）それぞれピークを迎え、以後かなり急速に

低下する傾向にある。

　博士号の取得先の傾向は、一般留学生の流れの傾向と必ずしも一致するとは限らない。博士号留学の場合、滞在がより長期間であり、ほとんどの学生が何らかのスポンサーを持つか、職場の援助を受けているので、相対的には授業料などの変化に左右されにくく、政府派遣の比率も高いので、派遣国政府の思惑が反映しやすいと考えられる。一大学の博士号取得パターンを派遣国政府の政策や受け入れ側の事情に単純に結びつけることは危険であるが、同じ歴史的基礎から発展分離したマラヤ大学と国立シンガポール大学両大学で、学位取得国に対する傾向の違いが今後も拡大するならば、興味深いことである。

　また、学位は個人の資格として長期にわたってその人の属性となるため、短期的な外交事情よりは、長期的な国家関係や学問的趨勢の指標としてみることができる。その意味では、当時中国への返還を間近に控えていた香港の知識人の行動も興味深い。香港では、英国の留学生授業料全額負担制の導入による、留学生数への影響はマレーシアほど大きくはなく、比較的短期間で英国への留学数は回復し、第１位の留学生派遣国の座をマレーシアから奪った。しかし、香港大学の教員の学位取得者傾向では、英国組の比率は依然として高いものの、かなり急速に低下しているのがわかる（1970年71.6％→1989年60.6％）。

(4) 結　語

　マレーシアを舞台にした、留学生・研究者の国際流動は、その人口規模に比して、はるかに活発で、大きなマーケットを形成している。そしてその流れは旧英国植民地としての経緯や、教育制度の接続、国内の民族問題などに影響を受け、特徴的な流れをみせている。しかし、海外の高等教育の「消費者」であり、「輸入国」であるマレーシアとその学生・研究者は、市場において一定の選択権を持っており、その時の主な留学生

受け入れ国の留学生政策や授業料等のコスト、そして帰国後の学位等の効用を常に考慮に入れ、国際的な教育流動の動態に敏感な反応が現れている。

現在のマレーシアの留学生の動きは、世界の教育流動の潮流にもれず、アメリカ合衆国への大きなシフトをみせており、マレーシア人大学生の4割が海外に学ぶなか、さらにその4割以上の学生がアメリカの高等教育機関に学んでいる。日本もマレーシアの留学生マーケットへの影響力を近年急速に高めているが、同国の経済・貿易に占める日本の圧倒的なプレゼンスに比して、その規模はいまださささやかなものであるし、近い将来にもその傾向が大きく変わることはないであろう。その意味では、教育的従属が経済的従属のひとつの表現形態であるとした従属理論の適用にはそぐわない事例である。

留学生国際マーケットにおける英国の退潮は、留学生流動においても、博士号の取得先の変遷をみても明らかであるが、特定の国に対しては今もなお手堅い「輸出」先をかかえており、英国の教育規模に見合った高等教育の輸出は今後も継続されるであろう。その意味では、新植民地主義の執拗な痕跡を感じることもできるが、それによって阻害されているはずの教育的・経済的発展（すなわち阻害状況）が、マレーシアでは明確ではない。また、マレーシアが「日本カード」を使って、英国から譲歩を引き出したように、大口消費者である第三世界の国々は、高等教育輸出国に対して一定の交渉力を持っており、逆に英国の高等教育はマレーシアに「国家的優先順位」を与えるほど、その留学生収入に依存せざるをえない、という現象は、いわゆる「相互従属」の一形態とみることができるだろう。

〈追録〉

本章を再録している過程で、2つの追録の必要を感じた。まず、日本における外国人留学生の総数が、2003年5月現在で105,508人となり、当初目標の10万人に到達した。1990年代後半の日本の不況やアジア経済危

機などにより、伸びは一時停滞したが、2000年を境に急増に転じ、結果的にわずかに3年遅れの目標達成となった。日本の高等教育人口（3,978千人）に占める比率は2.65％となり、1987年の0.8％から約3倍の拡大である。このうちマレーシアからの留学生は私費を含めて2,002人で、東アジア地域（中国、韓国、台湾）を除くと最大の派遣国であるが、ルック・イースト政策による政府派遣そのものが「10万人」計画の達成に貢献した度合いは、政治的・精神的な部分を除けば顕著とはいえない[57]。

　また同年10月、ルック・イースト政策の立役者であった、マハティール首相が22年間の長期政権の後に引退し、アブドッラ（Abdullah Ahmad Badawi）政権が誕生した。新首相はルック・イーストを含め前政権の対外政策を基本的に引き継ぐ意向を表明しているが、第1章でみたとおり、1997年以降マレーシアの高等教育政策自体が変化しており、海外依存型から、高等教育の「中継貿易」型への急速な転換が進んでおり、同国をめぐる国際教育関係は新しい時代に入ったということができる。

【出典および註】
(1) Philip H. Coombs, 1964, *The Fourth Dimension of Foreign Policy: Educational and Cultural Affairs*, Harper & Row, New York, p.6.
(2) *Ibid.*, pp.81-82.
(3) Diether Breithenbach, 1970, 'The Evaluation of Study Abroad', in Ingrid Eide ed., *Students as Links Between Cultures: A cross cultural survey based on Unesco studies*, Universitetsforlaget, Oslo, p.70.
(4) Elinor G. Barber, Philip G. Altbach and Robert G. Myers, 1984, 'Introduction: Comparative Perspectives', in Elinor Barber *et al.* eds., *Bridges to Knowledge: Foreign Students in Comparative Perspective*, The University of Chicago Press, Chicago, p.1.
(5) UNESCO, 1960, *The Affirmation of the Economic and Social Council of the United Nations*.
(6) Gordon L. Hiebert, 1988, 'International Exchange: A Perspective from the Natural Sciences', in Glenn L. Shive *et al.* eds., *North-South Scholarly*

Exchange: Access, Equity and Collaboration, Mansell Pub., London New York, pp.150-151.

(7) Philip G. Altbach, 1987, *Higher Education in the Third World: Themes and Variations*, Sangam Books, London, New Delhi, p.172.

(8) UNESCO, 1999, *Statistical Yearbook*, Paris; United Nations, 1999, *Demographic Yearbook* から著者が集計した。

(9) Peter Williams, 1982, *A Policy for Overseas Students: Analysis・Options・Proposals*, Overseas Student Trust, London, p.86; E.G. Barber *et al*, 1984, *op. cit.*; Douglas R. Boyan *et al*. eds., 1983, *Open Doors: 1981-82, Report on International Education Exchange*, Institute of International Education (IIE), New York.

(10) Overseas Student Trust, 1981, 'Overseas Students and British Commercial Interest', in Peter Williams ed., *The Overseas Student Question: Studies for a Policy*, Overseas Students Trust, London, pp.91-110; Keith Fenwick, 1987, 'Making the Most of Overseas Students', in *Higher Education Quarterly*, Vol.41, No.1, January 1987, pp.126-137.

(11) Mark Blaug, 1981, 'The Economic Costs and Benefits of Overseas Students', in *ibid.*, pp.47-90; Robin Marris, 1987, 'Assessing the Commercial Element in Overseas Student Policy', in Gareth Williams *et al*. eds., *Readings in Overseas Student Policy: A collection of essays commissioned by the Overseas Students Trust*, Overseas Students Trust, London.; Lewis C. Solomon and Ruth Beddow, 1984, 'Flows, Costs, and Benefits of Foreign Students in the United States: Do We Have a Problem?', in Elinor G. Barber ed., *Foreign Student Flows: Their Significance for American Higher Education*, Institute of International Education (IIE), New York; Donald R. Winkler, 1984, 'The Cost and Benefits of Foreign Students in US Higher Education', in *Journal of Public Policy*, Vol.3, No.2, pp.115-138; Goldring Committee, 1984, *Mutual Advantage: Report of the Committee of Review of Private Overseas Student Policy*, Australian Government Publishing Service, Canberra; Overseas Students Trust, 1987, *The Next Steps: Overseas Student Policy into the 1990s*, Overseas Students Trust, London.

(12) Robin Marris, 1987, *op. cit.*, p.83.

(13) Philip G. Altbach, 1977, 'Servitude of the Mind?: Education, Dependency, and Neocolonialism', in Philip G. Altbach, Robert F. Arnove and Gail P. Kelly eds., *Comparative Education*, Macmillan Publishing, New York, pp.469-484.
(14) Philip G. Altbach, 1987, *op. cit.*, p.173.
(15) Philip G. Altbach, 1977, *op. cit.*, p.472.
(16) Keith P. Watson, 1985, 'Dependence or Interdependence in Education?: Two Cases From Post-colonial South-east Asia', in *International Journal of Educational Development*, Vol.5, No.2, pp.83-94.
(17) UNESCO, 1991, *Statistical Yearbook*, Paris; K. Okamoto, 1990, *Foreign Students in OECD Countries: Changing Flows and Policy Trends*, Sun Printing, Tokyo.
(18) William K. Cummings, 1985, 'Why Asian Overseas Students Prefer the United States?', in *Higher Education Expansion in Asia*, RIHE Hiroshima University, pp.118-138; W. Cummings, 1984, 'Going Overseas for Higher Education: The Asian Experience', in *Comparative Education Review*, Vol.28, No.2, pp.241-257.
(19) 文部省、1984、「21世紀への留学生政策の展開について」(留学生課); 文部省学術国際局留学生課、1997、『わが国の留学生制度の概要』。
(20) Ministry of Education Malaysia, 1989, *Educational Statistics 1989*, Dewan Bahasa dan Pustaka, Kuala Lumpur.
(21) UNESCO, 1991, 1989, 1985, 1981, *Statistical Yearbook*, Paris.
(22) Malaysian Government, 1991, *Mid-term Review of Fifth Malaysia Plan*, Government Printer, Kuala Lumpur.

表2-8 マレーシアの高等教育就学生の海外留学者数と比率

	1980	1983	1985	1988	1990
国内大学等	20,764	29,460	37,838	49,790	53,638
海外大学等	19,515	35,283	22,684	42,381	38,143
合　計	40,279	64,743	60,522	92,171	91,781
比　率	48.4%	54.5%	37.5%	46.0%	41.6%

(23) 留学費用のデータは Viswanathan Selvaratnam, 1987, 'The Perspective of the Sending Country 1: Malaysia', in UKCOSA, *Overseas Students: Destination U.K.?*, p.34. 教育予算統計は Ministry of Education Malaysia,

1989, *op. cit.* p.10. 現在の為替レートは実勢1Mドル＝約30円である。
(24) 表2-2 は V. Selvaratnam, 1987, *ibid.*, p31, p.33 に掲載。1978-84は送り出し側の資料で1984年の値には推計値を含む、1985-91は受け入れ国側の数値の集計で、データ収集年は統計年の2～4年前。留学生総数は、受け入れ数上位50位までの国のデータの合計。したがって1978-84の数値と1985-91の数値は性格が違うので比較には注意を要する。
(25) Eric Ashby, 1966, *Universities: British, India, Africa: A Study in the Ecology of Higher Education,* Weidenfield and Nicolson, London, p.224.
(26) UNESCO 統計によれば、1970年代前半までは英国よりも、オーストラリアとシンガポールの大学への留学の方が多くなっており、例えば1965年には、英国への留学者はわずか 413人である。ところが、British Council 統計では1964/65 年すでに3,271人を受け入れており UNESCO 統計には、60年代のマレーシア留学生について、何らかの過少集計があったものと思われる。英国留学の比率が高かったことは、後述の博士号取得先国からも類推される。
(27) *The Times Higher Education Supplement,* 1986.4.4. なお、英国は従来より、英連邦諸国を外国として認識しておらず、その領域内からの学生を含めて、留学生を外国人学生（foreign students）と呼ぶことを避け、overseas students もしくは students from abroad という術語を用いている。
(28) The British Council, *Statistics of Students from Abroad in the United Kingdom*, London, 1973/74, 1978/79, 1984/85, 1988/89.
(29) Committee on Higher Education, 1966, *Higher Education Report of the Committee appointed by the Prime Minister under the Chairmanship of Lord Robbins 1961-63 (Robbins Report)*, HMSO, p.67.
(30) Committee of Vice-Chancellors and Principals 他の資料より。Peter Williams, 1981, *Overseas Student Question: Studies for A Policy,* Overseas Students Trust, London, p.27に引用。
(31) これらの経緯については詳しくは、Peter Williams, 1981, *ibid.*; Peter Williams, 1984, 'Britain's Full-Cost Policy for Overseas Students', in *Comparative Education Review*, Vol.28, No.2, pp.258-278; Malcolm Anderson, 1987, 'Overseas students and British policy', in OST, *Readings in Overseas Student Policy,* pp.33-46; Maureen Woodhall, 1987, 'Government Policy Towards Overseas Students: An International

Perspective', in *Higher Education Quarterly*, Vol.41, No.1, pp.119-125; Lynn Williams, 1987, 'Overseas Students in the United Kingdom: Some Recent Developments', in *ibid.*, pp.107-118.; UKCOSA, 1987, 'United Kingdom Policy on Overseas Students 1: Government Policy and Priorities', in UKCOSA, *op. cit.*, pp.69-77; Denis Clare, 1987, 'United Kingdom Policy on Overseas Students 3: A British Council Perspective', *ibid.*, pp.84-90；木村浩、1984、「イギリスにおける留学生問題―受け入れ政策の転換を中心に」、教育の国際交流研究委員会『教育の国際交流および援助に関する総合的比較研究―報告書―』国立教育研究所、47-61頁。

㉜ 下院教育委員会も、導入までの審議が不十分であるとし、不測の副作用を警告した。*First Report from the House of Common Education, Science and Art Committee, Session 1979-80,* Vol.1, HMSO, 1980, p.ix.

㉝ Mahathir Mohamad, 1970, *The Malay Dilemma*, Federal Publications, Kuala Lumpur＝高多理吉訳、1983、『マレー・ジレンマ』勁草書房。この書物のなかで、マハティールは、マレー人の性格的・因習的欠点として、「個人的冒険心と独立心の不足、新たな技能の獲得に対する関心の欠如、宿命論的性格、勤労に対するプライドの不足、時間に対するルーズさ、競争心を減退させる社会律(social code)」を指摘している。

㉞ Johan Saravanamuthu, 1985, 'The Look East Policy and Japanese Economic Penetration in Malaysia', in Jomo ed., *The Sun Also Sets*: Lessons in 'Looking East', INSAN, Petaling Jaya, p.x.; 猿渡啓子、1988、「マレーシアの現地化政策とイギリス商社―サイム・ダービー社の事例―」、堀井健三・萩原宜之編『現代マレーシアの社会経済変容―ブミプトラ政策の18年―』アジア経済研究所、219頁。

㉟ マハティール、1983、「Ⅱ．ルック・イースト政策について」、『マレー・ジレンマ』前掲訳書付録、226-227頁；Mahathir Mohamad, 1985, 'New Government Policy', in Jomo ed., *op. cit.*; Nik Abdul Rashid Ismail, 1984, 'Developing New Attitudes', in Nor Abdul Ghani Mohd *et al.* eds., *Malaysia Incorporated and Privatisation Towards National Unity*, Pelanduk Publication, Petaling Jaya, pp.83-88.

㊱ *New Straits Times,* July, 16, 1982, cited in J. Saravanamuthu, 1985, *op. cit.*, p.315.

㊲ J. Saravanamuthu, 1985, *op.cit.*, p.315; Kit G. Machado, 1987, 'Malaysian Cultural Relations with Japan and South Korea in the 1980's: Looking East', in *Asian Survey*, Vol.XXVII, No.6, pp.638-660.

(38) J.Saravanamuthu, 1984, 'Malaysia's Look East Policy and Its Implications for Self-sustaining Growth', in Lim and Chee eds., *The Malaysian Economy at the Crossroads*, Malaysian Economic Association, Kuala Lumpur.

(39) Bill Powell and Peter McKillop, 1991, 'Pacific Partners', in *Newsweek*, 8.5.

(40) ルック・イースト政策に対する批判論文としては、Kua Kia Soong, 1985, 'Why Look East?', in Jomo ed., *op. cit.*; J. Saravanamuthu, 1985, *op. cit.*; Chandra Muzaffar, 1985, 'Hard Work — The Cure All?', in *ibid.*; Elizabeth K.P. Grace, 1990, 'Looking for a Way out by "Looking East"; An Analysis of Malaysia's Look East Policy', in *Kajian Malaysia*, Vol.8, No.2.

(41) Machado, 1987, *op. cit.*, p.652.

(42) *Ibid.*, p.651, 1984-85年に、日本の20の大学の36学部が認定された。

(43) *Ibid.*, p.653.

(44) 文部（科学）省、1990、2003、『わが国の留学生制度の概要』。2003年現在で2002名の受け入れで、中国、韓国、台湾についで同じく第4位である。

(45) The British Council, 1988, *op. cit.*; Department of Education and Science, Statistical Bulletin 9/23, 1983, London, cited in Peter Williams, 1984, *op. cit.*

(46) *The Times Higher Education Supplement*, 1983.3.4. p.8.

(47) *The Economist*, 1986.2.26. p.49. この他にも、中国、南アフリカなどへの特定国奨学金が創設され、最終的に個別にカバーされない主な国は、日本、OPEC諸国および英連邦を除く南米諸国などとなった。

(48) Lynn Williams, 1987, 'Overseas Students in the United Kingdom: Some Recent Developments', in *Higher Education Quarterly*, Vol.41, No.2, p.110.

(49) *The Times Higher Education Supplement*, 1986.5.2; The British Council, 1987/88, *op. cit.*, pp.36-37.

(50) Peter Williams, 1984, *op. cit.*, p.87; Chen Chee Seng, 1987, *Split Degree Programmes in Malaysia*, Dissertation submitted to University of Reading,

(unpublished), p.164; Y. Gondo, L. Israel and M. Rajendran, 1987, *Twinning Programs: An Innovative Concept in Malaysian Tertiary Education*, p.86. 詳しくは本書第6章「高等教育へのグローバル・インパクト」(第2節中の「国際的リンケージ」)を参照。

(51) *Who's Who in Malaysia and Singapore, 1983-84*, 1983, Who's Who Publications, Petaling Jaya, pp.41-46.

(52) *Ibid.*, pp.55-68.

(53) 博士号取得先分類の方針

データは ***Commonwealth Universities Yearbook*** (The Association of Commonwealth Universities, London), 1960, 1965, 1970, 1979, 1982, 1988, 1989, 1991 および *The Yearbook of the Universities of the Commonwealth*, (同上) 1949-50によった。

[i] 集計の対象は各大学の teaching staff で年鑑に氏名のある者で、在外研究 (sabbatical) や出張・留学中の教員・外国人講師も集計に加えた。教員の身分(職階)は、①「教授」には Professor, Visiting Professor, 研究機関の Director、②「助教授」には Associate Professor, Reader を含む。ただし1965年以前には Associate Professor はまれなため Senior Lecturer をここに分類した。③「講師・助手」にはそれ以外の身分の教員すべて、例えば Lecturer, Senior Lecturer (1970年以降), Tutor, Senior Tutor, Fellow, Senior Fellow, Teaching Fellow, Senior Teaching Fellow, Research Fellow, Senior Research Fellow, Assistant Lecturer などが含まれている。

[ii] 学位の分類は上掲書付録の Abbreviations の Degrees と Diplomas and Certificates および Other Decorations and Qualifications の分類に従った。ここで「博士号」に分類された学位は全学部では Ph.D. と Drs (Doctors) (欧州大陸系大学および日本・インドネシア等の博士号) D.Phil (Doctor of Philosophy) がある。その他、人文科学系では、D.Litt,D.Lit (Doctor of Literature), Litt.D (Doctor of Letters)、社会科学系では、LLD (Doctor of Laws: Docteur en Droit), DJ (Doctor Juris), Ed.D および D.Ed (Doctor of Education)、理工学系では DSc (Doctor of Science) およびその細分専門学位、Dr.Ing (Doctor of Engineering)、医歯薬系では、MD (Medical Doctor), DS (Doctor of Surgery) およびその細分専門学位、DDS (Doctor of Dental Surgery), DMD (Doctor of Dental

Medicine)などが含まれる。

[iii] 大学の国別分類は同書の Abbreviations for Names of Universities および Names Index, アメリカの大学については *Index of Colleges and Universities* によって確認し、そのいずれにも記載がない場合はその他に分類した。マラヤ大学クアラルンプル校の学位はマレーシアに、マラヤ大学シンガポール校の学位はシンガポールに分類した。大学名の変更については、継続性の明らかな場合は同一の大学として扱った。本章で英国とは連合王国(イングランド、ウェールズ、スコットランド、および北アイルランド)を指す。

なお大学ごとの教員の学位の取得率は、上記の学位を1つ以上取得している教員数を、大学の全教員数で除して100を掛けたものである。学位の授与に関しては、国、大学、学部、専攻や時代によって、方針と基準が異なるため、取得率をそのまま教員のアカデミック水準の指標として利用することには無理がある。

(54) 英国博士号の取得者の割合は、工科大学で77.2%、農業大学で32.1%、国際イスラーム大学で21.3%であった。

(55) Philip G. Altbach, 1987, *op. cit.*, p.168..

(56) Viswanathan Selvaratnam, 1989, 'Changing amidst continuity: University development in Malaysia', in Philip G. Altbach and V. Selvaratnam eds., *From Dependence to Autonomy: The Development of Asian Universities*, Kluwer Academic Publishers, Dordrecht, pp.187-205 = 馬越徹、大塚豊監訳、1993、『アジアの大学』玉川大学出版部。

(57) 文部科学省高等教育局学生支援課、2004、『わが国の留学生制度の概要―受入れ及び派遣』、7-8頁、(http://www.mext.go.jp/b_menu/houdou/16/05/04071201)(2004.6.10);文部科学省、2004、『教育指標の国際比較 平成16年版』、17頁。

第3章　中等理科カリキュラムの開発と国際「移植」

(1) 国際教育関係からみたカリキュラム移植

カリキュラムの定義と種類

　カリキュラムの起源はその語源 (curerre) とともに古代ローマにもさかのぼり、5～6世紀から12世紀まで存続した中世ヨーロッパの自由七科が分離教科カリキュラムの典型として有名である。教育内容の組織表現としてのカリキュラムは西洋固有のもではなく、6世紀には中国において「課程 (Kecheng)」と呼ばれる概念が存在し文字どおりコースおよびその到達目標を明示していた[1]。イスラーム世界では広くタフシール (Tafsir, 聖クルアーン（コーラン）の解釈)、ハディース (Hadith, ムハンマドの言行録)、シャリア (Syariat, イスラーム法) などからなる伝統的カリキュラムが存在し、聖クルアーンの学習内容と段階を示すキタブ (kitab, イスラーム教義書および注釈書の文献名) が時代と地域を越えてイスラーム世界の教育の特色と水準を示す共通の科目的単位として通用していた[2]。

　比較教育学者がある国や地域の教育を俯瞰する手段として、制度的資料や統計的資料はまず第一に入手することを試みるべきものであるが、これらは学校のなかで行われている教育活動を知るという点ではあまり有効な手掛かりとはならない。その意味で、成文化されたカリキュラムは文献として、そのカリキュラムが採用されている領域の教育機関において行われている教育活動のおおよその内容について、少なくとも標準的に執行されることが期待されている教育活動（教育内容・理念・方法・評

価の現状)を要約したものとして利用できる[3]。もちろん成文化されたカリキュラムは、その地域で中央集権的教育行政が採用されているか地方分権的教育行政システムにあるかによって、代表性は全く異なってくる。また、時間的制約、資源的制約、個別の学校や教室や教師の都合によって、それが実際に行われたという保証はなく、あくまで可能性としての証拠にすぎない。

　また文献としてのカリキュラムが当該教育単位の教育現実について伝えうる情報には限りがあり、ある場合にはバイアスを持った情報が伝達される可能性についても指摘されてきた。グッドソン（Goodson）は教育の理想的記述としての成文カリキュラム（written curriculum）に対して、各教育現場での制約や地域的特色、教師の個人的活動に基づく変異を考慮に入れた、実際の教室において実施されている実践上のカリキュラム（active curriculum）との差異を強調した[4]。またカリキュラムが明示的に示した教育内容や教師が意図的に行った指導とは別個に、教師が無意識に示す態度・言葉、学校の環境・風土・雰囲気が生徒の人間的成長に及ぼす暗黙裏の影響について、「隠れたカリキュラム（hidden curriculum）」や「潜在的カリキュラム（latent curriculum）」といった概念が提唱されている[5]。本章は国際的・時系列的比較研究の制約上、公式的成文カリキュラムのみを分析の対象とするが、道徳的価値「吸収」（後述）プログラムはその性格上、上記の対概念の境界領域に属するものでもある。以上のような一定の制約は存在するが、それを認識したうえで扱う場合、カリキュラムは世界的な共通性と地域的な独自性をあわせ持ち、時間的な変化も遡及可能である点から、比較教育学の資料および分析対象としてきわめて有用なものであることに違いない。

カリキュラムの移植と伝播

　カリキュラムが「移植可能であるか」という問題は、今日の医学での臓器移植の問題と似て、何をもってある国や社会のカリキュラムをその国

や社会固有のカリキュラムと認定し、何をもって移植可能なカリキュラムの普遍的要素とみなしうるのかという問題を提起する。カリキュラムをめぐる議論にはカリキュラムを内容的に定義しようとする立場と、それを機能的に定義しようとする議論とが存在してきた。前者は、カリキュラムはある特定の社会・文化・国家・環境のなかにおいて計画され、それらすべての価値を限られた時間と科目に盛り込むことができない以上、それらのなかのどれを「選択」することに最も大きな正当性を認めうるかという議論に行きつく。そして多くの議論は具体的な環境や歴史の拘束を越えて、すべての社会において受け入れられる共通の価値、あるいは超文化的価値が存在するかどうか、あるとすればそれは何かという議論 (Lawton)[6]、そして今日の多くの社会にみられる社会的・民族的グループの持つ下位文化(subculture)のもたらす文化的複合性のなかで、共通文化と個別の文化がカリキュラムにおいていかに調整されるべきかという議論(多文化教育論)に到達する[7]。

　一方、カリキュラムを機能的に定義する場合、学校が生徒に伝えようとしている知識体系よりも、生徒の内部に育成しようとしている能力に注目し、カリキュラムがその設定する教育目的に対していかに整合的に機能しうるかという点が焦点となる。この場合カリキュラムの開発は、文化的には一応フリーであると想定されるため、教育の環境が文化的に経済的に変化したとしても、学校は生徒にそうした変化そのものに対して準備させ、適応させ、さらには環境そのものに対しても生徒の側から逆に作用させる能力を追求することもできる。カリキュラムの「移植」という観点からみれば、文化を越えて適用可能な概念とは、主としてカリキュラムのこの側面を指すと考えられる[8]。ただし、教育目的や目標は依然として文化的社会的影響のなかで設定されるので、移植されたカリキュラムが有効に作用するためには、最低限この教育目標や目的がカリキュラムの機能と整合的に設定されることが条件となる。

　ホームズとマクリーン (Homes and McLean) は、カリキュラムの教育内

容の側面を中心に比較教育史的観点からとらえ、世界に影響を与えた主要なカリキュラム理論として、エッセンシャリズム (essentialism＝本質主義)・百科全書主義(encyclopaedism)・プラグマティズム(pragmatism)・ポリテフニズム (polytechnicalism) の4つをあげ、その発展と移植の母体となった中心地として、それぞれ順に英国・フランス・アメリカ・ソ連の4カ国をあげた。ホームズらによれば、強制のない状態でのカリキュラムの普及は、国境を越えた転移はもちろん、国内におけるカリキュラムの刷新でさえ、現象としては歴史的にきわめて緩慢なもので、いずれの場合でも国内の保守派の激しい抵抗を受けている。特定のカリキュラム理論が比較的急速に拡散し、世界的に影響力を持つカリキュラムとなった場合のほとんどが、政治的・経済的圧力のもとに教育外の力に主導されていた場合が多い。英国とフランスの影響は19世紀以降の植民地主義的発展とともに、高等教育の移植を基礎に展開された。アメリカとソビエトの場合も第二次世界大戦後の冷戦のなかで、第三世界への強い政治的指導と経済援助の背景を無視することはできない[9]。

　カリキュラムの機能的側面に焦点をあてると、第二次大戦後、先進諸国のカリキュラムは主として3つの機能的挑戦を受けており、それがそのまま第三世界のカリキュラムの開発・移植議論にも影響を与えている。第一にカリキュラムの開発者が従来は主として教師や教師団に決定権が握られていたところに、次第に国家や政策担当者のコントロールが強まっていること。第二に、これまでの学校が伝統的な比較的限られた量の知識を若者に伝えることを主たる任務としてきたのが、近年の科学技術の発達と知識の国際化により、「新しい知識の爆発」によって学校で扱う知識と技能の量が飛躍的に増大し、各国とも教育内容の選別捨象に多大のエネルギーを割く必要が生じたこと。第三に、教育が東西冷戦と南北の経済格差という国家的国際関係に組み込まれることによって、カリキュラムが知識の伝達という機能を越えて、生活水準の向上、民主主義の促進、世界平和への貢献といった全く新しい役割を担うことになって

きたことである。

国際的理科カリキュラム

とりわけ、理科・自然科学のコースは産業界・科学界からの強い人材養成への関心を受けるようになり、優秀な熟練・半熟練労働者への大量の需要は、効率の良い科学・技術教育の開発と教育のさらなる大衆化への要請を生み、また科学技術の最先端の分野からは質の高い研究者の予備軍を養成する、高度で創造的な理科教育の開発が急務とされた。1957年のスプートニック・ショックとマンパワー・ポリシーの採用による、アメリカの理科教育改革運動とそれに基づく現代化カリキュラムの開発はその端的な例であった。理科教育の革新によって国家の科学技術水準を向上させ、そしてひいては国家の経済的政治的地位の上昇を目指そうという、一見もっともな、しかし明確な裏づけのない想定は、独立後間もない、経済的発展を第一の課題とする多くの第三世界諸国においても、ほとんど無批判に受け入れられてきた。

1960年代は理科・科学カリキュラムの開発において世界的な隆盛をみた時代であった。ヨーロッパや北アメリカの多くの国では理科カリキュラムの分野で第一線の科学者と教育学者の協力による革新的な様々なコースが開発され、国際的にも高い評価を得た。アメリカでは生物学教科課程研究会(Biological Science Curriculum Study: BSCS)、物理教育研究委員会(Physical Science Study Committee: PSSC)、化学教育教材研究会(CHEM Study: CHEMS)、中等理科カリキュラム研究会(Intermediate Science Curriculum Study: ISCS)、英国ではナフィールド財団(Nuffield Foundation)によるナフィールド計画(Nuffield Project)などのプロジェクトが発足した。これらの特徴は、①教科書・教師ガイド・視聴覚教材・評価テスト・機器などがセットで開発された統合的カリキュラム・パッケージであること、②知識の体系としてよりも探求のプロセスとしての科学(プロセス・アプローチ、探求型、発見学習型、児童中心型)であること、③

生徒の生活環境・経験との適合性(relevance)があげられる。

　この時期(1950～60年代)はまた、1960年には16の独立国がアフリカに誕生するなど、アジア・アフリカの世紀と呼ばれたほど、第三世界の植民地の独立が相次いだ時期でもあった。独立間もない新興諸国は財政的基盤に苦しみ、UNESCO や UNICEF といった国際機関やフォード財団(Ford Foundation)やブリティッシュ・カウンシルなどの各国の援助団体が巨大な資金を教育援助に準備することになった。第三世界諸国でも国家の経済的発展には科学技術の進歩が不可欠で、そのための理科教育の整備は第一の優先事項であると認識されたが、そのための周到な教育カリキュラムを一から開発するには資金と時間が不足していた。一方、先進諸国とりわけ旧宗主国はその元植民地に独立後も影響力を行使することを画策していたが、理科カリキュラムの形をとった援助は最も「文化的」であり、移植後の教科書や教材・器具などの輸出という経済的思惑とあわせて、長期的な精神的・経済的影響力を期待することができた。こうした先進資本主義諸国と新興独立諸国との両者の思惑が符合し、1965年のパプア・ニューギニアを皮切りに前者から後者への「折り紙つき理科教育カリキュラム・パッケージの氾濫[10]」ともいえる輸出が始まった。

　M.N. マドック(Maddock)の調査によれば、最も普及したのは生物カリキュラムの BSCS で、1969年の時点で少なくとも43カ国で直接移植・輸入・試験採用[11]のいずれかの形で導入がはかられていた[12]。ブライアン・ウイルソン(Bryan Wilson)によれば、英国のスコティッシュ統合理科コースはマレーシア、西インド諸島、ボツワナ、レソト、スワジランドおよびナイジェリアで採用されていた[13]。普及先は第三世界にとどまらず、オーストラリア、カナダ、デンマーク、イタリア、ニュージーランドなどの先進国にも及んでいた。現地でのアレンジ版や部分採用を加えれば、その影響はさらに広がるであろう。これらのカリキュラム移植もしくは輸出は、少なくともカリキュラムの機能的側面、すなわち前

述の科学的思考やアプローチ・メソッドなどは文化を越えて理解可能であり、したがって移植可能であり、さらに科学的教育内容も若干の環境的・地域的修正のもとで通用するであろうという思い込みを前提としていた。

しかし、英国リーズ大学理科教育研究センター (Centre for Studies in Science Education) の「理科・数学教育における文化的環境の影響に関する報告 (1981)」は、文化的に中立とも考えられてきた理科・数学の教育内容がいかにその国・地域の文化的 (経済的・政治的・社会的・言語的) 要素の影響を受けているかを、世界850の教材から分析している[14]。さらに、西洋起源のこれらのカリキュラムは、そのアプローチにおいても文化的問題を引き起こすことがマレーシアの事例で明らかになるが、それについては後述する。

カリキュラムと従属

カリキュラムの輸出国と輸入国の関係は、先のホームズらの観察にもあったとおり、全くのランダムな関係ではない。日本の支配から独立した韓国や台湾が教育における日本色を払拭して、主としてアメリカのシステムとカリキュラムに範を求めた例はあるが、英国から独立した諸国が英国の支配に反発してフランスやドイツのカリキュラムを求めたという例は聞かない。1960年代に英国の理科カリキュラムの影響を受けた国のほとんどは元英国植民地であった。アメリカで開発されたカリキュラムの多くも、教育援助計画の関与したケースの場合、アメリカの政治経済的影響下にある国々に輸出移転された。フィリップ・アルトバック (Philip Altbach) はこうした国際的な教育関係が政治経済関係に従属している状況を教育における世界システム的 (従属) パターンとしてとらえ、とりわけ「発展途上地域の知的生活や教育制度・教育政策に対して、独立後にも (post-colonial) にも継続される先進国の影響」を「新植民地主義 (neo-colonialism)」的関係として定義した[15]。

彼は教育と知的活動における新植民地主義や世界システム的従属パターンの顕現する領域として、高等教育・言語・教科書・出版・留学などと並んでカリキュラムをあげている。カリキュラムは先述のとおり、教育目標、教育方法、教育内容、教育評価などの側面を持つ教育活動のあらゆる分野に関連する事象であるので、従属的パターンによる弊害があるとすれば重大である。一般的には、カリキュラムが植民地に移植される際に起こりうる問題としては不適応と過適応の両面の問題があった。第一は植民地官僚と教育担当者が母国でのカリキュラムの施行手順や教育原理に固執し、現地の状況を無視して教育の環境適合性が損なわれるケース。第二は、現地生徒の認知能力や理解力を植民地当局が過小評価し、カリキュラムが必要以上に希釈され、修正されてカリキュラム本来の特徴が封殺されてしまう場合である[16]。

「外国の専門家によるカリキュラム開発援助は、通常それを必要としている第三世界の需要に基づいてというよりは、その開発者の母国での経験に基づいてデザインされている。さらにこれらの援助は先進諸国から輸入しなければならないひも付き『ハードウェア』が結びついている。教科書やフィルム、その他の教室での補助教材はしばしば新しいカリキュラムの中核部分になっている[17]。」

ゲイル・ケリー(Gail Kelly)はフランス植民地当局の支配下に入った西アフリカとインドシナに導入されたカリキュラムの性格の違いを比較し、それがもたらした社会的影響について検討した。西アフリカにおいてはフランス当局は小規模の初等レベルの教育のみを伝統社会と共存的に慎重に導入したのに対し、ベトナムでは広い裾野からきわめて選抜的に官吏養成を行う総合的なエリート教育システムを導入し、伝統教育制度を破壊した。西アフリカの初等カリキュラムはフランス語の口語教育に終始し、アフリカ社会とその伝統的エリートの地位を侵害しない配慮をしていた。一方ベトナムでは徹底的な識字教育を行い、既存社会やそのエリートへの否定的見解を植えつけ、そのカリキュラム内容は社会的上昇

への展望を抱かせるような記述がほとんどみられなかったという[18]。

ジャマイカの経験についてジョン・コーガン (John Cogan) は、「ヨーロッパ的伝統に染まったこのようなタイプのカリキュラムを通じて、植民地の子どもは自らの文化や歴史的過去が価値の低いものとされているのに気づく。彼らは生涯肉体労働者として働くことを想定したレベルの低い技術だけを教えられるので、社会的地位上昇の機会を否定されることになった。これは従属のカリキュラム (a curriculum of subjugation) である[19]」と述べている。

カリキュラムにおける従属の背景はその教育的継続性と転換コストの大きさである。植民地支配を脱した諸国もその多くは独立後も既存のカリキュラムを使用し続け、植民地時代の教育の特色がそのまま学校内に維持されるケースがみられた。カリキュラムの変更は教科書・教材・機器の準備、教員の訓練などを全国規模で行う必要があり、時間的・経済的負担は新興独立諸国にとっては重大である。先進国によって提供されるカリキュラム開発援助は魅力的であるが、言語的・制度的制約から旧宗主国のモデルが最も転換コストが低くなることはやむをえないことであった。こうして植民地期の残滓を排除しようとする努力が、植民地政策の潜行的な継続を導くという不本意な結果を招くことがある[20]。

また西洋のカリキュラム革新が第三世界に移植される際には、通常欧米で教育を受け、多くは上級学位を取得した第三世界の教育指導者や政策担当者が介在している。ここに留学における従属とカリキュラムにおける従属の複合的結合のしくみがみてとれる[21]。しかし、カリキュラムの国際間の採用は旧宗主国と元植民地との間だけにみられるのではなく、欧米諸国の間でも、また植民地的関係のない国との間でも起こっており、教育援助を受けない純粋な「輸入 (購入)」関係も少なくない。しかしカリキュラムにおける従属性を分析する場合はさらに、「システム (規格) 化従属」とも呼べる要素にも注意しなくてはならない。

カリキュラムの導入は基本的に商品の購入であり、国や政策担当者は

その選択の自由を持っている。しかし、ひとたび購入を決定すると、コンピューターのハードとソフト・周辺機器の関係のように、そのシステムの規格からはずれた商品が次の購入の選択肢から排除されてしまう。十分な資金力を持つユーザーであれば、全システムを買い替えるという選択があるが、そうでない場合には、その商品やサービスが利用者にとって必須であればあるほど、特定の商品規格に従属することになる。教育援助が介在する低開発国におけるカリキュラムの導入にはこのようなシステム化従属が起こりやすい。

ホームズとマクリーン(1989)はカリキュラムの従属がどのように起こり、どのようにして維持されるかについて、①経済・政治的従属型、②教育的コントロール型、③国内事情型の３タイプに分類分析した。第一の類型はラテン・アメリカやアフリカでの観察から発展したいわゆる従属理論に基づくもので、先進国（宗主国）の政治的・経済的支配が周辺国（植民地）のカリキュラムの選択に強制や制限を与えるものである。第二のタイプは教育・知的活動における格差によるものである。大学などの教育機関は国内的にも・国際的にも威信や知的生産・学会の指導力において格差があり、中央の大学への留学帰国者やその影響を受けた政策担当者が、そこで開発されたカリキュラムを導入するケースである。

第三の場合は、国内の社会的・民族的対立が教育における国産カリキュラムと輸入カリキュラムの対立に飛び火した場合である。普通支配的グループがそのグループ固有の言語や規範に基づく国産カリキュラムを強制しようとした際に、他の少数派が結束して共通の規範として外来のカリキュラムを支持して対抗する構図が多い[22]。

またカリキュラムの移植によって移転される内容は、その構成要素すべてにおいて均等な移転ではなく、教育内容に比重が置かれる場合もあれば、近年のように教育方法に比重が置かれる場合もある。これはカリキュラムの輸出と輸入の側の双方の思惑と時代環境によって決定される。カリキュラムの従属は教育的従属の重要な側面であるが、カリキュラム

第3章　中等理科カリキュラムの開発と国際「移植」　79

の国際間採用のすべてが教育的従属の結果であると即断することは危険である。

(2) マレーシアにおけるカリキュラム開発の歴史

マラヤにおける英語学校のカリキュラム

　第三世界諸国の政治的独立が達成されても、それが即時に教育的独立（自立）の達成を意味せず、独立後にも元宗主国の教育的影響が継続的に及び続けることがあることを前節でみた。英領マラヤ（現マレーシア半島部）においてもその傾向は確認されており、キース・ワトソン（Keith Watson）は「マレーシアにおいては官僚機構のマレーシア化が急速に進んだため、新植民地主義的影響を特定することは他の植民地ほど容易ではないが、おそらく最も強力なものはカリキュラムと試験の構造に与えている影響で、両者は互いに結合し合っている。カリキュラム開発、とりわけ理科カリキュラムの開発の分野で英国の影響がいまだにみられる[23]」と述べている。しかし英国の植民地教育政策を顧みた場合、少なくとも教育内容とカリキュラムに焦点を絞ると、英国のマレーシアへの教育的影響はむしろ独立後に強まり、独立後に初めて組織化され全国化されたのではないかと考えられる状況が明らかとなる。本節ではこの点について検討する。

　一般的に植民地化の初期において、宗主国による政治的支配の確立と、教育的支配の開始には時間的ラグが認められる。英国の場合、インド・東南アジアの獲得後、少なくともその初期においては、植民地当局は原住民教育にさほどの関心を持っていなかったし、その教育政策は植民地総督の恣意に任され、一貫したものではなかった。ましてや教育が植民地支配において最も効果的で持続的な影響力を行使する手段のひとつであるという認識は希薄であった。英国はその植民地の住民をすべて英語で教育しようなどと意図したことはなく、少数の中級官僚と貴族階級の

子弟のために英語学校を開設したほかは、現地の母語（土着語）教育には不干渉の立場をとった。唯一の例外は英領マラヤで、英国植民地当局は政府補助の少数の英語学校とともに、マレー語学校にも補助と指導を与えたが、それは移民系住民（華人系（第4章参照）・インド系）の教育熱に対抗させるためのやむをえない特殊措置であった。

英・蘭領東インドはJ.S.ファーニバル（Furnivall）の「複合社会論」の観察にもあるように、先住のマレー系住民に対して、錫鉱山労働者の中国移民（華人）と紅茶とゴムプランテーション労働者のインド系移民の比率が拮抗しており、（最も移民人口比率の高まった1931年頃でマレー系49.2％、華人系33.9％、インド系15.1％であった）しかもその各民族グループが特定の地域に棲み分けることなく、最小限の商業的接触だけで軒を並べて生活していた点が特徴的であった[24]。英国植民地政府が現地住民の教育に関心を持つようになったのは、1860年代に英国が教育不介入政策を放棄して、1863年にマレー語母語学校（初等学校）を設立し、1872年に海峡植民地（Straits Settlements, ペナン、マラッカ、シンガポールの3港を指す）に視学（Inspector of Schools）を置いてからである[25]。

マラヤにおける教育カリキュラムの歴史は、英・蘭領東インドや南タイにおいて展開していたイスラーム宗教学校プサントレン（*pesantren*）やコーラン寄宿塾ポンドック（*pondok*）の教育を別にすれば、19世紀英国ミッショナリーによるフリー・スクール（free school）にさかのぼる。1816年に開設されたペナン・フリー・スクール（Penang Free School）に次いで、シンガポールにダラー（Darrah）が再建したシンガポール・フリー・スクール（Singapore Free School）では3学級の科目別カリキュラムが記録に残されている[26]。

　　　　下　　級：書写、地理、暗算・筆算、
　　　　中　　級：読解・綴り方・作文、誤文訂正、
　　　　最上級：ローマ史、作文、地理、暗算・筆算、代数、天文学

マレー語母語学校でのカリキュラム

　一方、マレー語母語学校の場合は、①アラビア文字表記（*Jawi*）とローマ字表記（*Rumi*）のマレー語、②簡単な算術（幾何）、③マラヤ半島とアジアの地理、④生活実技（園芸・籠編み・大工仕事）[27]といった内容からも、その性格に英語学校とはかなりの差がみられる。英国植民地当局が関与した、英語学校とマレー母語学校、ミッション系の私立英語学校、そしてその存在がほとんど無視された移民系の華語学校、タミル語学校という4言語を授業用語とする全く異なる5つの教育体系がマラヤに併存することになった。

　植民地政府は1865年からは国家奨学金（state scholarships）を設け、1885年からは英国本国での高等教育への道を開くクィーンズ・スカラシップ試験（the Queen's scholarship examination）を導入したため、英語学校は生徒をこの試験に準備させるという要求が生まれ、これらが学校カリキュラムの内容に影響を与えた。候補者は主に政府補助英語学校かフリー・スクール出身者であった[28]。1891年からはケンブリッジ外地試験審査局（Cambridge Local Examination Syndicate）によるケンブリッジ証明書（初級・上級）が発行されるようになったのも大きな影響があった。なぜならこの審査局の役割は英国植民地の中等英語学校の様々なタイプのカリキュラムを規定し標準化することにあったからである[29]。

　英国植民地政府は第一次世界大戦後（1916年以後）初めて植民地の母語教育政策を確立し、積極的な政府立の英語学校・マレー語学校の設立を開始し、1922年には教員養成機関であるスルタン・イドリス教員養成カレッジ（Sultan Idris Training College）を開校させた。この時期のカリキュラムは「生活学習・実験カリキュラムの時代」であり、「マラヤにおいてはそれがマラヤ人の生活や性格に相応した教育形態と考えられ、独立まで英国人教育官僚によって、強固に守り続けられた[30]。」また彼らの多くはマラヤの歴史や文化に関心を持つ学者でもあり、ウィンステッド（Winsted）やウィルキンソン（Wilkinson）などの官僚学者によるマレー語辞

典などが作られた。しかしこの時期でさえ英国の教育的影響は過大評価されてはならない。後のマレーシアの政治的リーダーの多くをこれらの学校が輩出したことは事実であるが、それは英国の官吏登用システムによって誇張された面もあり、カリキュラムの側面からみれば、英国の影響は依然一部に限られていた。英国の影響下に置かれた学生数でみれば、1947年当時で全初等学校就学者数の11.8％、独立期の中等学校でも全学生の45.7％にすぎなかった[31]。当時の中等学校の教育的分離性はカリキュラムの比較からも明らかとなる。

地理と歴史の教育内容が最もカリキュラムの分離を鮮明にしている。ミッション・スクールと英語学校で最も普及していた現地歴史の教科書は *The Story of Malaya* (W.S. Morgan, 1946, Wheaton & Co.) や *The Malayan Story* (Philip Nazareth, 1956, Macmillan & Peter Chong) で、その記述の半分以上が英国の関与期の記述であり、英国による植民地化は不可避であり正当であったという点に強調が置かれていた[32]。マレー語で教育が行われた唯一の中等学校にスルタン・イドリス教員養成カレッジがあるが、そこでの歴史の授業には *Sejarah Alam Melayu* (The History of the Malay World) やウィンステットの *Tawarikh Melayu* (Malay History) が用いられていた[33]。一方華語学校では大戦間の時期には、「学生に華語を教え、自らを外国における中華民国の臣民と考えるように育成していた。そして上海など

表3-1　1930年頃の英領マラヤの中等学校のカリキュラム[34]

	語　学	数学	社会・理科	芸術・工芸	保体	宗　教
スルタン・イドリス教員養成(SITC)[1]	マレー語 マレー文学	算術 幾何	地理・マラヤ史 教育理論	会が・籠編 園芸・農業	保健 体育	イスラーム 宗教知識
英語学校 (13歳〜)	英語[2]・討論 ラテン語＊	幾何 代数	地理・歴史[3] 一般理科	絵画・裁縫	保健 体育	キリスト教
華語学校 (15歳〜)	華語・英語	数学	公民・歴史[4] 地理・自然学習	絵画・音楽 工芸	保健 体育	
ミッション・スクール (1933)[5]	英語・フランス語 華語・マレー語	算術	簿記・速記＊	絵画		プロテスタント またはカトリック

註：＊一部の学校のみ。
(1) Sultan Idris Training College(13歳〜)、(2)転入クラスにはマレー語もあり、(3)ヨーロッパ史、(4)地理と歴史の半分以上が中国についての記述、(5)男子課程、宗教教育は必修ではない。

から輸入された教科書には、マラヤの歴史、地理、貿易、商業およびその複合的な人口に関する記述はなかった[35]」という(詳しくは第4章参照)。このように考えれば極端な場合隣接する学校どうしが、一方で大英帝国史を教え、他方はマラヤ史や中国大陸史を教えるといった教育的な複合状態(educational plurality)が浮かび上がってくる。

　理科・科学教育は独立以前には初等学校では教えられず、表3-1にもあるように、中等学校でも技術学校を除けば英語学校の一般理科(General Science, 上級中等学校)と華語学校の自然学習(Natural Studies)のみであった。一般理科にしても英国から送られた教科書や写真、標本などが使われていたため、現地で生徒が目にする自然とは必ずしも適合したものではなかった。こうした状況に対して、1930年に早くも理科カリキュラムの改革の試みが行われている。これはクアラルンプルの政府立英語中等学校であるヴィクトリア・インスティチューション(Victoria Institution)の外国人教師であったダニエル(F. Daniel)が「自然を若者に通訳する」することを目的として、中等レベルのすべての学生のために設立した4年間の一般理科コースであった。コースは生徒にも理解可能な平易な英語を用い、特定のトピック、例えば「空気」を取り上げ、それを中心に化学組成、燃焼、錆、呼吸、生命活動などに発展させる、いわゆる「統合型」理科カリキュラムであった。また教材にもルースリーフ・ファイル教科書と称して、生徒が自分で作り上げる手作り教科書方式を考案し、他の学校にも広がり好評を博し、1932年にはケンブリッジ外地試験審査局はこのコースに特別に準拠した試験問題を用意までしたという[36]。

　英国が一方的に持ち込んだ教育カリキュラムと現地の需要の食い違いは植民地当局にも自覚されており、その教育報告書においても繰り返し教育内容の改善を訴える勧告を出している。例えば1902年には早くもクイーンズ・スカラシップの導入による学校教育への否定的影響について警告が行われている[37]。しかし植民地期のエリート学校における学校

カリキュラムの使命は植民地統治者の権威を保護することであり、現地生徒の真の意味での啓発ではなかったから、実際に行われたいくつかの修正も生徒の能力を高めるためというよりは、いたずらに教育水準を下げ、理念を希薄化する傾向が強かった。そのなかでダニエルの改革はカリキュラムの現地化と生徒の理解の向上という問題の矛盾のない解決を目指した個人的努力の例として評価されるものであろう。

日本統治下の教育カリキュラム

1941年12月から1945年8月までの間マレー半島は日本軍の統治下に置かれ、教育制度も大きな混乱と変化に直面した。開戦当初からほとんど閉鎖状態であったマラヤの学校は、1942年2月のシンガポール占領後、マレー語学校・タミル語学校を中心に徐々に再開された。日本の南方総軍は1942年「南方圏教育に関する基本方針」を布告して教育政策を示したが、それは英語教育を廃止し、日本語を必修科目とし、労働を尊重し、農業と技術教育を重視するもので、華語教育は廃止され課外科目としてのみ教えられることを想定していた[38]。

マラヤ地域に関しては1942年4月にマラヤ軍政監部は「小学校再開に関する件」を出して、従来のタミル語学校以外のすべての小学校は日本語とマレー語の二言語を教授用語とすることを定めている[39]。日本語が学校のすべての場面での共通言語となるという建前には無理があったため（文字は片仮名学習に限定された）この方針は結果的にマレー語の教育的地位を高めることになった。『占領後のマライにおける初等教育』には各言語学校の週あたりのカリキュラムについて記述があるが、教員と教科書の極度の不足もあって、実際には日本語の授業と農作業がほとんどであった[40]。ここで重要なことは、日本軍の軍専的強制のもとではありながら、マラヤ史上初めてこの地のすべての種類の学校が「大東亜共栄圏」の実現や「汎アジア主義」というひとつの（独善的ではあるが）理念や政策によって管理されたということである。

独立マラヤの共通内容シラバス

　1945年日本軍の敗退とともに英国軍とその統治が復活したが、英国の威信の低下とマラヤの将来的な自治領化か独立が必至であることは誰の目にも明らかであった。1946年、英国は軍政を廃止し、マラヤ連合（自治政府）を発足させたが、その理念は人種・宗教の差別なく、マラヤを郷土とする者には共通の市民権を与えようとするもので、マラヤ史上最も平等主義的色彩の濃い政策が目指された時期であった。教育政策もその理念を反映して、マレー語、華語、タミル語、英語の4言語初等教育ストリームを復活させ、それぞれが6年間無償で提供され、英語がすべての学校で教えられることが目標とされた[41]。初めて英語教育がすべての母語学校に導入されたことで、英語を共通基盤として市民意識を育て、あわせて英国の影響を維持しようという狙いはみてとれるが、カリキュラム的な統合を後回しにして4言語のストリームを復活したことは、将来の国家と市民意識の育成に向けて「初等学校の各部門の基本的統一の強調」の表明にもかかわらず、植民地支配の後退を目にしたコミュナリズムの抬頭を感じさせるものである[42]。

　このマラヤ連合政策が教育政策を含めて、マラヤのどの民族グループにも支持されなかったことは時代の大きな流れを感じさせる。連邦政府は2つの有識者グループにマレー語学校と華語学校の状況についての調査をそれぞれ付託したが、その回答は付託の範囲を越えて、新生マラヤの民族教育政策をめぐる民族的な代理戦争のような提案合戦となった。マレー系の立場を代表するバーンズ委員会は、1951年『マレー人教育問題検討委員会報告（『バーンズ報告』／*Barnes Report*）』を提出し、中国系の立場を代表するフェン (W.P. Fenn)・ウー (Wu Teh-yao) 両博士らは、同じく1951年『華語学校と中国系マラヤ人の教育に関する報告（『フェン・ウー報告』）』を提出した。

　そして1956年両者の主張を勘案して独立マラヤ連邦の教育政策（「1957

年教育令（Education Ordinance 1957）」）の下地となった『ラザク報告（*Report of the Education Committee, 1956*）』が初代文部大臣アブドル・ラザク（Abdul Razak）の名のもとで布告された。これらの詳細は別稿に譲るが、カリキュラムという観点からこの3報告をみると、民族語教育と文化の興廃をかけた駆け引きの側面とは別に、共通して流れるものとしてマラヤ連合案にみられた英語中心主義への抵抗という性格がみえる。この3報告すべてにおいて民族の壁を越えてマラヤの現実を反映した共通内容シラバスとカリキュラムの重要性が説かれていることは注目に値する[43]。

マレーシアは1957年に英国植民地より独立し、1963年にシンガポール自治国・英領北ボルネオとともにマレーシア連邦を形成した。独立とともに文部省は一般シラバスおよび時間割委員会（General Syllabuses and Time-tables Committee）を設立し、まず必修科目についての共通内容シラバスを準備し、1960年までにはその大部分の作業を終了した[44]。1967年には中央カリキュラム委員会（Central Curriculum Committee）が結成され、マレー語、華語、タミル語、英語の4言語による全科目のシラバス、カリキュラムを管理することになったが、時間配分については各言語による文学や文献に柔軟な配慮の余地を与えた。

しかしこれらの改革が当時最も整備されていた英語学校のカリキュラムをベースに行われたことは重大な意味を持っていた。英領マラヤにおけるカリキュラムの植民地性は二重の意味で存在していた。ひとつは、①民族的分離性（compartmentalization）であり、今ひとつは、②外来性（extraneousness）であった。独立後20年程度の期間、マレーシアは教育における植民地的要素を払拭するために前者の解消に全力を尽くしたといえるが、その間後者のカリキュラムの外来性には社会科の内容以外には大きな関心が払われなかった。そのためにカリキュラムの性格的には独立後かえって英国の影響を強めるという皮肉な結果となった。

次節では特にマレーシアの理科カリキュラムに注目し、独立以来担ってきた役割の変化を追うなかで、英国その他の外的要素にどこまで従属

し、どのような問題に直面し、マレーシア独自の要素をどこまで展開しているかについてみることにする。

(3) マレーシアにおける理科カリキュラムの移植と開発

独立マレーシアの理科カリキュラム改革

戦後第三世界諸国のカリキュラム開発の努力の大部分は、独自の開発にしろ、先進国からの輸入・移植をするにしろ、数学と理科の分野に集中して注がれてきた。国家の科学技術水準や経済的発展のためには、自然科学分野の教育の拡大と整備が不可欠であり、その意味で学校における理科カリキュラムは国家の科学水準の向上の原動力であるという信仰は、マレーシアにおいても受け入れられた。カリキュラム政策と改革に関する権限は1967年に設置された中央カリキュラム委員会（議長は教育総監）にすべて属しており、その実務部として1973年、クアラルンプルにカリキュラム開発センター（Curriculum Development Centre）が設立され、国家的レベルでのカリキュラムの開発と改革が進められた。

マレーシアには独立後、1961年の「教育法（Education Act 1961）」に基づき、国民小学校（マレー語媒体）と国民型小学校（華語・タミル語・英語）が誕生し、そのすべての言語ストリームにおいて理科教育が必修科目として導入された。小学校の1年から3年までは週90分、4年から6年までは週120分の理科の授業が組み込まれた。中学校レベル（Form1～3）では全教科の22.5％の時間が数学と理科に割り当てられ、高校レベル（Form4, 5）では文科系のコースでは11.2％、理科系のコースでは25.8％が数学と自然科学各教科に割り当てられていた。理科教育の目的は「児童の理解力と判断力の範囲で、彼らの周囲の環境への探求に積極的に参加する機会を提供することにより、彼らの自然な好奇心を支持し、発達させ、満足させることである」とされていたが[45]、当時の理科シラバスは相変わらずケンブリッジ外地試験審査局の設定する試験シラバスに従っており、

伝統的な暗記中心の教育内容であった。

マレーシアでの最初の公的カリキュラム計画は「特別プロジェクト (*Projek Khas*)」と呼ばれるもので、1968年より小学校の理科と算数の教員を対象に開始された。これは農村地域の小学校の教員が理科や算数の教え方に慣れていないことから、教育学や新アプローチなどについての理解を深めるように、教師ガイドノート (guide-notes) を作成し、現職教育やセミナー、情報紙の発行を行ったものである。6年用のガイドノートは1975年に完成した[46]。

英国の理科カリキュラムの移植

1962年これまで中等学校への進学を厳しく制限してきた英国型のマレーシア中等学校入学試験 (Malaysia Secondary School Entrance Examination) が廃止され、小学校の卒業者はすべて中等学校に進学できるようになり、これまでの伝統的なエリート主義的カリキュラムでは学生の落ちこぼれが目立つようになってきた。そこで文部省は1968年から中等学校の学習状況を再検討し、まず中学校 (Form1～3) の自然科学系の科目において、より生徒の理解を高め、授業に興味を持てるような近代的な教育アプローチとして英国 (スコットランド) で評判の高い「スコティッシュ統合理科シラバス (Scottish Integrated Science Syllabus)」を輸入することを決定した。同年に英国との二国間協定を結び、オリエンテーション・コースを行うための教員の派遣 (1968-71) を求め、教科書とともに学生用ワークシートと教師用ガイドも若干の修正の後そのまま採用され、1969年「マレーシア統合理科コース (Malaysian Integrated Science Course)」として導入された[47]。

このコースの特徴は、授業において「教授的」方法は最小限にとどめ、生徒が自ら解答を求める「発見学習的」なアプローチであり、そこで得た結果よりも解答に至るまでのプロセスを重視するプロセス・スキル型コースであった。生徒は科学的方法の例を教えられ、それを実際的な作

業のなかで応用し工夫して自分なりの結論を得るように想定されていた。このコースはパッケージとして採用して初めて効果の期待できる包括的カリキュラムであるので、2年のコースを3年間に振り分けたことと、マレーシアでの環境への配慮をした以外はほぼそのままの形で翻訳・移植された。マレーシアでの教師用教材には、「さらにアドバイスが必要な場合には英国のスコッティッシュ総合理科コースの関連文献を参照するように」とまで書かれていた[48]。このコースを採用した学校は1969年に22校、70年には85校、75年には650校へと拡大し、特別の事情のある場合を除いて事実上ほとんどの中学校(マレー半島部)がその影響下に入った。

　これに続く上級中等（高校）レベルの理科教育も、上記のコースの第1期卒業生が進学する1972年から改訂されることになった（文科系コースではそれより2年遅れて改訂された）。このレベルの理科カリキュラムの模範としては、コースの性格の継続性を考慮し、英国のナフィールド財団がグラマースクール向けに開発したナフィールドOレベルコースのうち統合的な中等理科コースが文科系向きに、分科的な物理・化学・生物の各コースが理科系に採用された。ナフィールド理科も「為すことによる学習（learning by doing）」というフレーズからもわかるように発見的・探求的アプローチをその教授法としており、事実的知識の獲得よりも科学的態度の育成に重点が置かれている。

　ここでもまず英国からナフィールドOレベルの専門家を招き、教師に現職訓練を行い、「マレーシア現代物理・化学・生物」コースとしてシラバス・トピック、生徒用ガイド、教師用ガイドと適応する実験器具などが準備された。1972年に23校の理科系実験校が選ばれ、73年には72校、74年には130校の高校が参加した。1981年までに教師の再教育プログラムを中心に300万Mドル（リンギット）が投入された。文科系の試験校には33校が選ばれ、1974年から「マレーシア現代理科」コースとして実施され、400万Mドルというコストが費やされた[49]。これら一連の英国理科カリキュラムからの移植を含めて、マレーシアにおけるカリキュラム開発の

表3-2 マレーシアにおけるカリキュラム開発と移植の歴史

導入年	プロジェクト名	学年	母体など
1968-75	特別プロジェクト (理科算数)(*Projek Khas*)	初等 1-6	
1969-71	マレーシア統合理科 Integrated Science for Malaysian Schools)	中等 1-3	スコティッシュ統合理科 (Scottish Integrated Science Syllabus)
1972-73	マレーシア現代物理/化学/生物 (Modern Physics/Chemistry/ Biology for Malaysian Schools)	中等 4-5 (理科系)	ナッフィールド物理/化学/生物 (Nuffield Physics/Chemistry/ Biology O level)
1974-75	マレーシア現代理科 (Modern Science for Malaysian Schools)	中等 4-5 (文科系)	ナッフィールド中等理科 (Nuffield Secondary Science)
1982-87	新初等教育カリキュラム (*Kurikulum Baru Sekolah Rendah*:KBSR)	初等 1-6	
1988-93	統合中等カリキュラム (*Kurikulum Bersepadu Sekolah Menengah*:KBSM)	中等 1-5	
1993	1993 KBSR	初等 3-	(地域研究科の追加など)

歴史を表3-2にまとめた。

カリキュラム移植の背景と効果

マレーシアが英国のカリキュラム・パッケージを採用した理由は以下の3点である。すなわち、①継続性(continuity)、②実行可能性(feasibility)、そして③教育的効果(effectiveness)である。第一にマレーシアでは国内の各教育段階の証書や評価が国際的に認知されることをきわめて重視しており、英国の教育システムに酷似した当時のシステムにおいて、英国で施行されているカリキュラムが最も少ない修正で移植可能と考えられたこと。また第二に英国本国もカリキュラム輸出にきわめて協力的であり、ブリティッシュ・カウンシルや海外教育開発センター (CERDO) はカリキュラム教材の開発や教員の現職コースのために資金を用意しただけでなく、改革の促進のために専門家の指導をも提供していた。第三に英国の現行のカリキュラムとしてこれらは好評を博しており、国際的な科学

技術の発展にキャッチアップ可能なアプローチとして、当時の理科教育実践のなかでも最も効率的なパッケージのひとつであるという想定が、教育担当者に普及していたことがあげられる。またこの他に当時すでにマレーシアの社会において安定した基盤を持っていた出版社や教科書会社などの企業による貢献と誘導も見逃すことはできない[50]。

マレーシアにおけるこれらの理科カリキュラム・パッケージの移植の結果について多くの報告がなされているが、その大部分の結論は、これらのコースは「部分的な効果」しかあげえなかった、というものである。「英国の生徒に対しては完全に機能したこの一見完璧なアプローチが、驚くべきことにマレーシアの生徒に対しては成功しなかった[51]」というスー・ブー・タン（Soo-Boo Tan）の表現がそれを象徴している。結論からいって、マレーシアがこれらのカリキュラム採用の根拠とした3つの前提がことごとく崩れてしまったからである。以下それぞれについて簡単に検討する。

まず継続性については言語の問題があげられる。新しい理科カリキュラムが導入された時期は、マレーシアの全学校（小学校と私立中学校を除く）において教授用語が段階的に英語などからマレー語に転換されていった時期（1970-84）と重なっている。したがって新カリキュラムの教科書や教材はすべてマレー語に翻訳されて用いられたが、当時はまだ語彙や表現力の点で、英国の強力なテクスチュアル・アプローチ（textual approach）に対応しきれたとはいい難かった。さらに、従来よりマレー系学生は文化系、中国系やインド系学生は理科系への指向が強かったこともあり、マレー語への翻訳を担当することになった理科の専門家のほとんどが非マレー系であったことも、その翻訳作業を難航させた。ましてやそれを使って学習する生徒の苦労は容易に想像される[52]。

次に実行可能性は主として経済的・時間的・人的問題に帰結される。カリキュラム実施の財源としては上述のような英国からの援助に加えて、UNICEFなどの国際機関からの資金も利用できたが、学校の基本的イン

フラがスコットランドやイングランドの教室とは大きく異なっていた。当時マレーシアでは実験設備のある学校はまれで、英国のように実験補助技師を置くことなどは望めなかった。そのためにこれらのコースの本領である実験授業が十分に行えず、そのために与えられた国際的資金も配分に問題があり、必ずしも最も必要とされている学校に届かなかったという[53]。

時間的問題はあらゆる教育プログラムに共通の問題であるが、数週間の現職教育と1年間の試行期間では、教師が新カリキュラムの概念を理解し、それに習熟することはもとより不可能であった。また試行期間とは言え、教師は新プログラムを採用するかしないかの決定権はなく、問題点を指摘することができるだけであったが、それとても仮に変更が受け入れられても、すでに商業的に出版準備されている教科書類には反映されることはなかった。また理科教師の増員配置も、当時の中等教育の急激な拡大期には難しいことであった。1クラス40人から45人というクラスサイズも、カリキュラムの開発された故郷の教育環境とは大きく異なっていた[54]。

マレーシアの教育風土

とはいえ以上のような問題は程度の差はあれ、どの国でも経験する問題であり、ある程度は施行前から予想された問題であった。むしろ、マレーシアに新カリキュラムを移植して明らかとなったより本質的な問題とは、教育学・心理学的な問題、すなわちマレーシアの伝統的な教育環境からの新システムへの拒絶反応と、それを増長している試験制度の存在であった。

伝統的にマレーシアの教育術は常に教師中心であり、教師は生徒にその知識を一方的に与える分配者であると社会的にみなされてきた。教師は個々の知識をマスターすることを強調し、生徒は機械的学習や丸暗記が通常の教育形態であると思っていた。これは新カリキュラムが目指し

た問題解決型・発見学習アプローチや実験観察型オープンエンドの設問などとは正反対のエトスである。この長い伝統に慣れてきた教師や生徒が、この新しいアプローチに直面して直ちに教育や学習の方法を変えるのには大きな心理的抵抗があった。生徒たちは実験によって自ら結果を発見する代わりに、「近道して」教師や教科書から正解を知りたがった。一方、教師にとっても生徒の質問に答えてやることがこれまでの伝統的なやり方に合致していただけでなく、実際には手っ取り早かった[55]。

キース・レウィン（Keith Lewin）はマレーシア統合理科を実施している15の中学校での40クラスを観察し、理科の授業の内容を活動の種類によって分析した。それによれば、クラス時間の35%は事実や原理の記憶に占められ、さらに21%は事実や原理の提示、28%が観察活動であった。コース教材が推奨していた「指導された発見」を導くようなデータの解釈に費やされた時間はわずかに7%であった。また活動の形態から分類すると、実験に割かれた時間は16%、討論が32%、ワークシート作業が17%を占めていた。そして授業のなかで顕著にみられたのは教師が将来の試験の存在を利用し、強調して授業を進めていたことであった。例えば「～をしないと試験に落ちますよ」とか「試験ではもっと難しいわよ」といった教師の表現が多く報告されている[56]。

実際、母体となったスコッティッシュ統合理科は国家試験への接続を想定していなかった。スコットランドでは2年間の統合コースの後に生徒を公的試験のために準備させることは要求されなかったので、教師は自由に話題を拡大できた。それに対してマレーシアでは統合理科コースには初級教育修了試験（LCE/SPR）が、現代理科（物理／化学／生物）コースにはマレーシア教育修了試験（MCE/SPM, 英国のOレベル試験に相当）が控えており、膨大な数の生徒が受験するため大量機械化処理の可能な客観的多重選択肢問題で学力が問われることになる。レウィンは初級教育修了試験の出題傾向を1971年から1975年まで調べたが、知識を問う問題は常に50%以上の比率を占め、理解力を試す問題は30%強とカリキュラム改

革前後でほとんど変化はなかった。知識の応用を要求する問題は導入後72年から75年までで6％から17％に増加しているが、カリキュラム改革が試験内容に影響を与えたためとは思えない[57]。

マレーシアは1978年当時の調査によれば、ある人が1年余計に学校に通うと、生涯賃金にして22.8％の収入増を期待できる学歴社会であり、調査された世界20カ国中最高の教育収益率を記録していた[58]。「マレーシアの教育現場にみられる試験への悪しき熱中」は理解できるものでもあるが、それによる授業への悪影響は二重の意味でもたらされる。まず試験が客観選択肢問題なので、教師は知識の注入に熱が入り、正解の存在しないオープンエンド型の問題は生徒の関心を引かない。また試験という時間的制約があるので、試験範囲の内容を期間内に教えねばならないという圧力が生徒やその親からかかるため、手間のかかる発見学習や実験観察が敬遠されることになる。文部省の指令により、これらのコースの教員は週25時間以上の授業負担を負うべきではない、と規定されているため、多くの教員はそのことを実践的活動に時間を割かない言い訳としていた[59]。試験制度も新カリキュラムもともに英国からの輸入・採用であったために両者の整合性 (relevance) についてカリキュラム開発担当者は安易な推測に頼ったという側面もあるだろう。マレーシアのこの経験は、カリキュラムや試験制度など同じ国からの借用であっても、(特に中央集権化されていない国の場合) 複数のシステムに関する整合性は全く保証されていないこと、またカリキュラムの開発とその評価システムは決して切り離すことのできないものであることを教えてくれる。

マレーシアの教育制度は独立以来今日に至るまで、2つの大きな教育目的を担ってきた。①ひとつは近代的な科学と技術への指向を持つ進歩的な社会を建設するために、教育の質を改善して有能なマンパワーを養成することである。②今ひとつは複雑な人口構成を持つ新興独立国として、共通の言語や教育内容を通じて国民としてのアイデンティティを植えつけ、文化的に豊かな調和ある国民を育成することである。そしてこ

の2つの目的はともに深く教育カリキュラムの性格に関係しているのである。

　最後の輸入カリキュラムである「現代理科」の移植が開始された1974年、政府は文部大臣（後のマレーシア首相）を中心に教育政策検討のための内閣委員会を招集し、教育政策がこれまで国家の文化的・社会的・経済的要請にどの程度応えてきたかについて検討を行った。1979年にまとめられた『内閣委員会報告（いわゆる『マハティール報告』）』は全科目におけるカリキュラムの改訂を勧告し、学校カリキュラムを上記2つの国家目標を追求するうえでの重要な手段として位置づけた。委員会報告の学校カリキュラムの定義は以下のとおり教育学的目標と国家の要請になる2つの目標を内包している。

　「カリキュラムは社会がそのメンバーに受け渡すために選んだすべての一般的知識、技能、価値、規範そして文化的要素を包括するプログラムである。教育におけるカリキュラムの役割は生徒に一般的な知識を分け与える以外に、その身体的・霊的・精神的・情緒的な<u>全人的な発達</u>と、受容可能な道徳的価値を育成し、醸成し、植え込むための活動である。マレーシアという環境では、カリキュラムはさらに国家原理（*Rukunegara*/ ルクヌガラ、本書第5章参照）に従って統合への国民的熱意を抱く市民を形成し、あわせて国家の需要に応えて訓練された<u>マンパワー</u>を生み出す役割を担っている[60]。」（下線引用者）

　これまでのカリキュラムは自然科学の分野においてのみ注目され、上記の第二の国家目標を主として追求してきた。しかし今や自然科学の分野もそれ以外の分野も、全体においてもうひとつの目標である国民統合に向かって、より効果的に機能しなくてはならない、という点が自覚された。そしてその最初のステップは学校カリキュラムの国産化であった。なぜなら、マレーシアの学校カリキュラムは自然科学分野を除いて基本的に20年以上前の植民地期に導入されたものから改訂されていなかったからである。

全面的カリキュラムの改定

1982年、文部省とカリキュラム開発センターは小学校の現行全シラバスを廃止し、3Rs（読み・書き・算）の学習と道徳的価値の教化に大きな力点を置き、一部に合科科目を含む「新初等教育カリキュラム（New Primary School Curriculum/*Kurikulum Baru Sekolah Rendah*：KBSR）」を導入することを宣言した。このなかで理科・社会科・保健・道徳の領域をまとめた「人間と環境」科が小学校上級学年に登場し、理科は再び小学校の科目から姿を消すことになった。1988年には新カリキュラムは中学校レベルにまで拡大され、「統合中等学校カリキュラム（Integrated Secondary School Curriculum/*Kurikulum Bersepadu Sekolah Menengah*：KBSM）」として1994年に大学予備課程（Form 6）にまで改訂が完了した。初等カリキュラムは別稿に譲り[61]、ここでは60年代の移植カリキュラムとの比較の視点で統合中等学校カリキュラム（KBSM）についてみることにする。

統合中等学校カリキュラムは1988年に中学1年（Form1）から限定施行された後、翌89年から全面施行され、年ごとに上の学年に拡大された。初等カリキュラムと同様、生徒の日常生活に密着したテーマ選択と、科目内・科目間の教育内容の無駄な重複を避けるための包括的カリキュラム設計を行い、全科目を通じてマレーシアの国民としてのアイデンティティを植え込むシステムを採用し、あえて「公民科」を廃止した。中学校の12の科目は、①コミュニケーション（言語・数学）、②精神（宗教・道徳）、③人間・社会・環境（理科・社会・生活技能）、④自己発達（体育・芸術・課外活動）の4つのグループ（*Komponen*）に分類され、（一般）理科は歴史・地理・生活技能とともに第三のグループに属している。

中等段階の理科教育は初等教育段階の継続という点が重視され、教育のアプローチとしてはこれまでどおり、学習者中心（learner-centered）、問題解決（problem-solving）、活動志向型（activity-oriented）という従来のアプローチが踏襲された。上級中等学校（高校）では28単位に及ぶ選択科目

第3章　中等理科カリキュラムの開発と国際「移植」　97

表3-3　中等カリキュラムの科目時間配分(%)の新旧比較

科　目	中学校		上級中等学校(高校)				
	旧カリキュラム	新カリキュラム	旧カリキュラム				新カリキュラム
			文系	理系	職業科	工業科	
マレー語／英語	27%	26	18.5	20	20	18.5	23
数学・一般(基礎)理科	22	26	29.5	52	31.5	2.5	19
社会科	7	11	12	7	7		7
イスラーム教／道徳	7	8	6	6.5	6.5	6	7
生活技能／職業準備	9	8					7
公　民	2		2	2	2	2	
体育および保健	12	8	4	4.5	4.5		4.5
芸　術	(選択)	8	4				(選択)
課外活動	10	5				1	4.5
選択科目	4*		8.5		22.5	70	28**
合　計	100	100	100	100	100	100	100

註：選択科目：＊音楽、外国語、宗教知識、＊＊①マレー文学、英語、英語圏文学、イスラーム思想、地理、美術、音楽、その他の言語、②会計、基礎経済、商業、農学、家政、上級数学、実習、工学、測量学、建築学、幾何および機械描画、電気工学、コンピューター科学、幾何および建築描画、③上級科学、物理、化学、生物から選択。(1992年より採用)
出典：Kementerian Pelajaran Malaysia, *Rancangan Kurikulum Baru Sekolah Menengah: Satu Cadangan*, 1984, p.30, ほか(註62参照)。

が用意され、これまでの極端に文系・理系に分離したストリームの代わりに、生徒が人文科目グループと自然科目グループの双方から選択科目コースをとることが可能になった[62]。

価値の吸収と刻印

　KBSM 理科の特徴は、①第一に学習者中心のアプローチすなわち探求アプローチであること、②第二に有徳な諸価値(*nilai-nilai murni*)の「吸収(*penyerapan*)」もしくは「刻印(*penerapan*)」と呼ばれるものである。後者は理科の授業の最中において、理科のトピックに関連づけながら、科学的態度や理科の内容とは直接関係ない道徳的価値、宗教的価値、美的価値、社会的価値などを意識的に生徒に伝えるテクニックである。理科の分野で特に重要とされる価値は、アブドゥル・ラヒム(Abd. Rahim)によれば、①自然現象に対する好奇心の発揚、②実験結果についての誠実さと客観

表3-4　文部省 KBSM 理科シラバス　第4学年(高校1年)の教師用授業指針
(抜粋)

章	トピック	有徳な価値と態度(丸数字については表3-5参照)
1-4	麻薬物質	麻薬の誤用が我々の健康や行動にもたらす悪影響に気づく④(個人) 麻薬撲滅のために我々が協力することの重要性に気づく④(社会)
2-1	人　種	神の被創造物それぞれが独自の固有性を持つことを認める② 人間に種の違いはあっても、それによって差別されてはいけない①
2-5	性染色体	生まれた子供の性がどちらであろうとも神の決定に感謝する②
3-7	放射線	原子力の利用は恩恵と災難をもたらしうることに気づく④(社会)
5-7	光と色彩	生活に自然の美しさや便利さを与える色彩の重要性を認識する③
2-5	高分子	我が国の経済発展における天然ゴムの貢献を認識する④(国家)

出典:Kementerian Pendidikan, *Huraian Sukatan Pelajaran Sains IV KBSM*, 1991.

的態度、③他人の意見に対する開かれた心、④安全と協力、⑤実証的態度といった科学的価値(精神)以外に、⑥科学的方法以外の自然理解のアプローチの認識、⑦健康と清潔の保持、⑧相互依存(*saling bersandaran*)、⑨責任あるエネルギー使用、⑩平和な生活と美しい環境の尊重、⑪調和ある世界の同胞意識、⑫社会と環境への影響を考慮した決定、といった社会的、道徳的価値の吸収・刻印が指示されている[63]。具体的に教師用指導シラバス(要録)に示された例を上級中学理科の要録から取り出してみた(表3-4)。

また、より全体的な状況をみるために、文部省中等校(中学)と上級中等学校(高校)の理科指導シラバス全5巻(*Huraian Sukatan Pelajaran Sains I, II,*

表3-5　中等学校理科シラバスにおける「吸収される価値態度」項目の分類
(重複有)

学年	①道徳的価値	②宗教価値	③美的価値	④社会・文化的価値			その他	合計
				個　人	社　会	国　家		
1年	7件	2	7	6	9	1	7	39
2年	6	1	8	14	17	3	4	53
3年	9	5	3	6	19	2	17	61
4年	8	2	7	2	12	0	8	39
5年	3	1	2	9	12	1	2	30
合計 (%)	33 14.8	11 5.0	27 12.2	37 16.7	69 31.0	7 3.2	38 17.1	222 100%

註:文部省 KBSM 中等理科シラバス1年〜5年に例示された「吸収されるべき態度と価値」の数を Abd. Rahim Abd. Rashid, 1993(註63), p.122の価値の分類表を参考に分類した。

III, IV, V) に指示された吸収・刻印することが望ましい有徳な価値について、4つの価値分野に分類判断して統計をとってみた。社会・文化的価値についてはさらに個人・社会・国家のどのレベルに対する価値かについて細分類した。結果は**表3-5**に示すが、社会的価値が全体の31％を占め、道徳的価値も15％弱に達していたが、直接神の存在に触れた宗教的価値も5％含まれていた。

イスラーム的価値観の浸透

　理科教育に社会的価値を組み込もうという試みは全く初めての例というわけではないが、このカリキュラムがイスラームの影響を強く受けていたという点でマレーシアの事例はユニークであった[64]。実際新カリキュラムに対するイスラーム的影響の浸透は顕著である。1988年文部省から布告された『国家教育哲学 (*Falsafah Pendidikan Negara*)』にも、教育公文書としては初めて、教育は「神 (*Tuhan*) への堅い信仰と献身に基づいて、知的・精神的・情緒的・身体的に調和のとれた個人を育成するために、総体的で統合的な方法によるその可能性の開花を目指す不断の努力である」と定義された[65]。ラシッド・アジザン (Rashid Azizan) によれば、新カリキュラムの理科教科書の「改善点」のひとつは人間の特殊な地位への配慮であるという[66]。これまでの理科教科書は英国版の翻訳である以上、当然人間を哺乳類の一種として扱ってきたが、KBSM教科書では進化論は避けられ、民間出版社の理科教科書 (*KBSM: Sains Tingkatan 4, Pustaka Yakin*, p.41) でも、「人類とその子孫」の冒頭は「人類は神の創造物である」という文章から始まっている。

　その他「科学」の定義でも、一部の教科書にはイスラーム科学 (本書第7章参照) の影響がみられる。科学とはイスラーム的観点によれば、「創造者のあらわれ (signs) を鑑賞する手段」であり、実証的な証明は科学 (すなわち「知る」こと) の一手段にすぎず、直感 (intuition) や啓示 (revelation) による「知る」方法にも同等の重要性が与えられる[67]。パキスタンのイス

ラーム教育者であるムスリム・サジャッド（Muslim Sajjad）はさらに徹底したイスラーム的観点からの理科教育を提唱している。自然界のすべてのことは神の英知と指導によるものであるという立場を教科書に徹底し、例えば細胞組織の観察の際には「我々の力を越えたこの細密な構造はアッラーの最高の技の結果である」と教え、また地球大気圏上空のオゾン層の学習では「アッラーの生命体への慈悲深き保護に感謝する」といった実践例をあげている[68]。

　進化論の是非や理科教育における宗教教育の是非を論ずることは本章の目的ではない。問題はこうした特定の文化目的を持った価値教化のメソッドと、事実に則して物事を批判的・合理的に考察しようとするヒューリスティック（heuristic）なアプローチとの間に予想される衝突である。もちろん発見学習法にしても生徒が達成するのは「導かれた発見」であるので、あらかじめ結論は用意されている。しかしこのアプローチの特徴は、教師の介入をできるだけ排して、たとえ想定されている目標に生徒が到達することに失敗しても、その失敗からも学び、それまでのプロセスが、後のより高度な問題や日常生活の実際の問題解決に応用が可能であるという点である。しかし上述のような宗教価値観に包囲されていては、生徒は教師の期待する目標に到達することに失敗している余裕はなさそうである。

　興味深い点は、理科教育に宗教価値が挿入されたのに対して、この学習者中心型アプローチが、相互乗り入れのような形で、イスラーム教の授業にも取り入れられたことである。上級中等学校1年(Form 4)の『イスラーム教知識(*Taswur Islam Tingkatan IV*, DBP)』の第3章「人」の項で、「聖クルアーンによれば人類生成の源はアダムに由来していることは明らかである。(中略) 一方進化論によれば人間の起源は猿人もしくは類人猿と呼ばれる動物にさかのぼることになる。この見解は聖クルアーンによって退けられるだけでなく、西洋の大部分の科学者によっても否定されている(p.15)」と解説した後に、自由記述の活動があり、「1. なぜ人間は特別な

被造物であるとみなされるのか、あなたの考える根拠を提示しなさい (p.18)」と展開している。このような形だけの自由回答設問は無意味なだけでなく、生徒の価値観の発達にも混乱を及ぼしかねない。

　自然科学系科目において自由回答型・発見学習型アプローチが成立しえたのは、生徒の獲得目標・知識に無数の可能性があったからではなく、実は教師によって明確に認識された目標（事実・定説・法則など）があり、そこへの到達プロセスに無限の可能性を認めようとしたためである。しかし、資料の持つ意味に無限の解釈が考えられる人文・社会科学系科目においては、このアプローチを取り入れるならば、とりもなおさず教師がこれらの解釈をあらかじめ一本化（解釈の強制）してしまうことを意味している。

　とはいえムスリム・サジャッドのような強硬な意見は今のところ少数派で、実際に多民族・多宗教からなる理科クラスでそのようなことが行われることは考えにくい。ノール・アジザ (Nor Azizah) の初等中学1・2年のクラスの観察調査では95.5％の教師が価値の吸収・刻印を実行していたが、その価値の内容は「清潔・勤勉・誠実」といった一般的(理科の授業に有益な)諸価値であった[69]。またグレゴリー(Gregory)の初級中等1年の理科教師に対する質問紙調査では、理科の授業において直面するであろう困難点として、理科教育における有徳な価値の吸収・刻印に不安ととまどいを持つ教師が3割を越えていた。ところが一方で実験や活動の実施に問題を感じる教師や内容の消化に困難を感じる教師も2割を越えていた[70]。したがってやや皮肉な見方をすれば、新しい理科カリキュラムは、従来の輸入型カリキュラムのアプローチ上の問題点を据え置いたまま、有徳な価値吸収という新たな不慣れな問題を理科教師に課してしまったということもできる。

(4) 結　語

　マレーシアにおけるカリキュラムの歴史を振り返ってみると、カリキュラムとは何か、カリキュラムが伝えるべきものは何かという根本的な問題に我々をたち返らせる。植民地時代のマラヤの5種類の学校カリキュラムではそれらが輸入された本国での教育内容がほぼそのまま教えられており、社会・文化的環境や生徒の立場にはほとんど考慮が払われない内容普遍主義的（優れた内容の教育は世界各地に輸出されるべきであるとする）教育の併存状態（教育的複合性）であった。日本の軍政時代の教育はやはり内容普遍主義的であったが、教育内容をすべての種類の学校において統一しようとする試みがなされた。

　独立後は教育制度のマラヤ・マレーシア化が強力に推し進められ、共通内容シラバスとカリキュラムが初めて現地の観点から統一され、やがて言語ストリームも小学校と私立学校を除いてマレー語媒体に統一された。しかし同時に、1960年代には中等学校の理科教育に英国から探求型アプローチ・児童中心主義的カリキュラムが輸入移植され、試験制度も英国の国際規格に従っていたため、カリキュラムの外的従属はより強化され、組織化された。カリキュラムの国際間の移植は、理科カリキュラムの改善は国家の科学技術の発展の基礎であり、理科教育の方法論は国際的に移植可能である（方法普遍主義）という2つの仮定のうえに行われた。しかし文化的・経済的環境が英国とは大きく異なるマレーシアにおいては、進歩的な教育方法そのものが伝統的な教授法とエリート教育時代の英国から輸入された試験制度の支配するマレーシアでは期待どおりの成果をあげることはできなかった。

　1980年代からマレーシアではカリキュラムの国産化と効率化を目指して独自のカリキュラムを初等・中等教育の全科目に導入した。それは教育方法において既存の輸入理科カリキュラムの探求型アプローチをほぼそのままその他の全科目に拡大したものであった。国家統合の推進と有

能なマンパワーの養成という国家の二大要請を受けて、道徳的・宗教的・社会的・文化的な価値や態度を生徒に植え込もうとする「吸収」もしくは「刻印」プログラムが採用された。これは西洋的教育方法論とマレーシア的文化的刷り込みをひとつの科目授業のなかに混在させたハイブリッド的カリキュラムであり（内容個別主義・方法普遍主義）、二重の意味で問題をはらんでいた。なぜならひとつには新カリキュラムは、より文化的・歴史的規定性の強い文科系科目にまで自然科学用に開発された進歩的教育方法を適用しようとして不整合性を拡大したこと。また第二により普遍性の強い理科や数学の科目のなかにまで、道徳や宗教的な文化的特殊的な価値を持ち込み、科学の文化的中立性を大きく損ねたことである。

　マレーシアは教育に限らず、経済・文化・理念・制度などを積極的に外国から輸入し取り入れてきており、その国境の壁の低さがひとつの特色でもある。反面外国からの経済的・文化的影響や支配も受けやすく、教育的従属はその典型的側面であった。しかし国内的統合性に欠けるマレーシアでは、そうした国独自のアイデンティティに欠ける面をさらに別の外来の要素で補おうとする傾向があり、経済では日本と韓国に範を求め、そして教育、特にカリキュラムに関しては、イスラーム的価値観の注入に求めようとしているといえる。今後のマレーシアの最大の課題はそうして残された外来性の要素を個々のシステムのなかで整合性を持たせていくことであろう。

【出典および註】
(1) Juan Leung Yat-Ming, 1991, 'Curriculum Development in the People's Republic of China', in Colin Marsh and Paul Morris eds., *Curriculum Development in East Asia*, Falmer Press, London, p.74.
(2) Muhammad Abdus Sami and Muslim Sajjad, 1990, *Merancang Kurikula untuk Sains Tabii daripada Perspektif Islam,* translated by Asiah Idris, Dewan Bahasa dan Pustaka, Kuala Lumpur (*Planning Curricula for*

Natural Science: The Islamic Perspective, 1983, Institute of Policy Studies, Islamabad).
⑶　カリキュラムが含むべき構成次元としてタイラーは目的、内容、方法、評価をあげている (R.W. Tyler, 1949 and 1950, *Basic Principles of Curriculum and Instruction*, Chicago, IL, University of Chicago Press)。UNESCO (1972) によれば、カリキュラムとは「学校の指導のもとにおいて学習者が経験するすべてのことであり、教室内外における目的・目標、内容、プロセス、資源、評価手段を含む」とある。ハーストは「生徒が特定の教育目標や目的をできる限り達成するようにデザインされた諸活動のプログラム」と定義している (P.J. Hirst, 1968, 'The contribution of philosophy to the study of the curriculum', in J.F. Keer, *Changing the Curriculum*, London)。
⑷　I.E. Goodson, 1988, *The Making of Curriculum*, Falmer Press, London, p.12.
⑸　Philip W. Jackson, 1968, *Life in Classrooms*, Holt Rinehart and Winston, New York; N.V. Overly ed., 1970, *The Unstudied Curriculum: Its Impact on Children*, Association and Curriculum Development, Washington, D.C.
⑹　D. Lawton, 1973, *Social Change, Educational Theory and Curriculum*, Routledge & Kegan Paul, London.
⑺　R. Jeffcoat, 1984, *Ethnic Minorities and Education*, Harper & Row, London; Conrad MacNeil, 1990, 'The National Curriculum: A Black Perspective', in Bob Moon ed., *New Curriculum: National Curriculum*, Hodder & Stoughton, London.
⑻　A.V. Kelly, 1989, *The Curriculum: Theory and Practice*, Third Edition, Paul Chapman Publishing, London.
⑼　Brian Holmes and Martin McLean, 1989, *The Curriculum: A Comparative Perspective*, Unwin Hyman, London, pp.1-22.
⑽　Molly N.N. Lee, 1992, 'School Science Curriculum Reforms in Malaysia: World Influence and National Context', in *International Journal of Science Education*, Vol.14, No.3, p.254.
⑾　「移植 (transplant/adoption)」と「輸入 (import)」もしくは「導入 (introduction)」「採用 (adaptation)」という用法には明確な定義的区分はされていないが、本書ではカリキュラム「移植」の場合には、①教科書・教材・機器・指導員の招聘などを含んだ「カリキュラム・パッケージ」の導入であり、②

多くの場合、輸出国や国際機関からの教育援助が介在すること、③受け入れ側の教育指導者・政策担当者層に輸出国への留学・研修経験者が多いことを特徴と想定している。一方「輸入」は、①原則的に援助を受けず、②カリキュラムの任意の部分（または全部）を購入し、③主として教育学的理由で決定されるものを指している。「導入」と「採用」はそれら両者に区別せずに用いられる一般的用語である。

(12) M.N. Maddock, 1981, 'Science Education: an Anthropological Viewpoint', in *Studies in Science Education*, Vol.8, pp.1-26.

(13) Bryan Wilson, 1981, 'The Cultural Contexts of Science and Mathematics Education: Preparation of a Bibliographic Guide', in *Studies in Science Education*, Vol.8, p.28.

(14) B.J. Wilson, 1981, *Cultural Contexts of Science and Mathematics Education*, Centre for Studies in Science Education, University of Leeds. 理科教育の文化的中立性を主張したのは，W. Morehouse, 1967, 'Confronting a Four-dimensional Problem: Science, Technology, Society and Tradition in India and Pakistan', in *Technology and Culture*, Vol.8, p.363; J. Ziman, 1969, 'Some Problems of the Growth and Spread of Science into Developing Countries', in *Proceedings of the Royal Society*, A311, p.349.

(15) Philip G. Altbach, 1971, 'Neocolonialism and Education', in *Teachers College Record*, Vol.72, May 1971, pp.543-558; Philip G. Altbach, 1977, 'Servitude of the Mind?: Education, Dependency, and Neo-colonialism', in *New Directions in Comparative Education*, pp.469-484. その他の論者ではR. Arnove, 1978, 'Education and world systems analysis', in *Comparative Education Review*, Vol.24, No.1, pp.48-62; Martin Carnoy, 1974, *Education as Cultural Imperialism*, New York, David McKay; Philip G. Altbach, 1978, 'The Distribution of Knowledge in the Third World: A Case Study in Neocolonialism', in Philip G. Altbach and Gail P. Kelly eds., *Education and the Colonial Experience*, Transaction Books, New Brinswick 参照.

(16) Philip G. Altbach, 1989, 'Twisted roots: the Western impact on Asian higher education', in Altbach *et al* eds., *From Dependence to Autonomy: The Development of Asian Universities*, Kluwer Academic Publication, Dordreht, p.8.

(17) Philip G. Altbach, 1977, *op. cit.*, pp.478-479.

⒅ Gail P. Kelly, 1984, 'Colonialism, Indigenous Society, and School Practices: French West Africa and Indochina, 1918-1938', in Philip G. Altbach and Gail P. Kelly eds., *op. cit.*, pp.21-22.

⒆ John J. Cogan, 1983, 'Jamaica: Education and the Maintenance of the Social-class System', Chapter 8, in R. Murray Thomas ed., *Politics and Education: Cases from eleven nations,* p.172. 葛藤理論経済学によれば、「従属」とはある商品(やサービス)をめぐって、産業化の度合いに差のあるA国とB国の間に取引がある場合、その商品と等価として最終的に交換される商品の価値はその生産に両国で費やされる労働量に換算して等価ではなく、産業化した社会の側の輸出品が必ず過大評価されること(不等価交換テーゼ)、同様の貿易の繰り返しと拡大により、産業化の遅れたB国の労働者の余剰価値がA国に吸収蓄積されさらに産業化の度合いの差を拡大する(不均等発展テーゼ)という過程である。そして世界の大部分がこの経済的原理に収斂して、経済的階層において分岐する状態が(従属的な)「世界システム」であるとされる。Andre Gunder Frank, 1967, *Capitalism and Underdevelopment in Latin America: Historical Studies of Chili and Brazil,* Monthly Review Press, New York ＝大崎正治ほか訳、1985、『世界資本主義と低開発―収奪の〈中枢－衛星〉構造』大柘植書房；Samir Amin, 1976, *Unequal Development,* Monthly Review Press, New York ＝西川潤訳、1983、『不均等発展―周辺資本主義の社会構成体に関する試論』東洋経済新報社。

⒇ Mike Monrrissey ed., 1990, *Curriculum Reform in the Third World: The Case of School Geography,* Institute of School and Economic Research, Mona (Jamaica). 新植民地主義については Jack Woddis, 1976, *Introduction to Neo-colonialism,* Lawrence & Wishart, London; Philip G. Altbach, 1971, *op. cit.*, pp.543-558.

㉑ Philip G. Altbach, 1977, *op. cit.*, p.476.

㉒ Brian Holmes and Martin McLean, 1989, *op. cit.*, pp.137-142.

㉓ Keith Watson, 1982, 'Education and Colonialism in Peninsular Malaysia', in Keith Watson ed., *Education in the Third World,* Croom Helm, London, pp.103-104.

㉔ J.S. Furnivall, 1948, *Colonial Policy and Practice: A Comparative Study of Burma and Netherlands India,* Cambridge University Press. 人口統計は Manjit S. Sidhu and Gavin W. Jones, 1981, *Population Dynamics in a*

Plural Society: Peninsular Malaysia, Table 1, UMCB Publications, Kuala Lumpur.

(25) Nagle J. Stewart, 1928, *The Educational Needs of Straits Settlements of Malaya*, John Baird and Sons, Baltimore, p.69, 1870年の時点で政府英語学校1校、政府補助英語学校13校、私立英語学校3校、政府母語学校13校、政府補助母語学校10校、私立母語学校5校が存在していた。

(26) 津田元一郎、1969、「第三章 マラヤ：イギリスの言語教育政策」、多賀秋五郎編著『近代アジア教育史研究（上巻）』岩崎学術出版社、東京、408-409頁、423-424頁。

(27) 津田、1969、同上書、435頁。

(28) Wong Francis Hoy Kee and Ee Tiang Hong, 1971, *Education in Malaysia*, Heinemann Education Books, Kuala Lumpur, p.32; Philip Loh Fook Seng, 1975, *Seeds of Separatism: Educational Policy in Malaya 1874-1940*, Oxford University Press, Kuala Lumpur, p.50, p.80. 後者の文献ではQueen's Scholarship の施行年は1886年とされている。

(29) *Ibid.*, (Loh, 1975), pp.80-81.

(30) 津田、1969、前掲書、421頁。

(31) Chai Hon-Chan, 1977, *Education and Nation-Building in Plural Societies: The West Malaysian Experience*, The Australian National University, Canberra, p.31, pp.84-85. 分母には私立セクターを含む。

(32) Keith Watson, 1993, 'Rulers and Ruled: Racial perceptions, curriculum and schooling in colonial Malaya and Singapore', in J.A. Mangan, ed., *The Imperial Curriculum: Racial Images and Education in the British Colonial Experience*, Routledge, London, p.166.

(33) Awang Had Salleh, 1979, *Malay Secular Education and Teacher Training in British Malaya*, Dewan Bahasa dan Pustaka, Kuala Lumpur, p.95.

(34) 出典：SITC は Education Code Part V., 1936, cited in Awang Had Salleh (1979, *ibid.*, p.92). 英語学校と華語学校は Philip Loh Fook Seng (1975, *op. cit.*, pp.142-143, ミッション・スクールは Appendix 1, Education Code Part III, 1933, cited in Keith Watson (1993, *op. cit.*, p.165).

(35) V. Percell, 1948, *The Chinese in Malaya*, Oxford University Press, cited in Watson, Keith, 1993, *op. cit.*, p.164.

(36) F. Daniel, 1936, 'The 'General Science' Course in the Federated Malay

States', in *Overseas Education: A Journal of Educational Experiment and Research in Tropical and Subtropical Areas*, Vol.18, No.1, pp.1-13. このコースを近年紹介したのは Molly N, N, Lee, 1992, *op. cit.*, p.252.

(37) Straits Settlements, 1909, *Memorandum on the Report of the Commission of Enquiry into the system of English Education in the Colony, Supplementary Report (Kynnerseley Report)*, p.58.

(38) 南方総軍 (Headquarters of the Southern Expeditionary Forces), 1942, 「南方圏教育に関する基本方針」(Fundamental Policy Concerning Education in the Southern Sphere), cited in Akashi Yoji, 1976, 'Education and Indoctrination Policy in Malaya and Singapore under the Japanese Rule, 1942-1945', in *Malaysian Journal of Education*, Vol.13, No.1/2, pp.22-24.

(39) マラヤ軍政監部、「小学校再開に関する件」(Matter Relating to Reopening of Primary Schools), cited in Akashi, *ibid.*, pp.24-25. その他 Harold, E. Wilson, 1973, *Educational Policy and Performance in Singapore*, 1942-1945.

(40) 表3-6　日本軍政期の小学校のカリキュラム(週あたり授業数)

	日本語	母語	宗教	算数	地理	生物	芸術	工芸	保健	体育
マレー語学校	6	3	6〜7	2.5	1				1	3
華語学校	6.5	2	0.5	3.5	1.5	1	2.5	1	1	1

註：華語学校は昭南市(Singapore)の小学校の例。華語学校の母語教育は1944年から廃止。宗教は道徳、算数は算術1・幾何1・代数1を合算、芸術は唱歌1と絵画1を合算。
出典：『占領後のマライにおける初等教育』cited in Akashi, 1976, *ibid.*, p.11.

(41) Malayan Union, 1946, *Council Paper*, No.53 of 1946(石井均、1983、「第三章　マレーシアにおける教育政策の特質」、多賀秋五郎『現代アジア教育史研究』多賀出版、東京、525-581頁所収).

(42) H.R. Cheeseman, 1949, 'Malaya: Post-War Policy in Education', in *Year Book of Education for 1949*, Evans, London(石井均、1983、同上書、546頁所収).

(43) *Report of the Committee on Malay Education (Barnes Report)*, 1951, Committee Appointed by the Excellency the High Commissioner for the Federation of Malaya to Consider the Problem of Malay Education, Government Printing Office; *Chinese Schools and the Education of Chinese*

Malayans: Report of a Mission Invited by the Federation Government to Study the Problem of the Education of Chinese in Malaya (*Fenn-Wu Report*), 1951, Chairman: William P. Fenn and Wu Teh Yao, Government Press; *Report of the Education Committee*, 1956 (*Razak Report*), Government Printer.『バーンズ報告』は華語小学校とタミル語小学校を廃止し、マレー語と英語の二言語教育を行う「国民学校（National School）」の創設を構想し、『フェン・ウー報告』は中国系学生に三言語教育、その他の学生には二言語教育を提案し、華語の保持を図った。しかし同報告は「華語学校のカリキュラムは単純に中国大陸で設定された様式に従ってきただけであり、外国から輸入された教科書は子どもたちの現地への適応に役立たないばかりか、統合されたマラヤの忠誠なる市民の利益に有害な考えをもたらしかねない(p.16)」と分離された従来の教育内容を非難している。『ラザク報告』はさらに一歩進めて、「マラヤ連邦の教育政策の基本的要求のひとつは、すべての学校、小学校と中等学校にマラヤ的な展望を持たせることである。我々はこれを達成する手段はすべての学校のシラバスに共通の教育内容を持たせることであると考える(p.17)」と述べている。

(44) *Report of the Education Review Committee 1960* (*Rahman Talib Report*), 1960, Government Printer, p.12.

(45) Ministry of Education Malaysia, 1965, Science Syllabus for Primary Schools, cited in National Institution for Educational Research (Tokyo), 1970, *Asian Study on Curriculum, Comparative Study of Curriculum Development at the Stage of Elementary Education in Asian Countries*, Vol.III, p.105.

(46) UNESCO, 1977, *Science Education in Asian Countries, Bulletin of the UNESCO Regional Office for Education in Asia*, No.18, June, p.90; Fatimah Hamid Don, 1977, 'Curriculum Issues', in Wong F. Hoy Kee ed., *Readings in Malaysian Education*, Penerbit Universiti Malaysia, p.35.

(47) *Ibid.*, p.87.

(48) Keith M. Lewin, 1980, 'Curriculum Renewal and Examination Reform: A Case Study from Malaysia', in *IDS Bulletin, Institute of Development Studies*, Vol.11, No.2, p.34; Malaysian Integrated Science (syllabus document), 1973.「生物」などには熱帯版（Tropical Version）が用意された。

(49) UNESCO, 1977, *op. cit.*, pp.87-90.
(50) Sharifah Maimunah Syed Zin and Keith M. Lewin, 1991, 'Curriculum Development in Malaysia', Chapter 11, in Colin Marsh and Paul Morris eds., *Curriculum Development in East Asia,* The Falmer Press, p.241; Molly N. N. Lee, 1992, *op. cit.* p.255; G. Zainal, 1988, *Curricular decision-making in the diffusion of educational innovation in Malaysia,* unpublished Ph.D. thesis, University of Southampton.
(51) Soo-Boo Tan, 1991, 'The Development of Secondary Science Curriculum in Malaysia', in *Science Education,* Vol.75, No.2, p.245.
(52) Soo-Boo, *ibid.*, p.246.
(53) Sim Wong Kooi, 1977, 'Evaluation of Integrated Science teaching in Malaysia', in UNESCO, *New trends in integrated science teaching: evaluation of integrated science education,* Vol.IV, pp.177-179.
(54) Keith Watson, 1980, 'Influence and Constraints on Curriculum Development in the Third World: with Reference to the Integrated Science Programme in Peninsular Malaysia', in *Canadian International Education,* Vol.9, No.2, pp.32-49.
(55) Frank J. Swetz and Tamby Subahan Mohd Meerah, 1982, 'The Reform of Physics Teaching in Malaysian Schools: A Case Study of Curriculum Adaptation', in *Science Education,* Vol.66, No.2, pp.177-178; Soo-Boo, 1991, *op. cit.*, pp.246-247.
(56) Keith Lewin, 1980, *op. cit.*, p.39.
(57) *Ibid.*, p.35.
(58) George Psacharopoulos, 1981, 'Returns to Education: an updated international comparison', in *Comparative Education,* Vol.17, No.3, p.330. この比率で4年間余計に在学すれば、生涯収入は2.27倍、8年で5.17倍となる。
(59) Keith Watson, 1980, *op. cit.*, p.46.
(60) Kementerian Pelajaran Malaysia, 1979, *Laporan Jawatankuasa Kabinet Mengkaji Pelaksanaan Dasar Pelajaran (Mahathir Report)*, Dewan Bahasa dan Pustaka, pp.66-67.
(61) 杉本均、1989、「マレーシアにおける新初等教育カリキュラム—求められているものと目指すもの—」『比較教育学』第15号、157-168頁。

㉒ 新カリキュラムの科目構成について、表3-3の内容については Kementerian Pelajaran Malaysia, 1984, *Rancangan Kurikulum Baru Sekolah Menengah: Satu Cadangan,* p.30; *Mahathir Report,* 1979, *op. cit.,* pp.102-106; Colin Marsh and Paul Morris, 1991, *op. cit.,* p.234; Abu Bakar Nordin, 1993, 'Kurikulum Bersepadu Sekolah Menengah', in Adnan Kamis ed., *Kurikulum Bersepadu Sekolah Menengah: Pandangan dan Maklum Balas,* Penerbit Universiti Kebangsaan Malaysia, Bangi, pp.75-90, から作成した.

㉓ Abd. Rahim Abd. Rashid, 1993, *KBSM: Pendidikan Nilai Merentasi Kurikulum,* Dewan Bahasa dan Pustaka, Kuala Lumpur, pp.125-126.

㉔ Molly N.N. Lee, 1992, *op. cit.,* p.258. Mollyは価値吸収の例として次の2例を掲げていた。Jenkins, E. W. and Whitfield, R. eds., 1974, *Readings in Science Education: A Source Book,* McGraw-Hill, Step Series, London; L.W. Trowbridge and R.W. Bybee, 1986, *Becoming a Secondary School Science Teacher,* Charles E. Merrill, USA.

㉕ Kementerian Pendidikan Malaysia, 1987, *Falsafah Pendidikan Kebangsaan,* cited in Tajul Ariffin bin Noordin, 1993, 'Pendidikan Bersepadu: Konsep dan Falsafah dalam KBSM', in Adnan Kamis, 1993, *op. cit.,* p.35.

㉖ Rashidi Azizan and Mat Zakaria, 1993, 'Tinjauan Terhadap Buku Teks Sains KBSM: Pelaksanaan Sains Munurut Perspektif Islam', in Adnan Kamis ed., 1993, *op. cit.,* pp.196-197.

㉗ Molly, 1992, *op. cit.,* pp.256-260.

㉘ Muslim Sajjad, 1990, 'Mengajar Zoologi: Daripada Perspektif Islam', in Muhammad Abdus Sami and Muslim Sajjad eds., *op. cit.,* pp.75-82. イスラーム科学については本書第7章を参照。

㉙ Nor Azizah Salleh and Shamsiah Ahmad, 1993, 'Pendidikan Sains dalam KBSM: Satu Tinjauan Keberkesanannya dalam Pengajaran dan Pembelajaran di Sekolah', in Adnan Kamis ed., *op. cit.,* p.187.

㉚ 表3-7 KBSM理科の授業において教師が予想する問題点とその深刻さの程度(次頁)

予想される問題／困難	問題／困難の深刻さの程度(%)					合計
	なし	少し	かなり	非常に	無回答	
新しい理科シラバスの理解	47.2%	45.3	1.9	1.9	3.8	100.0%
シラバスの細部項目の理解	54.7	39.6	5.7	0	0	100.0
授業の方法の開発	18.9	58.5	20.8	1.9	0	100.0
授業の補助教材の準備	39.6	41.5	17.0	1.9	0	100.0
理科授業で道徳価値の注入	20.8	49.1	24.7	5.7	0	100.0
実験や活動の実施	32.1	45.3	9.4	11.3	1.9	100.0
試験やテストの準備	30.2	49.1	17.0	1.9	1.9	100.0
1年間の規定の内容消化	28.2	41.5	15.1	13.2	1.9	100.0

回答者：中学校18校(都市16校、農村2校)の第1学年教師53人(女性49、男性4)。
出典：Juliana Gregory, *Evaluation of the KBSM Form One Science Curriculum in Selected Schools in Selangor,* Faculty of Education Thesis, University of Malaya, 1993.

第4章　教育言語と華人の国際教育ネットワーク

(1) マレーシアにおける華語教育問題

民族的アイデンティティと母語

　英領植民地期および独立後40年のマレーシアの歴史を振り返ると、その政治的転換の節目には必ずといってよいほど教育の問題が介在しており、その教育問題の多くは教育言語（教授言語）の問題がその核心部分に存在している。1969年の民族間暴動も、華語による授業を行う私立高等教育機関である独立大学の設立をめぐる申請却下の騒乱がその最初の発火点であった。また1987年の国内治安法による社会運動家106人の拘留事件も、華語小学校の校長や教頭に華語の資格のない教員を昇進させようとした州教育部の「無神経」な政策に対する華人社会の反発がその原因であった。

　19世紀後半以降、主として英領植民地における錫鉱山の労働者として中国大陸南部から募集されてこの地に渡ってきた華僑の子孫、華人は劣悪な労働条件、政治的保護の欠如した環境で、同郷集団や秘密結社などの組織を通じて助け合い、祖先の文化と伝統を保持してきた。しかしその堅固な結束と文化的民族的誇りの強さ、現地への同化レベルの低さは、異国の地にあって先住・原住のグループとの軋轢や衝突を起こす原因にもなっていた。一般的に商業分野での成功を民族的な繁栄の基礎としてきた彼らは、政治的安定と民族的融和を何よりも重視し、しばしば行われる移民グループへの不利な政治的・経済的施策に耐えながら、社会に

突出することをできるだけ避けながら自らの地位を築いてきた。マラヤ／マレーシアにおける華人社会の歴史も、そうした豊かなマイノリティに対する牽制と抑圧への静かな抵抗の歴史であった。

　しかしその忍耐が限界を越えたある時点で、マレーシア社会は混乱とそれに続く強権の発動を招き、重大な社会的・経済的損失と心理的亀裂に苦しむことになる。マレーシア華人の場合、その譲れない最後の砦が華語と民族文化の保持、特に華語による教育の維持という点にあったことは上の例からも明らかである。複合社会における言語問題は教育において中心的な位置を占める問題であり、どの言語が授業で使われるかという問題はその教育内容を規定するとともに、子どもたちがその能力をどの程度発揮できるかにも大きく影響を与える問題でもある。ウォン(Wong)の言葉を借りれば、

　「言語はコミュニケーションの不可欠な手段であり、とりわけその言語が母語である場合には、子どもの知的成長のみならず性格形成においても、最も重要な形成的影響力を与えるもののひとつである。実に言語は、ある個人がその人格を表現する手段であるだけでなく、あるグループが集団としての意識を形成するさいの強力な武器でもある[1]。」

ところがマレーシア華人の大部分にとって、華語と呼ばれる北京標準語であるマンダリンは彼らの母語（家庭語）ではない。書き言葉としての漢字の使用はほぼ共通であるが、話言葉としての発音としては、彼らの主要母語である福建語、広東語、潮州語と華語は全く別の言語といってもいいくらいの相違がある。マレーシアで生まれた華人は、家庭で育った中国語方言を胸にしまいつつ、小学校入学までにマレーシア華人として華語（北京語）への帰依とアイデンティティの同化をかなりの程度こなさなくてはならない。その過程でさらに、マレーシア国民としてマレー語を覚え、さらに将来の国際人として英語の能力も磨かなくてはならない。幸いにして高等教育レベルにまで進むことができれば、外国語としてさらにフランス語や日本語、タイ語を学ぶ場合もある。この多言語性

もしくは言語的重層性こそがマレーシア華人の拠って立つ文化原理であり、民族的主張として貫かれてきたものである。

英語：植民地言語と国際語

一方植民地宗主国の言語である英語は、英領マラヤの政府機関や都市部の学校を中心に経済的価値の高い言語として普及していたが、これを独立マラヤの共通語とするには抵抗があった。経済的、教育的従属の維持機能についてアルトバック(1978/84)は次のように述べている。

「言語は多くの第三世界の国々において国際的な立場を決定するキー概念である。どの言語を使ってコミュニケートするかによって、その人の情報へのアクセスは規定されるので、言語は知識の分配においても重要な役割をになっている。ヨーロッパ言語を主要な知的交流の手段として用いると、多言語な第三世界の大部分の人々にはそれに参加する道が閉ざされてしまう[2]。」

独立後のマレーシア政府の言語政策は、より多くの人口に政治的・経済的・教育的参加の道を開くために教育用語の植民地言語から母語（マレー語）への転換が行われた[3]。しかし同じ母語でも、移民系の母語である華語とタミル語にはより制限された道しか与えられなかった。

1960年代に始まり、民族間暴動直後の1970年代からさらに強化されてきたマレー語化政策により、教育機関におけるマレー語以外の教授言語は、原則として小学校レベルでは約1,800校の華語およびタミル語（インド系言語）小学校と、中等教育レベルでは私立の華文独立中学（独中＝Independent Chinese Secondary Schools）60校での教育に限られてきた。政府の言語政策に翻弄された一部の華人系中学校には、わずか15年あまりの間にその授業言語を華語から英語、そしてマレー語へと2度も変換を余儀なくされた例もある。教員の確保・訓練、教科書、その他学校文書の整備を考えれば、その当事者の苦労と生徒の混乱は想像に難くない。

ところが、1990年初め頃より、そうした強引な国語（マレー語）化政策が

一部転換され、英語・華語(中国標準語)・アラビア語などの国際言語の価値が再評価されるようになった。まず政府は高等教育機関、特に大学院理工系科目において英語による教授を容認する姿勢を示し、英語媒体によるカレッジの設立を認めた。さらに政府は2000年までにマレー語媒体の国民小学校に華語の授業科目を導入する政策を表明し、高等教育の授業用語にも認可の兆しがうかがえる。こうした一連の動きに応じて、マレー系の親も国際的ビジネス用語としての華語の効用に着目し、その子どもを華語学校に入学させるケースが増加していることなどが報じられてきた。

　さらにこれまで中等レベルで唯一華語媒体の教育機関あった華文独立中学は、1996年の新教育法によって国家教育制度の中により明確な位置づけが与えられることになった。高等教育においてもマレーシア政府は海外依存型のエリート主義大学政策を転換し、企業立の私立大学の増設や国立大学の民営化を含む国内大学の拡充と非マレー人に対する非公式な入学制限を緩和する意向を表明してきた。本章ではそうした教育政策の変化のなかでの華語教育の歴史を振り返り、近年のマレーシアの華語教育の現状と展望について考察することにしたい。

(2) マラヤにおける華語教育の歴史

マラヤにおける華語教育の起源

　マレーシアもしくはマラヤの地に華人の教育に関する最初の記述がみられるのは1794年のフランシス・ライト (Francis Light) の報告であるとされる[4]。続いて1815年にウィリアム・ミルネ (William Milne) がマラッカに3校の華人系学校を見出したという報告がある[5]。現地歴史家によればペナンにおける最初の中国語学校は1819年に設立された五福書院 (*Wufu Shuyuan*) という私塾であるという[6]。シンガポールでは1829年には3校の中国語方言の学校が運営されていた。海峡植民地年次報告によれ

ば、1884年までにはペナンに52校、シンガポールに51校、マラッカに12校の中国語学校が存在していた[7]。

設立年およびその経緯が明らかな中国語学校としては、1849年にシンガポールのテロック・アイル (Teluk Ayer) 街に設立された崇文閣 (Chongwen Ge)、同じくシンガポールの萃英書院 (Cuiying Shuyuan) (1854) やペナンの南華義學 (Nanhua Yixue) (1888) などがその記録の残された最初の私塾である[8]。初期のマラヤの中国語学校は大陸清朝の古典的「旧式」学校 (私塾 (sishu＝有償) もしくは義學 (yixue＝無償)) の形態を模したものであった。幇 (ban) と呼ばれる同族 (同姓) 集団の帰依する菩提寺に属し、その成員の子弟に1年から2年の基礎教育を提供する組織として発足した。教授用語は当然のことながらその幇の出身地域の方言 (福建語、広東語、潮州語など) であり、学校規模も10名から数十名の小さなものがほとんどであった。パーセル (Victor Purcell) によれば、教師の多くは占い師、鉱脈師、代筆師、「村の賢者」と呼ばれる人々などの兼業であり、流暢な読み書きができれば誰でも教師となる資格があった、という[9]。教育内容は多くが「千字文」、「三字経」、「百家姓」 (漢字2,000字レベル) などであったが、意欲のある生徒には四書・五経も教えられていた[10]。

中国大陸ではアヘン戦争 (1839-42) や日清戦争 (1985) での清朝の敗北を受けて、康有為や張之洞らによる教育制度の近代化改革への動きが起こり、アメリカや日本の学校をモデルとした「新式」学校が各地に設立された。これらの学校では従来の古典的儒教の書物に代わって、学校の教育の目的で編纂された新しい教科書を用い、適切な校舎を持ち、訓練を受けた教師が定められた時間割に従って授業を行うことなどが主な特徴とされた[11]。

この動きは20世紀の初頭になって海外華僑の中華学校にも及ぶようになってきた。1904年ペナンに最初の近代的「新式」中国語学校である中華學校 (Chung Hwa School) が設立された。800人の生徒を収容する校舎で、中国語のほか、歴史、地理、数学、物理などが教えられた。当時華僑の第

二世代の人口増加による社会的要請にも符合し、「新式」の学校がマラヤの都市部各地に続々設立されていった。1906年のクアラルンプルの尊孔學堂（*Confucian*, 現在の尊孔獨立中學）、1907年のイポーの育才學堂（*Yuk Choy*, 現在の怡保育才獨立中學）、1913年のマラッカの培風學校（*Pay Fong*, 現在の培風中學）とジョホール・バルの寛柔學校（*Foon Yew*, 現在の寛柔中學）などがその例である。またこの運動は女子教育の重要性にも力点を置いており、1908年のクアラルンプルの坤成女校（*Ken Cheng*, 現在の吉隆坡坤成女子中學）、1914年のイポーの霹靂女子中學、1920年のペナンの福建女校（*Fukien*, 現在の檳華女子獨立中學）といった女子校が相次いで設立されたのもこの頃である[12]。

革命思想の波及

1911年の辛亥革命による中華民国の成立と五四運動（1919）の展開は、マラヤの中華学校にも新たな展開をもたらした。中国での政治運動の潮流が東南アジア華僑にも波及し、大陸から呼ばれた教師は反日デモや集会の中心的運動家でもあった。康有為や孫文がマラヤを訪れた際にも、支持者に対して、学校の設立と若者の教育によって中国の近代化に貢献するように呼びかけており、前述のペナンやクアラルンプルの中華學校の設立者は、彼らの思想の影響下にあった[13]。また口語の北京官話（*baihua*/白話）の拡張運動が輸入され、それが中華学校での教授用語と近代文学の標準語となるべきであるという運動により、多くの中華学校の授業が出身地方言から北京標準語（以後東南アジアでの中国系の言語として華語と呼ぶ）に転換され、中国からの輸入教科書も口語体標準語のものになっていった。閲書報社（*Yueshubai she*）などの夜間成人向け学校は、特に革命思想の注入の場となった。

この時期まで英国植民地政府は華僑が自らの子弟に母語で教育を行うことには規制も援助も行わず、いわゆる放任政策をとってきた。主として錫鉱山の労働者として植民地経済を支えてきた華僑が定住し、学齢期

児童人口を持つようになっても、その教育に対して政府は責任を負うことなく、英語学校と付属的なマレー語学校に援助を与えたほかは、各民族の自助努力に任せてきた。しかし20世紀を迎え、中国本土の政治情勢が南洋に波及するに及んで、1920年6月、海峡植民地政府は地域のすべての学校と教員に教育局への登録を義務づける条例（Registration of School Ordinance）を発令し、翌21年にはマラヤ連合州にも同様の条例が施行された。

　条例の目的は教育機関の適切な運営や衛生施設、教員訓練の状況を確認するためと説明されたが、実際には教員による反植民地活動を防止することに利用され、この条例に従わない学校を閉鎖する権限も政府に与えられていた。華人社会はこの条例が華語学校の閉鎖や新規開校の障害となることを恐れ、教員、校長や地域指導者らによる反対運動が起こったが、これが華人社会と英国植民地当局との華語学校をめぐるマラヤで最初の衝突であった[14]。この条例によって1921年には海峡植民地とマラヤ連合州では252校の華語学校が登録され、1939年までに1,015校にまで増加した。生徒数は1924年の27,476人から1938年の91,534人まで増加した。この学校数や生徒数は同じ時期の英語学校、マレー語学校、タミル語学校のいずれよりも大きな規模であった[15]。1935年にはクアラルンプルの尊孔學堂が初めて後期中等レベルの教育（Senior Middle Classes）を開始した[16]。

　マラヤにおける華語学校の財政状況は常に火の車であった。マラヤ連合州政府からの登録華語学校への援助は全体の1.6％（1924）から5.1％（1938）程度にすぎず、しかも生徒1人あたりの援助額は実際には減少していた[17]。ジョホール州などの非連合州では華語学校は第二次世界大戦後になるまで政府援助すら受けられなかったため、ほぼ完全に地域華人社会によって運営されていた[18]。1953年になっても、マラヤ連邦教育費の37％がマレー学校に注がれたのに対して、華語学校には15％が割り当てられたにすぎなかった[19]。華語学校の多くは、生徒の親からの

授業料、華人社会からの寄付、特定基金募金などによって運営されていたが、学校によっては授業料を徴収せず、その学校社会を支える基幹会社（ゴムや鉱山会社など）からの税金として徴収された場合もあった。また貧しい家庭出身の生徒には授業料の免除や減額も行われていた[20]。

マラヤにおける華語学校の設立目的は、第一に異国にあって帰国もままならない華人が、母国との文化的つながりを維持しようとする努力であった。したがって教師は中国から招かれ、そこで用いる教科書や教材は中国から輸入されたものであり、内容は当然のことながら中国本土の視点のものばかりであった。一部の教科書が海外の中国人（華僑）のために特別に編集された教科書が用いられることはあったが、マラヤで生まれた生徒たちがマラヤについて教えられることはほとんどなかった[21]。

戦中戦後のマラヤ華語教育

1942年から45年の日本軍のマラヤ占領期は、華語学校にとってさらに苦難の時期であった。中国本土で強力な抗日運動を経験した日本軍は、マラヤにあっても華人を英軍と同一視し、多くの華語学校の建物や施設を破壊し、学校記録や蔵書を焼いた。日本軍政の教育政策は学校種別によってことなる対応を示し、マレー語学校のかなりの部分は1942年中に再開したのに対し、華語学校とタミル語学校は大部分閉鎖され、英語学校は全く再開が許されなかった。華語学校は戦前の370校（生徒数38,000）が、占領期間中は21校（生徒数2,543）に激減し、戦後になって再興できたのは125校（46,699人）にすぎなかった[22]。華語学校が抗日運動の拠点となったこともあり、華語教育の教師や関係者は特に敵視され、迫害の対象になった。1942年半ばまでの華人犠牲者数は約40,000人、焼かれた華語の本は20万冊と推定されている。華人社会やミッショナリーによって運営されている多くの私立学校も再開は果たせず、多くの教師が職を失った。たとえ開校が許されても、学校の性格は大きく変化し、授業用語は大部分日本語に変換され、数学や地理、歴史などの科目は姿を消し

た(23)。

　1945年日本軍の降伏により復帰したイギリス政府は、民族主義運動の高まりのなかで、近い将来マラヤの独立は必至であるとの認識に基づいて、自国のマラヤにおける権益と影響力をできる限り温存した形での政権委譲を構想した。イギリスは独立後のマラヤの教育形態としては、ひとつの校舎に多民族が英語を媒介にして共存する民族混合型の教育制度を描いていた。一方マレー系の指導者は新国家の教育制度においてはマレー語が第一の地位を担うべきであると考えていた。この両者の思惑の衝突の狭間で犠牲となったのが華語教育であった。

　1945年の「マラヤ連合案」に反発し従来からの特権を失うことへの不安がマレー人を政治的にいち早く団結させ、1946年に「連合マレー人国民組織(United Malay National Organization：UMNO)」が結成され、政治的駆け引きの末、イギリスはこの動きに譲歩して、1948年、きわめて親マレー的な「連邦協定」を発効させた。これに対してマラヤの華人政治組織としては戦前からマラヤ共産党が活動していたが、1948年から武力闘争に戦術を切り替えていた。そこで共産党に代わるマラヤ華人社会を代表する政治組織を目指して Tan Cheng Lock（陳禎禄）は1949年にマラヤ華人協会(Malayan Chinese Association：MCA＝馬華公会)を結成した。MCAはマラヤの華人社会の社会・文化・政治・経済的福利を守るとともに、マラヤにおける人種間友好と調和を促進することも、その主要な目的のなかに含んでいた(24)。

　独立後の「国民教育政策」路線の起源ともいえる方針が初めて示されたのは、1951年に出された『マレー教育に関する委員会報告 (*Report of the Committee on Malay Education*)』(通称議長 L.J.Barnes の名をとって『バーンズ報告』と呼ばれる) においてであるといわれている。この報告は、マレー語と英語を授業用語とする6年間の無償初等教育という「国民学校 (*Seholah Kebangsaan*/National School)」の概念を初めて打ち出したことで知られる。それによれば、これまでの4言語ストリームが並存した教育制度を統合

し、「すべての民族に開かれたただひとつのタイプの小学校で、その上の英語中等学校に進学できるような英語力とマレー語の能力を持ったバイリンガルの卒業生を輩出する学校」を作ることを提唱している(25)。すなわちその結果華語などの民族語学校は最終的には廃止されるべきであるという方針を内包している。

独立前華人の教育運動

この動きに中国文化と伝統の消滅の危機を感じた華人グループは、同年、中国系米国人フェン（W.P. Fenn）と国連官吏 ウー（Wu Teh-Yao（呉徳燿））両博士を通じて、三言語主義と華語学校の保存改善を求める『マラヤの華語学校と華人教育に関する報告（*Report of the Chinese Schools and the Education of Chinese Malayans*, 1951. 以後『フェン・ウー報告』と呼ぶ）』を提出した。この報告は「国民の統合は言語の単一性や文化の単純さに基づくものではない(26)」ことを強調し、マレー語・英語に民族語を加えた多言語併用の教育を通じて文化的多元主義の保持と、共通言語による意識的な統一の促進を勧告した。これは華人の立場として、マレー文化への屈服 (surrender) は拒否しながらも、国家への親愛、他文化の理解、地域への忠誠の感惰といったマレー文化への参加 (affiliation) は国家の存続にとって必要であるという認識を表明したものである(27)。そのなかにある「望むべきは相違よりも利害の一致が自然に強調されるような独立したグループ間の平和的で協調的な関係である。マラヤをきな臭い文化闘争の場へと陥れるいかなる正当性も存在しない(28)」という一節が象徴的である。

同年中に植民地政府はバーンズ、フェン・ウー両報告を検討する中央教育審議会、特別委員会を任命し、植民地政府は1952年の「教育令 (Education Ordinance)」において、基本的にバーンズ報告の「国民学校」構想を基本的に受け入れ、6年間の英語とマレー語による無償初等教育を導入することを決定した（実際の無償化は1962年から）(29)。これにより華語

とタミル語は15人以上の児童からの申請があった場合のみ教えられる第三言語科目となり、既存の華語・タミル語の母語小学校は国民教育制度からはずれ、政府の教育シラバスに完全に従うという条件で政府の補助が受けられる「国民型学校 (*Sekolah Jenis Kebangsaan*/National Type School)」の地位に格下げられることになった。さらに各教育段階への進学試験にマレー語を必修とするなど、国語としてのマレー語(のちマレー語)の地位を明らかにした。この「国民型」という表現は政府の側からみて、既存の私立学校を補助金によって取り込みながら将来的には「国民学校」に近づけていこうとする「完全変換」を意識した表現である。したがって華人グループにとって、この過渡期的措置は決して心安まるものではなかった。

　こうした植民地政府の動きに対応して、2つの重要な華語教育関連団体がこの時期に生まれている。『バーンズ報告』によりマラヤ華語教育界の態度は硬化し、すでに日本軍の侵攻以前から一部の州で結成されていた華語学校教師会 (Chinese School Teachers Association: CSTA＝華校教師会) がマラヤ各州や都市に急速に結成され、1951年12月には全半島部の CSTA を結集し、6,369人の教員を代表してマラヤ連邦華語学校教師会総会 (United Chinese Teachers Association of the Federation of Malaya: UCSTAFM＝馬来亞聯合邦華校教師會總會。独立後は United Chinese Teachers Association of Malaysia: UCSTAM＝教總 (*Jiao Zong*)) が結成された[30]。1953年から61年には第3代議長、スランゴール尊孔學堂再建者リム・リェン・ゲォク (Lim Lian Geok (林連玉)) が指導的立場をとった。

　一方華語学校経営者 (Management Committee) は、これまで社団 (Shetuan, 華人ギルド) を通じて教育政策への反対報告を政府に提出していたが、新組織結成の必要性が認識されたのは1952年以降であった。上述の教育令に続いて、さらに華語学校の経営権に大きな侵害となりうる「新給与補助計画 (New Salary Aid Scheme)」[31]が提案されるに及んで、華語学校理事会も各州レベルで独自の組織を結成する動きに転じた。全半島の華語学校州理事連合会 (Chinese School Committees' Association: CSCA＝

華校董事聯合会）は1954年8月に各州3名の代表を中央に送り、マラヤ連邦華語学校理事連合会総会 (United Chinese School Committees' Association of the Federated Malaya：UCSCAFM ＝馬来亞聯合邦華校董事聯合会總会。独立後1979年以降は United Chinese School Committees' Association of Malaysia: UCSCAM ＝董總 (*Dong Zong*)) を結成した（政府への社会組織としての登録は1955年)[32]。

さらに1953年8月、華人教育に関するマラヤの最も有力な3団体、すなわち教總(UCSTA)、馬華公会華文教育中央委員会(MCA Chinese Education Central Committee：MCACECC)、董總(UCSCA)の前身である華語学校理事連合会 (CSCA) の代表は「1952年教育令」に反対して一堂に会し、いわゆる「三大機構」を結成し、翌1954年、「華語教育に関するメモランダム (Memorandum on Chinese Education, 1954)」を提出した。そこには以下のような文言が含まれていた「華人社会はマラヤ社会において分離主義を求めたことはなく、現在も求めておらず、将来においても求めないであろう。我々は単に平等と公正を求めているにすぎない。すなわち華語の使用は、マラヤの華人を華人系マラヤ人に導く最も優れた手段である、ということを求めているのである[33]。」1955年の三大機構の決議は以下の3点であった。①すべての民族の子どもの教育の機会均等、②児童の母語による無償初等教育と英語の必修、③媒介言語にかかわらずすべての学校への平等な待遇[34]。この時がマラヤ／マレーシアにおける「華語教育運動」の出発点でもあり、華人社会が最もひとつの勢力に結集した時点でもあった。

(3) 独立マレーシアにおける華語教育の変遷

独立マレーシアの教育政策

マレーシアの独立を目前に控えた1955年7月の第1回連邦立法評議会選挙で UMNO と MCA の連合党（Alliance Party）は圧倒的勝利をおさめ、

アブドゥル・ラーマン (Abdul Rahman) を首班とする内閣を組閣した。連合党は独立後の教育政策を決定するために1955年9月、文部大臣アブドゥル・ラザク (Abdul Razak) を委員長とする教育委員会を任命し、マラヤ国民全体に受け入れられる国民教育制度を確立するために必要な改革ないしは修正を勧告させた。その結論は1956年4月の『教育委員会報告 (*Report of the Education Committee*, 通称『ラザク報告』)』として提出され、独立後に「1957年教育令 (Education Ordinance, 1957)」として成文化され、新生マレーシアの教育政策の根幹となった。

　マレー系9名、華人系5名、インド系1名からなるラザク委員会の議論の最大の焦点は「国民教育制度」の教授言語には何が含まれるべきかという問題であった。マレー系の委員は国語（マレー語）が国民教育制度の唯一の教授言語となるべきであると主張し、他の言語の学校は私立学校としてのみ存続が許されるべきであると主張した。非マレー系の委員のなかでは、文部副大臣のトゥ・ジョン・ヒン (Too Joon Hing (朱遠興)) や労働大臣のサンバンタン (T. Sambantan) は教授言語としての母語の使用は民族の文化の維持に不可欠であり、小学校4年までは母語による授業が認められるべきであると主張した。またMCA代表のリム・チョン・ユー (Lim Chong Eu (林蒼佑)) はすべての学校で国語が必修とされる条件で、「国民教育制度」のなかに母語による教育を含めるべきであると主張した。結果的にはマレー語による完全な統合は現状では非現実的であるという判断から英語および母語学校は維持されたが、「究極の目標としては国語が主要な媒体であるひとつの国民教育制度のもとにすべての民族の子どもがつどうことを目指すべきである」(究極目標) という一節が残された[35]。

　マレー系寄りの『ラザク報告』に対してマラヤ各地の華人から反対の声が起こり、連合党を構成する華人系与党のMCAでは、華人社会からの言語的文化的要求と与党としてのマレー系との協調の必要性という2つの圧力の板挟みに陥った。1958年MCAの党首であったリムはUMNOに

対して華語もマラヤの公用語として認めるよう迫ったが、逆に選挙における共闘関係の解除を示唆されて、MCAは中央総委員会を開き連合党内にとどまることを決議し、59年リムを更迭し、タン・シュー・シン(Tan Siew Sin(陳修信))を新しい党首に据えた[36]。これにより「1952年教育令」「1957年教育令」に対しても共同歩調をとって反対してきたMCAおよびその下部組織である中央教育委員会（CECC）と、華語学校関係組織である教總（UCSCA）および董總（UCSTA）の関係が悪化し、さらに後述の華語学校の改制問題において両者のほころびは決定的となり、いわゆる「三大機構」は解消することになった[37]。

華語中等学校の英語媒体への改制

政府は先の『ラザク報告』の現在までの実施状況を調査し、将来の教育政策を再検討するために1959年、文部大臣ラーマン・タリブ(Rahman Talib)を中心に教育検討委員会が任命された（マレー系5名、華人系3名、インド系1名）。委員会は『教育検討委員会報告（*Report of the Education Review Committee 1960*, 通称『ラーマン・タリブ報告』）』を提出し、就学年限を15歳まで引き上げ、1962年までに無償初等教育を導入することを勧告した。さらに『ラザク報告』の教育統合目標をさらに一歩進め、(マレー語・英語による)「二元的並行教育制度(The dualistic equally balanced educational system)」を目指した教育システムを勧告した[38]。この『ラーマン・タリブ報告』が1961年にほぼそのまま成文化されて1961年「教育法(Education Act)」として公布された。

この報告および教育法では、華語とタミル語の小学校は将来国民教育制度に統合されるべき存在として、国民型小学校として存続が許されることになった。しかしその21条第2項には文部大臣は国民型小学校を任意に廃止する権限を明文化していた（いわゆる華語タミル語小学校転換条項）。すなわち「文部大臣は国民型小学校が国民小学校に移行する時期が成熟したと判断したとき、それを国民小学校に改制する命令権を有してい

る⁽³⁹⁾」という条文である。しかし中等学校においてはマレー語・英語の二元システムへの統合が強行された。それによれば1962年以降、国家教育システムに属する（政府の補助を受ける）すべての中等学校は国語であるマレー語か英語のいずれかを授業用語として用いることを要求し、中等学校の公的試験はマレー語または英語で行われることになった⁽⁴⁰⁾。

　このことは華語学校はその中等部以上においては、英語かマレー語媒体の学校に改制して国民型中学校（改制）になるか、政府の補助をいっさい受けない華文独立（私立）中学として存続するかのどちらかを選択しなくてはならないことを意味した。また華語・タミル語小学校の卒業生はマレー語国民中学校に進学する際に、1年間の移動学級（remove class）を経なければならなくなった。政府は多くの華語の宣伝パンフレットを頒布し、国民型中学校は授業料も安く、その卒業生は就職に有利となることを強調した。また一方で改制した学校でも週授業時間の3分の1を科目としての華語の授業に割くことができることを保証し、さらに国民中学への入学に失敗した生徒や正規の学齢期を越えた生徒を受け入れる分校を設置することを認めた⁽⁴¹⁾。

　リム（林連玉）をはじめ多くの華人教育家や学校理事会にとっては苦渋の選択であった。各学校は後援者を集めて集会を重ね、それぞれの思惑からそれぞれの決定を下した。1961年時点で西マレーシアに存在していた華語学校は70校であった。このうち54校は政府の教育政策を受け入れて、英語を授業用語とする国民型中学校へと改制する道を選び、残りの16校は独立の華語中学校として残ることを選んだ。その選択傾向は州によって異なり、ペラク州では14校すべての華語学校が国民型中学校に改制をしたのに対して、ジョホール州では寛柔（*Foon Yew*）中學をはじめとする6校が独立中学として残り、華語教育の最後の牙城となった。政府はその改制数をもって国家教育政策の勝利と自画自賛したが、54校の国民型中学の多くは同時に華語の補習クラス（分校）を午後の部として維持し、そのうちの一部がやがて最初の16校とともに独立中学として認識さ

表4-1　西マレーシアの華文独立中学の授業言語の変遷[43]

州	非改制(華語)	改制(華語→英語→華語)	改制(華語→英語→国語)
ジョホール	中化 (*Muar*), 中華 (*Kluang*), 華仁 (*Batu Pahat*), 新文龍 (*Rengit*), 華文 (*Yong Peng*), 寛柔 (*Johor Bahru*)	培華 (*Sg. Mati/Muar*), 培華 (*Sg. Mati/Muar*)	培智 (*Muar*), 昔華 (*Segamat*)
マラッカ	培風 (*Malacca*)		育民・華文 (*Malacca*), 華文 (*Pulau Sebang*)
ヌグリ・スンビラン	中華 (*Seremban*), 中華 (*Port Dickson*)		振華 (*Seremban*), 啓文 (*Bahau*), 中華 (*Pilah*)
スランゴール	濱華・興華 (*Kelang*)	光華・中華 (*Kelang*)	公教 (*Petaling Jaya*), 育華 (*Sekincan*), 育華 (*Kajang*)
クアラルンプル	循人・坤成女子 (KL)	尊孔・中華 (KL)	
ペラク	深齋 (*Ipoh*), 育青 (*Pantai Remis*)*	育才・培南 (*Ipoh*), 崇華 (*Kuala Kangsar*), 南華 (*Manjung*), 培元 (*Kampar*), 三民 (*Teluk Intan*), 華聯 (*Taiping*)	瑪利亞・霹靂女子・三徳 (*Ipoh*), 興中 (*Siput*), 天定 (*Lumut*), 中華 (*Bidor*), 育華 (*Batu Gajah*)
クダ		新民 (*Sg. Petani*) 新民・吉華 (*Alor Star*)	覺明 (*Kulim*)
ペナン	韓江 (*Penang*)	日新・鐘靈・菩提・濱華女子 (*Penang*)	中華・恒毅・修道院・聖心・協和 (*Penang*)
パハン			中華 (*Lipis*), 中競 (*Raub*), 中華・啓文 (*Bentong*), 華聯 (*Mentakab*), 金馬崙 (*Cameron*), 中華 (*Kuantan*)
トレンガヌ			中華維新 (*Trengganu*)
クランタン		中華 (*Kota Bahru*)	中正 (*Kota Bahru*)
小　計	16	21	32
1961年改制校数		54	
現在の華文中学		37	

註：(　)内は所在地、Sg.= *Sengai*, KL=*Kuala Lumpur*. *は1962年の創立。
　　西マレーシア計1961年時点70校→1998年現在 華文独立中学37校、東マレーシア計23校（サバ(*Sabah*)州 9校、サラワク(*Sarawak*)州14校）、マレーシア総計60校。

れるようになっていった[42]。

改制してから2年間は16校の華文独立中学の生徒数は維持されたが、1962年に政府が初等教育を無償化し、64年には小学校卒業時の厳しい修了試験（PSLE, 合格率3割）を廃止し、15歳までの自動進学制度が導入すると、華語小学校の卒業生の多くは1年間の言語移動クラスを経て、英語の国民型中学に進級するのが普通となり、これまでそのドロップアウトを受け入れてきた独立中学や独立分校が、生徒を集めにくくなった[44]。一般的に教員の教育熱も低下し、独立中学の存続も危ぶまれる状態になった。この危機を救ったのは、皮肉にも政府による強硬なブミプトラ政策であった。

マレー語媒体への授業用語統合政策

1969年第3回総選挙の結果、民族協調路線をとってきた与党連盟党が大敗し、急進的な民族主義政党が躍進した。これによってマレー人の間に危機感が広まったところに刺激的な選挙勝利デモが行われ、非マレー人との衝突が起こり全国的暴動へと拡大した。政府は非常事態を宣言し、憲法と議会を停止し、全員マレー人からなる国家作戦会議が国政の執行機関となった。

この事件によって政府のマレーシア化政策が実をあげていないことに対する強い不満がマレー人の間にあることを知った新政府は、教育政策を転換し、マレー語による単線型ストリームを含む一連の強力な統合政策への移行を宣言した。1969年国家作戦会議によって任命されたマジッド・イスマイル（Majid Ismail）委員会は高等教育の改革を中心にした国家統合の推進を勧告した。その報告書（『マジッド報告』）において、高等教育学生の民族比率を社会全体のそれに近づけるために、入学時点において、学力以外の条件も考慮されること、すなわちマレー系をはじめとする先住系民族（ブミプトラ）に入学選考上の優遇措置がとられるべきことが勧告された[45]。

130　第1部　マレーシアの教育にみる国際関係

　まだ暴動の混乱が残る1969年7月、時の文部大臣アブドゥル・ラーマン・ヤコブ（Dato Haji Abdul Rahman Ya'akub）は、テレビ放送を通じて、1970年1月よりマレーシアのすべての公立英語学校をマレー語学校とする「完全変換」ための第一歩として、初等第一学年から教授用語が国語に置き換えることが宣言された（英語・民族語の授業を除く）[46]。この変換は年ごとに上級学年に展開され、1982年までに中等学校、1983年には大学にまで漸次的に変換が及ぶように計画された。現在では小学校の華語とタミル語のストリームと一部の大学院を除いて、公立学校は全レベルマレー語による教育に一本化されている。この突然の政策によって、1962年に華語から英語に転換したばかりの改制国民型中学校は、わずか15年

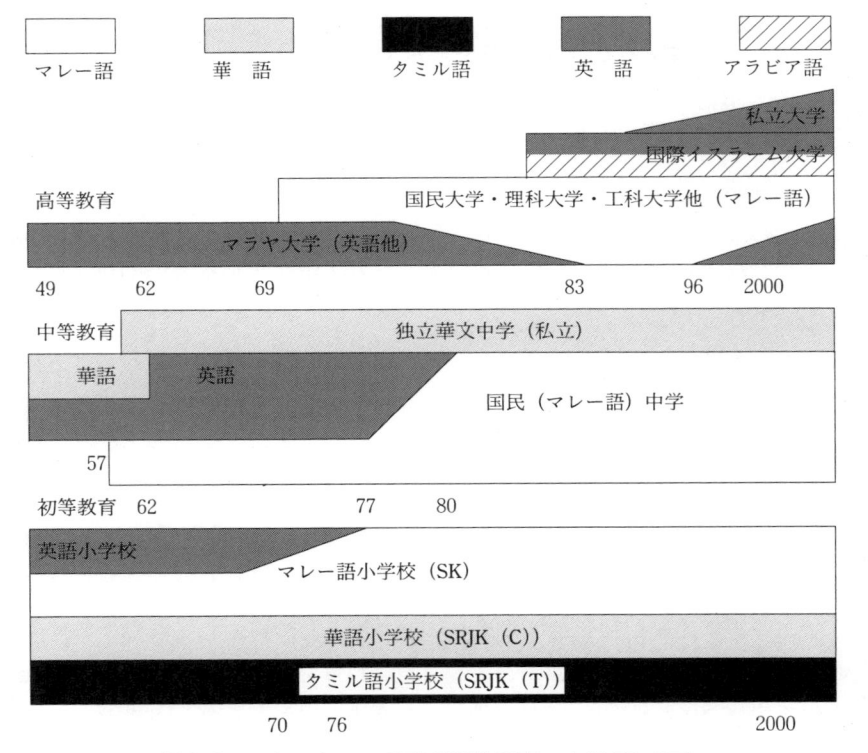

図4-1　マレーシアの教育（授業）言語の変遷（模式図）

のうちに再び授業言語を変換せざるをえない混乱に直面することになった。これによって英語による中等公教育のオプションを失った華人は、次第に華語教育に回帰し、これまで減少していた華文独立中学の入学者数が増加に転じ、息を吹き返した。

　また各種の国家選抜試験において国語科目での合格が必要条件となり、さらに教員養成カレッジへの入学や海外の大学への留学にも国語の資格が必要となった。続いて1970年には国語を唯一の公用語・授業用語とするマレーシア国民大学(Universiti Kebangsaan Malaysia：UKM)が設立され、高等レベルの教育がマレー語によって完全に行われうることが示された。その一方で、1971年には「大学および大学カレッジ法(Universities and University Colleges Act)」を通過させ、私立大学の設立には文部大臣の認可が必要とされ、非マレー人はついに事実上母語による高等教育への道を閉ざされることになった[47]。さらに華語教育体系はマレーシアの公教育体系と就学年限等が異なり、上下相互の接続に整合性がないため、1975年から董教總全国華文独中工委会考試局は独自の修了試験である「華文独立中学統一考試(Unified Educational Certificate)」を導入した。これは初級中学修了レベル8科目、高級中学修了レベル13科目の筆記試験で、語学、歴史、美術科目以外は華語または英語で出題・解答するものである。現在高級中学レベルで1万人、初級中学レベルで5千人が受験しているが、マレーシア政府からは国家資格とは認められていない[48]。

母語で教育を受ける権利

　独立後30年間に、マレーシアはその公教育システムを無秩序な分立状態から今日のマレー語を中心とした単一ストリームへと「完全変換」を目指して改革されてきたようにみえる。1980年代以降、民族語の使用の規制は上級の教育レベルに上がるにつれて強化されており、「完全変換」をはばむ残された局面は華語およびタミル語の小学校のみである。与党UMNOのファハミ・イブラヒム(Fahmi Ibrahim)は「我々はひとつのシス

テムだけを必要としている。すでに英語のクラスはマレー語媒体に変換され、残る問題は華語とタミル語の学校だけである。すでに政府は何らかの行動をとるべき時期にきている[49]」とも述べた。

マレーシア理科大学(USM)のアミール・アワン(Amir Awang)は教育政策文書にみられる国民統合の主張を誤解しないために、理想的レベルと現実的レベルを区別する必要を説き、教育による国民統合の究極的目標は「今日ある複線的システムを廃止し、ひとつのシステムだけが存在するようにし、華語やタミル語は英語のようにひとつの科目として教えられる[50]」ことであると解釈する。これに対して、華人系グループは1956年の『ラザク報告』に掲げられた多元－統合的な中間的教育理念が、最大の譲歩として最終到達目標とされねばならないと主張する。その主たる根拠は1963年に国民の学ぶ権利を規定した「マレーシア連邦憲法」の国語に関する第152条の第1項である。それによれば、

「(1)国語はマレー語であり、議会が法によって定める書体によって記される。ただし、

(a)何人も(公的目的の場合を除いて)その他の言語の教育、学習、使用を妨げられたり禁止されたりすることはない[51]。」

これに基づいてマレーシア華語学校理事連合会総会顧問のクア(Kua Kia Soong(柯嘉遜))は「文部大臣が母語小学校を自由に廃止する権利と、我々の母語で教育を受ける権利とは矛盾する。この２つの条項は同時には存在しえない[52]」と主張する。焦点は、憲法のこの条文は「母語で教育を受ける権利」を認めているのか、そして使用の制限を認める「公的目的の場合」とは教育現場を含むのか、という２つの問題である。当然ながら彼は「もし特定の言語を使う権利のなかにその言語で教育を受ける権利が含まれないのであれば、この権利の価値の多くは失われる[53]」と解釈する。

華語独立大学問題

この問題は、華語小学校の廃止の是非問題とともに、私立の華語大学(Merdeka University)設立の認可問題として争われてきた。1962年に公立の華語中等学校が廃止されて以来、華語教育を強く支持する人々はその中心戦略を私立大学に移し、1968年4月華人組織の全国会合において、シンガポールの南洋大学にならって華語を主要な授業用語とする独立大学の設立プロジェクトが発表された。政府は1969年の総選挙の直前、いったんその設立を認可したが、その後の民族間暴動を経て態度を硬化させ、認可を取り消すとともに、逆に1971年に「私立大学およびカレッジの設立には国王の承認を必要とする」と規定した大学および大学カレッジ法を通過させ、事実上私立大学の設立を禁止した[54]。

1978年の野党民主行動党(DAP)と華人組織を中心とする独立大学設立請願運動が再び起こった。当時の文部大臣ムサ・ヒタム(Musa Hitam)は国王による請願の拒否を伝えるとともに、独立大学は次のような理由で、1961年の教育法と国家教育原理に違反すると宣言している。すなわち、当時提案された独立大学は、①授業用語として華語を用い、②華文独立中等学校出身の学生を受け入れ、③私立のセクターによって運営される、とされた点である[55]。与党系の華人政党MCAも政府の立場を基本的に支持して、既存の高等教育における華語学科の拡充で妥協する立場をとり、実際に政府は国内大学の非ブミプトラ系学生の比率を若干改善することを約束した。

しかし華人系グループは満足せず、この政策論争を独立大学法人(*Merdeka Universiti Berhad*)を原告とした法廷闘争に移した。1981年9月に高等裁判所、1982年2月に連邦裁判所に、独立大学設立の請願を拒否した政府を憲法違反で提訴したが、いずれも訴えは却下された[56]。連邦裁判所判決は4対1の多数決判決であったが、主審判事トゥン・スフィアン(Tun Suffian)は次のような判決文を読み上げた。「独立大学はそれが認可された場合、私的・公的いずれの財源によって運営されようが、公的コントロールのもとに置かれる公共事業機関であり、その活動は憲法のいう

『公的目的』の範囲に含まれる、とした高等裁判所の判決を支持する[57]。」「政府は独立大学に対して、華語を教えることや、華語を学ぶコースを提供することを法的に禁止することはできない。しかし、唯一もしくは主要な教授用語として華語で(IN, 原文大文字)教えることは禁止できる[58]。」

これによって華人グループの独立大学設立運動は一応鎮静化したが、言語をめぐる華語学校や華人社会と政府との軋轢は形を変えて様々な問題として表面化してきた。1987年9月クアラルンプルを含む4州の州教育局が、華語小学校で華語の資格を持たない小学校教員87名を校長、副校長等管理職ポストに昇格させた。これによって学校における華語教育の水準の低下や教員と管理職の意志の疎通の阻害を心配した父兄などから反対の声があがった。これがいわゆる「華語の資格のない教員の管理職採用問題[59]」であり、董教總(UCSCA/UCSTA)などが反発し、授業ボイコットなどを行い、一時与党系のMCAまでがこの問題の批判勢力に同調するなど緊張が高まった。民族間暴動の再発を恐れた政府は10月27日国内治安法（Internal Security Act）を発動して董總・教總両主席を含む政治家、社会運動家、宗教・教育関係者を含む106人を拘留し、マレーシアにおける言論・出版が大幅な統制のもとに置かれ、国内外の大きな人権問題となった[60]。

(4) 教育政策の転換と華語教育の新展開

マハティールの国家発展構想

マレーシア経済は1989年には世界最高の経済成長率 (18.6%) を記録するなど、1980年代後半に奇跡の成長をとげ、国内の政治的・民族的問題が棚上げされた形で、その関心が経済と世界に向けられた。その結果これまで強化される一方であった教育的規制が1990年代に入り緩和され、言語教育と高等教育の分野で文化的多元性への配慮が部分的にではあるが実現される兆しが現れた。

マハティール前首相は1970年から続いてきた新経済政策（NEP）を、1991年より新たに新発展政策（New Development Policy）に発展解消させ、同年国家発展構想「ビジョン2020 (Vision 2020/*Wawasan 2020*)」を発表した。それによればマレーシアは西暦2020年までに年7％以上の経済成長率を維持し、経済的にイスラーム国として最初の先進国の地位を達成するとともに、社会文化的に成熟したアジア的精神の先進国を建設することが構想されていた[61]。

この実現のために教育は再び重要な役割をになわされることになった。すなわち国際社会における国民の競争力の強化と、その一方で経済への一辺倒を抑制する国民の精神基盤の強化という、相互に補完し合う異なる方向の要請を請け負うことになる。具体的には前者の目的のために、①高等教育の拡大と民営（企業）化、②国際的競争力と国際経済市場を視野に入れた教育言語(特に国際言語)への規制緩和が推し進められ、後者の目的のためには、③精神的・道徳的に裏打ちされた自我の確立のために精神価値に関連した科目が高等教育機関で必修化された。

教育言語の規制緩和

教育言語に関する規制緩和は、まず英語に対する政府の対応の変化によってもたらされた。これまでの強引な言語統合政策にもかかわらず、マレーシア政府は少なくともマレー系児童生徒に対して英語の重要性を否定するような政策をとったことはなかった。1983年から導入された新初等教育カリキュラムでも国民小学校の英語の時間はむしろ増加されている[62]。しかしメディアでは国民の英語力の低下が広く伝えられ、マレーシア化政策の副作用として指摘された[63]。またかつての悲願であった、大学に至るまでの授業用語がすべてマレー語への転換が完了されたとされる1983年に、政府は首都郊外に国際イスラーム大学 (International Islamic University Malaysia: IIUM、国立大学の枠外ではあるが半分は政府出資) を誘致し、そこでの授業は英語とアラビア語の二言語とし、マレー系学生

には英語の予備課程を設けた[64]。

　高等教育全般におけるマレー語政策における政策転換は1990年代に入って顕著になった。1991年「東のイートン」とも呼ばれる、英語を主たる授業媒体とする、トゥアンク・ジャアクァール・カレッジ（Tuank Jaafar College）がマンティンに設立された[65]。さらに1994年2月、政府は高等教育機関の科学および医学分野で英語による授業を行うことを容認した[66]。これらはもちろん科学および国際ビジネス世界における英語の価値と、世界言語としての共通性を改めて政府が認識した結果であるが、同時にマレーシアでは英語からイメージされる英国とその植民地統治のマイナスイメージからほぼ脱出したことを意味していた。

　一方、華語に対する政府の対応は、これまでの政府補助華語中学校の英語改制の問題や独立大学設立請願運動への対応にみられたとおり、英語に対するそれよりも厳しいものがあった。その一因には、かつて華語学校が中国から波及した政治運動や共産主義活動の拠点となった歴史からの警戒感が存在した。すでにその事実がなくなった後も、中国本土の覇権主義は長くマレーシア政府には脅威であったが、近年の開放・改革政策とそれに伴う驚異的な経済成長はそのイメージを緩和し、経済や政治レベルでの交流が急速に拡大しつつある。中国という巨大な市場と、同じ言語を話す人々が35％を占めるマレーシアが、欧米や日本や韓国に対して全くの経済的アドバンテージを持たないということは大きな損失であると認識され、華人のもつ国際的な経済ネットワークを有効に利用すべく、政府は華語教育の奨励のスタンスを示すようになった。1994年5月にはそれまで言語政策等をめぐって政府と対立的な立場にあった、董教總の教育センターに補助金を交付したり[67]、1995年3月には政府主催の「イスラームと儒教：文明の対話」と題する公開セミナーがマラヤ大学で開かれ、二大文明の相互理解を通して国際平和の確立に貢献するするとともに、国内的にはマレー系による華人への融和的な歩み寄りの姿勢を印象づけた[68]。さらには1996年、2000年に向けて、すべての国民

小学校（マレー語）で、華語の授業の提供を義務づけるよう政府から声明が発せられた[69]。1998年現在各州1校程度、実験校を設定して華語の授業の導入の模索が開始されている。

新教育関連4法

　以上のような近年のマレーシアの教育政策の変化を法制的に裏づけているのが、1996年に相次いで公布された4つの新教育関連法である[70]。政府は1982年にはすでに1961年「教育法」の改正を表明し、1990年に「改正法令草案」を提示して1995年の新教育法公布を計画してきたが、実際に議会を通過したのは1995年末で、新法は1996年「教育法（Education Act）」として施行された。董教總をはじめとする華人教育関連組織は計画段階からその動向に重大な関心を抱いていた。最大の関心点は、①教育機関の言語規制、②華語小学校の存廃問題、③私立華語中学校（華文独立中学）の存廃問題、④私立高等教育機関の設立問題、⑤学校理事会などの存廃問題などであった[71]。

　「1996年新教育法」によれば、国民教育制度（National Education System）には幼稚園から高等教育機関に至る政府立学校、政府補助学校、私立学校のすべてが包摂されると明記されたが（第15条、第16条）、教育言語に関しては、国民型小学校および文部大臣の認める他の教育機関を除く全教育機関でマレー語を授業用語とし、そうでないすべての機関では（幼稚園も含めて）国語の授業が必修科目とされた（第17条、第23条）。しかし、私立の中等後教育機関の条文に「国語以外の言語を授業用語とする機関は国語の授業を提供しなければならない（第75条(a)項）」という表現が、逆に「国語以外の言語を授業用語とする教育機関」の存在を暗示している。実際にカレッジレベルでは華語を含めた、国語、英語の多言語で授業を行うことを想定した、新紀元学院（New Era College）が中等後教育機関として1998年3月に開校している[72]。

　華人組織が削除を求めていた「究極目標」ならびに旧教育法の文部大臣

による華語・タミル語小学校の国民学校転換権(第21条第2項)、学校理事会や運営会の設立・解散権 (第26条A項) はいずれも削除されたが、すべての教育機関や学校理事会・運営会等の登録が義務づけられた。(第79条、第56条) イスラーム教育については5人以上児童生徒の信者がいれば提供が義務づけられ、規定は従来 (15人の親からの申し出により提供) よりも強化されたが (第50条)、イスラーム以外の宗教についても公費負担外での提供は認められた (第51条)[73]。こうした一連の華語教育や私立セクターの承認に関しては、それらの国民教育制度における地位の向上の結果と受け止められているが、政府の国語政策には基本的変化はなく、一方でこうした機関の設立、運営、維持が完全に政府の承認と登録というコントロールのもとに置かれることになり、かえって政府の介入は強まるであろうと警戒されている[74]。

(5) ジョホール州を中心にした華語教育動態

華語を学ぶマレー系児童

マレーシアにおける華語の見直しには、華語教育の国際的経済性以外に、その教育学的優越性に対する再評価という側面がある。人々は華語学校の子どもの特に数学における成績の良さに関心を抱いている。文部省は華語学校の教育方法についての調査を行っただけでなく、実際にマレー系の児童生徒に華語を学習するように奨励した[75]。この動きを受けて、マレー系の児童生徒の親が子どもを、より良い教育と将来のビジネスチャンスのために、華語学校に入れる傾向が高まっていることが報じられている。政府資料によれば、華語学校に入学させているマレー系児童数は1994年で25,056人、1995年で25,508人、1996年で30,189人に達するという[76]。1995年の華語小学校児童数総数は596,431人であるから、マレー人児童比率は4.27％を占めることになる。また報道記事 (FEER) では、1995年時点で同じく華語学校のマレー系児童数は35,000人、全児

童数の5％にまで達するという[77]。もちろん全マレー系児童に占める華語小学校入学者の比率はさらに低く1～2％程度と推定される。

著者はこのマレー系の新たな教育動向と華人系の国際流動を含めた民族教育動態に注目し、その実態を把握するために現地調査および質問紙調査を行った。全国1,200校以上の華語小学校を調べることには無理があるので、西マレーシアの州で民族比率が最も全国平均に近いジョホール州を選び、さらにその中心のジョホール・バル（Johor Bahru）市にまで対象を絞って質問調査紙を送付した。以下本調査結果、華社研究センター資料、政府統計等から、マレーシアの華語媒体教育機関、すなわち華語小学校と華文独立中学の現況について分析することにしたい。

マレーシアの華語小学校の現況

華語国民型小学校（National-Type Chinese Primary School=SRJK (C)）は1997年度には全国に1,282校存在し、そこに学ぶ児童数は6学年601,891人で、マレーシアの全初等教育人口(2,870,667人)の21.0％を占めている。

表4-2 マレーシア公立小学校の言語ストリーム別入学者数と学校統計

年	マレー語	華　語	タミル語	特殊学校	合計
1989 児童数 ％	1,716,483 (71.79％)	582,194 (24.35％)	92,243 (3.85％)	－ －	2,390,920 (100.0％)
1991 児童数 ％	1,845,400 (72.91)	583,218 (23.04)	99,876 (3.94)	2,321 (0.09)	2,530,815 (100.0)
1995 児童数 ％	2,126,123 (75.19)	596,341 (21.08)	102,776 (3.63)	2,387 (0.08)	2,827,627 (100.0)
1997 児童数 ％	2,168,354 (75.54)	601,891 (20.97)	98,072 (3.41)	2,350 (0.08)	2,870,245 (100.0)
2003 児童数 ％	2,273,093 (75.64)	637,609 (21.22)	92,579 (3.08)	1,892 (0.06)	3,005,173 (100.0)
2003 学校数 学校規模 学級数 教員数 T/S比率	5,664 401.3 75,611 116,978 19.4	1,287 495.4 31,227 27,082 23.5	525 176.3 4,188 6,609 14.1	25 75.86 278 532 4.42	7,504 400.4 278 174,701 17.2

註：学校規模＝1校あたり平均児童数、T/S比率＝教員1人あたり児童数。
出典：Ministry of Education Malaysia, *Perangkaan Pendidikan*, 1989, 1990, 1995, 1997, 2003.

政府統計によれば、華語小学校を選択する児童数はここ数年増加しつつあるものの、小学生児童全体に占める比率ではやや減少傾向にある。華語小学校は平均して規模が大きく、教員1人あたりの生徒数が多く、タミル語小学校は逆に規模が小さく、児童／教員（S/T）比率も低いことがわかる。ジョホール州の華人系の人口比率は約35％であるが[78]、華語小学校の選択率は30％であるので、単純に計算して、その差の4.8％、華人人口の13.7％が華語以外の媒体、ほとんどはマレー語小学校に子どもを通わせていると推定される。

華語小・中学校質問紙調査

学校調査に制約の多いマレーシアという状況で、1997年末から98年初頭にかけて、ジョホール州ジョホール・バル市の華語国民型小学校（政府補助公立）全校と、西マレーシアの私立華文独立中学校37校の校長にデータシートを発送し、回答のあったものについてデータを集計分析を行った。回答率は華語小学校から32％、独立中学38％であった[79]。その回答によって得られた結果によると、1997/98年現在華語小学校6校におけるマレー系児童の数は222名で、児童総数に対する比率は1.82％であるが、インド系児童もその半数近くに達していた。このマレー系の比率は新聞等に報道された比率の3分の1程度で、意外に低いものであった。

またマレー系児童の在籍数を過去10年までさかのぼって調べてみたところ、図4-2（太い実線）のとおり、近年はその増加も顕著となってきているが、この動きは政府による一連の華語見直し政策表明以前からもみられており、むしろ政策のほうが後追いしているともみえる。マレー系児童の出身家庭の職業について、典型的なものを校長にあげてもらったところ、農業、自営業、労働者、公務員という回答が目立っていた。これらの児童に学習上の問題点が多いことは校長インタビューなどからもうかがわれたが、彼らに特別の補習などのケアーをしているという回答はわずか1校であった。（図4-2の華文独立中学のデータについては次節参照。）

第4章　教育言語と華人の国際教育ネットワーク　141

表4-3　ジョホール・バル地区華語小学校(6校)の児童構成

	マレー系		華人系		インド系		その他		合計	
	男	女	男	女	男	女	男	女	男	女
1年	28	33	1,182	1070	25	11	2	0	1,237	1,114
2年	24	15	1,118	1026	13	6	1	1	1,156	1,048
3年	27	15	988	943	9	4	1	1	1,025	963
4年	14	11	1,000	940	5	2	2	1	1,021	954
5年	14	14	886	867	6	2	1	1	907	884
6年	15	12	994	838	12	7	0	0	1,021	857
合計	122	100	6,168	5,684	70	32	7	4	6,367	5,820
	222(1.82)		11,852(97.2)		102(0.83)		11(0.08)		12,187(100%)	

出典：杉本1997/98年調査。以下図4-2～4-4、表4-5も同じ。

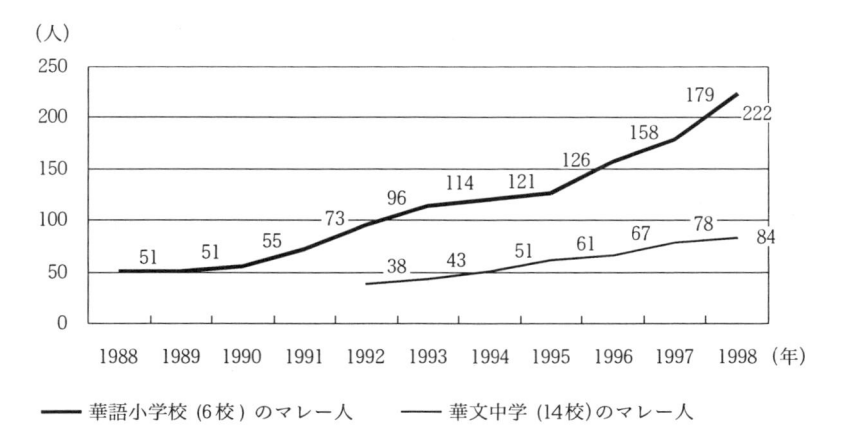

図4-2　西マレーシア華文独立中学(14校)およびジョホール・バル地区華語小学校(6校)に在籍するマレー系児童・生徒数の変遷

華語小学校(6校)のマレー人：1988年51、1989年51、1990年55、1991年73、1992年96、1993年114、1994年121、1995年126、1996年158、1997年179、1998年222

華文中学(14校)のマレー人：1992年38、1993年43、1994年51、1995年61、1996年67、1997年78、1998年84

註：調査小学校6校の総児童数は1997年で12,094人、中学校14校は20,166人。マレー人生徒数は入学者数からの推計(6年間退学なしと仮定)。

　ジョホール・バル地区の華語小学校の卒業生の進路はほぼ3分され、29.7％が地元で唯一の華文独立中学である寛柔中学に進学している。残りの68％は公立のマレー語媒体の国民中学に進学となるが、そのうち半数の35.2％は直接進学、残りの33.9％は教授言語をマレー語へ転換するための移動クラスに1年間在籍してから進学している。従来は華語小学校からの児童は全員が移動クラスに在籍していたが、近年その規定がゆ

るめられ、直接進学が可能となった。これも華語小学校のマレー系学生の存在が影響している可能性がある。ジョホール・バル市は、マレーシア半島の最南端に位置し、シンガポールに隣接しているので、国境を越えた進学傾向があるかと期待したが、小学校卒では2名(0.4%)にすぎなかった。

マレーシアの華文独立中学の現況[80]

1992年の董教總の調査によれば、マレーシアに現在ある60校の華文独立中学のほとんど(54校)は、華人系の同郷会館(郷団会館)もしくは社群が設立主体となっている[81]。1906年に設立されたクアラルンプルの尊孔独立中学が最も古く、1908年には同じく坤成女子中学とイポーの育才独立中学がそれに続いた。西マレーシアの独立中学37校のうち29校までが第二次世界大戦前に設立されており、最も新しい1962年開校のパンタイ・ルミス(ペラ州)の育青中学以外はすべて1961年の英語改制以前の設立である。一方、東マレーシアの華文独立中学23校はすべてが戦後の設立であり、うち18校は1960年代の設立である。1970年の英語への改制の開始以後は今日まで、東西マレーシアを通じて1校も華文独立中学の新設は認められていない。多くは初中一貫校(日本の中高一貫校にあたる)であるが、4校は初中部(中学)のみ、1校は高中部(高校)のみの学制を持ち、また同じ敷地に華語の国民型小学校を併設している学校は7校、国民小学(マレー語)を併設している学校も7校存在した[82]。

学校規模は5クラス33人のシブ建興中学から、132クラス6,277人のジョホール・バル寛柔中学 (*Foon Yew* High School) まで様々で、生徒総数は1996年で57,092人、教員数は2,679人にのぼっている[83]。年間授業料は中学部(初級)で90〜990ドル、高校部(高級)で132〜1100ドルと学校によって大きな開きがある[84]。寄宿舎を持つ独立中学は25校で、寄宿生総数は1992年で5,009人で、当時の生徒総数(42,121)の11.9%にあたる。施設としては図書館は57校、体育館は13校、講堂は27校、コンピューター

室は52校、LL教室は28校、水泳プールを持つ学校は1校であった[85]。特別(優秀)学級を持つ学校は12校(21%)、文部省のSRP/SPM受験に備える補習クラスを持つ学校は41校(72%)、高中部卒業後、国内大学受験に備える先修クラスを持つ学校は11校(19%)。また高中部進学後に文系・理系・商業系・工業系に専門分化する学校は42校(74%)、技術・職業クラスを開設している学校は12校(21%)であった[86]。

　教科書は数学、科学(理科)、歴史、地理などの科目では董教總全国華文独中工委会の課程局により編纂出版された独中各科統一教科書が多く用いられているが、一部マレー語や英語教科書も併用されている。道徳教育や生活技能などの科目ではマレー語教科書が多く、コンピューター科目では英語教科書が多く用いられている[87]。またほとんどの独立中学では課外活動やクラブを持っている。独立中学の新規認可が30年間以上もないことから、各校の規模の巨大化と生徒の過密化はさらに深刻化している。訪問調査で訪れたジョホール・バル地区の寛柔中学はそのなかでも最大規模で6,000人を越える生徒数をかかえている[88]。

華文独立中学校長調査

　表4-5は本調査(1998)による西マレーシアの中等教育レベルの私立華文独立中学14校からのデータを整理したものである[89]。生徒のなかのマレー系の割合は当然ながら小学校段階よりも少なく、学年が上がるに従って少なくなる傾向がみられる。回答校14校のうち半数ではマレー人の入学は全くなく、全体の平均でもその比率は0.5%を越えていないという結果となった。またその入学は90年代後半になってみられるようになった場合と、従来から一定数のマレー系が入学していた学校と大きく分かれる。過去10年のマレー系生徒の入学数についても尋ねたが、その結果は**図4-2**の細実線に示している。

　また生徒のなかにはマレー系の生徒ばかりでなく、インド系生徒やその他外国籍の生徒の数も多く、出身地も全国に及んでいた。中学レベル

144 第1部 マレーシアの教育にみる国際関係

写真4-1 寛柔華文独立中学(ジョホール州)

のカリキュラムは14校とも主要科目はほぼ統一されており、華文と国語と英語がそれぞれほぼ週7〜8時間が割り当てられ、数学もほぼ同じであったが、学校によって6時間のところから8時間のところまで若干の強調の差がみられた。高中(高校)段階は文系・理系・商業系あるいはコンピューター(電脳)系などに専攻が分岐し、それぞれの特色にそったカリキュラムが組まれていた。

華文独立中学の教員は全国統計によればその84％が華人系教員である。

表4-4 マレーシア(全国)中等学校統計 (2003年)

	学校数(A)	生徒数(B)	B/A	教師数(C)	B/C
公立中学 普通科	1,698	1,939,291(91.2)	1,373.4	114,049(96.7)	17.0
特殊学校	3	613(0.0)	204.3	142(0.1)	4.3
技術・職業校	86	64,933(3.0)	832.5	7,081(6.0)	13.3
宗教学校	55	38,218(1.8)	694.9	3,003(2.5)	12.7
公立小計	1,815	2,043,055(96.1)	1,118.9	117,902(100)	18.6
一般私立中学	127	15,639(0.7)	123.1	—	—
独立中学	60	51,687(2.4)	861.5	—	—
外国系中学	43	10,872(0.5)	252.8	—	—
私立宗教中学	14	3,999(0.2)	285.6	—	—
合 計	2,081	2,125,252(100%)	1,210.9	—	—

出典:Ministry of Education, *Malaysian Educational Statistics*, 2003, p.44, p.91, p.184, p.186.

教員の学歴について質問した結果では、その最終学歴はかなり高く、博士号保持者1名を筆頭に、修士号・学士号を持つ教員だけで60.7%を占めており、師範大やディプロマ(準学士)の学位を含めると79.7%に達する。一般的な公立中学の教育よりもはるかに高学歴のようである。1992年の董教總の調査でも、学士以上で60.6%であるので[90]、ほぼ同じ結果である。さらに教員の学歴取得先機関のある国について聞いたところ、図4-3(後掲)にあるように海外での学歴取得が非常に多く、女性教員では国内の学歴よりも台湾での取得のほうが多くなっている。

マレー系の学生のドロップアウトについては特別の質問項目を設けなかったが、ある程度の推定は可能となる。過去10年間各年度のマレー系の入学者数から、彼らが転退学することなく6年間在学したと仮定した累積人数と、表4-5にみられる実際の在籍数には大きな違いがみられる。これをマレー系生徒のドロップアウトによる減少とみなせば、彼らの6年間での平均的推定ドロップアウト率は35%から49%にまで達すると推定される。全国の独立中学全体での平均退学率が4.23%であるから、マレー系のそれはかなり高いことは間違いない[91]。独立中学(中高)レベルでもマレー系生徒に対する特別補習措置を行っていると答えた学校は皆無であった。ただしこれらのドロップアウトが学習上の問題によるのか、

表4-5 マレーシア華文独立中学校(14校)の生徒民族構成

	マレー系		華人系		インド系		その他		合　計		
	男	女	男	女	男	女	男	女	男	女	計
初1年	7	16	2,263	1,515	3	2	10	4	2,283	1,537	3,820
初2年	4	10	2,094	1,422	1	0	5	10	2,104	1,442	3,546
初3年	3	7	1,922	1,354	1	2	12	9	1,938	1,372	3,310
高1年	2	3	1,841	1,384	1	2	10	7	1,854	1,396	3,250
高2年	4	6	1,537	1,237	0	1	6	8	1,547	1,252	2,799
高3年	2	5	1,442	1,308	1	0	6	3	1,451	1,316	2,767
先修班*	0	0	345	281	15	30	3	0	363	311	674
合計	22	47	11,444	8,501	22	37	52	41	11,540	8,626	20,166
	69 (0.34)		19,945 (98.90)		59 (0.29)		93 (0.46)		(100%)		

註: *国内STPM(フォルム6レベル)試験を受験し、国内大学への進学を目指すクラス。

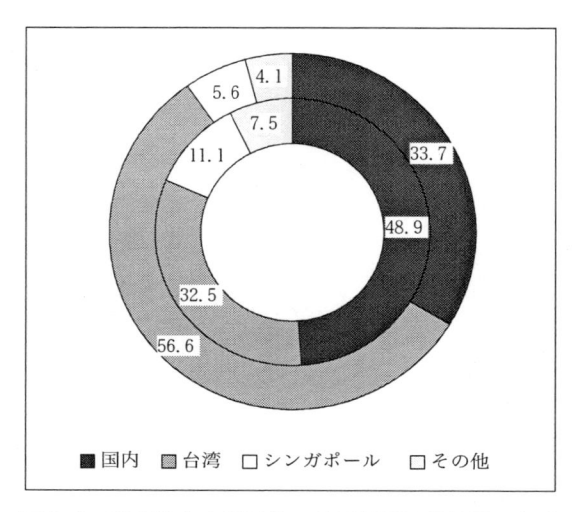

146　第1部　マレーシアの教育にみる国際関係

図4-3　華文独立中学14校の教員学歴取得先国　（％）

註：外円＝男性（305人）、内円＝女性（484人）

経済的その他の事情によるのかはこのデータからは不明である。

　マレー系の親の職業カテゴリーについて7校が回答し、労働者や自営業・公務員などの職業は小学校と共通であったが、新たにビジネスマンや運転手という職業もみられた。マレー系生徒の希望する（予想される）将来の進路については、5校から回答があり、銀行員、ビジネスマン、マネージャー、教師などのホワイトカラー職があげられていた。

　華文独立中学の人的動態の特色のひとつは国際的移動、とりわけ世界の華人ネットワークとのつながりである。台湾はマレーシアの董教總の実施している統一考試を承認しており、台湾内の大学の華僑枠で入学を許可している。台湾の『回國升學僑生人數統計（1997）』によれば、例年マレーシアからの学生は台湾の大学・学院・専科学校における華僑枠学生の最大グループを形成しており、1997年度では総華僑枠6,705人中の2,344名（35.0％）に達している。卒業生数の推移では1991年度の943名をピークに、近年やや減少しつつあるが、96年度においても627名が卒業し、同年の香港・マカオからの卒業生数を上回り依然第1位である[92]。

華語教育を経由した国際流動

マレーシアの董教總側の資料では、1990年に独立中学の高等部を卒業して、外国の大学カレッジに進学したものは1,757人で、進学先国・地域では台湾が最も多く460人(42.3%)、次いで日本の206人(19.0%)、アメリカの191人(18.0%)、以下カナダ(60人)、シンガポール(56人)、オーストラリア(53人)、ニュージーランド(24人)、英国(23人)の順であった[93]。本調査(1997/98)では独立中学卒業生の留学先国としては、**図4-4**に示すように、シンガポールが133人(32.1%)、台湾が131人(31.6%)でほぼ拮抗し、次いでオーストラリア61人(14.7%)、カナダ25人(6.0%)、以下アメリカ(21人)、英国(20人)、香港／中国(14人)で日本留学は7人にすぎなかった。近年のシンガポールや中国本土との接続が急速に緊密化している傾向がみられる。

国内の大学へは公立システムと教育年限が違うことから直接独立中学から進学することはできないが、STPMを受験する特別課程(先修班)を経て進学が把握されていたのは本調査では4.3%の生徒であった。多くはまず国内の別のカレッジに進学し、そこから国内外の大学に進学しているが、そのデータは中学側は把握していなかった。またジョホール州の独立中学からの進学に限っても、特に地元のマレーシア工科大学(UTM)に集中するという傾向もみられなかった。国内の大学への華人系の進学は、従来から先住民グループを優先するブミプトラ政策によって低く押さえられてきた。1985年以降の政府教育統計には民族別の比率を掲示することを避けているので、実際の華人系の高等教育人口比は正式には知ることはできないが、近年いくつかの非政府系の調査などが公表されてきている。例えば華社研究中心などによる華人系学生進学追跡調査では、近年の華人系学生入学比率はマラヤ大学で25%～51%、その他の大学を含めて14%～55%と、かなりのバラツキがあるが、多くの学部では割当枠(クオータ)は緩和されてきている[94]。

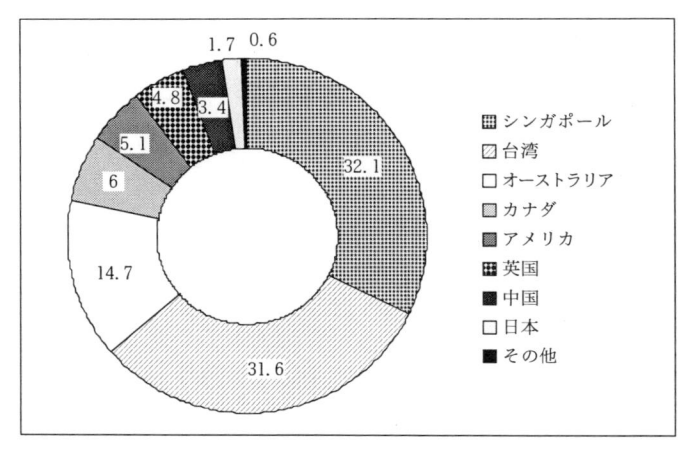

図4-4　独立中学卒業生国外留学先国分布　（％）

シンガポール 32.1
台湾 31.6
オーストラリア 14.7
カナダ 6
アメリカ 5.1
英国 4.8
中国 3.4
日本 1.7
その他 0.6

(6) 結　語

　以上これらの華語教育の流れ（民族教育動態）をジョホール・バル地区のデータをもとに概念図に描けば、**図4-5**のようになる。ここからは様々な教育言語パターンと国内と国外にまたがる華人系児童・生徒・学生の進学パターンの複雑さと、それによって生じる彼らのアイデンティティや職業パターンの分断、マレーシア華人社会の統合の難しさなどが読み取れる。かつて英領マラヤにおける華語教育は中国大陸の政治運動の影響を受けて発展し、また同時に弾圧や統制を受けてきた。独立後はマレーシア国内のマイノリティの教育言語・体系として、国民統合政策のもとで漸次的な縮小分断に直面しながらも、その性格と内容をマレーシア化することで命脈を保ってきた。

　1990年代に入り華語および華語教育は再評価と復活の兆しをもたらしたのは、マレーシアが経済を中心とした国際的舞台にデビューし、再び国内の華語教育と国際華人社会が連環した文脈でとらえられた時であった。他の多くの第三世界の国々と同様、マラヤ／マレーシアの言語教育問題は、国内的文化・統合政策と政治経済上の国際関係との交互作用に

第4章　教育言語と華人の国際教育ネットワーク　149

よって織りなされてきたといえる。

　マラヤ／マレーシアにおける英語、華語という2つの外来言語のたどった葛藤の歴史は、言語の持つ、①非植民地性、②民族的中立性、③国際性、④経済性の4要素に関する興味深い盛衰の力学を示してくれる。現地のより土着で最大多数派の言語であるマレー・マレー語に対して、英語は上記②③④のの要素を持ち、華語は①③④の要素を持っている。国民統合が教育と教育言語の最優先課題となった1950～70年代は③④の要素は今ほど重要視はされず、まず華語の地位の低下が起こった。英語の②民族的中立性は国民統合にとってきわめて魅力的な属性であったが、独立直後のマレーシアにとって①の非植民地性の欠如が障害となり、国

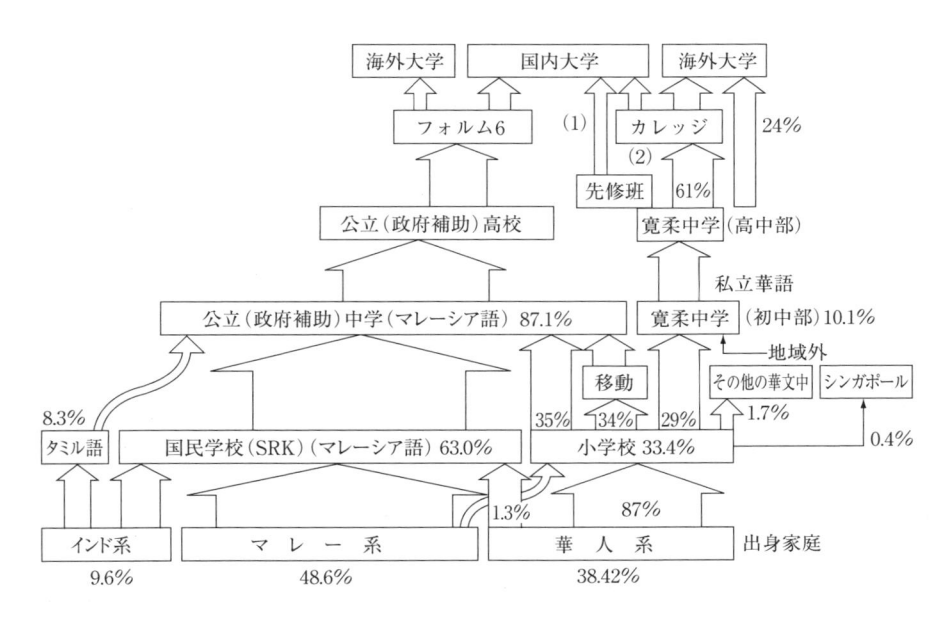

図4-5　ジョホール州ジョホール・バル地区をモデルとした民族教育動態

註：公立マレーシア語の体系の児童数比率は全国データから援用した。本図では労働市場（就職）への流れは含まない。
(1) STPM受験により国内大学へ接続する先修班は一部の華文中学にのみ敷設、平均4.3％が進学。
(2) ジョホール地区のカレッジとしては南方学院（Southern College）がある。

民の言語としての地位をマレー語に譲ることになった。

　独立後40年を経たマレーシアにとって、英語の植民地性はもはや問題ではなくなりつつあり、また先進国入りを目指すマレーシアにとって、言語の③国際性と④経済性のほうがはるかに大きな意味を持つようになってきた。それによってまず英語の復活が起こり、続いて華語への見直しが話題となってきている。英語はさらに②の民族的中立性を持つことにおいて大きな利点を持つが、③と④において微妙な特性の差(科学に強い英語と商業に強い華語)を持つ英語と華語は適度な棲み分けをして発展してゆくことが可能であろう。新興独立国にとって、植民地(宗主国)の言語支配が独立後もその国の従属を水面下で支えてゆく機能が指摘されているが、独立後30年間のマレー語化政策を経た後の英語への意図的な回帰は、そうした英語の従属維持機能について少なくとも政治的な克服を達成した証しとみることができる。華語に関しては克服すべき特性はそのショービニスティクな性格といえるであろうが、民族間暴動後30年間の間にその特性が鎮静化したとはいえるが、再び燃焼しないという保証はない。

　マレーシアにおける民族言語と教育の問題は1990年代に入り、新しい局面を迎えたが、華語問題に関してマレーシア政府の目指すものと華人社会の期待するものには相当の開きがあると感ぜざるをえない。華語小・中学校への他民族児童の入学者数は、絶対比率はともかく、相対的には急速に急増していることは否めない。しかしこの選択が華語に対する人気なのか、華語学校の教育の優秀性に対する人気なのか、あるいはその両方なのかは判別に難しい問題である。今回の調査の結果からは、華語小学校に入学してきているマレー系の児童と華文独立中学に学ぶマレー系生徒とは入学目的や社会的背景に差があり、前者が時間の経過とともに後者に進学してきたとはいいにくい可能性がみられた。

　またマレー系などの非華人系児童生徒が華語の授業のなかで、どの程度の学習効果をあげられるのかという問題もある。これらの児童生徒の

学習上の問題は現在表面化している以上の深刻さが存在する可能性がある。しかし逆にいえば、国民小学校における華語クラス設置の動きは、将来的に政府の意図にどの程度そった成果を期待できるのかという疑問にもつながる。

【出典および註】

(1) Wong Francis Hoy Kee, 1973, *Comparative Studies in Southeast Asian Education*, Heinemann Education Books (Asia), Kuala Lumpur, p.114.

(2) Philip G. Altback, 1978/84, 'The Distribution of Knowledge in the Third World: A Case Study in Neocolonialism', in Philip G. Altback and Gail P. Kelly eds., *Education and the Colonial Experience*, Transaction Books, New Brunswick, p.234.

(3) Keith Watson, 1980, 'Education and Cultural Pluralism in South East Asia, with Special Reference to Peninsular Malaysia', in *Comparative Education*, Vol.16, No.2, pp.139-156.

(4) Francis Light, 'Notices of Pinang', *Journal of the Indian Archipelago*, 5 (1850)：9, as cited in Lee Ting Hui and Lee Ah Chai, *Policies and Politics in Chinese Schools in the Straits Settlements and the Federated Malay States, 1786-1941*, MA thesis, University of Malaya, 1957, p.1; Tan Liok Ee, 1997, *The Politics of Chinese Education in Malaya, 1945-1961*, Oxford University Press, Kuala Lumpur, p.8.

(5) William Milne, 'Protestant Mission to China, Malacca', 1820, p.151, as cited in Lee Ting Hui, *Policies and Politics in Chinese Schools*, p.1; Tan Liok Ee, 1997, *op. cit.*, p.8.

(6) Kuang Guoxiang (廣国祥)、1954、「六十年来檳城華校史話」、『時中学校四十周年紀念特刊』Hong Kong, p.71, cited in *ibid.*, p.8 (Kuang は設立年を裏づける証拠をあげておらず、別の記事では1863年と記している)。

(7) *1884 Annual Report of the Straits Settlements*, cited in Lee Ting Hui, 1997, *op. cit.*, p.1.

(8) Tan Yeok Seong (陳育松)、『椰陰館文存』Vol.2, 307-309頁、223-226頁, cited in Tan Liok Ee, 1997, *op. cit.*, p.8.

(9) Victor Purcell, 1967, *The Chinese in Malaya*, Oxford University Press,

p.228.

(10) Tan Liok Ee, 1997, *op. cit.*, p.10; 劉伯奎、1984、『杏檀二十年』新加坡南洋學會出版。

(11) *Ibid.*, p.12.

(12) *Ibid.*, p.13.

(13) *Ibid.*, p.17.

(14) *Ibid.*, p.20.

(15) Ministry of Education Malaysia, 1968, *Educational Statistics of Malaysia, 1938-1967*, Table 4-11, 20, 21, 24.

(16) Kua Kia Soong (柯嘉遜), 1990, *A Protean Saga: The Chinese Schools of Malaysia*, The Resource and Research Center, Selangor Chinese Assembly Hall, p.36.

(17) Loh Philip Fook Seng, 1975, *Seeds of Separatism: Educational Policy in Malaya 1874-1940*, Oxford University Press, Kuala Lumpur, p.93.

(18) Tan Liok Ee, 1997, *op. cit.*, p.27; Kua Kia Soong, 1990, *op. cit.*, p.6

(19) 津田元一郎、1965、「複合社会マラヤにおける国民統合と教育政策」、『教育学研究』第32巻第1号、31頁。

(20) Tan Liok Ee, 1997, *op. cit.*, pp.27-28.

(21) *Ibid.*, p.30.

(22) Shu-Tsiao and Ser-Koon eds., 1984, *Malayan Chinese Resistance to Japan 1937-45: Selected Source Materials*, Singapore, p.52, cited in Kua Kia Soong, 1990, *op. cit.*, 1990, p.42.

(23) Paul H. Kratoska, 1998, *The Japanese Occupation of Malaya 1941-1945*, Allen & Unwin, St. Leonards, Australia, p.123.

(24) Tan Liok Ee, 1997, *op. cit.*, p.117.

(25) *Report of the Committee on Malay Education (Barnes Report)*, 1951, p.20. 計画によれば、マレー語、華語、タミル語各母語学校の3年を修了した生徒の30〜40％を中央の新型国民学校の4年に移し、英語とマレー語のバイリンガル教育を行うことが想定されていた(*Ibid.*, pp.70-71)。

(26) *Chinese Schools and the Education of Chinese Malays (Fenn-Wu Report)*, 1951 p.6. para.15.

(27) Wong Francis Hoy Kee, 1971, 'The Development of a National Language in Indonesia and Malaysia', in *Comparative Education*, Vol.7,

pp.76-77.
⑱ *Fenn-Wu Report, op. cit.,* p.4, para.3.
⑲ *Educational Policy: Statement of the Federal Government on the Report of the Special Committee on the Implementation of Educational Policy Together with the Report of That Committee (Special Committee Report)*, 1954.
㉚ Tan Liok Ee, 1997, *op. cit.,* pp.88-92.
㉛ 植民地政府はこれまで生徒数に応じて一律の補助金を華語学校に支給してきたが、この「新給与補助計画」では在学生数の半分の教育費用を生徒からの授業料でまかない、残りの半分を政府が補助するシステムで、授業料や教員給与の額を決定する権限をこれまでの経営者から教育部に移すことになり、教員の給与は増額されたが、教員の採用や解雇、移動にもすべて政府の許可を必要とするようになった。この新スキームは1953年まで実施された(Tan Liok Ee, 1997, *op. cit.,* pp.66-67)。
㉜ 馬来西亞華校董事聯合会編、1987、『董總三十年』下冊、馬来西亞華校董事聯合会總会出版、570-571頁。
㉝ Tan Liok Ee, 1997, *op. cit.,* pp.106-116.
㉞ Kua Kia Soong, 1990, *op. cit.,* pp.64-65.
㉟ *Report of the Education Committee 1956,* 1956, p.3, para.12.
㊱ Tan Liok Ee, 1997, *op. cit.,* p.264.
㊲ 『董總三十年』下冊、1987、前掲書、572-581頁。
㊳ *Report of the Education Review Committee, 1960* (*Rahman-Talib Report*), 1964.
㊴ *Education Act 1961*, Legal Research Division, (1982), p.14.
㊵ *Report of the Education Review Committee, 1960,* 1964, p.29 (Chapter VIII, para 164), p.31 (Chapter IX, para.177).
㊶ Tan Liok Ee, 1997, *op. cit.,* p.273.
㊷ Tan Liok Ee, 1988, 'Chinese Independent Schools in West Malaysia: Varying Responses to Changing Demands', in Jennifer Cushman and Wang Gungwu eds., *Changing Identities of the Southeast Asian Chinese since World War II*, Hong Kong University Press, p.62.
㊸ Lim Lian Geok(林連玉)、1984、『独中今昔』馬来西亞華校董事会總会、董總出版小組 ; Tan Liok Ee, 1997, *op. cit.,* pp.275-276などの表より整理構成。
㊹ *Ibid.,* p.62.
㊺ *Report of the Committee Appointed by the National Operations Council to Study*

Campus Life of Students of the University of Malaya (*Majid Ismail Report*), 1971, pp.44-48.

⑷6 Chai Hon-Chan, 1977, *Education and Nation-building in Plural Societies: The West Malaysian Experience*, Development Studies Centre, The Australian National University, Canberra, pp.32-33.

⑷7 *Universities and University Colleges Act, 1971*, 1971.

⑷8 馬来西亞華校董事聯合会總会出版、1992、『馬来西亞的華文教育』、57-73頁。

⑷9 Fahmi Ibrahim, 1987, 'Malaysia's Education Debate', in *Asiaweek*, 1987.8.20, p.72.

50 Amir Awang, 1986, 'Dasar Pelajaran Kebangsaan dan Integrasi Nasional', in Cheu Hock Tong ed., *Beberapa Asas Integrasi Nasional: Pro dan Kontranya*, Penerbit Karya Kreatif, Kuala Lumpur, p.55.

51 *Federal Constitution of Malaysia*, (1963), International Law Book Services, 1986, p.72, para.152, (1), (a). [英文原典表記は 'no person shall be prohibited or prevented from using (otherwise than for official purpose), or from teaching or learning, any other language.']

52 Kua Kia Soong, 1987, 'Malaysia's Education Debate', *Asiaweek*, 1987.8.20, p.72.

53 Kua Kia Soong, 1985, *The Chinese Schools of Malaysia: A Protean Saga*, UCSCA of Malaysia, pp.170-171.

54 *Universities and University Colleges Act: 1971*, 1971, p.7 (para.6.), p.13 (para.20).

55 Datuk Musa Hitam, 1979, 'Universiti Merdeka Untuk Satu Golongan Pelajar Saja', in *The Real Issues: Aliran on the Merdeka University*, Aliran Pub., p.88.

56 独立大学設立請願と却下の経緯は、杉村美紀、1989、「華文高等教育機関の設立をめぐるマレーシア華文教育関係者の対応」、『火曜研究会報告』(東京大学比較教育学研究室)第15号、113-121頁 に詳しい。

57 *Federal Court Civil Appeal No. 236 of 1981 in the Federal Court of Malaysia Holden at Kuala Lumpur*,(連邦裁判所判決)(Appellate Jurisdiction), in『独大史料集』、1993、来西亜独立大学有限公司出版、352頁。

58 *Ibid.*, p.352. この根拠になったのは高等裁判所判決における憲法152条第

第4章 教育言語と華人の国際教育ネットワーク　155

1項の解釈であったが、それによれば、「ここに認められている他の言語の『使用』とは、その当該民族内における表現やコミュニケーションの手段としての使用と解釈される。条文の『他の言語』という語句の前に in という前置詞がないことは重要である」と述べられている (*Civil Suit No.A6 of 1980 in the High Court in Malaya at Kuala Lumpur,* (高等裁判所判決) (1981.11.7), in 『独大史料集』, *ibid.*, p.380)。判決は東マレーシアの判事ジョージ・シア (George Seah)の少数意見文付帯で、それによれば「私見では、この『使用』という語句は、すでに『公的目的の場合』という制限規定を設けた以上、『話す』といった狭い、人為的な意味に解釈すべきではない。また、ここで『公的目的』とは政府および半政府 (quasi governmental) 機関の活動に限定されるべきである」とされている ('Dissenting Judgment by Seah J.', George K.S. Seah Judge, 1981, *Federal Court Civil Appeal No. 236 of 1981 in the Federal Court of Malaysia Holden at Kuala Lumpur,* (連邦裁判所判決) (Appellate Jurisdiction), (3) and (9) in 『独大史料集』, *ibid.*, p.361, p.362.)。

(59) 'The Language of Politics: MCA comes close to crisis with UMNO over Chinese Teachers', *Far Eastern Economic Review,* 1987.10.29, pp.20-21; 'A Question of Language', *Asiaweek,* 1987.10.23, p.20.

(60) Kua Kia Soong, 1990, *op. cit.*, pp.167-175;『華光永輝—1219華教盛会華教史料展彙編』、1993、董總出版、18頁。華人系3政党 MCA、DAP、Gerakan の教育政策の違いについては小木裕文、1995、『シンガポール・マレーシアの華人社会と教育変容』光生館、174-185頁に比較対照されている。

(61) 1988年の1人あたり国民総生産 (GNP) は1988年の1,940米ドルから1995年の4,500米ドルに文字どおり倍増した。このまま年7％台の成長を維持し、10年ごとに GNP を倍増することによって、20年後には現在の先進国諸国のそれに追いつくことが可能であると構想された。この構想は1997年以降のアジア経済危機によって大きな修正を余儀なくされた。

(62) 杉本均、1989、「マレーシア新初等教育カリキュラム：求められているものと目指すもの」、『比較教育学』第15号、157-168頁参照。ただし国民型(華語等) 小学校においては母語の時間の維持の代わりに英語の授業時間は以前より縮小された。

(63) 例えば、'Stopping the Decline of English, *New Straits Times,* 1991.5.1. 華語国民型小学校における新カリキュラムに対する評価については、杉村美紀、1990、「マレーシアの華語国民型小学校における新教育課程の導入と影

響」、『火曜研究会報告』(東京大学比較教育学研究室) 第16号、35-45頁 に詳しい。
(64) 本書第7章「高等教育へのイスラーム・インパクト」参照。
(65) 'Class Act: 'Eton of the East' attracts well-heeded students' in *Far Eastern Economic Review*, 1995, 6, 13, p.30.
(66) Alias Mohammad Yatin, 1997, '200 Years On: English in the Malaysian System', in Zaniah Marshallsay, *Educational Challenges in Malaysia: Advances and Prospects*, Monash Asia Institute, pp.59-61.
(67) 杉村美紀、1998、「マレーシアの高等教育における1990年代の改革動向——国民教育政策のもとでの多様化と民営化」、日本国際教育学会『紀要』第4号、27頁。
(68) 上杉富之、1995、「イスラームと儒教の対話:多民族国家マレーシアにおける新しい民族関係の模索」、日本民族学会『民族学研究』第60巻、第2号、157-164頁。
(69) 「マレーシア『華語』正式科目に」、『読売新聞』1996.4.6。
(70) このほかこの年に公布された教育法令には「国家高等教育評議会法(National Higher Education Council Act 1996)」と「国家アクレディテーション委員会法(National Accreditation Board Act 1996)」がある(本書第6章参照)。
(71) 董教總編、1997、『再看1996年教育法令:—'最終目標'已経変成'現行目標'!』Selangor;馬来西亜華校教師会總会編、1990、『一九九零年教育法案真相』など参照。
(72) 『新紀元学院簡介』New Era College;『董教總教育中心期間訊』(Dong Jiao Zong Higher Learning Centre Bulletin), Issue 2, August 1997; 馬来西亞董教總編、1995、『真相大白:華社為甚麽反対「1995年教育法案」』; 杉村美紀、1998、前掲論文、28-30頁に詳しい。
(73) この節の1996年「教育法」条文は *Education Act 1996 (Act 550)*, 1996, International Law Book Services, Kuala Lumpur からの抜粋。
(74) 董教總編、1997、『再看1996年教育法令』前掲書。クア(柯嘉遜)は、1996年新教育法では学校教育における教授用語の選択肢は拡大されたが、マレー語の国語としての地位はかえって強化され、1957年の教育令にはかろうじて記載されたマレー系以外の国民の母語教育を受ける権利の記述が削除されていることに懸念を表明した。新教育法に対する華人社会の反応につい

ては杉村美紀、1997、「マレーシアにおける国民教育政策の変化と多文化主義」、『国立教育研究所研究集録』第35号、31-43頁に詳しい。

(75) 'Young Mind, Old Tool: Chinese abacus to aid maths education', in *Far Eastern Economic Review*, 1995.4.6, p.26.

(76) 『華文教育問与答：給関心子女教育的家長』、1996、董教總中央宣教組、Selangor, p.2.

(77) 'Golden Tongue: Non-Chinese Flock to Mandarin-language Schools', in *Far Eastern Economic Review*, 1995.6.20, p.22.

(78) ジョホール州の民族別人口比率は1991年で、マレー系51.4％、華人系35.0％、インド系6.6％、その他6.9％であった。*Population and Housing Census of Malaysia 1991: State Population Report: Johor*, 1995, Department of Statistics Malaysia, Kuala Lumpur.

(79) 調査協力校6校（1996年児童数）は、寛柔第一小學（*Foon Yew* 1 ; 2,421人）、寛柔第四小學（*Foon Yew* 4 ; 2,485人）、国光小學（*Kuo Kuang* 5 ; 296人）、St. Joseph Primary School (1,242人)、Ban Foo Primary School (104人)、甘抜士小學（*Kempas Baru*; 349人）。

(80) マレーシアの華文独立中学に関しては次の論文に詳しい。杉村美紀、1990、「マレーシアの国民教育政策と『華文独立中学』」、『比較教育学研究』第16号、91-102頁；竹熊尚夫、1994、「マレーシアにおける華文独立中学の民族教育活動」、『九州大学教育学部紀要』第39集、143-156頁。

(81) 『1992年馬来西亞華文独立中学資料調査報告書』（以下『1992年調査報告書』）、1992、馬来西亞董教總全国華文独中工委会、3頁。

(82) 同上書、4頁。

(83) 「1996年度独立中学学生人数」、華社研究中心提供資料。

(84) 『1992年調査報告書』前掲書、8頁。

(85) 同上書、10頁。

(86) 同上書、11頁。

(87) 『1992年度華文独中在籍学生問巻調査』、1992、馬来西亞董教總全国華文独中工委会、18-22頁。

(88) 『1985-1994：寛柔中學校刊、第三輯』、1995, 79頁；寛柔中学資料室 展示統計。

(89) 調査協力校14校(欧文名；所在地；創立年；1996年生徒数)は蔴坡中化中學（*Chun Hwa*; Muar; 1912年 ; 1,512人）、居鑾中華中學（*Chun Hwa*; Kluang;

1918年；3,434人)、新山寛柔中學（*Foon Yew*; Johor Bahru; 1913年；6,277人)、馬六甲培風中學（*Pay Fong*; Malacca; 1913年；1,598人)、芙蓉中華中學（*Chung Hua*; Seremban; 1913年；2,169人)、怡保育才中學（*Yuk Choy*; Ipoh; 1908年；1,347人)、江沙崇華中學（*Tsung Wah*; Kuala Kangsar; 1911年；294人)、天定南華中學（*Nan Hwa*; Manjung; 1936年；965人)、安順三民中學（*San Min*; Teluk Intan; 1929年；249人)、太平華聯中學（*Hua Lian*; Taiping; 1937年；500人)、雙溪大年新民中學（*Sin Min*; Sg. Petani; 1957年；159人)、亞羅士打新民中學（*Sin Min*; Alor Sta; 1935年；580人)、威省日新中華（*Jit Sin*; Bukit Mertajam; 1918年；1,923人)、檳城韓江中學（*Han Chiang*; Pulau Pinang; 1950年；420人)。

(90) 『1992年調査報告書』前掲書、32頁。

(91) 同上書、39頁。

(92) 台湾教育部、1998、『回國升學僑生人数統計、八十六學年度（1997）』、教育部統計処（大專院校僑生地区別統計)、10-13頁、(留学生留学)77-78頁、3年統計(歷年度大專院校畢業僑生僑居地人数統計表)。

(93) 『1992年調査報告書』前掲書、44頁。

(94) 華社研究中心、1997、『95/96-97/98 全国大学入学積分分析』華社研究中心出版、Kuala Lumpur；『馬来亞大學華裔生積分調査』、1995, cited in『星州日報』1995.11.15．これらの調査は国内大学各学部に合格した華人系学生から、高校時代の SPM 試験の成績を報告してもらい、その集計によって入学難易度を推計している。学生からの申告性ではあるが、入学者のほとんどを把握しており、大学学部の序列化や華人系学生への開放度もかなりの精度で推定できる。

(95) マレーシアにおける華人系を中心とした私立教育体系路については、竹熊尚夫、1998、『マレーシアの民族教育制度研究』九州大学出版会、145頁の概念図が参考になる。高等教育への進学意識に対しての民族差および性差の影響について分析した研究として、鴨川明子、2003、「後期中等教育段階における生徒の性役割観と進路選択―マレーシア・ペラ州の実地調査より―」、『比較教育学研究』第29号、151-165頁などがある。

第5章　民族統合学校「ビジョン・スクール」構想

(1) マレーシアにおける初等教育言語政策

多言語社会の教育コスト

　マレーシアは人口約2,300万の東南アジアの複合民族国家であり、主として3つの民族グループ、マレー系(65.1%)、華人系(26.0%)、インド系(7.7%)から人口が構成されている。マレーシアの教育システムの特徴のひとつは、その初等教育（小学校）レベルで、それぞれの3つの主要母語を授業用語とする独立の学校、すなわちマレー語の国民学校（*Sekolah Kebangsaan*：SK)、華語およびタミル語の国民型小学校（*Sekolah Jenis Kebangsaan*：SJK）の3種類の小学校の存在を認めていることである。在学児童の分布は、若干民族の枠を越えた流動があるので、国民学校76.1%、華語小学校20.8%、タミル語小学校3.1%（児童数比率：2003）という比率になっている[1]。

　すなわちマレーシアの親もしくは保護者は、その子どもが6歳になっ

表5-1　マレーシア初等教育統計(2003年)

	学校数	クラス数	児童数	1校当児童数	教員数	
					有訓練	無訓練
国民学校	5,664	75,611	2,336,230	412.5	127,992	8,341
華語学校	1,287	18,523	639,221	496.7	25,131	6,096
タミル語学校	525	4,188	93,689	178.5	5,377	1,232
特殊学校	28	278	1,981	70.8	523	9
合　計	7,504	98,600	3,071,121	409.3	150,023	15,678

出典：Ministry of Education Malaysia, *Malaysian Educational Statistics*, 2003, p.28, p.91, p.111.

た時点で、教育制度への最初の意志表示として、子どもにどの言語による教育を与えるかを選択しなくてはならないことになる。中学校以降は公立学校の授業言語はすべてマレー語（国語）に統一されているので、華語・タミル語学校の卒業生の一部は、1年間の移動クラスに出席することになる。卒業後も華語で授業を受けるには、私立の華文独立中学（初級・高級）に進学しなければならない。さらに高等教育はマレー語（一部の機関では英語）に統合されており、華語による国内高等教育の道は閉ざされ、多くの海外留学生を送り出す結果となってきた。独立以来、マレーシア政府は華語教育には冷淡な政策を貫いてきており、政府補助金はきわめて少なく、学校の新規設立はほとんど認可されず、稠密な児童・生徒比率と劣悪な設備環境に甘んじてきた。

この3言語による6年間の分離型小学校のシステムは第4章でみたとおり、言語的分離状態にあったマラヤの複合教育体系を、独立後マレー語を唯一の授業言語とした単一の国家教育システムに統合してゆきたいとする、多数派マレー系の支配する政府の統合政策に対して、民族的伝統やアイデンティティの消滅の危機を感じた華人系とインド系を中心とするマイノリティが、対抗策として打ち出した共通言語と民族母語のバ

表5-2 言語別小学校学校数・生徒数32年間の増減

	1968年		2000年		増減(1968-2000)	
	学校数	生徒数	学校数	生徒数	学校数	生徒数
国民学校	2,270	666,389	5,407	2,218,747	+2,637	+1,552,358
華語学校	1,332	434,914	1,284	622,820	-48	+187,906
タミル語学校	670	81,428	526	90,280	-144	+8,852

出典：教要与文献、http://www.djz.edu.my/resource (2000.12.6)。

表5-3 「第6次・第7次マレーシア計画」初等教育予算の学校種格差

	第6次計画(90-95)		第7次計画(96-2000)	
国民学校	1,133,076	89.72%	1,027,167	96.54%
華語学校	102,726	8.14	25,970	2.44
タミル語学校	27,042	2.14	10,902	1.02

出典：表5-2に同じ。

イリンガル教育政策案の妥協によって生まれたシステムである。ワトソン (Watson) の分析にあるとおり、これは初等教育3年まで民族語による教育を認めたインドネシアや、全課程をタイ語で統一したタイに比べれば、東南アジア諸国の初等教育制度のなかでは、マイノリティに配慮した体系であるとされるが[2]、マイノリティの側からいえば、中学校以降は母語での公教育を受ける権利が剥奪されているととらえることもできる[3]。

例えば日本で、1,000人程度の児童(6歳から12歳)を持つ学区があれば、特殊教育などを除き、ひとつの小学校を建設すれば事足りるが、マレーシアの場合、そのすべての学区にマレー語国民学校（児童数約760人）、華語小学校(同200人)、タミル語小学校(同40人)の3校を建設しなくてはならない。それぞれに運動場、図書館、食堂などのインフラが必要となってくる。これが全国すべての学区で起こるということは、拮抗する民族比率を背景に複合社会マレーシアの教育制度が40年間払い続けてきた、きわめて重い教育コストであった。また中学校段階からほぼ初めて3民族が同じ学校に通うということは、一部の例外を除いて、異民族間の交流においても初等教育という貴重な機会を逃すことになる。

そこで、マレーシア政府はこれら3種類の授業言語の小学校のうちで近隣にあるものを、それぞれの学校のアイデンティティと管理運営権は維持したまま、1カ所の敷地に(それぞれの独立校舎でも統一校舎でもよい)校舎を集め、正規の授業以外の言葉の違いの影響をあまり受けない課外活動・運動会などの時間を中心に交流を起こし、運動場や食堂、図書室などを共有することによって、維持管理コストの削減を目指す民族言語(緩)統合学校の計画を形を変えて提案してきた。ひとつは1985年の「綜合学校計画」、続いて1986年の「三言語児童交流計画」、そして近年では1995年と2000年の「ビジョン・スクール・プロジェクト」である。

しかしこれまでの中等教育以降での強引な母語教育の廃絶過程をみてきたマイノリティ・グループには、これは次の言語的統合への第一歩も

しくは地ならしとみえてしまう。信頼関係の欠如はこれ以上のいっさいの譲歩を否定することになり、こう着状態がもたらされ、強引に計画を実行に移すと、再び大きな民族的緊張が発生することになる。本章ではこうした経緯で、これまで成功しなかった2つの統合学校計画を概観した後、1994年から新たに打ち出された統合学校計画としてのビジョン・スクール計画について分析する。そしてこの計画の一部が特殊な条件のもとではあるが、マレー半島の2つの学校で実現しているという事例（テロック・スンガット校とルラッ・ビルット校）を取り上げて、成果と問題点を検討する。そして最後に逆に近年、やや強引にそれを他の学校に拡大しようとして大きな民族衝突の危機をもたらした事例（ダマンサラ華語小）を取り上げて、成功例と比較検討したい。

(2) 統合学校計画の変遷

綜合学校計画

「綜合学校計画（*Program Sekolah Integrasi*）」は1985年に、国民の団結と統合を推進するために、文部省学校教育局が布告した計画で、同一地区もしくは近隣に存在する国民学校(マレー語)、国民型学校(華語、タミル語)の3種類の授業言語の小学校の児童と教員に互いに交流する機会を与え、統合を推進しようとしたものである。具体的には、学校運動会、祝賀行事、奉仕活動、およびスポーツや文化的課外活動において、3校の児童が共同の活動を行い、交流の機会を与えるとともに、設備・施設の共有と経験や専門知識の有効利用を目指している。

この計画の企画実行にあたっては、3校の校長、副校長、各校教員代表2名の計12名による執行委員会が結成される。3人の校長のうちの1人が議長となり、各学期に1回以上の委員会を開催し、計画の立案、調整、実行、評価検討を行う[4]。

実施のパターン（様式）として2つが想定されており、ひとつはマレー

語、華語、タミル語学校の3校が同一敷地に統合される場合(様式1)、いまひとつは3校が近隣地域にあって、相互に交流する場合(様式2)である。様式1と様式2における共通の活動は、学校運動会、祝賀行事、スポーツや文化的活動、募金などであり、様式1の場合に固有な活動は、校内美化運動などの奉仕活動、スポーツや音楽隊のような合同チームや団体の結成などが加えられている[5]。

文部省は様式1の実験校を9校、様式2の実験校を9校、あわせて18校指定して試行実験を行った。この計画は、マレーシアにおける母語教育の最後の砦であった華語・タミル語小学校が、マレー語学校に包摂されて、なし崩し的に消滅してゆくことを心配した華人・インド人社会を中心に大きな反対を受け、また実行委員会の構成も、校長をはじめとする一握りの人々による運営を想定しており、制度的にも未熟な構想であり、翌年新たな形で再提案されることになった。

三言語児童交流計画

「三言語児童交流計画(*Rancagan Integrasi Murid-Murid untuk Perpaduan*)」は「綜合学校計画」の1年後の1986年に、マレーシア文部省が打ち出した交流計画で、授業用語がマレー語の国民学校と、華語もしくはタミル語の国民型学校の児童が、課外活動やスポーツなどを共同で開催運営することによって、異なる民族の児童が小学校段階から触れ合い、交流する機会を作り、国民の民族的・言語的統合に貢献しようというものである。同時に各校の設備・施設および人員、経験、知識を共有してコストを削減することもその概念に含まれている。その対象となる活動とは、クロスカントリー、徒競走、サッカー、バスケットボール、ネット競技、キャッチボール、運動会、学校地域清掃活動、学校地域美化活動の8種類があり、小学校4,5,6年生の児童と教員がその対象となる[6]。場所は参加校のなかで最も適した施設・設備を持つ学校か、もしくは近隣の会場・施設を借りることになる。これらの活動に要する人件費、交通費、

飲食費、施設使用料、賞品などの費用は参加校の児童数に比例して分担する[7]。

　この交流計画の運営の中心になるのは、児童交流計画委員会(*Jawatan-kuasa Rancangan Integrasi Murid-Murid Untuk Perpaduan*)と呼ばれる団体である。この団体は以下のメンバーから構成されている。

　　(1)各校理事会から2名の代表……………………6名
　　(2)各校PTAから2名の代表　……………………6名
　　(3)各校校長………………………………………3名
　　(4)各校副校長……………………………………3名
　　(5)各校から2名の教員……………………………6名

　議長は3人の校長のなかから選ばれ、その校長の属する学校の施設を用いて会場とする。この委員会は各年度の第1学期に結成され、任期は1年である。PTAからの代表は教員および教職員以外から選ばれることになる[8]。委員会は各学期に1回以上、議長もしくは3人以上の委員の発議により開催され、その通知は1週間以上前に全員に伝えられる。委員会は任務として上記特別活動の運営、計画、アレンジ、調整を行い、事後の評価報告も行う[9]。

　一方、委員会の機能の制約として、参加各校の宗教、学業、授業用語、カリキュラムと管理運営の側面にはいかなる形でも関与することはできない。また特別活動や施設・設備の共有、経験や専門技能の持ちよりなどに関するすべての決定は、各校の管理運営権を侵害することなく、自発的な同意の精神に基づいて全構成校が同意した場合においてのみ採択される、とされている[10]。

　以上のように「三言語児童交流計画」は1年前の「綜合学校計画」のうちの、校舎の統合を伴わない「様式2」の課外活動等の融合プロジェクトに絞って、より規定を完備させたものと分析できる。法規上、PTAのプロジェクトへの関与は「三言語児童交流計画」においてより明確に規定されており、課外活動や行事への親や社会の協力の必要性が高いことを意味

している。

　華人社会の反応は早く、マレーシア華語学校理事連合会総会(UCSCAM＝董総)、マレーシア華校教師会総会(UCSTAM＝教総)など華人系教育組織が反対を表明してきた。このような統合学校の概念は1956年の『ラーマン報告』から続いている、マレーシアの教育制度をマレー語を中心にして一元化しようとする政府の「究極的目標」への移行・実施への道を開くものという危惧があるからである[11]。

　近年の新「教育法(Education Act, 1996)」でこの規定が削除されたことは、華人社会にとっては一定の成果が得られたことになるが、同時に華語の私立学校体系が国民教育制度に包摂される過程で、華語教育への国家干渉が強まるのではないかという懸念も指摘されるようになった。ビジョン・スクール構想が再び浮上したのはこのような状況においてであった。

ビジョン・スクール(Vision School)構想

　1994年1月当時の教育大臣スレイマン・ダウド(Amar Sulaiman Daud)は国内の同一地区にある国民小学校(マレー語)、国民型小学校(華語、タミル語)を2000年をめどに同一の校舎において授業を行い、各民族出身の児童間の交流と相互理解、団結精神を高める、いわゆるビジョン・スクール(Vision School/宏愿学校/*Sekolah Wawasan*)を設立・拡大させる方針を発表した。これを受けて1995年8月に公布された政府の第7次マレーシア計画(7th Malaysia Plan)においても、農村および遠隔地の教育の質を改善し、ドロップアウトを減少させるために、生徒数150人以下の小規模校は、施設の充実した「新しい学校統合体(school complex)」に融合される方針が盛り込まれた[12]。

　文部省副大臣フォン・チャン・オン(Fong Chan Onn)によれば、「その複合体(integrated complexes housing schools)において、各校はそれぞれの母語で授業を行い、校長、運営権、教員は分離的に保持され、各校の特徴は維持されるであろう。この新システムはマレーシアの現実を反映し、

民族間の統合を促進し、児童の国語の能力を向上させるであろう」と説明した。華人教育組織は、今回のビジョン・スクールもかつての「綜合学校」が聞こえのいい表現で焼き直されたものであると考えている。

　その反対の主要な根拠は、①異なる民族の児童生徒の接触頻度が高まれば、団結心や相互理解が高まるという「交流」論は単純すぎること。宗教的・社会的・経済的相違が強調されてかえって偏見や誤解を招く場合もあること。②実際に接触の場面となる、朝礼、運動会、食堂、課外活動などの場面ではマレー語が使われることになるので、従来の独立校に比べて母語に接する時間が削減される。③それぞれの母語による授業が認められていても、シンガポールの統合学校のように、結果的に経済的要請から言語が次第に統合されてゆく傾向があること、にまとめられる[13]。

　1997年6月、ダウド文部大臣は、ジョホール州コタティンギのテロック・スンガット学校統合体を訪れて、この学校はこれから設立される全国のビジョン・スクールのモデルとなるであろうと述べたという[14]。そこでそのモデルとされるテロック・スンガット・ビジョン・スクールについて実態を検討したい。

(3) テロック・スンガット・ビジョン・スクールの事例

テロック・スンガット・ビジョン・スクールの概要

　ジョホール州コタティンギ(*Kota Tinggi*)はシンガポールに接するマレーシア最南端の都市、ジョホール・バル市(*Johor Bahru*)から35km北東に位置するコタティンギ地区の中心であり、地区の教育局(*PPD Kota Tinggi*)もここにある。コタティンギ地区の人口は約15.7万人(2000)であるが、学校のあるテロック・スンガット(*Telok Sengat*)村は、コタティンギからさらに30kmほど南東に下った小さな漁村である。ジョホール川が大きく河口を開くあたりの西岸に面し、ボートを使えば20〜30分でシンガポー

第5章 民族統合学校「ビジョン・スクール」構想　167

ルの東北端に達する距離にある。

　統合学校の建設計画はジョホール州教育局によって1980年に計画され、52.4万Mドル（リンギット＝約60円（当時）、現勢約30円）の予算が計上された。この計画はマレー語媒体の国民学校（*Sekolah Kebangsaan*）と、華語媒体とタミル語媒体の国民型学校（*Sekolah Jenis Kebangsaan*）をひとつの学校敷地、コタティンギ、テロック・スンガット地区に移転させて、各校の独立性を維持したまま、ひとつの統合学校体（*Sekolah Integrasi*）を形成しようとするものであった。

図5-1　2校の既存ビジョン・スクール

　母体となるテロック・スンガット国民学校（*Sekolah Kebangsaan Telok Sengat*, 以下 SKTS と略称）は1930年の創立、南亜国民型学校（*Sekolah Jenis Kebangsaan (Cina) Nan Ya*, 以下 SJK (C) 南亜と略称）は1928年、ラダン・テロック・スンガット国民型学校（*Sekolah Jenis Kebangsaan (Tamil) Ladang Talok Sengat*, 以下 SJK (T) ラダン TS と略称）は1946年の創設と、歴史は古く、旧校舎も木造で老朽化していた[15]。

　異なる民族の児童が同じ校舎に入ったのは近年のことではなく、1946年には華語小学校の児童がタミル語学校の教室を借りたり、1969年には国民小学校の児童が華語小学校の教室を借りるなどの、便宜的相互利用というものはすでに発生していたという[16]。1980年代の経済構造の変

表5-4　テロック・スンガット学校統合体（KSTS）の構成校

学　校　名　（略称）	授業言語	創立年	学校コード
テロック・スンガット国民学校（SKTS）	マレー語	1930年	JBA3015
南亜国民型学校（SJK (C) *Nan Ya*）	華語	1928年	JBC3008
ラダン・テロック・スンガット国民型学校（SJK (T) *Ladang* T S）	タミル語	1946年	JBD3019

動に伴い、特に華人とインド人の地域外転出が増加し、2つの国民型学校は閉鎖の危機に直面していた。この計画を機に1985年3つの小学校は隣接する4エーカーの敷地に一棟の鉄筋の新校舎を建設し、そこに施設を共有しながら移転することになった。

　1985年2月に3校の校長、教員が集まり、コタティンギ地区教育局の代表、テロック・スンガット地区の与党議員代表らによって設立委員会が結成され、同年8月に統合学校「テロック・スンガット学校統合体(*Kompleks Sekolah-sekolah Telok Sengat*: KSTS)としてスタートした。3校はそれぞれの校長のもとに運営権、予算執行権、校名、校章、校歌を維持し、学校コードも別々のものを与えられ、教育当局からも独立の学校として認知される。ただしそれらとは別に、学校統合体の校章(3校の校章を組み合わせたもの)と校歌が新たに作られ、各校で並列的に使用されることになる[17]。

　KSTS(テロック・スンガット学校統合体)の哲学(基本理念)、概念、目的は次のように定められた。

　A：KSTSの哲学(基本理念)

　民族間の統合を実現することは国家の将来にわたる成功の鍵である。統合とは友好の精神によって様々な問題に対処できる強さを生み出すであろう。

　B：KSTSの概念

　この概念はテロック・スンガットに古来より存在した複合民族社会のグループ間の友好精神、歴史的・地理的要因に由来している。この概念が学校統合体として実現したことは、社会と国家の希求する方向にきわめてふさわしく適切である。この統合学校の概念は、個人の基本的権利の尊重と同等の重要性を持つ、強い友好と協力の精神に基づいて推進された。

　C：KSTSの目的

　テロック・スンガット学校統合体は次のような目的を持っている。

第5章　民族統合学校「ビジョン・スクール」構想　169

(1) 3つの学校をひとつの管理体（*satu bentuk pengurusan*）に統合する。
(2) 教員および用務員の間に堅固な協力関係を築く。
(3) ある学校が獲得した強みや長所を他の学校が共有する。
(4) 欠点と弱点を認識し、その克服に協力する。
(5) 3校の児童の間に民族的統合をもたらす[18]。

表5-5　テロック・スンガット学校統合体基本統計（2000年6月）

学校名	生徒数			教員数			用務員	クラス学級数
	男	女	計	男	女	計		
SKTS	83	107	190	9	8	17	4	6
SJK (C) *Nan Ya*	26	22	48	1	4	5	—	2
SJK (T) *Ladang* T S	11	14	25	2	3	5	1	2

学校名	学年別生徒数							民族別生徒数		
	幼	1	2	3	4	5	6	マレー系	華人系	インド系
SKTS	24	20	30	31	32	24	29	189	0	1
SJK (C) *Nan Ya*	—	8	7	6	6	12	9	14	32	2
SJK (T) *Ladang* T S	—	2	2	5	5	7	4	0	0	25

写真5-1　テロック・スンガット・ビジョン・スクール内の南亜小学校（華語）の授業
　　　ここに通うマレー系児童（後部席）は、壁を隔てて友人と異なる言語で授業を学ぶ。

新たな施設としては、3つの校長室、12の教室、2つの会議室、1つの職員室、食堂（別棟）、視聴覚室、2つの図書室、そして校庭を含んでいた。そのうち各校の占有になるものは校長室1室ずつと、SKTS が6教室、SJK (C) 南亜と SJK (T) ラダン TS がそれぞれ3教室を持つほかは、職員室も各校教員合同で、食堂、図書室、会議室、視聴覚室、トイレなどはすべて共有となる。

児童数は2000年現在で、SKTS が190名、SJK (C) 南亜が48名、SJK (T) ラダン TS が25名の計263名である。表5-6 (2) にみられるように、マレー系、華人系、インド系の各民族の児童がそれぞれマレー語学校、華語学校、タミル語学校に分離的に所属しているのではなく、マレー系の203人のうち14人は華語学校に、インド系の28人のうち1人がマレー語学校に、2人が華語学校にかよっている。これは近年のマレーシアの華語の見直しと華語学校人気の影響を受けたものである。SKTS は各学年1クラスの6クラス授業であるが、SJK (C) 南亜と SJK (T) ラダン TS ではそれぞれ3クラスの複式授業となる[19]。

この学校体の物理的な最大の特徴は、図5-2のように校長室棟の2階には3校の校長室が隣接して並んでいることである。コンピューターを置く共用の事務室の側から、順に *SKTS* 校長室、SJK (C) 南亜校長室、SJK (T) ラダン TS 校長室が同じ規格で並び、ガラス窓にそれぞれの言語

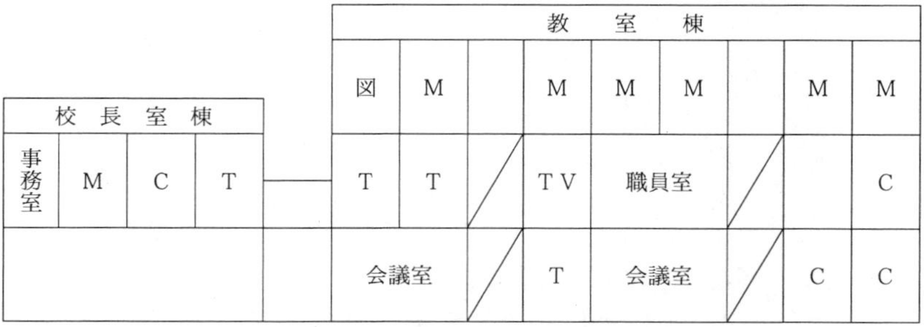

校長室棟				教室棟						
事務室	M	C	T	図	M	M	M	M		M	M
				T	T	T V	職員室			C
				会議室		T	会議室		C	C

M：SKTS　C：SJK (C)　T：SJK (T)　その他は共有施設；図：図書室；TV：テレビ室

図5-2　教室配置（垂直断面図）

第5章　民族統合学校「ビジョン・スクール」構想　171

写真5-2　3つの学校の校長室が横に並ぶ校長室棟

で校長室と書かれている。職員室は1室で3校の教員の合同利用であり、室内も特に学校別に机が区切られているということはなく、教員レベルでの交流や学校間の協力というものが形態的には最も起こりやすいという印象を受けた。児童の教室は同じ棟のなかで固定されており、マレー語学校は3階に6クラス、華語学校は1階と2階に3クラス、タミル語学校は2階に3クラスという配置であった。食堂（kantin）は別棟の1階で、共通利用であったが、食事に関しては、3民族の料理が出されるというわけではなく、規則上イスラーム教徒の調理師により一般的な「マレーシア料理」が調理されるという説明であった。なお1999年1月から新校舎が隣に建設され、共同の理科室、技術室、図工室、教員室、会議室、6教室が増設されるため、この教室配置は2000年度までのものである。

TSビジョン・スクールの教育カリキュラム

テロック・スンガット学校統合体を構成する3校の教育カリキュラムは基本的に文部省の統合初等教育カリキュラム（KBSR）に準拠している

という点で他の小学校と変わりはない。すなわち、週単位科目時間割からみた教育カリキュラムは、マレー語を授業言語とする国民学校（SK）と、華語・タミル語を授業用語とする国民型学校（SJK）の2種類に大別される。国民学校の低学年では母語である国語（マレー語）を週420分、英語を週270分、数学を240分、地域科を210分、芸術・体育に150分、宗教教育に150分で合計1,440分というガイドラインが示されている。国民型学校では3言語を学ぶため、母語（華語またはタミル語）に420分があてられ、英語が90分に減る一方、残りの180分は国語の学習にあてられることになる。また国民学校の宗教教育の時間が国民型学校では世俗の道徳教育に変わるだけで、それ以外には違いはない（マレーシアでは公立学校の宗教教育とはイスラームのことであり、仏教、キリスト教、ヒンドゥー教などは正課では教えられない）[20]。

テロック・スンガットの3校は、このガイドラインにそって、それぞれの時間割を持つことになるが、ここでの最大の特徴は週6日、6学年について3種類の時間割が存在する以外に、ビジョン・プログラム

表5-6　テロック・スンガット・ビジョン・スクールの週間時間割

表5-6（1）　テロック・スンガット小学校（マレー語）時間割（2000年）、第3学年

	1	2	3	4	5		6	7	8	9	10
月	朝礼	マレー	マレー	音楽	音楽	休憩	宗教	数学	数学	英語	英語
火	数学	数学	GB	英語	英語		マレー	マレー	マレー	宗教	PB
水	保体	マレー	マレー	マレー	マレー		Jawi	数学	宗教	英語	英語
木	宗教	保体	マレー	マレー	マレー		英語	英語	PB	美術	美術
金	PER	宗教	保体	数学	数学		マレー	マレー	マレー		

表5-6（2）　南亜小学校（華語小学校）時間割（2000年）、第3学年

	1	2	3	4	5		6	7	8	9	10
月	朝礼	華語	華語	華語	華語	休憩	道徳	英語	数学	マレー	マレー
火	マレー	マレー	華語	華語	華語		数学	数学	道徳	道徳	道徳
水	マレー	マレー	華語	華語	華語		道徳	数学	数学	音楽	音楽
木	華語	華語	数学	数学	華語		マレー	マレー	華語	美術	美術
金	体育	体育	マレー	華語	華語		英語	英語	マレー	保健	

（Vision Programme/*Program Wawasan*）と呼ばれる３人の校長のサインの入った共通カリキュラム表が１枚添付されることになる。ここでは紙面の都合により、第３学年の週間時間割表とビジョン・プログラムを掲載する[21]。

　３校で共有する音楽の教員を除き、統合学校の教員は３校のいずれか１校に所属している。原則として教科別教員制をとっているが、規模の小さいタミル語学校ではクラス担任制に近い多教科担当、複学年合同授業が行われている。したがって、３校ともに国語の授業を持っているが、教員は原則として特定の学校に所属しているので、華語学校では華人教員が、タミル語学校ではインド系の教員がマレー語の授業を持っている。

　ビジョン・プログラムは**表 5-6（4）**に示されるとおり、学校の枠を超

表 5-6（3）　ラダン・テロック・スンガット小学校（タミル語学校）時間割（2000年）、第３学年

	1	2	3	4	5		6	7	8	9	10
月	朝礼	マレー	マレー	英語	英語	休憩	タミル	タミル	タミル	数学	数学
火	保体	保体	タミル	タミル	タミル		マレー	マレー	数学	数学	数学
水	マレー	マレー	数学	英語	道徳		タミル	タミル	道徳	タミル	タミル
木	タミル	タミル	タミル	マレー	マレー		音楽	音楽	道徳	道徳	タミル
金	理科	数学	英語	マレー	マレー		タミル	タミル	美術	美術	

表 5-6（4）　３校共通プログラム（Vision Program）

（M: マレー語校、C: 華語校、T: タミル語校）

	1	2	3	4	5		6	7	8	9	10
月	朝礼					休憩					
火	保体 T 初上級	保体 T 初上級									
水										華語 5 (M/T)	華語 5 (M/T)
木	保体 C 初級										
金	保体 C 上級							タミル3年 (M/C)	タミル3年 (M/C)		

　註：各校共通時間配分（内金曜日）：1時限 7：30-8：00、2時限 8：00-8：30、3時限 8：30-9：00、4時限 9：00-9：30、5時限 9：30-10：00、休憩 10：00-10：20（10：00-10：20）、6時限 10：30-11：00（10：20-10：50）、7時限 11：00-11：30（10：50-11：20）、8時限 11：30-12：00（11：20-11：45）、9時限 12：00-12：30（11：45-12：20）、10時限 12：30-13：00、GB：校長担当、PB：言語科目、PER：集会、Jawi：アラビア文字標記のマレー語。

えて行う4つのプログラムからなっている。まず第一には月曜日の第1時限、7：30からの朝礼集会（*Perhimpunan Mingguan*）は3校の全児童・全教員による合同集会である。その式次第はおよそ次のようである。

(1)広場に3校の児童が学校別、学年別に整列する。
(2)マレーシア国旗およびジョホール州旗の掲揚、国歌およびジョホール州歌の斉唱
(3)各校の校歌を順番に斉唱
(4)各校の輪番による朝礼担当教員による話
(5)各校校長によるそれぞれの言語による話
(6)解散

最後の校長訓話は基本的に同じ内容を3言語で繰り返すということであった[22]。

朝礼以外の共同プログラムは3校すべてではなく、2校間の教員相互サービスであり、該当科目は保健・体育、華語、タミル語である。まず保健・体育はマレー語学校の体育の教員が、火曜日の1時限目に初級(1-3年)、2時限目に上級(4-6年)の体育授業をタミル語学校の児童にそれぞれ3学年合同で教えている。また同様に華語学校の児童にも木曜1時限目に初級、金曜日1時限目に上級の体育を教えている。それに対して、華語学校とタミル語学校からは、それぞれ華語とタミル語の授業を他の2校の児童のために提供している。華語は水曜9・10時限に5学年レベル、タミル語は金曜8・9時限に3学年レベルの授業を提供している。

これは近年、民族語、特に華語の学習が将来のビジネスチャンスにつながるという思惑から、人気が高く、マレー系の児童の親のなかにも子どもを華語学校に入れようとする者が全国的にも増えていることを反映している。事実このSKTS統合学校の南亜国民型学校(華語)の48人の児童のうち、華人系の児童は32人のみで、12人はマレー系、2人はインド系の児童である。しかし、子どもを華語学校に入れるだけの決意はないが、華語に関心のある親は、子どもをマレー語学校に在籍させたまま、

この華語の共同プログラムに出席することで、子どもを華語に触れさせることができる。これは一般の小学校では実現の難しい、統合学校独自の特色であるといえる。またほかの科目も含めて、3校に共通する科目に関連した様々な問題の解決に相互に協力するために次のような科目に責任担当校を設定している[23]。

科目	対策責任校
国語(マレー語)	テロック・スンガット国民学校
英語	ラダン・テロック・スンガット国民型学校
数学	南亜国民型学校
体育	テロック・スンガット国民学校

　これはただ単に教員を共有してコストの削減をはかるだけでなく、英語が優秀なタミル語学校と、数学の優秀な華語学校、マレー語に秀で、人員的に余裕があり各科目の教員を配備できるマレー語学校がマレー語と体育教育の全体の向上に責任を負うことによって、3校の利点をより積極的に共有していこうという姿勢にほかならない。

　3校の児童のより直接的な交流や接触は、課外活動や社会奉仕活動の場において提供される。課外活動の第一はスポーツで、運動会や対外的なスポーツ交流会や試合では、3校からの合同チーム、テロック・スンガット学校統合体チーム (*Pasukan* KSTS) を結成して参加する場合がある。これは各校がきわめて小規模であるために1校では球技などのチームが結成できないという実際的要求によるものである。すべてのスポーツ行事の準備や運営は3校の教員合同で行われる[24]。

　またテロック・スンガット学校統合体科学クラブ (*Kelab Sains* KSTS) が設置され、3校の児童が参加し、統合学校理科主任がその顧問となる。プロジェクトの費用は統合学校体の共通経費から支出され、その成果は理科室に展示される。美化運動委員会 (AJK *Keceriaan KSTS*) は3校全教員がメンバーとなり、すべての行事は3校の教員の協力のもと行われ、財

源はやはり学校統合体の共通経費から支出される。

TSビジョン・スクールの評価

　以上のように、KSTSテロック・スンガット統合学校体の理念は、①民族融合、②資源の有効利用、③優秀化の3点にまとめることができる。①の民族融合という目的については、何をもって民族統合の指標とするかという難しい問題があり、容易に結論することのできる問題ではない。コタティンギのテロック・スンガット統合学校体の実験に関していうならば、カリキュラム等でみる限り、異なる民族の児童の接触・交流の機会は明らかに他の小学校よりも増大しており、関係者の発言はおしなべて好意的である。しかし接触の増大は必ずしも相互理解の促進を意味しないことは、これまでの多民族社会の教育的取り組みが示唆するところであり、言語というものは文化・宗教と切り離すことができない側面を持つ以上、3つの言語を維持しながら、どれだけその背後にある文化・宗教の接触と場合によっては衝突を防止することができるかということが今後の課題となるであろう。

　次に②資源の有効利用という側面については、テロック・スンガット統合学校体は、従来の分離的な3校の状況に比べて、あきらかに物的・人的資源の有効利用において優れている。というよりも、マレーシアの小学校レベルの3言語による教育を維持した母語ストリーム教育体系がいかにコストのかかるシステムであるかを改めて認識させてくれる。それはマレーシアという複合民族国家が、国民の文化的アイデンティティを満足させ、民族間衝突を避けるために支払ってきた犠牲でもあり、コストでもあるが、このKSTSの試みは3言語ストリームを維持しながら、共有部分をシェアすることによってそのコストをどれだけ押さえることができるかという実験でもある。運動場、食堂、図書室、職員室、理科実験室などを共有することによる物的コストの削減はいうに及ばず、音楽や体育の教員や授業を共有し、相互に語学の授業を提供し合うことに

よる人的資源の有効利用という利点は反対派も認めるところである。

そして③の優秀化の追求という点では、3校に共通して教えられている主要3科目、国語、英語、数学について、それぞれ得意とされるマレー系、インド系、華人系の学校が他の学校を含めて全体のレベルの向上と問題の克服のために監督責任を持つというシステムは秀逸である。このことは小学校の終了時の到達度評価試験（UPSR）で、一般の華語学

表5-7 初等学校到達度評価試験（UPSR）各校共通科目の合格率（C以上）[25]

	SKTS（マレー語）		SJK (C) *Nan Ya*		SJK (T) *Ladang* TS	
	1998	1999	1998	1999	1998	1999
マレー語読解	81.5	100.0	60.0	80.0	85.7	75.0
マレー語作文	74.1	87.5	40.0	70.0	14.2	50.0
英　　語	48.1	54.2	60.0	70.0	71.4	75.0
数　　学	77.8	87.5	100.0	80.0	57.1	75.0
理　　科	－	87.5	－	60.0	－	50.0

表5-8 各校2000年度週間授業時間数（時限・分）[28]

	SKTS（マレー語）				SJK (C) *NanYa*（華語）				SJK (T) *Ladang*（タミル語）					
	1/2/3年		4年		5/6年		1/2/3年		4/5/6年		1/2/3年		4/5年		6年	
朝　礼	1	30	1	30	1	30	1	30	1	30	1	30	1	30	1	30
マレー語	15	450	11	330	10	300	11	330	6	180	10+	300	5	150	5	150
華　語							15	450*	10	300						
タミル語											16	480	12	360	10	300
英　語	8	240	7	210	7	210	3	90	3	90	3+	90	3	90	3	150
数　学	7	210	7	210	7	210	7	210	7	210	7+	210	7	210	9	270
理　科			5	140	5	150			5	150			5	150	5	150
地域研究			4	120	4	120			4	120			4	120	4	120
宗教・道徳	6	180	5	150	6	180	5	145*	5	150	5	150	4	120	4	120
生活技能			2	60	2	60			2	50			2	60	2	60
音　楽	2	60	2	60	2	60	2	60	2	60	2	60	2	60	2	60
美　術	2	60	2	60	2	60	2	60	2	60	2	60	2	60	2	60
保健・体育	3	90	2	60	2	60	2	85	2	60	3	90	2	60	2	60
その他	4	120	1	30	1	30										
合　計	48	1440	49	1470	49	1470	49	1460	49	1460	49	1470	49	1470	49	1470

註：＊：3年のみ時限は変わらず、華語が445分、道徳が150分となる。
　　＋：1年のみマレー語11時限330分、数学8時限240分、英語1時限30分である。

校の児童であればマレー語科目の合格率は10％程度であるのに対して、南亜小学校では80％を越えていた（1999）という事実はその現れであろう(26)。

しかしこれらの3つの理念、①民族融合、②資源の有効利用、③優秀化のなかで第一に重要なものは①の民族統合であり、②と③の利点や効用がいかに顕著であっても、それらをもってKSTS統合学校の中心的推進原理とはしないというのが、文部省担当者の説明であった(27)。

全国の動向と展望

現在西マレーシアにはこのコタティンギ、テロック・スンガット統合学校のほかに、パハン州にルラッ・ビルット（*Lurah Bilut*）統合学校が存在している。この学校はパーム椰子等の山林開発のために連邦土地開発庁（FELDA）の後押しによって入植した農林民の子どもたちが通う学校である。ルラッ・ビルット（*Lurah Bilut*）統合学校は1963年に政府より30万ドルの補助を受けてパハン州、ベントン（*Bentong*）に建設された。構成する学校は創立1961年のルラッ・ビルット（*Lurah Bilut*）国民学校（マレー語）が児童数374名、教員21名、ルラッ・ビルット華語小学校（SRJK (C) *Lurah Bilut*/文冬美律谷華小）は生徒数96名、教員数9名、そしてルラッ・ビルット・タミル語小学校（SRJK (T) *Lurah Bilut*）は児童数43名、教員5名である。ただし、華語学校の96名の児童のうち、9名はマレー系、3名はインド系の児童であった（2000年現在）(29)。

10エーカーの敷地に9つの教室と職員室を持つ校舎（親善楼と呼ばれる）と食堂、図書館、講堂、音楽室と医務室、運動場は共用である。その他にリソースセンター（国民学校と華語学校）もあり、規模はコタティンギより大きいといえる。行政形態は同じく、3人の各校校長が最終決定権を持ち、運営と教員人事を行う。光熱水道費用は児童数の比率に従って分担している。授業時間以外では3民族の児童は自由に交流するほか、学校側も運動会やクラブ活動などの積極的な交流の場を設けている(30)。

しかしこの学校ではテロック・スンガットと異なり、2～3校共同プログラムや教員の相互派遣は行っていないということであった[31]。

　一方、東マレーシア（北ボルネオ）、サラワク州全体では1998年時点で75校の華語小学校が存在するが、そのうち8校（一説に10校）がビジョン・スクールを形成しているという。これらの学校の統合学校としての実践はすでに定着しており、これまでのところ民族間の不愉快な事件はきわめて少ないと報告されている[32]。

　先に紹介したマレー半島の2つのビジョン・スクールはいずれも、かなり早い段階で、施設の統合を果たし、それも各構成校の合意と利益を前提に、運営が軌道に乗っている段階で、後からモデル・スクールとして、ビジョン・スクールという名称を冠せられたものである。一方で、新設の小学校は、これからは原則としてビジョン・スクールとしての開校が原則であり、華人系やタミル系のグループはこの統合を条件に新設校舎などを与えられることになる。問題は、現在すでに存在している学校を1カ所に移転しようというケースである。この場合は、各校の伝統やアイデンティティの消滅の問題や、移転に伴う通学や環境の変化などの問題が、新たに解決しなくてはならない問題として加わってくる。2000年春より新聞誌上をにぎわした、ダマンサラ華語小学校移転問題は、この問題が最も悪い形で表面化したものと考えられている。

(4) ダマンサラ華語小学校移転問題

過密化・老朽化する華語学校

　ダマンサラ華語小学校（SJK (C) *Damansara*/ 白沙羅華小）は首都クアラルンプルのベッドタウン、ペタリン・ジャヤ市（*Petaling Jaya*）にある華語小学校で、創立は1930年、1,361人の児童が2部制の授業を受けてきた。ダマンサラ華小は市境の高速道路沿いにあり、敷地も300㎡あまりと狭隘な学校環境であった。児童の学業成績は優秀で、6年次の到達度評価試験

表5-9 ダマンサラ地区の華語小学校の状況（1998年）

学校名	創立年	児童数	授業	面積㎡	児童当面積㎡
梢武華小	1936	2,656	2部	890.3	0.33
培才華小	1923	2,864	2部	1457.0	0.51
双渓威華小	1938	1,969	2部	850.0	0.43
育才華小	1939	2,821	2部	2023.4	0.72
白沙羅華小*	1930	1,361	2部	323.7	0.24
育群華小	1946	684	午前	1715.9	2.51

註：*ダマンサラ華小。
出典：『華教導報』第37号、2001、第1期、15頁より作成。

においても高い成績をおさめていた。

　ダマンサラ華小の理事会は、増加する児童数に対処すべく、1995年以降第二分校の設立を繰り返し文部省に請願してきたが、これまでことごとく拒否されてきた。ところが、2000年暮れ、突如として文部省は現地より北西数キロの用地を確保し、ここに大きなトロピカーナ新小学校（SK *Tropikana*）を建設し、ダマンサラ校を2001年1月をもって廃校とすることを決定し、新校舎移転までの間、培才第二華小（*Puay Chai II*）に児童を臨時収容することを通告してきた。理由は現敷地が私有地であること、高速道路に接しており騒音が教育環境に良くないこと、そしてそれは理事会のほうからの希望に応じたものであることなどであった。

　これに対して、理事会は、請願内容は第二分校の新設であり、現校の廃校は全く意図していないこと、新校舎は多くの児童にとって遠く、通学距離が増加すること、新校舎近くに高圧電線塔があること、現校には1998年に完成したばかりの多目的ホールがあることなどを理由に反対した。しかしその背後に推測されるより根本的な理由は、トロピカーナ新校舎が4階建て36教室と、現在のダマンサラ小の児童を収容するにはあまりに大きく、その余裕の教室に近隣の国民学校やタミル語学校の児童を収容して、事実上のビジョン・スクールを新設しようとしているのではないかという疑いであった。そうであれば、環境改善の移転を理由に強制的な言語統合が推進される可能性が懸念されたのであった。

原校保存要求と立てこもり

　結局2001年1月12日までに全校生徒と教員が臨時校舎に移るように命ぜられ、翌13日にはダマンサラ華語小学校は警察の手によって閉鎖された。公務員である教員は否応なく移動し、児童の大部分もそれに従ったが、約80名ほどの児童の親は移転に応じず、学校に隣接する寺の敷地に臨時の教室を開設し、ボランティアの教師により現地で授業を続けることになった。そして政府に学校の再開を要求するダマンサラ華小原校保存分校増設委員会（Save Our School Committee Damansara Primary School/白沙羅華小保留原校争取分校委員会）を結成した。

　この委員会は原校に残った児童の親、近隣の住民などからなり、運動のリーダーとしての政治家が1人参加し、住民15人のうち4人はマレー系の住民であった。委員会は寺の敷地に4基のコンテナをレンタルし、それを含めて6クラスの授業を続けた。ボランティア教員は12名で、元教員や大学生などであった。授業科目は政府小学校に準じて、華語、国語、英語、理科、地域科、道徳、美術・体育・技能で、華語、英語、道徳はクラス担任が、その他の科目は科目専門教員が教えている。授業は月曜から金曜までの朝7：45から13：05までで、途中に休憩がある。土曜日は課外活動にあてられ、月・水・金曜の午後に補習クラスがある。

　学校の運営費用はすべて有志の寄付により、教科書もそれにより無償

表5-10　ダマンサラ華小原校（委員会運営校）水曜時間割

校時学年	1	2	3	4	5	休	6	7	8	9	10
	7：45	8：15	8：45	9：15	9：45		10：35	11：05	11：35	12：05	12：35
1年	華語	華語	華語	道徳	英語		国語	国語	数学	数学	
2年	華語	華語	華語	国語	国語		英語	道徳	数学	数学	
3年	華語	国語	国語	華語	華語		道徳	英語	華語	数学	
4年	華語	華語	理科	英語	地理		国語	国語	道徳	数学	数学
5年	華語	華語	英語	国語	国語		理科	地理	道徳	数学	数学
6年	国語	国語	数学	数学	華語		華語	理科	英語	道徳	地理

出典：2000年現地調査による（時刻は各時限始業時間を示す）。

で配布している。1クラスは15人前後であり、課外活動や社会活動も重視しており、博物館。自然キャンプ、演劇鑑賞などの特別プログラムも企画している。成績評価はAからDの4段階で、不可（F）をつけることはなく、児童に対して常にサポーティブであることを心がけている。元教員のカリキュラム担当者は、この学校はただ単に政府に対抗して分離しているだけではなく、教育方法や理念においても、児童の全人的発達を目標とした児童中心型の授業を行い、音感や人間関係能力も含めた全面的知性（multiple-intelligence）の育成を目指しているという意味で、教育学的な革命でもあると述べていた[33]。

毎週水曜日の夜、20：30から22：00に教員と両親のミーティングがあり、30人から40人の参加者に対し、指導者による授業計画や児童の状況について説明などがある。また毎月1回月例交流会があり、招待者による講演や招待演奏・演劇などが行われ、毎回増減はあるが、60人から80人の参加者を集めている。

問題は児童の進路と将来であるが、現校に在籍のままでは、6年生の終わりの到達度評価試験（UPSR国家試験）を受けることができず、したがって進学資格も得られない。そこで、児童は試験時に限り、本来書類上登録されているトロピカーナ新小学校に出向いて受験することになった。新校舎は2001年9月7日に落成し、19日から授業を開始した。旧校の7.6倍の敷地に4階建ての建物が完成し、そこには36教室と食堂、3つの球技場、科学室、コンピューター室、多目的センターなどを完備している[34]。到達度評価試験を受けた6年生のダマンサラ現校の児童8人の成績は、厳しい状況のなかではあるが、一般と同等もしくはそれ以上を期待されている。

(5) 結　語

政府は2000年9月に、華人やタミル系の人々の不安と混乱を静めるた

めに、新たなビジョン・スクール・ガイドライン (Vision School Guideline) を示して、政府の意図が学校言語の統合ではないことを強調している（全文を章末に掲載）。そこでは1995年のガイドラインで批判をあびた、「教室外での会話用語は国語」という規定が削除され、「各校の課外活動が個別に行われる場合には各校の言語が用いられる」という文言に置き換えられているが、基本的概念において変更はなく、マイノリティ・グループは事態の打開には役立つことはないと考えている。

これまでのビジョン・スクールの成立経緯においては、老朽化した校舎の移築や、過疎化する農・漁村の学校のコスト削減という、ビジョン・スクールの直接の理念とは無関係の、国民型小学校（マイノリティ）の側からの切実な要請があったことがうかがえる。今後、このビジョン・スクール概念を全国に拡大したり、新規の設立校をすべてこの形態に義務づける場合など、これまでのような物理的環境からの要請が期待できないケースが多く予想される。その場合、政府の説明するビジョン・スクールの理念と効用がどこまで人々の心を動かすだけの魅力を持ち、人々の不安を解消できるだけの明確な説得力を持つかがその成否を分けるであろう。

またこれまでのケースはすべて国民学校（マレー語）学校の児童数がビジョン・スクールのなかの多数派であり、各校平等の権限があるとはいえ、国民学校の校長や教員、組織がその統合と共同活動の中核となってきた。しかし今後この概念が都市部に拡大された場合、華語学校や、まれにはタミル語学校の児童がビジョン・スクールの多数派となったり、あるいはマレー語学校の児童数と拮抗するケースも出てくると想定される。そのような状況で起こる各民族の児童の交流や学校行事がこれまでの「モデルケース」とは異なる可能性も考えられる。

1950〜60年代に自然発生的に成立していたこれらの既存の統合学校をモデルに、政府は近年になって新たなビジョン・スクールという名前でのプロジェクトを展開しようとしている。これは近年の情報のグローバ

ル化の影響という側面も無視できない。というのは、世界的な国際競争圧力と教育のIT化の潮流のなかで、小規模な民族言語別学校がそれぞれのグループのアイデンティティを主張して分立することは、教育コストを増大させ、学力を中心とした教育的な国際競争に重大なハンディを負うことになる。ビジョン・スクール・プロジェクトの背景には民主的な多民族国家の教育的負担を最小限に押さえようという意図が感じられる。

マレーシアにおいて現在推進されているもうひとつの教育プログラムにスマート・スクール（Smart School/*Sekolah Bestari*）構想がある。これは国家のマルティメディア戦略に基づいて、ハイテク関連企業に人材を供給するための、特定指定校をスマート・スクールと名づけ、コンピュータを中心としたハードの整備を強化し、ITリテラシーを中心とした教育プログラムを提供しようという計画である。1999年から実施に移され、2000年までに全国で90校がスマート・スクールに指定されている（本書第1章参照）。

最近の報道によれば、一見無関係のこの2つのプロジェクトが結びつく可能性がうかがえる。当時の文部大臣ムサ・モハマッド（Tan Sri Musa Mohamad）は既存の国民学校のスマート・スクールと国民型学校のスマート・スクールが結合すれば、スマート・ビジョン・スクール（Smart Vision School）が誕生することになる、と提起している。これはこれまでのビジョン・スクールの成立パターンが通用しない都市部の学校にこの概念を拡大する際に、かなりの設備投資を期待できるスマート・スクールの指定が新たなインセンティブとして浮上する可能性を示している。しかしこれもまた、本来のビジョン・スクールの理念とは全く無関係の動因の結合であり、2つの思惑が常に調和的に機能するという保証はないことに注意しなくてはならない[35]。

〔付録〕
ビジョン・スクール・ガイドライン　2000年9月23日
1．ビジョン・スクール概念
　　ビジョン・スクールとは、ひとつの構内に異なる民族や宗教の生徒がともに学ぶことをコンセプトとした小学校である。このコンセプトのもとで2つもしくは3つの異なる言語媒体の小学校がひとつの敷地を共有する。個々の学校は独立した校舎を持ち、相互に連絡橋で結ばれる。
2．目　的
　　ビジョン・スクールの目的は次のとおりである。
○様々な民族・宗教・背景を持つ生徒グループの間に統合をもたらす。
○様々な生徒や民族の間に統合の精神を植えつける。
○統合された国家を実現するために、高い共有理念と寛容の心を持った世代を生み出す。
○学校施設の共有とその他の合同活動を通じて、すべての学校の成員の間に最大限の交流を促進する。
3．ビジョン・スクールの性質と実施
◆管理と財政運営
○ビジョン・スクールは2つまたは3つの異なる言語媒体の小学校（国民小学校（マレー語）／国民型小学校（華語）（タミル語））が同一構内に設置され、それぞれの授業言語を用いる。
○各校はそれぞれの校名を持つ。
○ビジョン・スクールは各校ごとの独立した管理権（財政、予算、管理、人事）を認める。
○ビジョン・スクールの実施にあたって、構成各校が従来から保持してきたアイデンティティは継承される。
○ビジョン・スクールのメンバーは食堂、集会場、遊戯場、運動場などの施設を共有することが奨励される。
○各校の校長と2人の教員からなる調整委員会（*Jawatankuasa Penyelaras*）を設置し、校内の衛生、清潔、安全に関する問題を統括する。この委員会の議長にはビジョン・スクール各校の校長が適宜1年または2年の任期で順次任命される。
○食堂は構成各校の共同で運営される。その運営にあたっては、すべての民族の敏感な問題を考慮に入れ、運営コストは各校が生徒数の比率に応じて分担

する。食堂で供せられる料理はハラール（イスラームに許された食肉）なものに限られる。
○光熱・水道・電話費用の清算は各校それぞれの責任に属する。共通行事のために使われた費用は等分される。
○構成各校は休憩時間を同時にとるように奨励される。
○構成各校は同じ校門もしくはアプローチを用いることが望まれる。

4. カリキュラム
○ビジョン・スクールでは構成各校の授業用語、すなわち国民学校では国語、華語小学校では華語、タミル語小学校ではタミル語を用いて、ナショナル・カリキュラムを教える。
○各学校において教えられる科目は、各学校種別ごとの教育課程に定められたものに従う。
○ビジョン・スクールにおける教育・学習はそれぞれの学校種別ごとの定めに従い，教職員の人数はすでに定められた人事規則に従う。
◆共通カリキュラム
○構成各校にすでにある共通カリキュラム（課外活動）に加えて、ビジョン・スクールのメンバーは3校共通の追加カリキュラム活動に参加することが奨励される。各校の課外活動が別個に行われる場合は各校の言語が用いられる。

表5-11　2種類以上の小学校が校地・校舎を共有する例

（カッコ内は構成小学校数）

	国小／華小／淡小	国小／華小	国小／淡小	淡小／華小	合計
プルリス州	—	—	—	—	—
ケダ州	1(3)	1(2)	7(14)	—	9(19)
ペナン州	—	—	—	1(2)	1(2)
ペラ州	—	—	1(2)	2(4)	3(6)
スランゴール州	—	1(2)	—	—	1(2)
クアラルンプル	—	3(6)	1(2)	—	4(8)
ヌグリスンビラン州	—	1(2)	1(2)	9(18)	11(22)
マラッカ州	—	1(2)	1(2)	—	2(4)
ジョホール州	1(3)	—	1(2)	1(2)	3(7)
パハン州	1(3)	—	—	—	1(3)
トレンガヌ州	—	—	—	—	—
クランタン州	—	1(2)	—	—	1(2)
総数（構成校数）	3(9)	8(16)	12(24)	13(26)	36(75)

註：淡小＝タミル語小学校。
出典：Ministry of Education, *Vision School Project*, 1995, 付表より。

第5章　民族統合学校「ビジョン・スクール」構想　187

○課外活動もしくは共通カリキュラムにおける競技活動には、構成各校は最も優れた代表を選出する。またビジョン・スクールは多数の参加者のある課外活動もしくは共通カリキュラムにおいては、3校の代表をもってビジョン・スクールの合同チームとすることができる。
○年次運動祭、教師の日、独立記念日、食堂の日などは共同で行われることが望ましい。
5. 集　会
○毎月の集会は全校合同で行い、その公式用語は国語とする。構成各校は毎週の集会やその他の集会を、それぞれの言語において挙行することができる。
6. 一　般
　ビジョン・スクールへの移行・統合が提議されている既存の各小学校は、事前の学校理事会の同意を必要とする。

表5-12　西マレーシア既存のビジョン・スクール

州	校　名	統合年	面積㎡
パハン州	SK *Lurah Bilut, Pahan*	1963	1,616
ジョホール州	SK *Telok Sengat, Kota Tinggi, Johor*	1985	4,040

出典：表5-11に同じ。

表5-13　政府ビジョン・スクール計画（新規・統合）

州	地　名	面積㎡	新規／合併	開校時期
ケダ州	*Taman Aman, Anak Bukit, Alor Setar*	6,060	新規	01/12/26
ペナン州	*Mukim 15, S. Perai*	10,100	新規	
ペラ州	*Pundut, Lumut*	6,060	新規	00/4/24
	Pekan Baru, Parit Buntar	6,060	新規	
	Matang	6,060	新規	
スランゴール州	*Bandar Utama, Damansara*	6,060	新規	
	Subang Jaya, Selangor	―	新規	02/1/31
クアラルンプル	*Segambut Dalam 2*	1,940	新規	
ヌグリスンビラン州	*Bukit Kepayang*	8,888	新規	
マラッカ州	*Padang Temu, Melaka Tengah*	10,100	新規	
ジョホール州	*Seri Kenangan, Segamat*	6,060	新規	
パハン州	*Mukim Penjom, Lipis*	6,060	新規	
トレンガヌ州	*Bukit Bayas, Gong Badak, K Trengganu*	8,080	新規	
サラワク州	*Jalan Keretapi, Kuching*	6,060	合併	
サバ州	*Labuan*	12,120	合併	

出典：表5-11に同じ。

◇1995年の「ビジョン・スクール計画」と比較して変化のあった点は次のとおり。
 (1)「統一授業用語」という表現、「教室外での会話用語は国語」という規定が削除され、「各校の課外活動が個別に行われる場合には各校の言語が用いられる」とされた点。
 (2)各校の校舎が連絡橋で結ばれるという表現と、食堂で提供する料理がハラールであることが新たに追加された。
 (3)最後の「一般」という項目で、統合には各校の学校理事会の同意が必要と明示した点。

【出典および註】
⑴ *Malaysian Education Statistics Quick Facts*, 2000. 人口統計は *Population and Housing Census of Malaysia*, 1991, Department of Statistics Malaysia, Kuala Lumpur.
⑵ Keith Watson, 1980, 'Educational Policies in Multi-Cultural Societies', in *Comparative Education*, Vol.15, No.1, pp.17-31.
⑶ Kua Kia Soong ed., 1998, *Mother Tongue Education of Malaysian Ethnic Minorities*, Dong Jiao Zong Higher Learning Centre, Kajang.
⑷ *Program Sekolah Integrasi*, 1985, Government Printer, para.8-1.
⑸ *Ibid.*, paras.8-2-1, 8-2-2.
⑹ *Buku Panduan Rancagan Integrasi Murid-Murid Untuk Perpaduan*, 1986, Bahangian Sekolah-Sekolah Kementerian Pelajaran Malaysia, paras.3-1, 3-2-1.
⑺ *Ibid.*, paras.2-10, 3-2-2-5, 3-2-2-7.
⑻ *Ibid.*, paras.2-2-1〜5, 2-4-1〜2-4-3
⑼ *Ibid.*, paras.2-6-2〜2-6-6.
⑽ *Ibid.*, paras.2-11-2, 2-11-3.
⑾ 'Multi-lingual School complexes to be set up', *The Star*, 1994.5.10. ビジョンという言葉は、1991年に当時のマハティール首相が提唱した、マレーシアを2020年までに先進国の経済水準に引き上げるという国家発展構想、ビジョン2020 (Vision 2020/ 宏愿構想二〇二〇 /*Wawasan* 2020) に由来している。
⑿ *Seventh Malaysia Plan 1996-2000*, 1996, Government Printer, pp.324-325 ;『星州日報』2000.5.29 ;『光明日報』2000.5.29.

⒀ 『挑戦与革新』1996、1996年全国華教工作研討会資料彙編、馬来西亞華校董事聯合会総会、48-49頁；「同一屋櫓下的夢——関干宏愿学校」、『南洋商報』1997, 9, 29。

⒁ 「華社担心、華小変質」、『南洋商報』1997. 8. 24。

⒂ *Sekolah Wawasan Telok Sengat, Sejarah Penubuhan, Maklumat Ringkas*, undated booklet, pp.1-2. テロック・スンガット・ビジョン・スクールのHP：http://members. xoom.com/swts (2000. 9. 1：2001年以降リンク切れ).

⒃ 『南洋商報』1997. 8. 24, *op. cit.*.

⒄ *Sekolah Wawasan Telok Sengat, Sejarah Penubuhan, Maklumat Ringkas*, p.3.

⒅ *Ibid.*, p.5.

⒆ *Ibid.*, pp.11-13.

⒇ Ministry of Education Malaysia, 1983, *New Primary School Curriculum*, Time Allocations, Kuala Lumpur.

㉑ *Jadual Waktu 2000*, SK. Telok Sengat, 2000；『南亜華小2000年度時間表』, 2000; *Jadual Waktu Kelas Tahun 2000*, SJK (T) Ladang Telok Sengat, Kota Tinggi; *Jadual Waktu Program Wawasan, 2000*, (Vision Program), unpublished.

㉒ *Sekolah Wawasan Telok Sengat, Sejarah Penubuhan, Maklumat Ringkas*, p.4.

㉓ *Ibid.*, p.8; Aktiviti Kokurikulum.

㉔ *Ibid.*, p.9; Aktiviti Kokurikulum.

㉕ *Sekolah Wawasan Telok Sengat, Sejarah Penubuhan, Maklumat Ringkas*, pp.10-12, 1998年データは同校のパンフレットによる。

㉖ *The Star*, 2000,8,18, p.2; http://thestar.cpm.my/news/story (2000.8.19).

㉗ 文部省教育計画調査室モハメッド・スブリ (Mohd Subri Mat Isa) 氏へのインタビューによる (2000. 8. 7)。

㉘ Ministry of Education, Malaysia, 1983, *op. cit.*, に示されたのと同じ。

㉙ *Profil Sekolah SJK (C) Lurah Bilut 2000*, 2000; *Profil Sekolah SK Lurah Bilut 2000*, 2000; *Profil Sekolah SJK (T) Lurah Bilut 2000*, 2000, unpublished.

㉚ 『新通報』1994. 2. 15；華社資料研究中心 (The Resource & Research Centre)。

㉛ ルラ・ビルット華語学校 (SRJK (C))、タン・ア・レーク (Tan Ah Leek) 校長へのインタビューによる (2001. 2. 1)。

㉜ 『南洋商報』1998. 12. 11。

㉝ 2001年9月27日、ダマンサラ現校のカリキュラム専門員、リー・キム・シン（Lee Kim Sin（李成金））氏への著者インタビューによる。
㉞ 『南洋商報』2001.9.14.
㉟ 'Vision Schools may become Smart', *New Straits Times,* 2000.8.11.

第6章　高等教育へのグローバル・インパクト

(1) マレーシアの高等教育

エリート型高等教育の伝統

　アジア諸国の高等教育機関の多くは、その発展の歴史において、植民地時代のエリート養成機能、独立後の国民統合と経済開発の促進機能、そして近年のグローバリゼーションによる国際競争に対応する機能などを重層的にになわされてきたといえる。また馬越[1]の分析にもあるように、アジア諸国の高等教育の発展は、その過程における私立セクターの持つ比重もしくは発展レベルの差によって、全体としての規模とその果たす機能が大きく左右されてきた。

　マレーシアは東南アジアのイスラームを国教とする立憲君主制国家であるが、その高等教育のモデルとして、英国のエリート型高等教育を受け継ぐ部分、アメリカ型の大衆型高等教育の影響を受けた部分、そしてイスラーム世界の一員としての特徴をあわせ持つ複合的な性格がその特質といえる。高等教育の規模と公私の比重に関しては、フィリピンやインドネシア、韓国などの政策の対極に位置し、私立セクターの機能を最小限に制限し、全体の規模もきわめて押さえられた国立主導型の大学政策が永らくとられてきた。マレーシアの大学は、1971年の「大学および大学カレッジ法(UUC Act 1971)」以来、私立大学の設立は事実上認可されず、国立大学の数も、1990年代まではわずか6校、2001年現在でもようやく10校と、2,300万の人口を持つ国としては、きわめて絞られた、エ

図6-1　マレーシアの高等教育就学率の変遷

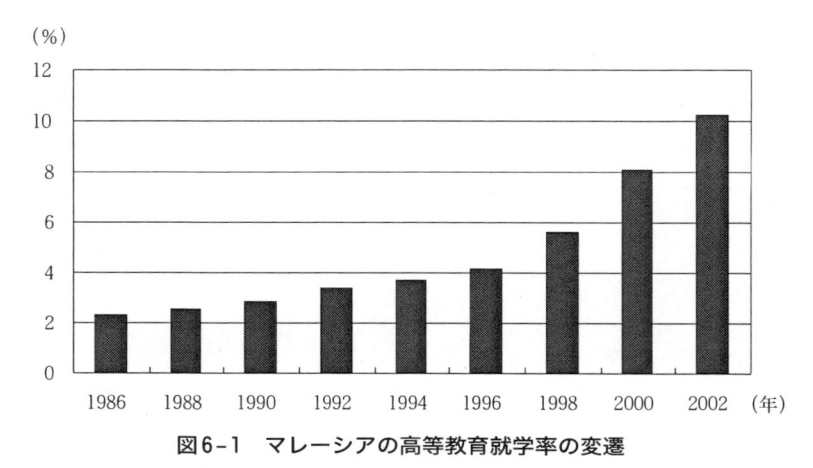

出典：*Educational Statistics*, 1989; *Malaysian Educational Statistics*, 1995, 2000, 2003.

リート性の強い高等教育機関の機能を維持してきた。

　標準学齢人口に占める高等教育就学者の比率は1990年で2.87％、2000年でも8.06％という低い水準である。マレーシアの後期中等教育の就学率が67％に達していることを考えると[2]、他の途上国にみられる教育的資源やインフラの未整備などとは異なる背景から、高等教育においてのみ意図的に極端に絞られたエリート型高等教育政策がとられてきたことを意味している。また同じく1970年代より、高等教育における英語への依存を極力押さえようとしてきたことも特徴的である。

アファーマティブ・アクション

　マレーシアでは過去最悪の民族間暴動を経験した1969年以降、社会におけるプロフェッショナルなマンパワーを養成し、社会経済的流動の原動力となる高等教育の機能を、社会の民族的階層構造の改造に利用しようとしてきた。マレーシア政府は1970年以降、人口の約6割を占める、多数派ではあるが、社会経済的に劣勢な先住マレー系に対して、大学への入学や公務員の採用におけるマレー系への優遇政策、いわゆる「ブミ

プトラ(土地の子)政策」を開始し、マイノリティである華人、インド系グループの多くは国内高等教育進学への道が閉ざされることになった。

社会経済的に劣勢なグループの進学を保障するために、大学の授業料が国庫補助によってかなり低く押さえられただけでな

表6-1　国立大学への入学者民族比率

	国立大学数	国立大学入学者	
		マレー系	非マレー系
1960	1	22.0%	78.0%
1970	3	54.2	46.8
1980	5	63.1	36.9
1985	5	67.0	33.0
1988	6	66.0	34.0
1990	6	74.6	25.4
1999	10	72.7	27.3

出典：Majid Ismail Report, 1971；MAPEN (1991), MAPEN Ⅱ (2001) Reports[3].

く、その8割に政府の奨学金が支給された。限られた財源で社会構造にインパクトを与える政策を維持するためには、大学の総体としての規模を、押さえざるをえなかった。マレーシアで独立以来40年間私立大学が認可されなかった原因のひとつはここにあると考えられる[4]。

このある意味でラディカルな政策により、過去30年の間に、国立大学の学生の約7割強がマレー系で占められるまでになり、社会の民族的構造を変革するという点では一定の効果をあげた。しかし、この政策によっていわれなき冷遇を受けたマイノリティの不満は高まり、教育の人材選抜機能への信頼を損なうことになった。また留学生の海外への流出は、高等教育の海外依存を高め、膨大な外貨の流出を毎年のように記録することになった。

独立後のマレーシアの教育政策、とりわけ1970年代以降のブミプトラ政策は、高等教育を国営化し、授業における英語の使用を制限し、入学試験における自由な競争を制限するなど、すべて今日世界の、市場化、民活化、規制緩和といった高等教育のグローバルな潮流に逆行する規制強化の政策であったといえる。マレーシア経済が順調な成長をとげ、なおかつ国民国家とその枠のなかでの「統合」が、新興国家の分裂を防ぐ自明の論理であった時代には、このような多民族社会の国民統合と社会的平等化のための保護的政策も、最悪の事態を避ける次善の策として、マ

イノリティの理解もある程度得られてきたといえる。

高等教育政策の劇的転換

　ところがこうしたマレーシアの高等教育政策が、この1990年代後半から一変するような変化が起こってきている。マレーシア経済は1989年には世界最高の経済成長率を記録するなど、1980年代後半に奇跡の成長をとげ、国内の政治的・民族的問題が棚上げされた形で、その関心が経済と世界に向けられた。1990年代以降の世界経済の国境を越えた流動化と、それに伴う情報技術革命の波は、マレーシアのような途上国にも、容赦ない世界的競争への参入を要請し、それは高等教育の分野においても例外ではなかった。

　その結果1990年代に入り、これまで強化される一方であった教育的規制が、言語教育と高等教育の分野で緩和されるようになった。1991年に当時のマハティール首相は国家発展構想「ビジョン2020」を発表し、マレーシアは西暦2020年までに、年7％以上の経済成長率を維持し、経済的にイスラーム国として最初の先進国の地位を達成するとともに、社会文化的に成熟したアジア的精神の先進国を建設するという構想を掲げた。

　マレーシア政府の政策転換はまず高等教育の授業言語に関する規制緩和から始まった。大学を含めたすべての公立教育機関の授業用語をすべてマレー語（国語）にしようという1970年代以来の国語化政策を転換し、1983年、政府は首都郊外に半官半民による国際イスラーム大学(IIUM)を誘致し、そこでの授業を国語ではない英語とアラビア語の二言語とした。さらに1991年英語を主たる授業媒体とする、エリートカレッジを設立し、1994年2月には高等教育機関の科学および医学分野で英語による授業を行うことを容認した。これらの動きは科学および国際ビジネス世界における英語の価値と、世界言語としての共通性を改めて政府が認知した結果であるが、同時にマレーシアで英語がはらんできた英国植民地統治のマイナスイメージがかなり払拭されたことを意味している。

(2) 私立高等教育セクターの拡大

トゥイニング・プログラム

マレーシアにおける高等教育は独立以来、1990年代の後半に政策の転換が行われるまでの30年間、一握りの国立大学によって独占されてきた。中等教育卒業者による高等教育への高まる要求はまず、1990年代、自らは学位コースを提供できない中等後カレッジ（post-secondary college）の急増によって吸収されてきた。これらのカレッジの一部は外国の学位授与大学と、トゥイニング・プログラムなどと呼ばれる国際的な提携関係を樹立し、学位コースの教育の一部を国内で請け負うことで人気を博してきた。

もし外国の大学がマレーシア国内のカレッジの教育水準と施設について満足し、大学側による一定の監督のもとで、その質が保証されると判断すれば、カレッジのコースに自大学の学位プログラムの一部としてのアクレディテーション（認可）を与えることになる。これらの人気コースの提携先としてはオーストラリアとイギリスの大学が最も多く、それに続いてアメリカ、カナダ、ニュージーランドの大学が多かった。これらのプログラムにおいては、マレーシアの学生はその学位コースのうちの1年間もしくは2年間を物価の安い国内で履修することが可能になり、それによって海外留学の費用の20～40％が節約できることになった[5]。

表6-2　大学の授業料比較(2000・2001年)[6]

ビジネス(学士)3年間のコース類型	授業料合計	指数
英国の3年間コース	105,462 Mドル	100
マレーシア2年＋外国1年(2+1)	55,000 Mドル	52
外国大学のマレーシア分校3年間	54,000 Mドル	51
外国学位の国内取得コース(3+0)	34,000 Mドル	32
マレーシアの国内大学(私立)	30,000 Mドル	28

註：＊上記計算には生活費の格差は考慮していない。

しかし1997年に始まる通貨危機により外貨の流出がさらに重い負担となり、これらの諸国の大学との間に提携されていたトゥイニング・プログラムの最終学年もマレーシア国内で履修できる、いわゆる「3+0」プログラムが開発され、オーストラリアの10大学、英国の9大学との間に提供が開始された。2001年現在「2+1」「1+2」課程を実施しているコースは44、「3+0」課程は35コースである。さらに逆に海外からの留学生をマレーシアに誘致して、国家の教育歳入バランスを改善させるために、ブルネイ、インドネシア、中国などにマレーシア高等教育の宣伝使節を文部省主導で組織した。1998年にはマレーシアへの近隣諸国からの留学生は10,000人に達している[7]。

一方、政府の規制緩和を受けて、外国の大学もマレーシアを海外進出の格好の市場とみており、ノッティンガム大学（英国）、モナシュ大学（オーストラリア）、カーティン工科大学（オーストラリア）などの分校が1999年以降相次いで開校している。このような動きを受けてマレーシアのカレッジ、インスティチュートを含めた私立高等教育機関の数は2001年で676校に達し、人口比高等教育就学率も16.6％（大学に限ると5.6％）に上昇した[8]。将来的にはこの数値を40％にまで引き上げる構想もあり、それが実現すればマレーシアの高等教育はマス化を一挙に通り越してユニバーサル化をうかがう規模となる。

私立大学・カレッジの急増

1990年代前半まで続く、経済成長率年8％を越える好景気は、マレーシアの私立高等教育機関の歴史的な増加をもたらした。教育改革関連の法規が制定される前の1995年でさえ、すでにカレッジの数は280校で、127,596人の学生が学んでいたが、1996年の新法によってこの動きはさらに加速され、1999年には私立カレッジの数は611、学生数は19万5千人に達していた[9]。人々の高等教育への強い要請やアスピレーションが現行の教育制度や規制の多い法体系ではまかないきれなくなっていること

第6章 高等教育へのグローバル・インパクト 197

は明らかであった。マレーシア政府は教育諸法がより現実を認識し、私立高等教育セクターの重要な役割を反映したものになるべく現行法を見直すことを決定した。

限られた財源という条件のもとで、教育制度を民営化・プライバタイズする最も有効な方策は、民間セクターに新たに教育機関を作らせることであるといわれる。マレーシアの私立高等教育セクターは、1996年の「私立高等教育機関法」による規制緩和により急速に拡大しており、中等後教育機関にあたる私立カレッジを含めるとその数は2002年現在707校

表6-3　マレーシアの私立大学と外国の大学の分校（2002年）[10]

	名称(略称)	母体(国)	創立	所在州(市)
1	マルチメディア大学(MMU)	電信電話会社	1996	スランゴール州・マラッカ*
2	ペトロナス工科大学(UTP)	石油会社	1997	ペラ州
3	トゥナガ・ナシオナル大学(Uniten)	電力会社	1997	スランゴール州(カジャン)
4	トゥン・アブドル・ラザク大学(Unitar)**	KUB(政府商社)	1999	クアラルンプル
5	スランゴール産業大学(Unisel)	スランゴール財団***	1999	スランゴール州(シャーアラム)
6	国際医科大学(IMU)		1992	スランゴール・ヌグリスンビラン
7	マレーシア公開大学(Unitem)	METEOR(通信)	2000	クアラルンプル(スリペタリン)
8	マレーシア理工科大学(MUST)		2002	スランゴール州
9	トゥンク・アブドル・ラーマン大学(Utar)	MCA(華人系政党)	2002	スランゴール州
10	モナシュ大学(MUM)	オーストラリア	1998	スランゴール州(ペタリンジャヤ)
11	カーティン工科大学(CURTIN)	オーストラリア	1999	サラワク州(ミリ)
12	ノッティンガム大学マレーシア(UniM)	イギリス	2000	スランゴール州(カジャン)
13	デモンフォルト大学(FDMU)	イギリス	2000	スランゴール州
14	マレーシア・日本国際工科大学(MJITU)	日本	2004	(計画中)

註：＊マルチメディア大学はマラッカとサイバージャヤの分校に分かれているが、これらを2校と計算すると私立大学は計画中の日本の協力大学連合の分校を含めて15校になる。
＊＊通信によるチュートリアルと図書館サービスを持つ最初のヴァーチャル・ユニバーシティ、ITとビジネス経営コースが中心、クアラルンプルに本部を置き、ペタリン・ジャヤとコタバルにセンターを持つ。
＊＊＊スランゴール州政府の全面的な支援にある。生涯教育を重視。

写真6-1　最初の私立大学　マルティメディア大学(MMU)

に達している。ユニバーシティの地位を持つ私立大学としては、現在14校を私立教育局は認知しているが、そのうち8校はマレーシアの大企業などの設立によるもの、4校は外国の大学の分校、1校は放送大学、残りの1校はヴァーチャル・ユニバーシティである。

　マレーシアの高等教育人口は1990年の230,000人から2000年の385,000人に倍増し、19歳から24歳までの標準年齢人口に占める高等教育就学率は同期間に2.9%から8.2%にまで上昇した。この期間に私立高等教育機関(IPTS: 中等後カレッジを含む)の数は、1992年の156校から2002年の707校にまでおよそ4倍となった。私立大学に至っては1995年以前は1校もなかったのが、2002年では14校に達している。こうした教育機関に在籍する学生数は1990年の35,600人から2000年の203,000人にまで増加し、マレーシアの中等後教育人口の53%を占めるまでになった。またその反動で、かつては留学生送り出し大国と呼ばれたマレーシアからの留学生(本書第2章参照)は、全就学者比率にして1985年の40.1%から、1995年で13.8%、1999年には5.2%にまで縮小した[11]。

私立中等後教育機関の急増

　急速に拡大するマレーシアの私立中等後カレッジについて、タン・ア

イ・メイ (Tan Ai Mei) は、設立年代や経営主体などからみて、大きく3つの世代に分類している。すなわち、① 第一世代は1980年代までに設立されたカレッジで、トゥイニング・プログラムを開始したサンウェイ・カレッジ (Sunway College) などに代表されるように、英国、オーストラリア、アメリカなどの大学との間の国際的なリンクが特徴である。②第二の世代は1990年代前半までに設立されたカレッジで、マレーシア経済が高度成長をとげている時期の設立であった。③第三世代は1996年の新たな法規制と改正の後に設立されたカレッジおよび大学で、新たな私立大学をはじめ、マレー系所有のカレッジ、華人系カレッジ、外国の大学の分校など多様な形態の機関が含まれる[12]。

マレーシアの私立カレッジを設立母体から分類すると、営利的機関としては、(a) 個人事業者 (Metropolitan College など)、(b) 私企業 (国際医科大学, Sedaya College, Stamford College, INTI College など)、(c) 企業連合体 (Sunway College, Kolej Bandar Utama など)、(d) 政府系企業 (Petronas University, Multimedia University, Telekom University など) がある。一方、非営利的機関としては、(e) 財団系 (Selangor Foundation, Perak Foundation, MARA Educational Foundation など)、(f) 慈善団体や地域団体 (メソディスト教会、MCA華人系政党など) の設置する機関がある[13]。

新たに設立された国内系の先発私立大学の母体は、もと政府系大企業であり、その経営には政府の意向が強く反映されている。例えば最初の私立大学であるマルティメディア大学 (Multimedia University: MMU) の理事会は、母体企業テレコムの会長、文部省と通産省の次官、大学の学長などからなり、きわめて強い決定権があるという。外国の大学の分校として、現在イギリスの大学が2校、オーストラリアの大学が2校進出している。日本も自由貿易協定 (GATS) 推進の一環として、日本・マレーシア両国政府と日本の協力大学連合の連携による、マレーシア日本国際工科大学の設立を構想している[14]。

私立高等教育機関については、これまでのような民族別の優先入学

(クオータ)システムは設定されていないので、その学生の8割は非マレー系で占められている。政府はマレー系学生の私立大学への進学を支援するために奨学基金を設けているが、公立セクターと異なり、全体に占めるその規模と効果は部分的なものにしかすぎない。

国際的リンケージ

これらのカレッジでは国際的なリンケージは最も重要な商品であり、トゥイニング・プログラム以外にも様々な形態が開発されている。例えば、(ⅰ)単位互換プログラム (credit transfer programme) や、(ⅱ)外部学位プログラム (external degree programme)、(ⅲ)先行履修プログラム (advanced standing programme)、(ⅳ)遠隔学習プログラム (distance learning programm)、(ⅴ)ジョイント・プログラム (joint programme) などがある[15]。

私立大学やカレッジの認可と急増により、マレーシアの高等教育コストは急速に増大しつつある。法人化された国立大学の経営がさほど順調ではないため、政府は急激な国庫補助の削減を行うことができず、依然として補助を支給し続ける一方で、増え続ける私立大学・カレッジへ入学する学生への奨学金の支給は急速にふくらみ、国家の高等教育支出はかえって増大している。また急速に拡大する学生に対して、スタッフや施設の手配が間に合わず、学生の就学環境が急速に悪化している。教育の内容面に関しては、2つの問題が表面化している。すなわち、①急速

表6-4 マレーシアの高等教育の概要

	学校数	学生数	教員数
国立大学	10	98,699*	10,282**
私立大学	10	20,839	855
外国大学の分校	4	1,641	95
私立カレッジ	652	209,589	8,445
合 計	676	330,768	19,677

出典:Ministry of Education, *Education of Malaysia Journey to Excellence*, 2001, p.119.
* *Educational Statistics of Malaysia*, 2001; ** *Malaysian Education Statistics Quick Facts*, 2000.

に拡大する高等教育機関とそのコースにおいて、とりわけ国立大学学位の私立カレッジの請負授与などにおいて、教育の水準と質が十分に保証されるのかという問題、そして、②外国の大学の分校や提携学位コースの増大と、外国からの留学生の急増により、マレーシアの高等教育の環境が急速に多(無)国籍化し、留学生の現地文化への無理解とマレーシア人学生のなかにもアイデンティティの喪失が生じやすいことである。

中継型高等教育貿易の出現

　マレーシアの私立高等教育機関の教育を管轄するのは文部省私立教育局（Department of Private Education: DPE）であるが、これまでは主として私立幼稚園（2,461園）や宗教学校（77校）、華文独立中学（Independent Chinese Secondary School）（60校）の監督・指導が主な機能であった。上述の1996年新「教育法（Education Act 1996）」および「私立高等教育機関法（PHEI Act 1996）」の策定により、私立教育局には、私立高等教育機関の設立およびそのコースを、マレーシアの国家教育目標に照らして、認可、監督、指導する、という職務と権限が加えられることになった[16]。

　高等教育の拡大により、これまで送り出す一方であった留学生政策の動きが、私立大学を中心にマレーシアの高等教育の輸出、すなわち留学生の積極的な受け入れに転じてきた。前述のトゥニング・プログラムはマレーシアの学生にとって安価な海外留学の手段であるだけでなく、他のアジア諸国の学生にとっても、全期間を先進国で過ごすよりは、一部マレーシアでの履修を含めることによりコストの節約が可能となった。これにより、先進国の高等教育の質と威信を利用しながら、そのパテントを他のアジア諸国にまた貸しするような形で、高等教育の「中継貿易の基地」という新たな立場が出現しつつある。

　マレーシアにおいてこのトゥニング・プログラムが成功した背景には、マレーシアの社会の英語の通用力があった。1970年以降の教育機関のマレーシア語化政策によって、若者の英語力の低下が指摘されてきた

ものの、特に中等後教育レベル以上であれば、日本やタイなどに比べれば、英語による授業環境や外国との単位互換などの実現への障壁は低かったといえる。そのために母国における大学などの基礎課程の教育を英語圏の欧米の大学に近い環境で、原則的にはマレーシア人の教員スタッフによって提供できることは、教育本体のコストも削減できることを意味している。この割安な欧米大学の学位コースを、近年成長著しいアジア諸国からの留学希望者に売り込むことにより、これまで日本が資源を輸入加工して、製品として輸出してきたような、高等教育における学位の中継貿易ともいえる形態が成立したのである。

　この一環として私立教育局はウェブサイトなどで、マレーシアの私立学校に対する海外の留学生の関心・質問に答えるサービスを行っており、教育の優秀性センターとしてのマレーシアの教育の輸出のためのプロモーションを積極的に行い、インドネシア、タイ、ブルネイ、中国、ベトナムなどで展示会を行い、私立高等教育機関への海外での教育フェアーに参加するよう奨励している[17]。将来的にはマレーシアはその高等教育機関の定員の30％までを海外からの留学生で埋めようという方針である。

(3) 高等教育の評価と国家アクレディテーション委員会

国家アクレディテーション委員会(LAN)法

　上述の1996年新「教育法」および「私立高等教育機関法」の策定により、私立教育局には、私立高等教育機関の設立およびそのコースを、マレーシアの国家教育目標に照らして、認可、監督、指導する、という職務と権限が加えられることになった。

　私立教育局には、①調査企画部（Planning and Research Division）、②登録・水準部（Registration and Standard Division）、③執行部（Enforcement Division）という3つの部局があるが、私立学校の設立認可、およびその

新規のコース開設と更新の認可、教育水準に関する監督指導は、②の登録・水準部が担当することになる。そこでは、私立高等教育機関の教育の質の確保のために次のような側面のモニターを行っている[18]。
 (1) コースのマーケッッティングと広告
 (2) 教育費用の構造
 (3) 資産と教育のインフラ
 (4) 私立高等教育機関の地方教育当局への登録
 (5) 新規学習コース
 (6) 評議会のメンバー構成とその会則
 (7) 主任管理職員の登録
 (8) アカデミック・スタッフの採用

　マレーシアの私立高等教育セクターは、1990年代に始まる規制緩和により、急速に拡大しており、管轄下の児童・生徒・学生数でいえば、これまでの56万人に、新たに23万人規模の職務が加わった計算になる。このようなマレーシアにおいて新たに生まれた教育課題は、激増する私立大学とカレッジを国家の教育目標に包摂し、その教育と学位の質をいかにして維持コントロールするかという問題であった。文部省は1997年、その私立教育局傘下の法人組織として国家アクレディテーション委員会(*Lembaga Akreditasi Negara*, 以下 LAN と略称する)を設立し、私立大学やカレッジの提供する質と水準のモニターし、そのカリキュラムを標準化する作業をになうことになった。

　LAN は1996年の「国家アクレディテーション委員会法 (LAN Act 1996)」に基づいて1997年5月15日に設立された、文部省管轄下の法人 (statutory body) で、マレーシアの私立高等教育機関が提供する教育の水準と質のモニターに責任を持つ機構である。職員は90人程度で、アカデミック・スタッフおよび元アカデミック・スタッフは5名程度含まれている。

　LAN の機能は同法第4条に定めるとおり、(a) 私立高等教育機関の提供するコースおよび機関が授与する証明書、ディプロマ、学位 (degrees) の

水準と質のコントロールに関する方針を規定し、(b)それらの水準と質を設定、モニター、観察、監督し、授与される証明書、ディプロマ、学位のアクレディテーションを行う。さらに、(c)授与する学位の前提条件としての国語と共通義務科目の到達レベルを設定する。また、(d)機関が提供するコースの教育の水準と質の保持、およびその機関がアレンジした教育施設が、そのコースに照らして適切であるかどうかについて文部省にアドバイスと勧告を行う[19]。

アクレディテーションに必要な要件

ここにいう「アクレディテーション(accreditation)」とは、私立高等教育機関によって授与される証明書、ディプロマ、学位が委員会の設定した基準に適合しているという事実の公的な認知を意味している。申請を希望する機関は、まず法令555号の第6条に基づき、私立高等教育機関の設立に関する文部大臣の認可を求める申請書を教育総登録局に送付しなくてはならない。認可が得られた場合、同法第24条に基づき、登録局の私立高等教育機関を登録することが求められる[20]。

また私立高等教育機関は、同法第38条により、教育課程もしくは訓練プログラムを、単独もしくは合同で、もしくは他の機関（国内外を問わず、公立・私立・専門団体を問わず）との提携・協力により行うには、文部大臣の事前の許可を得なくてはならない。アクレディテーション証明書を獲得した教育機関は、その学生に規定の学位を授与することができるだけでなく、その学生を公的機関の雇用に応募させることができる。

申請書類として LAN は私立高等教育機関に、「コースについての認可とアクレディテーションを得るために教育機関が用意すべき文書」の提出を義務づけている。それは、「第1文書、コースに関する情報」、「第2文書、教員に関する情報」、「第3文章、全科目に関する情報」、「第4文書、施設・設備に関する情報」、「第5文書、管理運営に関する情報」、「第6文書、コースおよび機関の必要性」の6つの文書である[21]。

例えば「第2文書、教員に関する情報」については、全教員について、氏名、職位、採用形態、国籍、担当科目、すべての取得学位（大学名、取得年）、職歴（所属機関、期間）についてのリストを提出することが求められている。私立高等教育機関が授与する学位のレベルと、そのコースで教える教員の最低限の学位は次のような関係となる。すなわち、学士号（Degree）を授与する機関では修士号（以上）保持者、もしくは学士号に加えて当該分野での職務経験を有する者、ディプロマと証明書を授与する機関では、学士号の取得が最低条件である。すべての機関において、常勤教員は全教員の60％以上でなければならず、学生数に対する教員数の比率は、専門分野、授与学位レベルによって**表6-5**のように定められている。

また、教育機関は評価パネルが適当と認める、スタッフ・ディベロップメント・プログラム（サバティカル休暇制度、現職教育、学会参加助成など）を持ち、教員の研究とコンサルタント業務を可能にする規定を備えていること、そして教員の職務執行能力と効果を評価するシステムを持たなくてはならない[22]。

また「第5文書、管理運営システムに関する情報」には次のような内容が含まれなくてはならない。私立高等教育機関は LAN に対して、質の高い教育コース運営を行うための管理運営システムの情報を提示する責任を負う。そのなかには、①カリキュラム、②教材と評価システム、③成績管理システム、④学生、⑤アカデミック・スタッフ、⑥支援スタッフ管理、についての情報を含まなければならない。

例えば、①のカリキュラムに関しては、入学要件と入学定員および学

表6-5　私立高等教育機関の学生・教員比率の規定

分　野	学士号授与機関	ディプロマ・証明書授与機関
社会科学	1：25	1：30
理　学	1：18	1：25
工　学	1：15	1：20
医　学	1：8	1：13

位取得に必要な履修内容の情報が必要とされる。規定上の学位取得要件は学士号で120単位、ディプロマで80単位、証明書で40単位である。1単位は講義(*kuliah*)の場合1週60分以上の授業を1セメスター14週履修し、チュートリアルの場合同じく1週90分以上14週、実習の場合1/2カ月間の履修を1単位と換算する[23]。

また、③の管理運営システムの項目には次のような情報の提供が求められている。ⅰ)学生の在籍記録：学生の入学時期と回数、在籍記録の管理と保存、コピーの送付先、過去の入学者数の統計と将来の予測、ⅱ)学生の科目登録：学生による履修科目登録の窓口、履修指導体制、登録変更可能期限、最終受講者リストのコピー送付先・保存先、ⅲ)学生の試験採点と成績：学生の成績評価に考慮される定期試験と最終試験、学生に開示される成績、最終成績のコピーの送付先、ⅳ)学生の出席記録：出席票の配布、出席記録の分析・保存先、最低出席要件の設定(80％以上など)、ⅴ)学生の不服申し立て：学生の不服申し立ての権利とその対象(試験結果など)、申し立て書類とその配布、申し立ての審査機関と構成、審査結果の勧告、ⅵ)成績記録情報：すべての成績情報の記録保存先、学生のアクセス権、情報へのアクセス権所有者とその権限、成績票の発行と内容[24]。

私立高等教育機関の申請に基づいて、LANの職員と国立大学の専門家からなる評価員パネル(Panels of Assessor)が組織され、提出された書類をチェックする。LANは申請する教育機関の職員に対しても、また審査するパネルに対しても、準備とノウハウを提供するワークショップを開設している。1クラスは4から5人の受講者である[25]。

申請機関に対する訪問(実地視察)とインタビューは2度行われ、中間時に1回、最終審査前に1回行われる。1回の訪問は2日または3日で、インタビューは学生団体の代表に対しても行われ、学生の間に不満や衝突がないかが確認される。その際に行われる活動は次のとおりである[26]。

(1)学生との面会、インタビュー

(2)学生代表との面会、インタビュー
(3)教員との面会、インタビュー、およびその教員の教える科目の質問紙への回答の評価
(4)管理運営者との面会
(5)施設・実験室の訪問
(6)図書館・資料センターへの訪問
(7)教員の授業実践の観察
(8)その他必要と思われる文書

評価員パネルはすべての申請プロセスの終了後30日以内にLANに評価レポートを作成し、提出する。LANでは毎週2回開かれるコア会議(*Mesyuarat Core Business*)において審議し、認定の可否についての推薦を行う。コア会議は当該申請に関する提起書を、月に1回開かれる全体会議(*Mesyuarat Lembaga*)に提出し、最終的に審議される。全体会議は当該申請についての決定を次のように下す[27]。

(1)認可および条件付認可
(2)不認可とその理由
(3)認可の方向で考慮

認定の有効期間はディグリー・コースについては5年間、ディプロマ・コースおよび証明書コースについては3年間で、その後私立高等教育機関(IPTS)は再びすべての行程を繰り返さなければならない。

表6-6 LAN認可審査費用

単位：Mドル（リンギット＝約30円）[28]

	コース認可		学位アクレディテーション	
	申請費	認可	認可	コース・学位一括割引
証明書・ディプロマ・コース	1,500	5,000	9,500	4,500
ディグリー・コース	3,400	7,500	12,500	7,500

高等教育機関の必修科目

マレーシアでは、これまですべての教育機関は、国家教育哲学（1988）

に基づく教育のマレーシア化政策のなかで、土着系民族や文化・宗教を核とした国民統合と社会構造の変革という使命をになってきた。ところが近年のグローバリゼーションと情報革命に由来する、高等教育における規制緩和と市場化の動きは、激増する私立大学やカレッジ、外国の教育機関との提携コースや分校の出現、教授言語への規制緩和などをもたらし、それらの伝統的機能が希薄化し、これまでマレーシア政府が目指してきた、マレーシア人としての意識の形成や民族間融和という目標がないがしろにされる危険性が認識された。

そこで、マレーシア政府は「私立高等教育機関法（PHEI）」により、すべての私立高等教育機関における卒業（学位授与）のための要件として共通の必修科目の履修を義務化している。すべての学生は次の5つの必修科目から国語、マレーシア研究、価値科目の3つを履修しなくてはならない[29]。LANはそれを受けて、以下の5つの科目についてのシラバスを策定している。

(1) 国語A（マレーシア人学生向け）(LAN1001) 3単位42時限
(2) 国語B（外国人学生向け）(LAN1002) 3単位42時限
(3) マレーシア研究 (LAN1003) 3単位42時限
(4) イスラーム研究（イスラーム教徒向け）(LAN1004) 3単位42時限
(5) 道徳研究（非イスラーム教徒向け）(LAN1005) 3単位48時限

例えば(3)の「マレーシア研究」では、国内学生、留学生を問わず、①マレーシアの歴史と政治、②マレーシア憲法、③社会化と統合の概念、④国家の発展、⑤今日的課題についての学習（講義・討論・プロジェクト）が課されている。これによって、マレーシアの高等教育の学生が持つべき、最低限の知識と態度が規定され、実質的なコア・カリキュラムとなっている[30]。

継続的評価

コース認定および学位・ディプロマ・証明書のアクレディテーション

を受けた私立高等教育機関は、その水準と質を永続的に維持するために、継続的な評価（*Penilaian Berterusan*）を受けることになる。通常、継続的評価は上記機関およびコースの年次報告もしくは各機関からの達成記録に基づいて開始されるが、この段階では学生からの情報（評価や質問紙）がかなり重視されている。また第三者からの通報を受けた場合、任意の時期に検査官を派遣することがある[31]。

　これによってコースや機関の教育の質に低下の恐れがあると認められた場合、委員会は申請機関に改善勧告を行うか、もしくは機関長からの手紙もしくは報告を求め、その回答に基づいて、申請機関に満足の通知、あるいは不満足により認可の取り消しを予告する。認可の取り消し予告を受けた機関は、通告より30日以内に再報告を行い、必要ならば代表を派遣することができる。これに基づく再審査と調査が行われ、最終的決定が出される[32]。LANにより認可が拒否される例はまれであるが、設備が申請どおりに稼動状態ではなかったり、学生成績に不正があったり、教員の経験が不足であることなどが判明した場合である[33]。

マレーシアの大学評価の位置づけ

　マレーシアのLANは教育水準の評価やアクレディテーション認可手順の開発過程において、英国、アメリカ、オーストラリア、ニュージーランドの当該機関に調査を行い、特にオーストラリアとニュージーランドの認可システムに強い影響を受けている。ニュージーランドのNZQA (New Zealand Qualifications Authority)や英国QAA (Quality Assurance Agency)とも協力関係にあり、水準評価国際ネットワーク（International Network for Quality Assurance)のメンバーでもある[34]。

　一方、マレーシアの国立大学の教育水準の評価に関しては、文部省の高等教育局の計画評価部（*Unit Perancangan dan Penilaian*）が責任を持っており、LANのような外部評価組織は現在のところない。各国立大学はその教育プログラムの実施、学生受け入れ数、スタッフ・ディベロップメン

ト、施設・設備、会計に関する報告書を提出する義務があるが、その評価によって大学の認可が左右されることはなかった。

　国立大学の教育水準を維持しようとする活動は、大学機関レベルと教員レベルに大きく分かれる。大学は文部省の指導により、そのプログラムの全部または一部についての効率や成果についての調査プロジェクトを起こしたり、外部に委託したりすることがある。また外国や国際機関による国際比較調査を受けて相対的な位置を知ろうとすることもある。

　教員レベルでは学生による評価を行い、教員の授業準備、授業方法・技術、教材・教具、評価・採点方法、コースの有効性などについてのアンケートが集計され、教員にフィードバックされる。また外部評価としては、国内外の大学間で教員の相互訪問（招聘）を行い、シラバスや教材のチェック結果、視察シートと評価コメントなどが交換されている。また学位の審査と授与の過程で、外部審査員制度によって学位の質を標準化するだけでなく、学生のレベルや教育および指導の水準までも非公式な相対評価の情報を与えてくれる[35]。ただしこれらはあくまで任意の参考情報であり、私立高等教育機関のような義務的な評価規定ではなく、大学評価における二重構造を形成している。

　2001年12月に文部省は大学質保証局（Quality Assurance Division：QAD）を設置し、公立大学（国立大学と法人化した旧国立大学）へのアカデミックな監査を組織するようになった。この機関は大学で受けられるコースに質保証システムを開発し、科目ごとのベンチマーク基準や資格の枠組みの規定を行っている。これら私立大学向けのLANと公立大学向けのQADは近い将来一元化される予定である[36]。

(4) 国立大学の改革と法人化

国内高等教育機関への需要の急増

　1997年タイの通貨危機に始まるアジア経済危機（Asian Financial Crisis）

第6章　高等教育へのグローバル・インパクト　211

は、マレーシア経済にも深刻な影響を及ぼし、マレーシア通貨Mドル（リンギット＝約30円）は米ドルに対して2.50から3.80にまで暴落した。マレーシア政府は直ちに海外留学のための政府奨学金（MARA支出分も含む）を撤回し、私費留学生に対しても、出国ビザの値上げや留学生送り出し家族への税金控除を廃止するなどして、その流出をできる限り食い止めようとした。国立大学はその入学定員を、1997年の45,000人から、1999年には一挙に84,000人にまで拡大させた。一方、私立高等教育機関法の実施を早めて、5つの私立大学の入学定員を拡大させ、海外留学から引き戻されたおよそ2,000人分の枠を確保させた[37]。

また外国の大学の3年間の学位コースの1年または2年をマレーシア国内で履修して、その教育コストを削減するトゥイニング・プログラム（いわゆる「1+2」あるいは「2+1」プログラム）が1986年から、国内カレッジと英国、オーストラリア、カナダ、アメリカなどの大学との間に提携されていたが、これをすべての期間（3年間）をマレーシア国内で履修できる、いわゆる「3+0」プログラムを開始し、オーストラリアの10大学、英国の9大学との間に開始させた。さらに逆に海外からの留学生をマレーシアに誘致して、国家の教育歳入バランスを改善させるために、ブルネイ、インドネシア、中国などにマレーシア高等教育の宣伝使節を文部省主導で組織した[38]。

続いてマレーシアの高等教育政策の転換は、国立大学セクターにも訪れた。政府は国立大学の自律性を増し、国庫補助への依存を減少させるために、市場原理と競争原理を取り入れ法人化（corperatisation）事業にとりかかっている。法人化とは、民営化（privatization）のように大学の資産が個人所有され私立大学と同じ企業体になることではなく、大学は予算と人事権についてのより大きな自治権を獲得し、大学が利潤を生みそれを自ら回収処分できる営利体を設立することが許されるようになることである。政府の関与は法人化された大学にも続けられるが、マラヤ大学だけで年に2億Mドル以上と見込まれていた収益の多くを政府補助金の

表6-7 マレーシアの公立大学[39]

(学生数は2002年現在、網掛けの大学は1998年に法人化済み)

	名称(略称)	創立年	所在(州)	学生数
1	マラヤ大学(UM)	1949/62	クアラルンプル	16,421
2	マレーシア理科大学(USM)	1969	ペナン州(ペナン)	17,832
3	マレーシア国民大学(UKM)	1970	スランゴール州(バンギ)	14,953
4	マレーシア・プトラ大学(UPM)	1971	スランゴール州(セルダン)	13,400
5	マレーシア工科大学(UTM)	1975	ジョホール州(スクダイ)	14,816
6	国際イスラーム大学(IIUM)*	1983	スランゴール州(ゴンバク)	9,633
7	マレーシア北部大学(UUM)	1991	ケダ州(シントック)	10,159
8	マレーシアサラワク大学(UNIMAS)	1992	サラワク州	945
9	マレーシアサバ大学(UMS)	1993	サバ州	205
10	マレーシア教育大学(UPSI)	1997	ペラ州(タンジョンマリム)	(335)

註：* 国際イスラーム大学はマレーシア政府と国際機関(OIC)の共同出資であるが、カテゴリー上国立大学の範疇に分類されている。

削減に回すことができると考えられた。これにより大学は、政府からの国庫補助の多くを失い、学生への奨学金という形でのみ還流されることになる代わりに、学生数や授業料とその配分を自由に設定することが可能になり、企業提携と子会社からの収入を教員の給与に加えることが許されるようになるとされた[40]。

マレーシアの国立大学の法人化は、1997年からの経済危機によって大きな影響を受けた。これまで大量に送り出されていた留学生が行き場を失い、授業料の安い国立大学に殺到した。当初国立大学は本来の学部および大学院教育だけで手一杯となり、その附属の大学予備門レベル（マトリキュレーション・コース／matriculation course）をフランチャイズ化して民間に委託するとともに、政府は大学カレッジを新設してその新たな受け入れ先とした[41]。

一方、急増する私立大学は大学教員の需要を高め、国立大学の教員が給料のよい私立大学に流出する傾向が生まれ、教育組織に混乱が起きた。そこで、国立大学の授業料の設定を自由化し、学生数、教員収入の規制を撤廃して、人材の確保を目指したのである。また学生の高等教育への進学を支援するために、1997年に「国立高等教育基金法（National Higher

Education Fund Corporation Act)」が制定され、奨学金(NHEFC/PTPTN)として、公立大学の学生には年3,000～6,500Mドル、私立大学の学生には年8,000～20,000Mドルが貸与されている[42]。政府は大学への進学率を40％にまで引き上げる目標を持っており、センター・オブ・エクセレンスとして、海外留学生を学生定員の30％にまで増やす目標を設定し、特にアセアンからの留学生の募集に力を入れている。税金の免除や外国人教師雇用のための助成も行われている[43]。

5 国立大学の法人化

1998年1月1日マレーシア最初の大学であるマラヤ大学が法人化され、続いて4つの国立大学(マレーシア国民大学(UKM)、マレーシア理科大学(USM)、マレーシア・プトラ大学(UPM)、マレーシア工科大学(UTM))が1998年3月1日に法人化された。法人化とは国立大学が政府の官僚的機構から解放され、ビジネス企業のように運営されることを意味している。1971年の「大学および大学カレッジ法(UCCA法)」が1996年に改正され、すべての国立大学が法人への変換が可能となる基礎がしかれた。新たなUCCA改正法のもとで、大学理事会(University Council)が役員理事会(Board of Director)に改組され、およそ300人ほどの評議会(Senate)も40人程度に縮小された[44]。

マレーシアにおける国立大学法人化の試みは、オーストラリアの大学のコーポラタイゼーションの経験を色濃く反映したものであり、シンガポールの企業型大学 (entrepreneurial universities) やインドネシアやタイの自律的大学 (autonomous universities) の動向も視野に入れたものである。これらの大学は社会財としての知を生産し、伝播させるというよりは、市場の財として、販売可能な財として知を生み出し、移転させるように機能することを求められている。

法人化された大学は、会社を設立し、寄付を募り、債務者となり、投資株式を保有し、ビジネスベンチャーに参入する権限が与えられる。大学の既存の資産の大部分は政府が今後とも保有し、新規プログラムや巨

大な基幹プロジェクトの開発資金も政府が提供する。しかし法人化された大学は、その運営コストのかなりの部分を自ら工面しなくてはならないという重い荷を背負うことになる。大学は授業料の引き上げ、入学定員の拡大、政府や私企業へのコンサルタント業務、私立セクターからの要請に応える短期コースの提供、物理的施設の貸し出しなど大学の財政を豊かにする同様の活動、収入を増やすためのあらゆる方法を通じて資金を確保しようとすることが求められている[45]。

2002年現在、法人化された5大学では急激な組織改革が進行中であり、訪問するたびに関連組織の名称が変化するほどの変化の最中であり、長期的な展望は述べにくいが、著者の観察する限り、法人化への組織的対応は2つのパターンがみられた。ひとつは大学組織内に、投資、技術移転、知的資産、コンサルタントなどの業務を行うセンターやユニットを設置して、あるいはそれらを統合して一元化しようとする方法で、2000年に統合されたマラヤ大学の研究・経営およびコンサルタンシー機構（*Institut Pengurusan Penyelidikan dan Perundingan*：IPPP/Institute of Research Management and Consultancy）がその典型である。もうひとつは、大学が出資する法人を独立して作り、上記業務を行い、その収益を大学が配当として受けるパターンで、国民大学や理科大学で実現していた。

新しい大学憲章は1998年4月にすべての国立大学に導入されており、管理機構の改編と法人化による財政的な国庫への依存からの脱却は、全国立大学において最終的には達成され、文部省はこの改革によって国庫補助金の比率は従来の90％から将来の70％にまで軽減されると想定している[46]。しかし文部省高等教育局によれば、2002年現在、社会の経済的状況を考慮して5大学への国庫補助の額の大きな削減は避けられ、教員の給与スケールの改定も一部にとどめられている。また残りの国立大学への法人化の波及も延期されている。

第6章　高等教育へのグローバル・インパクト　215

(5) 結　語

　90年代に始まるマレーシアの大学改革の動向は国立大学の法人化と私立大学セクターの創設という２点にまとめられるが、管理運営機構における変化は多大に外国の大学の改革モデルの影響を受けたものであった。現時点においてマレーシアモデルといえるような改革の顕著な独自性は見出し難く、むしろ社会のグローバル化に基づく、世界同時進行的な高等教育の企業化、実利主義化、情報化、国際競争化の一断面として導入された改革ととらえることができる。しかし外的環境が要請する変化の方向は類似していても、それを受け入れるマレーシアの社会や教育制度の独自の状況に直面するに際して、実態として大学が持つことになる管理運営機構は独特の性格を持つことになる。

　マレーシアの教育機構においては1960年代末の民族間暴動以来、意思決定の政治化が強力に推し進められてきており、それが90年代の改革でいささかも譲歩された形跡はなく、改革の遂行上時おり表明される規制緩和や分権化、多元主義化への配慮はごく部分的なものにすぎない。確かに各大学の大学憲章に記された、大学法人の権限は大きく拡大しているが、それを実行に移すための手続き的な自律性や上級大学管理者の構成が依然として大きく政府に握られているので、実態は政府による統制と大学の政治化がさらに進行したともとれる。

　同じくマレーシアの大学組織文化の変遷について考察してみると、いわゆる同僚制文化[47]が比較的保持されていたのは1960年代末までで、独立後２～３年で国立大学の組織文化は大きく官僚制に移行し、法人化後の今日もそれは大きく変化していない。しかしマレーシアの大学をめぐる環境で欧米諸国や日本と決定的に異なる点は、その人口増と海外留学の抑制に伴って拡大し続ける国内高等教育需要であり、ここしばらくは授業料収入やフランチャイズ収入が増加し、経営的には多くが成功しつつあることである。すなわち厳しい経営環境を乗り切るために考案さ

れた法人化や民営化の手法が、実際には官僚制文化の残る古い機構に形だけ移植されて、実際の研究成果の商業化やコンサルタントの実績は思わしくない。

その一方で授業料は上昇の傾向にあり、学生数の大幅な増加による、施設や宿舎の不足、教員の営利活動への傾倒による本業への圧迫などの問題が生じている。マレーシア政府は、近年のグローバリゼーションと情報化の圧力に対して、保守的で改革に緩慢な国立大学の壁の外側に、新たに私立高等教育セクターを認知して、水準と質のコントロールを媒介に、強力な継続的改革へのプレッシャーを維持するとともに、セクター間の競争と待遇の規制緩和という形で、国立大学の変革を促そうとした政策と位置づけられる。

近年までのマレーシアの高等教育政策は良くも悪くも世界的にユニークなものであった。社会経済的には弱者であるが、数のうえでは多数派であるマレー系学生のために、暗黙の民族別入学枠を設け、奨学金を優先給付し、高等教育授業の用語としてはまだ発展途上であるマレー語をかなり強引に導入してきた。教員の人事についても同様のことが起こり、国際的な学術水準がその犠牲になったとされている。その代わりに授業料はきわめて安く設定され、これまで高等教育など望めなかった貧しい層からの学生が入学し専門職につくようになった。マレーシアは(国立)大学を明らかに国家による社会変革の道具として活用し、競争原理を抑制し、国家(政府)の必要とする人材を養成する機能、複合社会を統合する機能を重視してきたといえる。

近年の高等教育政策の転換は、そうした従来の保護主義的高等教育政策への不満や欠点を大きく改善するものであるが、同時にこれまで評価されてきた側面も放棄することになる。これらのバランスシートは数十年の単位で答えを求めるべきものであるが、少なくともマレーシアはこれまでの経済発展の実績をもとに、自らの国際社会に果たす役割についての自覚と、国内問題の処理に対する自信において転換点を迎えたと解

釈すべきであろう。

【出典および註】
(1) 馬越徹、1995、『韓国近代大学の成立と展開―大学モデルの伝播研究―』名古屋大学出版会、293-301頁。
(2) Educational Planning and Research Division, Ministry of Education Malaysia, 2000, *Malaysian Education Statistics Quick Facts*, MoE, p.8.
(3) *Report of the Committee Appointed by the National Operation Council to Study Campus Life of Students of the University of Malaya (Majid Ismail Report)*, 1971, p.31: *First National Economic Consultative Report (MAPEN Report)*, 1991: *Second National Economic Consultative Report (MAPEN II Report)*, 2001, cited in SG Kerk Kim Hock, 2001.5.17, *Press Conference Statement,* (http://www.malaysia.net/dap/bul1264) (2001.9.10). 2003年度の国立大学の入学者民族比率はマレー系62.6%、華人系32.2%、インド系5.2%と報じられている。
(4) 多数派マレー系に対するアファーマティブ・アクションに関する議論については、杉本均、1985、「マレー半島における民族教育政策」、小林哲也・江渕一公編『多文化教育の比較研究―教育における文化的同化と多様化』九州大学出版会、272-282頁参照。
(5) Molly N.N. Lee, 'Private Higher Education in Malaysia: International Linkages', 1999, in her *Private Higher Education in Malaysia*, USM Monograph Series, No.2/1999, Penang, pp.43-44.
(6) Department of Private Education (Ministry of Education Malaysia), 2001a, *Study in Malaysia Handbook*, 2nd International Edition, Challenger Concept. Kuala Lumpur, pp.70-72.
(7) Ministry of Education Malaysia. 2001, *Education in Malaysia: A Journey to Excellence.* Educational Planning and Research Division, MoE: Tan Ai Mei, 2002, *Malaysian Private Higher Education: Globalisation, Privatisation, Transformation and Marketplaces,* Asian Academic Press, London, pp.12-13,.
(8) Department of Private Education (Ministry of Education Malaysia), 2001b, *Data dan Maklumat Institusi Pendidikan Swasta.*
(9) Ministry of Education, 2001, *op. cit.,* p.1.

(10) *Ibid.*, p.8; Tan, 2002, *op. cit.*, pp.129-134.
(11) Molly N.N. Lee, 2002, 'Global Trends, National Policies and Institutional Responses: Restructuring Higher Education', A paper presented at the CESE Conference 2002 in Institute of Education London, 15-19 July 2002, p.7; Lee, 1999, *op. cit.*, pp.71-77.
(12) Tan, 2002, *op. cit.*, p.64.
(13) Lee, 1999, *op. cit.*, pp.44-45.
(14) 『朝日新聞』2004.1.22; *Utusan Online*, 2004.3.17.
(15) Molly N.N. Lee, 1999, *op. cit.*, pp.43-44.
(16) Department of Private Education, Malaysia, 2001a, *op. cit.*, p.42.
(17) http://www.studymalaysia.com
(18) Department of Private Education, Malaysia, 2001a, *op. cit.*, p.256.
(19) *LAN (Lembaga Akreditasi Negara) Act 1996*, 1996, Part 2, Section 4, Government of Malaysia.
(20) *Ibid.*, para.6, 24.
(21) LAN, 1998a, *Garis Panduan Prosedur dan Kriteria Standard dan Kualiti Kurusus*, pp.14-19.
(22) *Ibid.*, pp.42-44; LAN, 1998b, *Buku Kecil Bimbingan Menyediakan Dokumen Memohon Kelulusan dan Perakuan Akreditasi Kursus Pengajian IPTS*, Petaling Jaya, pp.9-12.
(23) LAN 1998a, *op. cit.*, pp.32-34; LAN 1998b, *op. cit.*, pp.7-8.
(24) LAN, 1998b, *op. cit.*, pp.36-39.
(25) 2001年9月24日、国家アクレディテーション委員会 Abdul Aziz Hitam 氏ほかとのインタビューによる。
(26) LAN, info sheet A, undated, *Penialian Penentuan Pencapaian Standard Minimum*, pp.5-6.
(27) *Ibid.*, pp.6-7.
(28) LAN, info sheet B, undated, *Information about Lembaga Akreditasi Negara*. pp.7-8.
(29) *Private Higher Educational Institutions Act 1996 (Act 555)*, 1996, para.43; *LAN Act 1996*, 1996, *op. cit.*, para.4(1)(c).
(30) LAN, 1998c, *Sukatan Pelajaran Bahasa Kebangsaan dan Mata Pekajaran Wajib Institusi Pengajian Tinggi Swasta*, Malaysia, Shah Alam.

(31) LAN, 1998a, *op. cit.*, pp.25-26.
(32) *Ibid.*, pp.25-28.
(33) 2001年9月24日、国家アクレディテーション委員会 Abdul Aziz Hitam 氏ほかとのインタビューによる。
(34) LAN, *info sheet B*, undated, *op. cit.*
(35) Robiah Sidin, 1998, *Pemikiran Dalam Pendidikan*, Penerbit Fakar Bakti, Shah Alam, pp.169-173.
(36) Lee, 2002, *op. cit.*, pp.4-15.
(37) Institute of Research Management and Consultancy University of Malaya (IPPP/マラヤ大学研究・経営およびコンサルタンシー機構). HP (http://www.ippp.edu.um.my); Biro Rundingan dan Inovasi UKM (BRI/マレーシア国民大学コンサルタンシー・イノベーション・ビューロー) HP (http://biro.ukm.my).
(38) Tan, 2002, *op. cit.,* pp.12-13.
(39) Ministry of Education, 2001b, *op. cit.* p.1. 学生数は Ministry of Education, 2003, *Educational Statistics of Malaysia*, p.25, pp.154-162.
(40) Molly N.N. Lee, 2000, 'The Impact of Globalization on Education in Malaysia', in N.P. Stromquist and K. Monkman eds., *Globalization and Education, Integration and Contestation Across Cultures*, Lanham, Rowman and Littlefield, p.326; Tan, 2002, *op. cit.*, p.95.
(41) Haji Azmi bin Zakaria, 2000, 'Educational Development and Reformation in the Malaysian Education System: Challenges in the New Millennium', in *Journal of Southeast Asian Education*, Vol.1, No.1, pp.123-124.
(42) PTPTN: Perbadanan Tabung Pendidikan Tinggi Nasional. HP: http://www.ptptn.gov.my (2002.2.26).
(43) Tan, 2002, *op. cit.*, p.87; Ministry of Education, 2001, *op. cit.*, p.47; マレーシア国民大学、UKM BRI での Mohd Fauzi Mohd Jani 局長への筆者のインタビューなどによる。
(44) Lee, 2002, *op. cit.*, p.326.
(45) Tan, 2002, *op. cit.*, p.95.
(46) Ministry of Education, 2001, *op. cit.*, p.119.
(47) Ian McNay, 1995, 'From the Collegial Academy to Corporate

Enterprise: The Changing Cultures of Universities.' in T. Schuller ed., *The Changing University?*, The Society for Research into Higher Education and Open University Press, Backingham, pp.105-115. マクナイは英国の大学の組織文化を分析して、大学スタッフの政策決定の自律性と、政策実行における自律性という2つの軸から、同僚制（collegium）、官僚制（bureaucracy）、法人制（corporation）、企業制（enterprise）という4つの類型に分類した。マレーシアの大学の組織文化は1960〜70年代に同僚制から官僚制に移行したと考えられる。詳しくは、江原武一・杉本均編著、2005、『大学の管理運営改革―世界の動向と日本の行方』東信堂を参照。

第7章　高等教育へのイスラーム・インパクト

(1) 高等教育とイスラーム的価値

マレーシアの科学高等教育

　1991年11月10日から13日にかけて、マレーシアの首都クアラルンプル郊外において、マレーシア国民大学（*Universiti Kebangsaan Malaysia*）とIAB（*Institusi Aminudin Baki*）の教官を中心に、「科学高等教育セミナー：21世紀へ向けての改革」と題する会議が開かれた。共催は文部省、言語文書局（*Dewan Bahasa dan Pustaka*）、ブリティッシュ・カウンシル（The British Council）などであった。このセミナーの目的は、「科学高等教育に関する見識を集め、必要とされている改革の枠組みを探り、科学界、産業界、国家および社会の希求する、科学の学徒を生み出すのに適した、独自の性格を持ったカリキュラムを開発するためのガイドラインを用意すること[1]」であった。セミナーの最終決議としてまとめられた、包括的改革要件は次のとおりであった[2]（太字引用者）。

　(1)産業および国策分野における大卒者の継続教育を拡大する。
　(2)実務訓練、現職訓練の質の向上。
　(3)**高等教育機関に科学教育哲学**（*Falsafah Pendidikan Sains*）**を導入する。**
　(4)自然科学系カリキュラムを国家の要請に応える人材の開発に向けて改善する。
　(5)大学のカリキュラムを高校等のそれと接続性を持たせる。(以下略)
　(6)様々な関連事業分野への貢献に意欲的な科学者を養成する。(以下

略）

(7)大学生に倫理観に基づく科学文化（*budaya sains*）**を持たせる努力をする。**

　各国の教育改革の目標によくみられるいくつかの項目と並んで、国家の要請が色濃く反映していること、そして、高等教育段階、特に自然科学系教育に哲学や倫理指導を導入しようとしていることがこの決議の特徴である。このセミナーに寄せられた論文のうち2編が「国家科学高等教育哲学（*Falsafah Pendidikan Tinggi Sains Negara*）」という題目であった。本来没価値的な事実の追求を行う科学と形而上学的な哲学が結びついただけでなく、さらにそれに国家と高等教育という2つの限定辞が加わっている。その論文のひとつで、アーマッド・サイド（Ahmad Mohamad Said）は、

　「我々の到達した結論は、マレーシアにおける科学高等教育は、再吟味が必要である、ということであった。2020年に向けての国家目標を達成するのに必要な科学と技術だけでなく、より重要な上述の学問を支える原理と世界観をも含めて、包括的な吟味が行われることが必要である。我々には、高度な知識源としての啓示やその基礎としての倫理、そしてその目的としての人間教育、これらを想定する認識論と調和的な諸原理のうえに構築される、新たな学問構想を実現させることが必要である[3]」

と提起している。また同セミナーの参加グループ、バハルディン（Baharuddin）、タジュール・アリフィン（Tajur Arifin）、アーマッド・ホジ（Ahmad Hozi）は次のように述べている。

　「これまで多くの批評家は、途上国、とりわけイスラーム教徒グループの文化は、科学および科学技術とは縁のないものであると観察してきた。イスラーム文明の歴史からわかるとおり、その見解はイスラームにとって受け入れることはできない。そればかりか、ヨーロッパにおけるルネッサンスの勃興ですら、中世のヨーロッパ人とイスラーム教徒との交流によって生まれたのである[4]。上述の希望を実現

するために、科学および科学技術の学習と教育は、イスラームとの関係を強化するという基本に基づくことが望ましい。これらの基本とは、

(a) 人間は「動物／哺乳類」として分類されてはならない。
(b) すべての学問は神に源を発しており、人間はその一部を知ることができるにすぎない。
(c) 人間は感覚や合理的思考から絶対的な真実を知ることはありえない。
(d) 科学教育と学習は価値の側面から引き離されてはならない。また自然科学は宗教と矛盾するかのように伝えられるのは適切ではない。
(e) 科学および科学技術は社会と密接な相互関係が存在し、人間自身を含めて、全生命の自律のために、健全な自然環境を永続化させることを目的としなくてはならない[5]。」

本章ではこの「国家科学高等教育哲学」の内容を分析する作業を通じて、マレーシア独自の高等教育事情と、その背後にある歴史の転換と世界的思想潮流の存在について検討することにする。

国家教育哲学

まずこの「哲学」の内容に触れるまえに、マレーシアは「国家教育哲学」を公式に持つ国であることを説明しておかなければならない。マレーシアでは文部省を中心に教育を国家的に定義する努力を独立以来行っており、1961年の「教育法」に盛られた「国民教育原理 (*Dasar Pelajaran Kebangsaan*)」、1969年の「国家五原理 (*Rukun Negara*)」、「新経済政策 (*Dasar Ekonomi Baru*)」、1971年には「国民文化原則 (ルクヌガラ：*Dasar Kebudayaan Kebangsaan*)」を定め、教育制度が国家・国民の要請に応えるためのシステムであることを繰り返し強調してきた。1980年代後半の急速な経済成長による教育の大衆化と教育荒廃および、イスラームの復古主義的な原理主義運動の世界的高まりの影響を受けて、この頃からマレーシア政府

は、政府の機関を使ってイスラーム的価値を植え込む、穏健な形のイスラーム化に着手した。

　国家の発展計画へのイスラーム的価値の完全な包摂を求める公的な要請は1986-90年の「第5次マレーシア計画」に初めて織り込まれた。当時のマハティール(Mahathir Mohamad)首相はその序文で、「物質的発展と精神的発展の調和は国民の福利のために継続して強調されるであろう[6]」と確信を述べている。1988年、同首相と元イスラーム青年運動(ABIM)指導者で当時の文部大臣、アヌワール・イブラヒム(Anwar Ibrahim)のもとで、国民教育の道徳的基礎を確立するための指針として、「国家教育哲学(*Falsafah Pendidikan Negara*)」が起草された(太字引用者)。

　「[国家教育哲学] マレーシアにおける教育とは、個人の可能性を総体的・統合的に発達させ、知的・精神的(霊的)・感情的・身体的に調和がとれ、**堅い信仰と神(Tuhan)への献身精神に基づいた**個人を生み出そうという、継続的な努力である。このような努力によって生み出そうとするマレーシア国民とは、教養と能力に富み、高い道徳的水準を保ち、高度な個人的生活レベルを維持する能力があるだけでなく、社会や国家全体の調和と進歩に貢献できる人材である[7]。」

　単純な類推を行えば、「国家科学高等教育哲学」とは、この「国家教育哲学」を高等教育の科学の分野において実践することとなる。しかし、ここに重大な問題が生ずる。なぜなら、神への堅固な信仰と道徳的実践が、高等教育機関の研究・教育現場においてどのように実践されるのか、またその信仰とは具体的に何かという問題である。高等教育機関の科学教育は、他の教育段階とは異なり、最先端・未解決の科学分野も含めて、学生が将来の科学的問題の解決と探求に応用・発展が可能な形で、創造的・批判的思考、合理的・理論的推論ができるような知識と経験を与える場である。以下マレーシアの高等教育へのイスラーム的価値と国家的価値の浸透の事例についてみてみる。

高等教育へのイスラーム価値の反映

　高等教育の分野では、統合的なイスラーム的基礎に基づいた哲学を最も早くから表明していたのはマレーシア工科大学(UTM)であったといわれる。同大学の副学長、アイヌディン (Ainuddin bin Abdul Wahid) は、今日のマレーシアの社会・道徳的困窮に対する精神的解決策を声高に唱導しているが、彼は、高等教育機関は、「自らの創造者と社会に対して責任をとれる有能な技術者を養成する」ことを目指している、と述べている。したがって、すべてのムスリム学生は、イスラーム問題、倫理、法および社会を扱うイスラーム教育プログラムに参加することが義務づけられ、合格が卒業の必修単位とされる。非ムスリムは道徳および倫理のコースをとることが要求されている[8]。

　マレーシア国民大学(UKM)のカレンダーにも、大学の教育哲学という表現がみられ、それによると、「アッラーへの信仰と有益な知識 (*ilm*) を統合し、理論と実践を収斂させることが、学問（事実追求）の発展、高い教養を備えた社会、そして大学の存立の第一の基礎である[9]」とされている。この場合、大学教育哲学は、ブルバッハーのいう学究的哲学と政治的哲学の結合したものであるが、力点は前者にある。一方、マレーシア理科大学(USM)の設立に際しての「3つの基本的考慮」やマレーシア・プトラ大学 (UPM) のカレンダー[10]によれば、それらの設立趣旨ははるかに社会的・国家的貢献に力点が置かれている。リム (David Lim) も、マレーシアの大学の役割と目的が、国家的要請に強く規定されたという意味で、「消費者のもの」というよりは「生産者（設置者）のもの」という認識がされてきたことを指摘している[11]。

西洋合理主義科学への懸念

　ここでもう一度、冒頭のセミナーの「国家科学高等教育哲学」と題された論文のひとつに戻ることにする。

　「独立まもない国家であるマレーシアは、先進国を目指すビジョン

を達成するために、現在急速に発展しつつあり、科学と技術をきわめて必要としている。具体的には2020年に達成することが目指されている、国家発展構想、先進国家ビジョン2020 (Vision 2020/*Wawasan 2020*) が打ち出されているが、この統合的な発展概念を既存の高等科学教育の観点からみると、両者の間には不調和やさらには矛盾が存在する。(科学教育を含めて) 高等教育の目的は、精神・知性・身体のバランスのとれた人間を生み出すことで、科学教育が知性 (合理性) と物質性にのみ焦点をあてていたのでは、この目的は達成されない[12]。」

セミナー参加者の多くの心底にあるのは、西洋合理主義とその申し子である没価値型科学への疑念とその暴走への懸念である。他の論者も現在の大学科学教育の問題点について次のように述べている。

「科学は実際には価値的に中立ではありえないのに、学問が没価値的な状態に平準化されて教えられている。このことは自然科学および工学の分野や経済学の分野では多かれ少なかれ起こっているが、実際にはこの状態はすべての分野についていえるのである。この問題は、思想、認識論、倫理学、哲学の発達史の問題を論ずる理科系コースが存在しないことによって深刻化されている[13]。」

西洋合理主義科学は実証主義哲学に基づいており、仮説は実証的に検証され、証明されて初めて事実・法則・理論として受け入れられる。この哲学は4つの基本的前提に支えられており、すなわち、①合理性 (rationality)、②客観性 (objectivity)、③再現性 (retestability)、④中立性 (neutrality) があり、それらが保証されて初めて事実として受け入れられる。このうち最も中核をなすのが、③再現性もしくは検証可能性であり、同じ条件、同じ手続きにおいて同じ結果が出るということが、他者によって検証 (検算) されるか、少なくとも検証が可能な情報が提供されていることが必要である。

一般に科学界では日夜「没価値的な」真実の追求がなされているというが、すでにそれを追求すべきか否かの決定において、またどの「真実」を

追求すべきなのかの選択において、すでに没価値的であることは難しい。科学者の研究意欲や研究方針に影響を及ぼしている様々な価値をここでは、大きく、①知的価値（好奇心）、②経済的価値、③倫理的価値（政治・宗教・思想を含む）に分けて考察してみる。ただしこれらの境界は曖昧で、例えば、科学者は純粋に知的関心から研究を行っていても、その研究を可能にした資金の性格や研究テーマの選択に、外的な要素が影響を与えていないという保証はない。また、上記３つの価値範疇のいずれによって、科学研究が導かれることが望ましいのかについて、我々は定まった答えを全く持ち合わせていない。

　例えば、営利的企業内で科学的研究が行われる場合、新技術などの開発には応用（可能）性・市場価値性が重視されるため、研究の意志決定に影響を及ぼす要素としては、消費者に受けない倫理的判断は抑制され、経済的判断（市場原理）が支配的となる。科学者や研究活動の経済的価値への従属の弊害の例として、公害の発生や、利潤や利便性の追求に基づく無責任な自然環境の大規模破壊の危険があげられる。

　それでは、科学者は純粋な知的好奇心に基づいて研究（事実の追求）を行うことができれば、最も幸せであり、社会的にも望ましいことなのであろうか。これも必ずしもそうとはいえない。現代科学の急速な発達はその最先端において、人間の尊厳や人格の問題に直接抵触するレベルにまで至ろうとしている。例えば、人間の遺伝子組み換えや、男女の生み分け、脳死・安楽死、臓器移植の問題のように、我々の生命観や人間性の根源に抵触する問題が数多く起こってきている。科学（知の追求）およびその応用において、強力な倫理的指導の必要性が主張されるのはこのような場合である。

　しかしまた、我々はその倫理的（宗教的・政治的）理念に強く指導された科学が、ある環境やある条件で暴走し、引き起こした悲劇的な事例もいくつか目にしており、歴史的にもその例に事欠くことはない。倫理・宗教・政治的な価値（③）は、前二者に比して人為的判断の要素が大きく、

多くのグループの価値基準を調整することが困難で、普遍的・全人類的視野の指導を科学に及ぼすことができるかどうか、という問題がある。

マレーシアを含めたイスラーム社会の一部の科学者は、そもそも科学研究が没価値的であることが難しければ、その放置によって地球環境や人間の尊厳が破壊されるまえに、最も指導的で有益な価値観によって正しく誘導されることのほうが望ましいと考えるようになった。このような体系的・倫理学的な枠組みのなかで、無視できない影響力を持つのが「イスラーム科学(Islamic Science)」と呼ばれるものである。マレーシアにおける高等教育での価値教育実践の展望と思潮をみるまえに、次節ではまず、この「イスラーム科学」について概観する。

(2) イスラーム科学の世界的復興

イスラーム科学とは

「イスラーム科学」について、まず概略の理解のために論者の間に共通の部分で概念を示せば次のように表現できる。

「イスラーム的政体の目標をともに目指し促進する科学であり、そのプロセスと方法論がイスラーム的精神に合致している科学、ムスリム社会の要求と要請を満たすような科学、自己のためでなく、アッラーの喜びのために行われる科学である[14]。」

科学に対するイスラーム的アプローチとは、科学と技術の西洋的設定をイスラームの道徳および文化的価値によって調和させようとする試みである。このアプローチによれば、科学的方法は、「知る」ためのひとつの方法にすぎず、直感(intuition)や啓示(revelation)による他の方法にも同等の重要性を与えるべきであるとされる。それはまた知識の獲得の手段としてだけではなく、創造者の「あらわれ(signs)」を鑑賞する手段としての、科学の追究を強調する[15]。本邦でも黒田壽郎(1983)は次のように述べている。

「欧米の科学は宗教と対立する形で発展し、聖俗分離の後遺症はいまだに継続されているが……、聖俗を二分せず、そこにも一化(tawhid/タウヒード、神の唯一性論)の観点を貫くイスラームは、本来聖なるものの追究と、俗なるものの追究を区分せず、むしろ科学的追究を宗教のなかに含みこんでいる。科学は宗教を補完する学であり、物質とエネルギーを発現形態を異にする同根のものであるというような、アインシュタインの発見は、むしろイスラームの見解を補強するものに他ならない[16]。(括弧内引用者)」

こうした「イスラーム科学」の主張の出現は、マレーシアを含めてイスラーム社会における1980年代以降の「イスラーム再興運動(Islamic Resurgence)」の高まりと無縁ではない。それは、

「イスラーム的価値、イスラーム的実践、イスラーム的組織、イスラーム法の再興、イスラームの実体を、すべてのイスラーム教徒の生活のなかに再現しようとする努力である。それはクルアーンとスンナに導かれたイスラーム的人間存在のなかにイスラーム的社会秩序を再構築しようとする試みであった[17]。」

このような思潮のなかで、イスラーム社会の科学者の近年の意識変化についてのジアウディン・サルダー(Ziauddin Sardar)の次の記述は興味深い。1980年頃までは、たいていのムスリム科学者は科学における倫理やイスラーム科学の概念について語るのを避けていた。この躊躇の理由について、サルダーはトルコ人の科学者の説明を紹介している。彼は、

「科学とイスラームの間の関係に、私は明らかに私なりの意見を持っているが、私はこの問題について仕事場や、科学的もしくは公的集まりの場で論じようとは思わない。これは仲間内での尊敬を失い、孤立し、狂信者とラベルを貼られる最も速い方法であった。実際には、そのような議論をすれば、科学者としてのキャリアは終わりであった[18]。」

それがここ数年(1980年代後半以降)のうちに全く状況が変わってきた。

サルダーは雑誌『ネイチャー』の依頼を受けて、この分野について、全地球的なミドルベルトにおいて調査を行ったところ、イスラーム科学はその宗教や倫理的関心について、より積極的な主張をするようになっており、イスラーム科学について話すことは、外聞をはばかるようなことではなくなっていた、という[19]。

中世イスラーム科学

　イスラーム科学について整理する際には、まずこの術語の多様な使われ方に留意しなくてはならない。その最初の留意点は、中世、中近東・北アフリカ・イベリアにおける自然科学・哲学・歴史研究の隆盛期を指していう「中世イスラーム科学」と、近年のイスラーム的倫理価値に指導された科学のイスラーム的解釈の潮流、すなわち「現代イスラーム科学」の相違についてである。多くのイスラーム科学史の記述のかなりの部分を占める、華々しい中世イスラーム科学者の業績と列伝（例えばアル・キンディ (Al-Kindi, 801-873)、アル・ラジ (Al-Razi, 865-925)、イブン・シーナ (Ibn Sina, 980-1037)、イブン・ルシュッド (Ibn Rushd, 1126-1198)、イブン・ハルドゥーン (Ibn Khaldum, 1332-1400) など）は、イスラームの世界史における存在性と偉大性を示す重要なプロローグである。

　またこれまでの西洋科学史の研究が、その文明的発達に対する貢献において、イスラーム科学者の業績を不当に過小評価してきたこと。多くの科学史の著作において、説明がギリシアからルネッサンスへ一気に飛躍し、その間の時代が不毛の時代であったかの印象を与えてきたのは事実である。この時代の功績は、ギリシアの遺産を守り、本来の正当な継承者であるポスト・ルネッサンスの科学者に科学を受け渡したにすぎない、という、イスラーム＝「ベルト・コンベイア理論」への見直しを求める主張があるのももっともなことである[20]。

　中世イスラーム科学者は、ギリシアの科学と哲学を受け継ぎながら、それまで行われてこなかった、観察と実験に基づいた調査・研究を行い、

なかには実験室を持つ科学者も現れた。また彼らは初めて知識の体系を法則としてとらえ、仮説に基づいた検証実験や観察を行ったという[21]。しかし中世のイスラーム科学は、錬金術などの迷信や呪術とも完全には訣別しておらず、西洋の近代科学の隆盛と弊害を知ったうえでの「現代イスラーム科学」とは区別されるべきであろう。イスラーム黄金期の科学の貢献について再評価を行うことは全く正当なことであり、それはイスラーム教徒の科学者の自尊心を高めるためには有効ではあるが、そのことが「現代イスラーム科学」が当時の科学と同じであることを意味しないし、また当時の「イスラーム科学」の「偉大さ」を、現代の「イスラーム科学」の「偉大さ」と同一視するわけにはいかない。したがって、西洋近代科学に対するアンチテーゼとしてのイスラーム科学を分析しようとする本章においては、これらの歴史的過去はその事実のみの認識にとどめ、前者は「紀元650年から1500年の時代にイスラーム文明において行われていた科学」と定義して、現代において再興の兆候をみる「イスラーム科学」とは区別することにする。

「現代イスラーム科学」

　以上のような前提に基づいて、近年それも1980年代以降の、「現代イスラーム科学」に議論を限定しても、その意味するところは論者によって多様で、さまざまな混乱も生じている。本章では、ホッドボィ（P. Hoodbhoy, 1991）、サルダー（Z. Sarder,1989）、ロー（S.P. Loo, 1995）のレビューに基づいて、近年イスラーム科学を推進してきた主要な4つの指導的立場について、比較整理する[22]。

①ブカイユとブカイユ主義

　近年のイスラーム科学の再興といわれる現象において、その発火点ともいえる功績を残したイスラーム科学者は、フランス人外科医、モーリス・ブカイユ（Mourice Bucaille）であろう。彼は聖クルアーンこそはすべ

ての科学的知識の源であると考え、黙示（啓示）の本である、クルアーンの章句から多くの最新の科学の発見が見出されたと主張した。彼によれば、現代の最も厳密な科学観から聖クルアーンを読むと、章句はどれひとつとして科学に矛盾することはなく、逆に現代になって初めて知られるようになった多くの法則や事実がクルアーンのなかにすでに書かれているという。

　ブカイユの所期の目的は、クルアーンの記述が伝えられた当時には不明確もしくは意味不明であったものが、近年の科学的発見や発展によって深い意味を持つことがわかったことを示すことによって、クルアーンにあるといわれる科学的誤謬論に反論することであった。しかし、彼の研究は非常なセンセーションを巻き起こしたため、それに続く研究者は、彼の意図を越えて、クルアーンの科学的妥当性を示そうとする方向に向かった。ブカイユ主義と呼ばれる人々のなかには、例えばハク (Haq) のように、「クルアーンの記述には相対性理論と量子力学の原初的記述がみられ」、クルアーンがビッグバン理論を支持する証拠を示したり[23]、クダ (Khuda) は生命における水循環、地球の地質的発達、生態系の発達などの近年の理論を支持する「証拠」をクルアーンから整理して導き出すなど[24]、あらゆる科学的分野の成果について、クルアーンの章句の含蓄が検討された。

　ブカイユ主義者たちの研究はイスラーム世界に大きなインパクトを与えたが、同時にその主張はもろ刃の剣であった。すなわち、彼らがクルアーンに見出した最新理論は、すべて後知恵の回顧であり、現在問題になっている理論や未解決の問題には明確なヒントは与えなかった。さらに、例えば、クルアーンがビッグバン理論を支持したと言明した場合、将来そのビッグバン理論が新たな科学的発見によって否定・修正された場合には、それを支持したクルアーンそのものの正当性に傷をつけかねない。しかし、彼らの努力がイスラーム科学の再興に光明を与えた功績は否定できないであろう。

第7章　高等教育へのイスラーム・インパクト　233

　サルダーはブカイユ以後のイスラーム科学の潮流として、次の4つの学派に分類している。ひとつはナスル (Seyyed Hossein Nasr) を中心とするイラン・シーア派系学派、第二はインド系のムスリム先端科学学会 (MAAS) のグループ、第三はサラム (Abdus Salam) をはじめとする、イスラーム的香りを持つ、普遍的・価値中立的科学を支持する、パキスタン系のグループ、最後にサルダー自身、自らを第4のグループに入れてイジュマリ学派 (Ijmali school of thought) グループと名づけている[25]。

②アブドゥス・サラムとイスラーム近代派

　まず第一のグループとしては、パキスタンの科学者、アブドゥス・サラムが有名であるが、彼は現代イスラーム近代派 (Modernism) の指導的唱導者として、合理主義的方法論に立って物質世界を理解しようとする科学と、神学的（認識論的）方法論に立って精神世界を追求しようとする宗教は、目的と方法論において補完的(無矛盾)ではあるが分離している、として両者の融合を否定している。サラムは優れた量子物理学者であり、1979年にワインバーグ (Steven Weinberg) およびグラショウ (Sheldon Glashow) らとともにノーベル物理学賞を受賞し、イスラーム科学者で国際的に最も有名な人物となった。パキスタン人としてサラムは第三世界、とりわけイスラーム諸国の貧困、飢餓、低開発に高い関心を持っており、かつて科学の黄金時代を築いたイスラーム世界において、現在科学的発展が最も貧弱である現状を深刻に憂えていた[26]。

　サラムはイスラーム科学という術語そのものを用いることを好まなかったが、イスラーム国家における科学者の性格は他の諸国とは異なる、という意味で「イスラーム政体における科学」という概念を用いていた。クルアーンは人間が知識を追求することを完全に支持しており、イスラーム教徒の科学者は知識の追求と、人類の状況の向上のためにそれを応用することは科学者の義務であり、固有の能力であると考えた。しかし、その遂行は合理主義的な方法論により、認識論的な問題への介入を

避け、逆に科学者集団も国家・宗教からの介入を否定して、独自の自治権を保持することを主張した。彼の継承者であるホッドボィは次のように結論している。

「科学と宗教は互いに補足的であり、矛盾しないことは認めるが、精神界と自然界の境界線は明確に引かれなくてはならない。宗教と科学の領域を分離する際に、科学は物質世界を理解するために合理性によって構成されていることが認識されねばならない。一方宗教とは、『なぜ宇宙は存在するのか』とか『人生の目的は何か』といった、科学の守備の及ばない範囲にある問題に関して、理由を問うことを放棄することを合理的に納得させること (a reasoned and reasonable abdication of reason) である。これらの2つの領域が重ならない限り矛盾は存在しないのである[27]。」

イスラーム近代派は宗教と科学を目的論的に相互不可侵の位置に置いたことで、宗教教義と科学的事実や発見との間に常に生ずる矛盾を説明しようという、これまでの宗教科学者の重責から解放されることになる。その一方で、イスラーム科学とは、イスラーム政体（国家）における、あるいはイスラーム教徒科学者の追求すべき科学的行動という世俗的意味に後退することになる。また科学研究の方法論を宗教的方法論から分離したことによって、本節の冒頭で述べた、科学の暴走に対する倫理的コントロールの問題を未解決のまま残すことになる。

③サイド・フセイン・ナスル

続いて、第三のグループの代表は、正統派イスラーム (orthodox Muslim) の学者として最も名高い、イラン生まれでアメリカに渡り、MITで物理学学士号、ハーバード大学で歴史学博士号をとったナスル (Seyyed Hossein Nasr) であろう。彼はイスラームと近代科学が両立するとした、イスラーム近代派を批判し、近代科学は今日イスラームの信仰を髄まで食い尽くしつつある一種の癌である、と主張した。

「近代派イスラーム科学者の弁明的な著作は、近代化論者におもねり、イスラームが『近代的』事象であることを示すためならどんな対価でも支払うつもりのようである。真にイスラーム的な科学は究極的には、神聖であって人間の理性を越えた知性から導き出す以外にはない。この知性の中心地は頭にあるというよりは心にあり、理性（reason）とは精神的水準に投影される知性の影にほかならない[28]。」

彼によれば、科学の合理性への強調の置き方は度を越しており、認識論的にあまりに排斥的であり、科学的証明に頼っていては宗教的真実には到達できない。科学主義は事柄が合理的に証明されない限り、そして証明されるまでは、それを事実として受け入れない。このような態度はイスラーム社会における宗教的価値を侵害している、というのがこの立場のグループの主張である。

ナスルはタウヒード（tawhid）の概念に同意するイスラーム科学の一派に属している。タウヒードはイスラームの最も基本的な概念で、アッラーの統一(唯一性)を意味している。それは「アッラーは誠にアッラーであり、他の何者でもないこと。そして彼は唯一絶対に卓越的であり（transcendent）、認識論的・価値論的に（axiologically）究極の存在である」という信念である。タウヒード原理はさらに様々なイスラーム概念に拡張されて適用される。すなわち、聖と俗の非分離から、宗教と科学の一化、真実と知識の統合が導かれ、また精神性と肉体性の非分離から、生命と霊の一化などが演繹される[29]。ナスルとその最も優れた支持者であるバカール（Osman Bakar）が奉ずるイスラーム科学の分派は、真実と知識の一化にきわめて大きな重要性を置く。イスラーム科学におけるもうひとつの立場は、後にみるように、生命と霊（精神）の一化により大きな力点を置いている[30]。

科学における真実と知識の統一性教義を推進するイスラーム思想の学派は2つの種類の知識（ilm）を区別する。ひとつは絶対的で無誤謬な知識であり、それらは神に属するもので、完全な確実性を持つ。もうひとつ

は特定の手続き(プロセス)によって有効なものとなる合理的知識である。ナスルによれば、前者とは直感や啓示によってもたらされる知性であり、宇宙現実の内的意味を探求するための手段となりうる。一方、後者は客観的な分析を越えることができないという「限界」を持つ。

「イスラーム教育とイスラーム科学は、ともにイスラーム的啓示の原理と、聖クルアーンの精神に緊密な形で関係している。ある弁証学者がこの聖なる本を近代的な意味での科学の教科書にしようと主張したことからもわかるように、クルアーンには伝統的イスラーム的観点からみて、すべての知識の源を含んでいる。クルアーンは知の宝庫であり、『見極め』の書であり、『すべての本の母』である。したがって、クルアーンという神の言葉が、すべてのイスラーム教育とイスラーム科学の源であり、目的であり、そのインスピレーションであり、導きであるという意味で、アルファーでありオメガであったというのも不思議はない[31]。」

ナスル主義はこのクルアーンにおける啓示的知性に絶対的優位を認めつつ、近代科学の経験主義の成果を融合させようという試みである。この立場の発展には2つの形態が考えられる。すなわち、認識論的な理念を科学的(合理的)方法論によって補強しようとするものと、逆に物質的・物理的自然現象をイスラーム的知識によって説明しようとするものである。前者の例として、ホッドボイはクレシ(M.M. Qureshi)が1983年のイスラーム科学学会に提出した論文を紹介している。それによれば、イスラームの祈りを同時に行う者の数と、それによって与えられる聖なる恩寵(*sawab*)の相対的量の関係は図7-1のような指数関数によって表されるという[32]。

これによりモスクで祈りを行う者の数には適性規模があることがわかり、それは世界の名高いモスクの収容人員に近い3,000人ほどであると結論している。

一方、カリファ(Rashad Khalifa)は、クルアーンの神聖な性質を数論理

(a)

1人あたりの精神活動 ＝ $\left\{\dfrac{N}{N_0}\right\}^{1.22} \Big/ \left\{1+\left\{\dfrac{N}{N_0}\right\}^{2.22}\right\}^{-1}$

(b)

総精神活動（恩寵量）＝ $\left\{\dfrac{N}{N_0}\right\}^{2.22} \Big/ \left\{1+\left\{\dfrac{N}{N_0}\right\}^{2.22}\right\}$

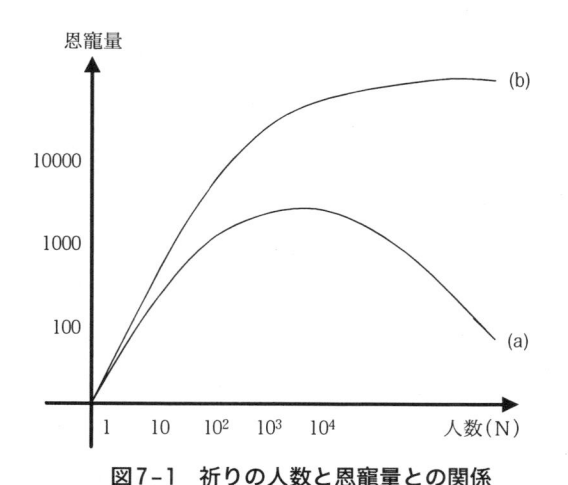

図7-1　祈りの人数と恩寵量との関係

学的に証明しようと試みた。彼の計算によれば（その多くは統計的に操作されていたが）、クルアーンの多くの章句が19の倍数の文字と単語を含み、クルアーンの全章の最初の文字の数的値を足すとすべて19の倍数になることを発見した。彼はこの発見を知的感動にとどめず、これによって自分がアッラーとの直接のコミュニケーションを持ったと宣言し、イスラーム科学者の多くの追従を得ることに成功した。彼は最後には未来についての粗野な予言を行い、クルアーンの一部も（自分の統計的操作に適合しない部分はすべて）にせものであると主張し、預言者モハメッドを非難し、自分こそが真の預言者であると宣言するに至った[33]。

彼の暴走はともかく、これらの試みは聖典や教義にある抽象的内容を科学的数式に置き換えたり、クルアーンの完全性や美しさを統計学やコンピューターを駆使して証明しようとする2つの流れにまとめられる。前者は科学としての実証可能性を欠いており、科学という名で呼ぶことはできない。一方、後者はあくまでイスラーム研究を越えるものではない。例えばシェークスピア作品の全単語をコンピューターに打ち込んで分析しても、それは「シェークスピア科学」とはいえないのと同様である。ごく近年においても、一部のイスラーム科学者は、アインシュタインの相対性理論を用いた天国の速度の計算や、クルアーンに登場する霊的熱体（Jinn）のエネルギー利用の方法などを、大真面目で学会に発表している[34]。近代派のホッドボイは皮肉を込めて、ほかにも地獄の気温や悪魔の化学的組成などの未開拓の分野をあげて、「イスラーム科学」の無限の可能性を讃え、これらがイスラーム研究に科学的な香りを持たせ一般人を驚かせるのには役立つが、それ以外ではイスラーム科学に対する著しい誤解と嘲笑を招いているにすぎないことに憂慮を示している。

④ジアウディン・サルダー

　一方、科学の方向性に対する、強力な倫理的指導をイスラーム教義をもとに行おうという、いま1人の論者は、前述の英国在住のパキスタン人ジアウディン・サルダーである。教義的立場としては前二者の中間の立場をとり、ナスルのアプローチに似て、タウヒードの概念に基づいているが、そのなかでも特に、人間存在の動物的側面と霊（精神）的側面の統合に力点を置いている。神の代理人として、中間的立場にある人間は、神の土地である自然環境（世界）の保護・管理を行う責務を負うとされる。したがって、人間の活動としての科学は、イスラームの道徳哲学に従属することになる。

　「タウヒードの概念から、キラファ（Khilafah）の概念が導き出される。すなわち人間は神に依存してはいないが、人間の行う科学および科学

表7-1　西洋科学の規範とイスラーム科学の規範の比較[35]

西洋科学の規範		イスラーム科学の規範	
1	合理性への信仰	1	啓示への信仰
2	科学のための科学	2	アッラーの喜びのための科学
3	事実を認定する唯一の方法	3	合理的証拠や啓示など複数の方法で事実を認定
4	感情的中立性	4	社会的・霊的感情移入は必要
5	不偏性	5	道徳的に良いものへの傾斜
6	客観的証拠のみが判断基準	6	純粋な客観性の否定
7	過渡的判断の回避	7	破壊的結果が予想される場合には緊急判断を容認
8	還元主義	8	融合主義
9	専門分化主義	9	全体的統括を重視
10	普遍主義(ただし科学の成果・名誉は発見者の独占)	10	普遍主義(科学の成果も全員が共有)
11	個人主義	11	共同体志向
12	価値中立性(善悪の判断を回避)	12	価値志向
13	知識の生産そのものが有価値	13	知識を神への理解に応用して初めて有価値
14	科学への干渉からの絶対的自由	14	道徳的・倫理的干渉を容認
15	手段は結果によって正当化される	15	禁止された手段による研究成果は無効

技術的活動に関して、神に対して責任がある。この被委託者としての人間には何ら固有の権利はなく、地上における旅人として、我々はこの訪問地の尊厳を維持し、保持するという責任を負うのである[36]。」

サルダーは西洋科学とイスラーム科学を表7-1のように比較している。彼によれば、西洋科学はその本質において破壊的であり、人類の福利にとって脅威であるので、科学は強力な規範的枠によって正しくコントロールされねばならない。その際、科学がその方向性の決定において従うべき、倫理的・道徳的指標は、イスラームの教義から導かれ、それらはすなわち、統合、(神の代理人としての)責任、信仰、知識、善行、禁忌、正義、恩情、公共利益、そして倹約があげられる。この理念が教育の場に反映されるためにはどのような教育改革が必要になるのであろうか。サルダーの見解を聞いてみる。

「イスラーム科学を体系的に再構築しようとする場合、それが我々

の教育システムのなかに統合され、その部分となっていることが必要である。科学の強さとともに、限界にも焦点をあて、倫理的、方法論的選択の領域について明確に記述し、科学を地域の環境や社会的および社会機構的な要請に関連づける、洗練された科学の教科書を編纂することが必要である。大学レベルでは、イスラーム認識論、哲学、科学史、倫理学は科学教育の欠くべからざる部分となるべきである。イスラーム科学という事業全体を前進させる、望ましいムスリム科学者が輩出することは、科学の倫理的次元への強調によって可能になる。教科書の編纂や新しいコースの導入は一回限りの経験ではない。それは常に継続的なプロセスである。我々のイスラーム科学に関する考えがさらに洗練され、我々の方法論や実証的作業について確信を持つようになれば、イスラーム科学は教科書に織り込まれ、学生のあたりまえの素質となるべきである[37]。」

イスラーム倫理の国家的限界

　サルダーの主張する、科学に対するイスラーム倫理哲学によるコントロールは、いかなる場合にも、世界の地球的環境破壊を阻止し、自然および社会環境を改善するうえで、有効であろうか。科学や科学教育への倫理的価値の導入についての関心が高まると同時に、科学が宗教的・政治的価値へ従属することによる弊害と危険性についても、警鐘となる事件が歴史的に何度も起こってきた。不殺生や非暴力をうたう団体が、「聖戦」とか「闘争」の名のもとに、組織的な破壊と殺戮を行ってきたのが、人類の歴史でもあるが、その手助けを行ったのもまた科学者であった。仮に我々は、イスラーム倫理哲学の無誤謬性を完全に認めたとしてもなお、一定の限界を予想することができる。それは、地球が非イスラーム世界はもとより、イスラーム世界に限っても、多くの国家に分裂し、主権が各国政府に握られているという現状で、イスラーム的倫理が各国政府によって定義されて、場合によっては衝突する可能性は否定できない

からである。ホッドボイは仮想的な例のなかで、皮肉を込めてこの危険性を指摘している。

「Irna と Irqa という国の間で恐ろしい戦争が起こり、両国とも神経ガスが必要となった。Irna の政府は科学者 A に、Irqa の政府は科学者 B にジフェニルクロロテトラジンの合成研究を要求した。2 人の科学者は、特に両国は同じ宗教を信奉していることもあって気が進まなかった。しかし、Muq 市にある最高宗教委員会は敵国は異教徒であるとする宣言を発した。同時に Dadbagh 市の信仰正義最高審判所はこの世の悪魔の再生を終結させた者には天国の扉が開かれるとアナウンスした。次の日の朝、心づくしの朝食（断食明け）の後、科学者 A と B は明確な良心に従って、それぞれの研究室でジフェニルクロロテトラジンの合成作業に口笛を吹きながら取り掛かった[38]。」

ここで明らかになる「科学のディレンマ」とは、科学およびその応用は、倫理的に放置されても、倫理的に強力にコントロールされても、人類全体の完全に安全な福音とはなりえない、という両面性であるといえる。次節においては、マレーシアの高等教育改革において、主張されてきている「科学のイスラーム化」とは、これら「イスラーム科学」の思潮のいずれと、どのように関連しているのか、またどのような実践が想定されているのか、どのような問題が予想されるかについて検討する。

(3) 複合社会マレーシアのイスラーム化

穏健なイスラーム化

ロンドンで出版されているイスラーム関係の月間雑誌『アラビア (*Arabia*)』の1986年11月号で、近年のマレーシアにおける比較的穏健なイスラーム化のアプローチを取り上げ、「我々の時代に見出すことのできる、イスラーム国家のモデルに最も近いものである」と評した。それはさらに次のように続けた。

「マレーシアは適度に繁栄し、高度に民主的な国家であり、人種的調和と国内治安のモデルでもある。それはまた徐々にではあるが、理想的なイスラーム国家という目的に向かって確実に進歩しつつある国である。人口の半数が非イスラーム教徒であるこの国は、このモデルを実現するにおいて、積極性を増し、ますます勢いづいている[39]。」

マレーシアはイスラーム教徒の地理的な世界分布からみても、また国内の宗教比率（イスラーム教徒人口56%）からみても、非イスラーム社会（もしくは世俗社会）との接点にあたるいわばフロンティアに位置している。中東のイスラーム国家やイスラーム社会で普通に行われている制度・慣行も、マレーシアではすべて他宗教や近代世俗社会の制度・慣行との接触を想定しての説明、調整、修正が必要とされることになる。それだけにマレーシアのイスラーム運動も各派の間の論争だけでなく、すぐ隣に接する世俗社会や他教徒との関係を念頭に置いて、どこまで許容するか、あるいは完全に隔離する方向に向かうかという、理論的・実践的な緊張と複雑性を伴っており、それがマレーシアのイスラーム運動の興隆を逆に支えてきた側面も無視できないであろう。

マレーシア政府は1980年代以降、マハティール（Mahathir Mohammad）首相の指導のもと、いくつかの世俗の機関とは別にイスラーム的機関を並行的に設置する、穏健な形のイスラーム化に着手してきた。イスラームに基礎を置いた価値を志向する社会に向けての意志表明は、1986-90年の第5次マレーシア計画に、国家の発展計画へのイスラーム的価値の完全な包摂を求める要請として初めて織り込まれ、教育の分野では1988年にはイスラーム的精神の浸透を目指す「国家教育哲学（*Falsafah Pendidikan Negara*）」も宣言された[40]（前出）。

「知識のイスラーム化」

西洋の科学技術の発展は人類の物質的生活水準の向上に著しい貢献をもたらしたが、精神的平和の達成にはいまだ満足にほど遠いものといわ

ざるをえない。イスラーム科学者はこの両者は表裏一体のものとして達成されねばならないと考えた。イスラーム高等教育および研究においては、無目的・価値中立的な研究や知識の追究は認められず、聖クルアーンとハディースの明示する、安寧でヒューマニスティックなイスラーム原理に導かれた世界の実現という、究極の目的に貢献するものでなくてはならない。マレーシアの国際イスラーム大学の学長アブドゥルハミド・アブスレイマン（Abdul Hamid A. Abu Sulayman）は次のように述べている。

「知識と思想の分野で西洋が達成した優位は純粋に知の（intellectual）レベルにおいてであって、聖なる啓示（Divine Revelation）とは全く無関係であることは明らかである。西洋の研究者は実験科学の分野で優れた業績を残したにもかかわらず、彼らは西洋社会に著しい不適応と不均衡が存在していることを否定できない。これは社会的な福利と個人的な欲望や利益の追求の間に起こる葛藤に、実証的方法では対処できないからである[41]。」

イスラームは「知識」の追求そのものを信仰行為とみなし、「知識」は「神の執事であり下僕である人間」の使命を遂行する重要な決定要因と考えている。「知識」によって、知恵と正義と敬虔さがもたらされ、神の存在の認識も導かれる。それゆえ「知識」の追求および伝達の場として、教育は決定的に重要なものとみなされ、それを媒介する教師は、「知識」の伝達者として尊敬されることになる。そして社会のイスラーム化には、この教育のイスラーム化、すなわち「知識のイスラーム化（Islamization of knowledge/disciplines）」は避けて通れない課題となる。先に検討した「イスラーム科学（Islamic Science）」に関する議論は、「知識」と教育をイスラーム化するために必要な教育内容であり、また科学、学問、研究、文明などをめぐるイスラームの観点、根本的な原理、世界観を凝縮させたエッセンスでもある。元国際イスラーム思想研究所（International Institute of Islamic Thought：IIIT）長、イスマイル・アル・ファルキ（Ismail Raji al-

Faruqi) は聖俗教育制度の統合を主張している。

　「イスラーム教育システムには初等・中等レベルのマドラッサや高等教育レベルのクリヤ (*kulliyyah*) やジャミア (*Jamiah*) があるが、これらは世俗の公教育システムや大学と統合されるべきである。それによって両者の長所、すなわちイスラーム的ビジョンと国家による財政的裏付けを新たな統合システムに備えることができる。ムスリムの生徒や学生の教育を非ムスリムの教師に託すという事態は継続されるべきことではない[42]。」

世界イスラーム教育会議

　マレーシアをはじめとする各国でのイスラーム教育制度の改革の動きは、1977年にサウジアラビアのメッカで開催された、第1回世界イスラーム教育会議 (First World Conference on Islamic Education) に大きな刺激を受けている。マレーシアはこの会議に積極的に参加しただけでなく、マレー人イスラーム哲学者アル・アッタス (Syed Muhammad Naquib al-Attas) 教授はこの会議の提唱者の1人であり、彼の思想は会議の中心的な位置を占めていた。そこではイスラーム教育の目的が次のように決議された。

　「教育は人間の精神、知性、合理的自己、情操、肉体感覚の訓練によって、バランスの取れた全人格的成長を目指さなくてはならない。(中略) 教育は人間の内面に、アッラーの真の執事として自己と宇宙を統治するための、創造的な刺激を喚起すべきである。そのためには自然と対決し葛藤するのではなく、自然の法則を理解し、その力を自然に調和した人格の成長に利用することが必要である[43]。」

　マレーシアの政府与党、連合党 (*Barisan Nasional*/National Front) は、主として3つの穏健な民族別政党の連合体からなっている。すなわちマレー人による連合マレー人国民組織 (United Malay National Organization：UMNO/アムノ)、華人による馬華公会 (Malayan Chinese Association：MCA)、

そしてインド系によるマラヤ・インド人会議（Malayan Indian Congress：MIC）他であり、この3党で連邦議席192のうち110を占めている（1995）。野党にはマレー系イスラーム政党である汎マレーシア・イスラーム党（*Parti Islam Se-Malaysia*：PAS）、華人系の民主行動党（Democratic Action Party）などがある。

　マハティール首相(当時)は1970年までのUMNO党員時代は極右マレー(ultra-Malay)として知られ、その著作はいまだ未成熟な民族関係に有害であるとして発禁処分を受けた人物であったが、1981年の首相就任以来、国家機構の近代化と効率化とともに、マレー人の地位の向上とイスラーム的価値の浸透に尽力してきた。とりわけ、1983年マレーシア・ムスリム青年同盟(*Angkatan Belia Islam Malaysia*：ABIM)の指導者であったアヌワール・イブラヒム(Anwar Ibrahim)を内閣に迎えて以来、数多くのイスラーム化政策を実施に移してきた。そのなかのひとつが「政府機構のイスラーム化(Islamization of Government Machinery)」政策である。

　「（政府機構の）イスラーム化とは政府にイスラーム的価値観を植え込むことである。このような教化は国家レベルでのイスラーム法の導入とは同じものではない。イスラーム法はムスリムのための法であり、いわば私的な法である。しかし国家の法律は、イスラームに基礎を置いてはいないが、イスラーム的原理に反する形で運用されてはならない[44]。」

　UMNOは複合社会の政権党として、野党PASやその他民間イスラームグループの「イスラーム国家」政策や理念とは距離を置き、公式に「イスラーム国家」への移行に言及したことは一度もなかった。しかし近年UMNOはイスラーム主義化の度合いを深め、1983年には自らはマレーシア最大のイスラーム政党であることを宣言し[45]、1988年には首相が「マレーシアのイスラーム政府(Malaysia's Islamic Government)」という表現を使い[46]、同年末には、首相自ら、講演で過激なイスラーム主義とイスラーム原理主義は異なることを説いたうえで、自分自身も「イスラーム

原理主義者」であると公言するに至った[47]。

マレーシアのイスラーム・ディレンマ

マレーシアの外交政策にも1980年代以降、親イスラーム政策が反映され、例えば1983年には、政府はこれまでマレーシアの基本的な2つの外交軸であった英連邦(Commonwealth)と非同盟諸国(Non-Aligned)という位置づけの上位に、イスラーム諸国機構(Organisation of Islamic Countries)を置くことを宣言した。また1992年以降、ミャンマー、ボスニアなど世界各地のイスラーム教徒抑圧政策をとる国家に対する抗議活動を行い、さらに1993年、マハティール首相は正式にイランを訪問し、全地球的なイスラームの統合と団結の促進に同意したことなどはその例である[48]。

ABIM出身でかつてのマレーシア副首相アヌワール・イブラヒムは次のように語った。

「今日我々が直面している問題のひとつは、我々の教育システムにはイスラームについての統一されない見解が混在していることである。我々のシステムでは、理科や数学といった『世俗』の科目に、イスラーム的教育概念や価値観がまだ十分に取り込まれているとはいえない。我々はまた、イスラーム文明やイスラームの様々な側面に関する教科書といった、基本的教材や設備に欠けており、イスラーム的視野を持った大量の教師の養成も必要である。私が文部大臣を務めていた頃から徐々に事態は改善されてきているが、我々の教育システムにはさらなる変革が必要である[49]。」

マレーシアのイスラーム教育者もしくはイスラーム主義者にとって最大のディレンマもしくは懸案は、イスラームがマレーシアの国教でありながら、イスラーム教育やその改革運動が独立以来常にマレーシアの公教育制度やその改革の周縁的な事項としての地位しか与えられてこなかったことであった。イスラーム教育はマレーシアの教育制度に早くから取り入れられてきたが、それは非イスラームの学生が道徳教育を受け

ている時間に[50]、分離された教室でイスラーム教徒の学生だけが学ぶもので、その内容も多くのイスラーム主義者からは、イスラームの儀礼的・知識的側面に片寄っていると考えられてきた。しかも学生・生徒が一歩イスラーム教育のクラスを出れば、そこはクルアーンもシャリアもない世俗の社会で、進化論や人類の起源などの特定のトピックは近年慎重に避けられてはいるが、一般的には西洋合理主義と物質主義に基づく「科学」が、大学であれば、経済学、法学、生物学、物理学といった科目の名のもとに教えられており、学生・生徒はその要求に合わせてレポートを書き、試験の設問に答えなければならない。これはイスラームの再興運動の高まりのなかで、多くのイスラーム主義者や教育者のいらだちとなっていた。

(4) マレーシアのイスラーム教育の展開と復古主義的運動

マラヤの伝統的イスラーム教育

　マラヤ・マレーシアにおけるイスラーム教育の歴史を論ずることは本章の目的ではないが、イスラーム教育と世俗教育との接触という観点から簡単にその概略をみてみたい。マレー半島へのイスラームの伝来は、記録によれば15世紀初頭、アラビア文字の碑文から14世紀初葉にはすでにその影響が認められるが、原初的なイスラーム教育はそれとともに発生し、遅くとも16世紀には、イスラーム寺院マスジド（*masjid*）で行われる宗教教師の訓話や聖クルアーンの朗唱、アラビア語・文字の読み書きの教授という形で行われていた。より組織的な学校形態をとるのは、遅くとも19世紀初期のポンドック（*pondok*＝小屋）私塾が、さらに20世紀初頭にはマドラッサ（*madrasah*）と呼ばれる教育施設が各地に成立してからである[51]。

　ポンドックとは宗教教師の家の周囲に各地から集まった生徒が小屋を作り、師と寝食・労働を共にしながらクルアーンやスーフィー[52]の儀

式を習う私立の寄宿塾であり、マレー半島ではマラヤ北部州および南部タイに多数みられた。教育内容としては初級レベルのポンドクでは上記の聖クルアーンの学習に加えて、イスラーム法(*Fiqh*)、神の唯一性(一化、*Tauhid*/タウヒード)、朗唱法(*Tajwid*) および歴史(*Sejarah*) が教えられ、上級レベルのポンドックではさらに 注釈学(*Tafsir*/タフシール)、伝承(*Hadith*/ハディース)、アラビア語統語論（*Nahu*）、同文法（*Saraf*）、イスラーム神秘主義(*Tasawuf*/スーフィー)といった課目がカリキュラムに加えられた[53]。

マドラッサはアラブ系商人からの寄付金で建てられた校舎を持つ寄宿学校で、アラブ起源の宗教学校の形態を取り入れ、アラブ人教師などによるアラビア語・イスラーム教育が行われるようになった。最初のマドラッサは1915年ペナンに開設されたマドラッサ・アル・マシュール(*Madrasah al-Mashhur*) であったが、マドラッサの多くは中等レベルの教育課程（上級課程）も持ち、カイロのアル・アズハル大学をはじめとする海外の高等教育機関への進学の道が残されていた。藤本(1966)は1936年設立のケダ州マフムド・カレッジ(Mahumud College)の専門中等課程と上級課程の教授要目(カリキュラム)を伝えているが、それによれば、上級課程では上記イスラーム課目(5課目週480分)に加えてアラビア語課目(統語論に加えて作文(*insha*)、読み(*mutala'a*)、そして修辞学(*balagha*)の4課目週440分)、さらにマレー語、英語、歴史、アラビア文学史、イスラーム哲学、心理学 (6課目あわせて週520分) といった一般課目も教えられており、いわゆる統合型教育(イスラーム神学と一般世俗課目)の形態をなしている[54]。

英国の植民地教育政策の観点からみた場合、イスラーム教育は正規の教育とは見なされず、元ミッション系の英語学校ではもちろんのこと、マレー語母語学校においても、課程外のアフタヌーン・クラスとして暑い午後に行われたにすぎなかった。これはクルアーン学校の普及している農村で、世俗学校に生徒を集めるための手段として設置されたもので、1872年の『スキナー報告』によれば、「コーラン（クルアーン）教育は正規課程から厳格に分離され、その教育にかかる教員給与外費用はそれを希望

する両親が負担すること」と勧告されている[55]。中等教育レベルでは唯一のマレー語教育機関であった、スルタン・イドリス教員養成カレッジ (Sultan Idris Training College) の1936年のカリキュラムに、週あたり2時間 (計90分) の宗教教育 (religious instruction) が成績外の科目として割り当てられていたのが数少ない例であり、しかも当局からはそれを廃止するよう勧告が出ていたという[56]。独立直前の1956年に英領マラヤ連邦政府から補助を受けていた民間のアラブ・イスラーム宗教学校は452校、51,063人が在籍していたが、それ以外に補助を受けない独立宗教学校も相当数あった[57]。

独立マレーシアの公教育とイスラーム教育

1957年のマレーシア連邦独立以来、政府は英語、マレー語、華語、タミル語媒体の各世俗学校を国民学校および国民型学校に編成拡大し、1967年までに学齢児童の91％までをこれらの学校に就学させることに成功した[58]。国教とされたイスラームの教育は、1957年の「教育令 (Education Ordinance 1957)」49条で、学校に15名以上のイスラーム教徒がいる場合には少なくとも週2時間以上の宗教教育が正課として提供されることが明記され、これはそのまま「1961年教育法 (Education Act 1961)」の36条として成文化された[59]。これによって、イスラーム教育は正式に公教育の一部となり、遅くとも1968年カリキュラムより非ムスリムの生徒が母語を学習する時間を用いて、週120分の「イスラーム教知識」が教えられるようになった[60]。しかしこれによって従来の伝統的な民間ポンドック教育などが、公教育の補助的地位に陥り、次第に衰退してゆくことになる。1977年、文部省は各地に点在した11の中等レベルの私立のイスラーム宗教学校を政府の管轄に移し、新たに2校を新設した。2004年現在文部省は55の中等宗教学校 (*Sekolah Menengah Agama*) を運営しており、36,998人が学んでいる。これは中等1～3年までの生徒数の1.8％、学校数の2.9％を占めている[61]。そのカリキュラムは宗教知識に人文科

学、社会科学、自然科学を統合したもので、各種国家試験で他の世俗中等学校に比肩しうる学業成績をあげている、という[62]。

　高等教育におけるイスラーム教育の流れは大きく2つにまとめられる。ひとつは私立もしくは公立のイスラーム神学研究機関で一部はカリキュラムに一般科目の教育を取り入れたカレッジの流れ。もうひとつは政府の公教育システムの正課のなかに「イスラーム文明」などのコースを設け、それを次第にムスリムの学生から、非ムスリムの学生の必修にまで広げてゆくという流れである。

　マラヤ／マレーシアにおける最初のイスラーム高等教育機関は、1955年スランゴール州、クラン市に設立されたマラヤ・イスラーム・カレッジ (Kolej Islam Malaya) である。しかしこれは1971年に文部省の管轄に入り、マレーシア国民大学に吸収され、イスラーム研究学部におけるイスラーム法学、アラビア語、イスラーム文明のコースとなった[63]。マレーシア国民大学はイスラーム教徒の学生が7割を越える[64]とはいえ、12学部を擁する世俗の総合大学であり、上記コース以外では学生は西洋型教育を受けることになる。

大学におけるイスラーム学習の義務化

　近年のマレーシアの一部の大学および全教員養成カレッジにおける重要な展開として、「イスラーム文明コース」を全学生の必修科目にしようという動きがあった。これまでこのコースはイスラーム研究科の学生にのみ提供されていたものであるが、文部省イスラーム教育部によって、統合された将来のマレーシア社会への道を促進しようとする試みとして、新たにデザインされたものである。1977年から「イスラーム文明コース」を提供してきたMARA工科カレッジ (ITM) を例外として、マレーシアのすべての高等教育機関は、内容や力点にはそれぞれの違いはあるが、1983年から「イスラーム文明（一部にアジア文明を含む）」のコースを開講している。特に教員養成カレッジ、マレーシア国民大学(UKM)、マレーシ

ア工科大学（UTM）、マレーシア北部大学（UUM）のすべての学生はこのコースが必修である。マレーシア理科大学（USM）においてはムスリムの学生に対してのみ必修である。マラヤ大学（UM）とマレーシア・プトラ大学（UPM）ではこのコースを選択科目として提供している[65]。

　大学やカレッジレベルにおいて、「イスラーム文明コース」がすべてのムスリム学生、そして一部の大学ではすべての学生の必修科目として導入されることは、イスラームが、アル・アッタスのいうように、「通常の意味での単なる宗教ではなく、マレー諸島において、重要な役割を持つ文化であり、文明である[66]」ということを考えると、例えば他の「ギリシア文明」や「アジア文明」といった科目の導入とは全く別の意味を持つことになる。「イスラーム文明」論は西洋近代文明の物質主義的（資本主義的・共産主義的）な価値論・世界観に対して、アッラーの導く精神主義的なイスラーム理想世界（*Ummah*／ウンマ）や価値観の絶対優位を説く理論であり、本来ならば非ムスリムの学生にとっては単なる過去の文明史の学習という認識を越えて、自己のアイデンティティや人生観にまで深刻な影響力を及ぼしうるコースである。

　しかし現在のところ、大部分の機関では、このコースに十分な教員を配置できず、他の専門の教員の片手間仕事や回り持ちの授業となっており、関係教材の不足や毎年繰り返しの多岐選択問題による評価などの問題が多く、コースそのものを評価する段階に至っていないという状況である[67]。

ダックワ（伝道）運動とイスラーム教育

　以上のような世俗公教育機関における一部の教育内容のイスラーム化の動きにとは別に、民間の宗教グループや運動の側からもイスラーム教育参入への積極的なアプローチが行われてきた。そのなかでも最も顕著で積極的な活動を行ってきたのが、マレーシアのいくつかのイスラーム伝道グループ（*dakwah/da'awah*／ダックワ、invitation to Islam）で、民間レベル

でのイスラーム原理主義、復古主義運動の中心となってきた勢力である。ダックワ運動はイスラームの原点を目指す運動、すなわち、絶対神アッラーと預言者ムハマッドの言葉と行動にできる限り忠実に生き、その時代の生活様式を再現し、普及させ、ひいてはムハマッドとその追随者の時代に存在したという、イスラーム国家（Islamic State もしくは Islamic Republic）を現代に再興させようという運動である[68]。

マレーシアのダックワ運動はその運動主体、政治性、規模と組織性、活動地域によって様々な特徴があるが、代表的なものとしては、①マレーシア・ムスリム青年同盟（Angkatan Belia Islam Malaysia：ABIM/アビム）、②イスラーム共和国運動（Ripublik Islam, PAS 系列）、③ダールル・アルカム（Darul Arqam）、④ジュマア・タブリー（Jama'ah Tabligh/group of transmission, 伝道集会運動）、などがあげられる。ダックワ運動そのものに関しては多くの研究があるので、ここでは各運動の教育活動に注目してその概要をみてみたい。

①マレーシア・ムスリム青年同盟（ABIM）

第一のマレーシア・ムスリム青年同盟（以下 ABIM と略）は1969年の民族間暴動を契機に都市部の学生運動を中心に興ったイスラーム原理主義運動で、その政治的志向の強さのゆえに知識人、学生、公務員、労働者などを中心に約50,000人の組織と大きな影響力を誇る最大のグループである[69]。イデオロギー的には前出のアル・アッタスやアル・ファルキの影響を受け、「知識のイスラーム化」に大きな関心を寄せ、教育を通じてのマレーシア社会のゆるやかなイスラーム化を目指し、非ムスリムにもその生活様式を伝道しようと働きかける点が他の運動と異なっていた。政府のイスラーム政策に批判的でありながら、議会に親政党を持たないことも PAS/IR 運動との違いであったが、1983年の指導者アヌワール・イブラヒムの UMNO への離脱によって、内部に分裂の傾向が生まれてきている。

ABIMは知的イスラーム運動として教育を重視しており、その公教育プログラムには教育とは「アッラーへの信仰と柔順に基づいて、知的、精神的、情緒的、肉体的にバランスよく統合された人格を生み出そうとする絶え間ない努力である。そしてそれは、善行をもって啓発され、神の執事、代理人としての責任感にあふれ、イスラーム社会実現に貢献できる人格の育成を目指す[70]」と述べられている。そのための最も重要な仕事は、世俗的な教育システムをイスラーム的枠組みに適合するよう再塑型することである。

ABIMは1971年に同胞基金 (*Yayasan Anda*) によってイスラーム中等学校を設立し、通常の連邦教育システムからこぼれ落ちた貧困層の子弟を救済し、イスラーム知識を与えようとした。この奨学金によって、1974年マラヤ大学にベール (*mini-kelekung*) をまとった最初の女性が入学した[71]。またABIMは1982年から文部省が導入した新初等カリキュラム (KBSR) を「イスラームを完全な人生観」として認めていないとして、批判し、独自の代替イスラーム学校と初等イスラーム学校カリキュラム (Islamic Primary School Curriculum/*Kurikulum Sekolah Rendah Islam*：KSRI) を提案した。そのカリキュラムによると、教育の知識源は聖クルアーン、伝承(ハディース)、伝記(sirah/シッラ)とし、ムスリムの個人的義務科目(信仰原理、信仰実践、道徳)とムスリムの集団的義務科目(理科、数学、物理学、芸術)が区別され、その他に英語、マレー語、アラビア語が教えられるとされている[72]。さらにABIMは1980年にイスラーム幼稚園 (*Taman Asuhan Kanak-Kanak Islam*：TASKI) を開設し、聖クルアーン、英語、マレー語、アラビア語などを教えた[73] (本書第8章参照)。

組織メンバーへのノンフォーマル教育の分野では、1972年にマレーシアで初めて小集団学習組織ウスラ (*usrah*) を導入した。ABIMのウスラは5人から25人の集団(通例7人程度)からなる基本組織で、通常個人の家で会合を持ち、聖クルアーン、ハディースの解釈や宗教的問題などについて議論する。これによって強固な同胞愛精神を育成し、知識の学習と蓄積、

精神の鍛練を行い、組織・家族・社会への責任感を発達させることをその目的としている[74]。ウスラではこれまでほとんどあるいは全く疑問の余地のない知識として講師から一方的に与えられてきたイスラーム教育に、討論と合議という新しい学習プロセスを持ち込んだ意義が大きい。なお ABIM は1986年より『イスラーム教育 (*Jurnal Pendidikan Islam*)』という雑誌を発行している[75]。

② PAS／イスラーム共和国グループ

第二の運動団体であるイスラーム共和国グループ (以下 IR グループ) は、イスラーム政党 PAS に指導される (連携する) 団体で、1970年代中頃から主として大学などのムスリム学生団体や自治会などで ABIM と勢力を争い、1980年代中頃にはマラヤ大学をはじめとする多くの大学で最大の影響力を持った。きわめて政治的志向が強く、PAS と同様に、現行の世俗的マレーシア政府は法的に無効であって、文字どおりイラン型のイスラーム共和国を建設するべきである、と主張している。

イスラーム共和国とは、様々な定義がされるが、一般的には預言者マホメッドが紀元622年にメディナに聖遷してからの「メディナ憲章」に導かれた時代をひとつの理想とする。さらには過去のサファビー朝ペルシア、インドのムガール帝国、オスマントルコ、そして現在のイラン・イスラーム共和国をそれに近い模範とみなすこともある。マレーシアでは1990年の総選挙他でイスラーム政党 PAS がクランタン州を押さえ、同州を「イスラーム国家 (Islam State/ イスラーム州)」とする計画を宣言した。さらに国外より専門家を招き、イスラーム刑法 (*hudud*) を導入する可能性について検討し始めた[76]。

IR グループには、マラヤ大学などのイスラーム研究科の教授も積極的な関与をし、また英国留学から帰国したメンバーが、より厳格なエジプトのムスリム同志会 (*Ikhwan Muslimin*/Muslim Brothers) やパキスタンのイスラーム伝道 (*Jamaati-i-Islam*) の影響を受けていたこともあり、急進的な

主張を掲げて大学当局と交渉した。例えば、男女が一緒に参加・観戦するすべての大学の催しやスポーツに反対し、一部の大学祭企画やロック・コンサートのボイコットを呼びかけた[77]。

　IRグループや学外のPASはやはり15人から20人の規模でのウスラ学習集団を導入し、出席を義務づけているが、メンバーは自派のイスラーム理論以外の理論や潮流については知らないか、受け付けない場合が多いという。一方農村・近郊のポンドック塾の90％はPASのコントロールにあるといい、その教育方針は「全科目はイスラーム的であり、世俗的な名を持つ科目は持たない」とされた[78]。またPASは北部4州にPASTIと呼ばれるイスラーム幼稚園（*PAS Tadika Islamiyyah*）を設立し、聖クルアーンとハディースの暗記に力点を置いた伝統的パターンの教育を行っている[79]。

③ ダールル・アルカム

　ダールル・アルカム（*Darul Arqam*/House of Arqam）は1969年に宗教講師アシャアリ（Ustaz Ashaari Muhammad）によって結成されたイスラーム実践運動で、ムハマッドが最初のイスラーム革命を目指して隠遁したメッカの隠れ家の名に由来している。運動の最大の特徴はムハマッドの時代の生活様式を実践しようということにあり、マレーシア各地に10,000人以上といわれるメンバーにより自給自足に近い45の共同体を作り上げ、世俗世界からの完全な隔離を目指している。組織は自己充足を組織のスローガンとし、15の医療センターとハラールな食物を生産する食品工場までも備えている。メンバーはムスリムの義務のうちの個人的義務と祈りを重視し、政治的な色彩は薄いとされてきた。しかし主宰者のアシャアリにはスーフィー神秘主義の傾向があり、自らを預言者マフディと称したという理由などで、1994年政府によって集会と出版広報活動の停止を命じられた[80]。

　ダールル・アルカムの教育活動は、その自給自足的な方針を受けて、

幼稚園から中等教育までを自前で準備しようという努力を行っている。ダールル・アルカム側の統計によれば、1991年には128の幼稚園、53の小学校、12の中等学校を運営し、そこでは7,942人の児童生徒が学んでいるという。そこではムスリムの個人的義務である、道徳性の涵養と聖クルアーンの記憶に重点がおかれており、集団性(*Jama'a* /group)を重視するゆえに、小学生から男児はターバン(*taj*)とシャツ(*jubbas*)、女児はマレー服にベールといった制服を身につけている。ダールル・アルカムの学校のカリキュラムは一部は政府のシラバスに従い、宗教科目とアカデミック科目を統合していると主張されているが、実際には聖クルアーンの記憶と自派の教義に大きな力点が置かれ、また組織としてビジネス活動に乗り出してからは、職業教育訓練が特に強調されているという。また12歳から16歳までの子どもに聖クルアーン全章を暗記させるイスラーム学者養成コースもあり、しばしばアラブ諸国の大学に留学生を送っている。ソフィ・ロアルド(Anne Sofie Roald)の観察によれば、その内容に「知識のイスラーム化」などの最近のイスラーム社会科学の影響はみられないという[81]。

④ ジュマア・タブリー運動

最後にジュマア・タブリー(*Jemaah Tabligh*/group of transmission)運動とは文字どおり訳せば伝道集会運動であるが、1920年代にインド・デリーの宗教教師マウラナ・イリアス(Mawlana Muhammad Ilyas)によって起こされた運動が、マレーシアのインド系ムスリムを通じて伝えられたものである。マレーシアでは、1950年代頃からインド・パキスタン系ムスリムの間に静かに普及していた運動が、1970年代以降の世界的なイスラーム再興運動の波に乗じて脚光を浴びるようになった。公務員や学生を中心に少なくとも5,000人以上の運動支持者がいるとみられている[82]が、組織性がきわめて薄く、個人と個人の接触活動により学習ネットワークを拡大するが、イスラームへのアプローチは非政治的なものであった。

その活動は、同じ復古主義的運動においても、「*Jemaah Tabligh* がムハンマドの行動面を重視するのに対して、*Darul Arqam* はムハンマドの生活様式を重視する[83]」と、中澤(1989)が指摘したように、マルカス (*markas*) と呼ばれるモスクへの集会を定期的に行い、そこで集団礼拝と学習を行う。またしばしば行われる遊歴やモスク宿泊によって、布教を行うとともに、慣れ親しんだ環境からの隔離とイスラームの同志感情の高揚を目指している。

　タブリー運動の教育活動は主としてノン・フォーマル教育に向けられており、メンバーによる街頭や個別訪問でのイスラームのメッセージ伝達、モスクでの講話がその中心となる[84]。タブリー運動の教育活動は、そのゆるやかな組織性と政治志向の薄さのゆえに、具体的な制度として形や記録に残るものは少ない。ナガタ (Judith Nagata) によれば、タブリー運動支持者による具体的な学校の設立としては1校が記録されており、そこでは運動組織からの使節がタブリー原理や精神を教えたとされるが[85]、その教育形態はマレーシアのイスラーム教育の歴史のなかでは伝統的なものと大きな差があるとは考えられない[86]。

イスラームと世俗が隣り合う教育

　以上にみたとおり、民間のイスラーム団体や伝道組織も、教育活動を重視し、様々な形で独自のイスラーム教育を展開し実践してきたが、その中心はウスラなどのノン・フォーマル教育や初等もしくは就学前教育が主体であった。ABIM やダールル・アルカムなどは少数の中等教育機関を運営しているが、多くは資金的にも、教員配置のうえでも苦しい運営にあり、不安定な活動状態に陥るケースもあった。イスラーム教育科目と世俗のアカデミック科目との統合については、多くの学校がイスラーム的視点・方法論を一般科目にも取り入れるように努力していたが、「知識のイスラーム化」運動と呼ばれる新しいイスラーム社会科学思潮を明確に反映している実践例は、ABIM の一部の学校を除いてみられず、

一部の団体ではむしろ社会的思潮から自らを隔離し、閉鎖的になる傾向がみられた。特に中等後の教育の継続に関しては事実上、外国のイスラーム高等教育機関か国内の世俗大学に依存せざるをえない状況であった。

　世俗の公教育においてはイスラーム教育科目の時間数や教員配置の面では独立後大きな改善がみられ、比較的安定した教育が可能となったが、ムスリムの生徒にとっては同じ学校のなかで受ける一般世俗科目の授業において、全く異なる世界観・科学観・哲学に直面することになる。他方、民間イスラーム団体によるイスラーム教育活動の場合は、一般的アカデミック科目を含める場合でも、イスラーム的価値観に基づく統一的カリキュラムを導入することが可能になるが、特に上級段階の教育においては、多くの場合それを運営する財源と教員の配置に限界があり、活動規模も限られたものとならざるをえない、という問題があった。

　このディレンマを解決するには、カリキュラム全部がイスラーム的価値観・哲学に貫かれ、しかも政府等の公的財源によって運営される新しい高等教育機関を設立する以外にないことが、次第に明らかになった。1983年クアラルンプル郊外のペタリン・ジャヤ市にマレーシア初の宗教大学である、マレーシア国際イスラーム大学(International Islamic University Malaysia: IIUM)が設立されたのは、まさにこうした状況においてであった。

(5) マレーシア国際イスラーム大学の誕生

アル・アッタスのイニシアティブ

　マレーシアにイスラームの視点からすべての科目を教授するイスラーム大学を作ろうという構想はかなり以前から表明されていた。前述の国際イスラーム思想・文明研究所（International Institute of Islamic Thought and Civilization）長のアル・アッタス教授は1960年代以降のマレーシアの

イスラーム再興の背後における、イデオロギー面の中心人物の1人であり、イスラーム大学の構想者でもあった。

アル・アッタスによれば、知識とは、その定義、内容、目的、性質そして方法論のすべてにおいて文明の影響を受けており、知識の性質には文明の精神と性格が注入されている、という。したがって西洋においてなされた知識の解釈は西洋文明の正確な反映であり[87]、非西洋におけるその無反省な受容は、西洋による非西洋の植民地化の歴史と相まって、知識における非西洋の西洋への降伏を意味している。その完璧に近い支配ゆえに、世界の多くの文明は西洋の定義する知識に次々に屈し、「知識の脱西洋化」は事実上もはや「知識のイスラーム化」によってしか達成しえないほどに勢力を失っているという。アル・アッタスによれば、「知識のイスラーム化」とは、まず人間を不可思議で、神秘的で、アニミズム的で国民文化的な伝統から解放し、続いて人間の理性と言語を世俗的なコントロールから解放することであるという[88]。アル・アッタスは1970年代初期からイスラーム大学を構想していたというが、その構想された大学とは次のようなものであった。

「その構造は西洋の大学とは異なり、何をもって知識とするかという概念も西洋の哲学者が考えるものとは異なっている。その目的と志も西洋の概念とは異なっている。高等教育の目的は、完全な市民を養成するという西洋の目的とは異なり、イスラームにおいて、完全な人間、普遍的な人間を養成しようとするものである。イスラームの学者はある特定の一学問分野の専門家なのではなく、その展望において普遍的であり、関連するいくつかの学問分野において権威を持つ者でなくてはならない[89]。」

アル・アッタスの思想は同研究所のワン・ダウド (Wan Mohammad Nor Wan Daud) を通じて、ABIMの運動に大きな影響を与えた。両者はマレーの古典的なイスラーム研究の系譜を引く哲学者・神学者であり、特にワン・ダウドはスーフィー神秘主義の影響も受けていたが、1980年代の

「イスラーム科学」の研究成果やシカゴ大学のファズル・ラーマン (Fazlur Rahman) らの近代的な見解の影響も受けている。したがって、ABIM の教育責任者であるガザリ・バスリ (Ghazzali Basri) によれば、国際イスラーム大学は ABIM のアイデアであるとも主張されている[90]。

国際イスラーム大学の設立

大学が現実のものとなる直接の契機は、先に述べたようにアル・アッタスが主導した1977年メッカにおける第1回世界イスラーム教育会議の勧告を受けて、1982年1月、マレーシアの当時マハティール首相が当地への設立を提案したことによる。直ちに文部省は基本設立趣意書を作成し、8月には内閣の承認を得た。マレーシア政府は1969年の民族暴動以来、華人による中国語を教授用語とする大学(ムルデカ大学)の設立要請を却下し、1971年の「大学および大学カレッジ法 (Universities and University Colleges Act)」によって私立大学の設立を原則禁止してきた。ところが新大学は政府と外国政府および国際機関の共同出資となるため、この法規に抵触することになる。そこで新大学をこの規制外とするために、1983年2月法規の修正案を提出し、国王の同意を獲得した。

1983年5月に大学憲章を制定し、同月20日マレーシア国際イスラーム大学の設立が承認され、ペタリン・ジャヤ市 (Petaling Jaya) の旧マラヤ・イスラーム・カレッジ跡地に臨時校舎が建設され、法学部、経済学部、経営学部の3学部でスタートした。この大学はマレーシア政府がスポンサーとなっただけでなく、イスラーム諸国の政府やイスラーム会議機構 (OIC) などの国際機関によって出資されていた。授業で使用される言語は英語とアラビア語である。総長は後の副首相アヌワール・イブラヒムであったが、学長はサウジアラビアの学者で元国際イスラーム思想研究所 (The International Institute of Islamic Thought：IIIT, 在アメリカ) の所長として、知識のイスラーム化の推進に活動的であったアブドゥルハミド・アブスレイマン (Abd al-Hamid Abu Sulayman) である[91]。

設立後1985年までにモルジブ、OIC、パキスタン、トルコ、リビア、エジプト、サウジアラビアと条約を締結し、マレーシア政府とともに恒久的な運営評議会（Board of Governors）を構成している。大学の目的は次のように定められている。

(1) 神聖なる預言者ムハマッドの教えに始まる思想家や初期のイスラーム学者の先駆的な業績に反映されている、知識と真実の追求におけるイスラーム的伝統に合致した、学問の全分野におけるイスラームの優越性(プライマシー)を再確立すること。
(2) 知識の追求を敬虔な活動と考え、科学的究明の背後にある精神を聖クルアーンの教えに触発されたものと考える、学習のイスラーム的概念を再活性化すること。
(3) アッラーおよびその委託者の従順なしもべとしての自覚を持つ、イスラーム的教育に専念する専門家を養成するために、タウヒードとアッラーへの服従の精神にかなう知識を普及伝播させること。
(4) 高等教育においてイスラーム理想世界（*Ummah*/ ウンマ）への選択肢を広く拡大し、すべての形態でのアカデミックな達成において卓越性を究明する[92]。

大学はイスラーム神学研究を専門とする限定的な機関ではなく、高等教育における包括的な専門教育機関である。その教育はすべての分野においてイスラーム的価値システム、イスラーム哲学に基づく科学観が吹き込まれ、教授学習のすべての側面における基本的アプローチが提供される。大学は社会の要請を考慮して、工学部、医学部を含む自然科学分野をも含んでおり[93]、大学はその性格上国際的であり、イスラーム的であるが、その他に次のような性格があげられる。

(1) カリキュラムにはイスラーム的な内容とアプローチが強力に吹き込まれ統合される。
(2) イスラーム文明、イスラーム的生活方法（生き方）、イスラーム価値システム、宇宙における神、人間の位置についてのイスラーム的概

念、といったコースがすべてのプログラムの基本的部分とされ、すべての学生の必修とされる。

(3) したがって、知識と教育についてのイスラーム哲学が、大学におけるすべてのプログラムの基礎を形成する。

(4) 大学はマレーシア政府と他のイスラーム諸国政府および国際機関との間に締結された条約によって出資される。それぞれの代表が運営評議会を形成し、大学の所有権はその評議会に属する[94]。

国際イスラーム大学の特徴

世界的にはマレーシアの国際イスラーム大学は初めての試みではなく、パキスタンのイスラマバード・イスラーム大学 (IIU) をはじめウガンダ、ケニアなどにはイスラーム大学があり、またサウジアラビア、ジェッダのアブドル・アジズ王大学 (King Abdul Aziz University) のように自然科学・工学を含めてすべてのコースをイスラーム科学やイスラーム文明に基づく統一的視点によって教えている大学がいくつかある[95]。しかしマレーシアという環境や政治的背景を反映して、IIUMにはいくつかの特色もみられる。

マレーシア国際イスラーム大学は男女共学で（女性が過半数を越える）、マレーシア内外をはじめ、イスラーム諸国、そして教育におけるイスラーム的アプローチの理解や人類の進歩に果たすイスラームの役割に関心のある非イスラーム教徒の学生をも受け入れている（女性はベールを着用することが条件となる）。1995/96年現在、学部学生5,801名、大学院生942名（内教育ディプロマ・コースが455名、修士課程に476名、博士課程11名）が学んでおり、そのうち20％は世界77カ国からの留学生である。出身国別では上位はインドネシア、ボスニア、タイ、中国などで、約半数がアジアからであった（図7-2参照）。なお日本人は3名、うち女性1名であった[96]。アカデミック教員は1991年現在、507名で、うち34％が世界28カ国からの外国人教員である[97]。

第7章 高等教育へのイスラーム・インパクト 263

表7-2 マレーシア国際イスラーム大学 コース別在学生数(1995/96年度)

(女性：内数)

学位コース	予備門	1年	2年	3年	4年	5年	合計
アラビア語		130 (92)	127 (74)	47 (25)	44 (25)		348 (216)
英語学		75 (58)	76 (62)	12 (10)	21 (19)		184 (149)
経済・経営[1]		306 (132)	60 (18)	8 (3)			370 (153)
会計学			74 (43)	117 (55)	96 (55)		287 (149)
ビジネス経営			49 (27)	61 (38)	86 (45)		196 (110)
経済学			117 (58)	119 (58)	123 (78)		359 (194)
工学[2]		59 (16)	48 (17)	1 (0)			108 (33)
人間学		426 (270)	432 (250)	430 (258)	262 (147)	13 (4)	1,563 (929)
法学		313 (146)	319 (132)	309 (127)	269 (122)		1,210 (527)
イスラーム法学[3]						34 (25)	34 (25)
イスラーム科学		255 (141)	207 (127)	132 (85)	201 (131)	8 (6)	803 (490)
語学予備課程	339 (128)						339 (128)
合計	339	1,560	1,509	1,236	1,102	55	5,801 (2,950)

註：(1)1年生用コースで修了後 会計、ビジネス経営、経済の各コースに分属されるが、若干未修了者が残る。(2)1994/95年新設、(3)イスラーム法学は一般法学修了者対象の追加コース。
出典：Admissions and Record Division, IIUM, 提供資料、1995/96。

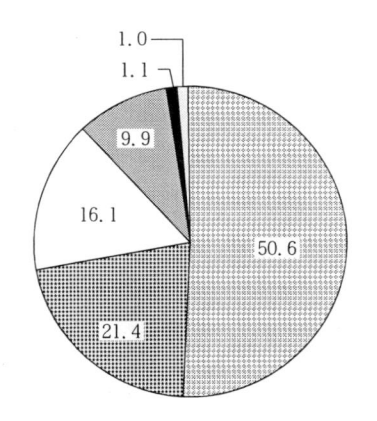

図7-2 海外留学生の出身地域別構成 (%)

- アジア 50.6
- アフリカ 21.4
- 欧州・ロシア 16.1
- 中近東 9.9
- アメリカ 1.1
- オセアニア 1.0

表7-3 海外留学生の主な出身国 (1995/96年) (人)

インドネシア	203	イラク	31
ボスニア	104	パキスタン	30
タイ	96	ソマリア	28
中華人民共和国	66	インド	27
ロシア	60	シンガポール	25
バングラディシュ	58	タンザニア	25
アルバニア	42	フィリピン	23
アフガニスタン	40	ナイジェリア	21
スーダン	34	ウガンダ	21
トルコ	34	ヨルダン	21
イエメン	33	日本	3
アルジェリア	31	合計	1,367

出典：Admissions and Record Division, IIUM, 提供資料, 1995/96, (図7-2、表7-3).

国際イスラーム大学では、学部にあたる言葉に Faculty の代わりに、全体性(Totality)を意味するクリヤ(*Kulliyyah*)という言葉を使っているが、これはイスラーム圏の高等教育機関では19世紀以来用いられているという。これは英語の college と同語源の可能性もあり、西洋の大学がそもそもイスラーム高等教育機関マドラッサのパターンに基づいて形成されたという説を暗に示唆している[98]。国際イスラーム大学は1997～98年にメインキャンパスをクアラルンプル郊外のゴンバックに移し、法学部、建築・環境学部、経済・経営学部、工学部、情報・コミュニケーション学部、理学部、教育・人間発達科学部、イスラーム啓示知識・人文科学部の8学部を擁している。1996年にクアンタン・キャンパスに医学部、薬学部、健康科学部の3学部が開設され、もとのペタリン・ジャヤ・キャンパスは大学予備課程となっている。

国際イスラーム大学に独特の学部としてイスラーム啓示知識・人文科学部(Kulliyyah of Islamic Revealed Knowledge and Human Science)があり、その下にアラビア語学科、コミュニケーション学科、英語学科、歴史および文明学科、イスラーム啓示知識および遺産学科（IRKH）、哲学科、政

写真7-1　国際イスラーム大学ゴンバックキャンパス

第7章　高等教育へのイスラーム・インパクト　265

治学科、心理学科、社会学および人類学科の9学科を擁している。イスラーム啓示知識および遺産学科はそのなかでも最大の学科で、教授4名、助教授6名、準教授22名、講師27名、助講師20名の教員によって運営されている。教授、助教授、準教授32名のうち28名は博士号を持ち、その取得国は、英国6、米国4、サウジアラビア、インド(Aligarh)各3、エジプト(Al-Azhar)、パキスタン、カナダ、マレーシア各2、トルコ、元ユーゴスラビア(Belgrade)、イラク、オーストラリア各1で、西洋：東洋の比率はほぼ半々であった[99]。

イスラーム啓示知識および遺産学科(IRKH)は、「『宗教的』科学と『世俗的』科学という二分法をタウヒード(唯一性)の原理を用いて克服する努力のための確固とした基礎を提供すること」を目的としている。学士号に必要な単位は、

Ⅰ　主専攻の必要単位
　①全学共通科目33単位(11科目)
　②聖典注釈(Tafsir)、伝承(Hadith)、イスラーム法および法学(Fiqh/Ulum al-Fiqh)、信仰箇条及び思弁神学(Aqidah/Kalam)、伝道(Da'wah)の5専攻各15単位(5科目)から1専攻を選択
　③その他6単位(2科目)
Ⅱ　副専攻科目　人文科学科目から27単位(9科目)
Ⅲ　補助科目18単位(6科目)、選択科目18単位(6科目)、語学8〜10単位(4〜5科目)

となり、全体で125〜127単位(44〜45科目)となっている[100]。

国際イスラーム大学も他のイスラーム教育組織と同じく、小集団学習組織ウスラ(usrah)を導入している。学生部はウスラを「イスラーム教育の理解と実践のために、学生間の親密な協力を発展させる目的で組織される学生グループ」[101]と定義しているが、すべての学生はいずれかのウスラに属し、毎週2時間のセッションに出席することが義務づけられている。参加者はこのコースでは単位を得ることはできないが、コース

への出席とそこでの活動や準備に対する評価は最終判定試験に加味される。ウスラは通常10名程度の学生からなり、学生部長によって任命されたリーダーがつく。学習内容は聖クルアーンやイスラーム神学の各科目に加えて、イスラームの指導論や時事問題も題材となり、おしきせではない実質的な議論が要求される。義務制とされたウスラもマレーシアの国際イスラーム大学の特色で、従来の伝統的で親密な小集団学習とイスラームに対する論理的・「科学的」なアプローチの長所を兼ね備えたもので、パキスタンのイスラマバード・イスラーム大学からの客員教授もこの制度の成功を評価し、「母国の大学にも大いに参考になる」と語っている[102]。

国際イスラーム大学のその他の活動としては、例えば1泊黙想会 (*qiyamat al-layl*, 大きなグループでモスクに泊まり込み、神に祈りと礼拝を捧げる会) がある。この催しは個人の信仰を強化するだけでなく、教師と学生の絆を深めることを目的としており、夏休みには大学は同じ目的で信仰キャンプ (*ibadah* camp) を行っている。その他、大学の教師・研究者の仲間意識・協力関係も強く、西洋の大学の研究者どうしにしばしばみられるような、熾烈な競争関係による秘密主義や排他主義的態度がみられなかったという[103]。

さらに大学院レベルの教育を行う研究所として、国際イスラーム思想・文明研究所 (International Institute of Islamic Thought and Civilization: ISTAC) が1991年に大学に付設された。研究所は自律的な機関であるが、ここで賦与する学位は同時にIIUMによっても認知されなくてはならない。所長に前出のアル・アッタス、助教授にワン・ダウドといったマレーシアのイスラーム主義哲学の第一人者を配していたことからも、この研究所が「知識のイスラーム化」の理論・哲学上の一大拠点となる組織であることは明らかである。専攻領域としては、「イスラーム思想」、「神学・哲学・形而上学・イスラーム科学」、そして「イスラーム文明およびその哲学・方法論・歴史」の3つのプログラムを持っている[104]。

(6) 結　語

マレーシアの公教育におけるイスラーム教育

　以上みてきたように、マレーシアにおけるイスラーム教育の形態と内容は教育機関、教育レベルによって実に様々であり、近年の世界的なイスラーム科学の再評価運動の影響は各所に見受けられるものの、その影響の度合や受容の形態はやはり教育機関の性格や思想的背景によって大きく異なっていた。さらにはマレーシアのイスラーム教育の改革の思潮は、世界の様々なイスラーム再興運動の潮流の影響を受け、とりわけ11世紀の神学者アル・ガザーリ (Al-Ghazali)、IIITのアル・ファルキ、イスラーム科学のいわゆる「正統派」サイド・フセイン・ナスルなどはマレーシアでもよく知られた哲学者であるが、同時にアル・アッタスやワン・ダウドのようなマレーシア出身の高名な神秘主義的イスラーム学者の存在は、「知識のイスラーム化」の運動という形でマレーシアのイスラーム教育改革を特徴づけていたといえる。ひとつの教育機関の教育内容や性格をひとことで表現することには無理があるが[105]、概略の展望を与えるためにマレーシアのイスラーム教育をいくつかの指標で分類してみたのが表7-4である。

　そのなかでも国際イスラーム大学と国際イスラーム思想・文明研究所の試みは、マレーシアのイスラーム教育の歴史においても異色であるとともに、従来の教育制度の枠組みや資金的な限界を打ち破る、画期的な事業であったといえる。今後の発展、特に自然科学系学部の拡張には未知数の要素が多いが、従来海外に留学生を送り出すばかりの、学生輸出大国であったマレーシアの教育のイメージを変えるという点では、すでに大きな成果があったことは確かである。

　しかしその国際性は同時にマレーシアの教育制度につきつけられた刃剣にもなりうる。国際イスラーム大学は2つの点で、マレーシアのこれ

表7-4 マラヤ・マレーシアの中・高等教育機関におけるイスラーム教育

学校	授業用語	一般科目	イスラーム文明	イスラーム科学	イスラーム神学	イスラーム知識	コーラン読誦
ポンドック（上級）	MA	—	—	—	△	—	○
マドラッサ	MA	▽	—	—	▽	—	○
英語フリースクール*	E	○	—	—	—	—	△
SITC師範*	M	○	—	—	—	△	—
政府中等学校	M	○	—	—▽	△	△	—
政府宗教学校	M	○	—	(▽1)	○	○	○
ABIM中等学校**	M	△	—	—	○	○	○
ダールルアルカム中等	MA	○	—	—	○	—	○
UM/UPM	MA	○	△	—	△	△	—
USM	M	○	○2)	—	△	△	—
UKM/UTM/UUM	M	○	◎3)	▽4)	△	△	—
国際イスラーム大学	EA	○	○	◎5)	○	—	—
ISTAC	EA	—	○	◎5)	○	—	—

註：M：マレーシア語　E：英語　A：アラビア語　イスラーム科学：イスラームの視点による科学。○：必修　△：個人選択　▽：一部校のみ　▽1）1995年より一部校で導入　○2）：ムスリム必修　◎3）：全学生必修　▽4）：UKMについて確認、◎5）：「知識のイスラーム化」の視点による統合科目。*：植民地期カリキュラム　**：同胞基金（Yayasan Anda）校　STIC：スルタン・イドリス教員養成学校　UM：マラヤ大学　UPM：マレーシア・プトラ大学　USM：マレーシア理科大学　UKM：マレーシア国民大学　UTM：マレーシア工科大学　UUM：マレーシア北部大学　ISTAC：国際イスラーム思想文明研究所（大学院）。
出典：各種資料より杉本が作成。

までの基本的教育原理、教育政策に根本的変更を加えることになった。ひとつはマレーシアにおける初めての半官・半民の大学として設立されたこと、そしてもうひとつはマレーシア語ではなく、英語とアラビア語を大学の授業用語としたことである。複合社会マレーシアの独立以来の最優先国家政策は国民統合と経済的発展であった。マレーシアにおいて、華人からの長年の請求を退けて、中国語による大学の設立を禁止してきたのも、国立大学における英語の使用を制限し、大学院に至るまでマレーシア語による授業を行うよう努力してきたのも、外来の要素が、独立間もなく、近代的な環境での実績の浅いマレーシア語の成長と、それを核にしたマレーシアの国民統合の阻害要因になるという理由からであった。

国際イスラーム大学の設立のために、私立大学の設立を事実上禁止した1971年の大学および大学カレッジ法が改正されたことは、これらの法

第7章　高等教育へのイスラーム・インパクト　269

律が国益を代表するというよりは、特定のグループの利益の便宜のためにあるという印象を与えた。英語やアラビア語に流暢なイスラーム教徒が数多く出現することは望ましいことではあるが、高等教育までのすべての教育をマレーシア語で行おうという、これまでの高い理想と教育関係者の努力は、いともあっさりと突然投げ捨てられたかのように映る。

　また一般の国立大学で「イスラーム文明」やイスラーム的視点に立った科学のコースなどが非ムスリムにまで必修化されることは、信教の自由に抵触しかねない重要な問題であるが、これまでの華人やインド系の反応は、イスラーム銀行やイスラーム法の問題のときほどの関心はみられない。これはひとつには、「イスラーム文明」といった科目名が他の文化史の授業のような歴史知識のコースのような印象を与えること、そしてマレーシアのこれまでの民族対立の経緯から、非マレー系は自分たちの直接の政治的・経済的・人事的権益が侵害されない限り、イスラームの問題はできるだけ触れずにすませたいという、逃避的な傾向がみえる。またその延長線上で、国民統合に直接かかわる問題でありながら、非ムスリムによる近年のイスラーム運動・思想についての研究がかなり立ち遅れているという印象を与える。

イスラームとナショナリズムの相克

　しかし国際イスラーム大学の設立などによって、より深刻になりかねない大きな問題は、マレー人グループ自身の内部でのイスラーム性とマレー性（Malayness）の乖離の危機であろう。連邦憲法によれば、「マレー」とは「イスラームを信仰し、習慣的にマレー語を話し、マレーの習慣に従う者である」とされている[106]。これによれば、民族的には華人やインド系であっても、イスラームに改宗しマレー語やマレーの風習に親しめば、その人は「マレー」とみなされ、逆にマレー人の家系に生まれても、その生活がきわめて西洋化し、英語を日常の会話に用いるような人は、もはや「マレー」とはみなされなくなる。

例えば、国際イスラーム大学の歴史・文明学科で開講している授業40クラスのうち、イスラーム史関係11クラスに対して、マレーシアの歴史が2クラス、マレー世界が1クラスにすぎない[107]。今後、国際イスラーム大学やイスラーム伝道運動系の学校の卒業生や中東イスラーム教育機関への留学生などが増加すると、同じイスラーム教徒であっても、特に世俗的な生活を敬遠し、イスラームの原初的生活に忠実な者で、日常的にアラビア語を話す者が相当数出現することが予想される。もしこれらの人々に、上記の定義をあてはめれば、こうしたイスラーム主義者は「マレー」という範疇からはずれることになる。イスラーム教はマレーシア／マレー人のほとんどが信奉する宗教であり、イスラームの強化はマレー人の地位の向上と保護につながるものと考えられてきた。しかし上述のようなアラブ型イスラームへの傾斜が強まれば、「マレー」とイスラームの乖離が発生し、ひいてはマレー系の人々の分断化が進む可能性がある[108]。

　さらにこの乖離は政府に政治的なディレンマを加えることになる。マレーシア政府与党を構成するマレー系政党である連合マレー人国民組織（UMNO）は、これまでマレー社会の福利の増進という民族政党の立場と、多民族社会を調整する政府与党という立場のディレンマに立たされてきた。しかし実際には国際的な視野でのイスラーム化が強調されれば、民族政党としてのマレー・ナショナリズムの圧力とイスラーム教徒をかかえる政党としてのイスラーム主義の圧力は分離して、三重のディレンマに苦しむことになる[109]。

　「マレー性」とはマレー・ナショナリズムと密接な関係があるが、唯一のイスラーム理想世界（*Ummah*）への統合を目指すイスラーム教にとって、ナショナリズムは植民地主義の遺産であり、イスラームの普遍主義（universalism）に対立するものであるととらえられてきた。モーリシャスのガリア（Garia）は次のように述べている。

　「（ナショナリズム）はイスラーム諸国に人工的な国境を引くことに

よって、その教えの説く、ひとつのイスラーム的ウンマへの融合を妨害するという点で悲劇的である。したがって、政治的武器としてのナショナリズムは、人間を自己中心的にさせ、多数の犠牲のうえに少数の福利を追求し、世界の資源の搾取と略奪を永続化するのである[110]。」

ワット・モンゴメリー（Wat Montgomery）のいうように、イスラームは様々な部族、宗教、文化グループを国内に包容して統合する寛容性と統合性を持っている。しかし伝統的なイスラーム国家の統合性とは、異教徒は税金（*Kharaj*）を払うことによって保護を認められるという分離型統合であり、近代国民国家の目指す、意識のうえでの国民性の育成とは全く別のレベルである[111]。マレーシア政府は、その是非は別にしても、教育を第一に国家統合の手段、すなわち民族的には結果の平等を実現するための機関として位置づけ、個人の社会的上昇や国際的な学術的卓越性の実現を目指す機能には低い優先性しか与えてこなかった。教育は国民の意識を変革し、新たなマレーシア人を生み出す平和的で、最も有効な手段であるという、政府の認識は、おそらく国際イスラーム思想・文明研究所（ISTAC）の教員の次のような発言とは真っ向から食い違うことになるだろう。

「イスラーム研究機関としての国際イスラーム思想・文明研究所は社会経済的、政治的発展における国家の利益を代弁する道具であってはならない[112]。」

【出典および註】
(1) Khalijah Mohd Salleh, 1993, 'Ucapan Aluan Pengersi', in Mohd. Yusof Hj. Othman and Khalijah Mohd. Salleh eds., *Pendidikan Tinggi Sains: Ke Arah Reformasi Pendidikan*, Dewan Bahasa dan Pustaka, Kuala Lumpur, pp.xvii-xviii.
(2) Resolusi Seminar, *ibid.*, pp.xxvi-xxvii.
(3) Ahmad Mohamad Said, 1992, 'Falsafah Pendidikan Tinggi Sains Negara', in Mohd. Yusof Hj Othman *et al.* eds., *ibid*, pp.16-17.

(4) Baharuddin Yatim, Tajul Arifin Noordin and Ahmad Hozi Abd. Rahman, 1992, 'Adab dan Akhlak dalam Kegiatan Sains dan Teknologi', in Mohd. Yusof Hj Othman *et al*. eds., *ibid*, p.109.
(5) *Ibid*., p.105. この基本は統合中等理科カリキュラムにすでに埋め込まれているものとして、引用されている。
(6) *Fifth Malaysia Plan 1986-1990*, 1987, Malaysian Government, pp.vi.30.
(7) Kementerian Pendidikan Malaysia, 1988, *Falsafah Pendidikan Negara*, (Bahan Nota), Kuala Lumpur; Ministry of Education, 1990, *Education in Malaysia 1989*, Government of Malaysia, Kuala Lumpur. 'Falsafah' の定訳は「哲学」であるが、ここでは根本的思想・理念の体系というよりは、国家の教育を方向づけるスローガンに近いが、それを補完的に支える背景として、別個に「国家教育原理」および「国家教育目標」も定められている。Mok Soon Sang, 1992, *Pendidikan di Malaysia*, Siri Pendidikan Perguruan, Edisi Baru, Kumpulan Buduman, Kuala Lumpur 参照。「国民文化原理」については、杉本均、1989、「マレーシアにおける国民性教育と国民文化」『京都大学教育学部紀要』第35号、224-255頁参照。
(8) Ainuddin bin Abdul Wahid, 1987, 'Sains, Teknologi dan Penghayatan Islam Dalam Pembangunan Generasi Muslim Malaysia Hari Ini, Kajian Khusus: Universiti Teknologi Malaysia'(1987年12月 UKM における、「アセアン高等教育機関におけるイスラーム (Islam in ASEAN's Institutions of Higher Learning)」会議に提出された論文), p.4, cited in Wan Mohd. Nor Wan Daud, 1989, *The Concept of Knowledge in Islam: And Its Implications for Education in a Developing Country*, Mansell, London, p.103.
(9) Universiti Kebangsaan Malaysia, 1985, Kalendar 1985-1986, p.11, cited in Sufean Hussin, 1993, *Pendidikan di Malaysia; Sejarah, Sistem dan Falsafah*, Dewan Bahasa dan Pustaka, Kuala Lumpur, p.375.
(10) Sharom Ahmat ed., 1979, *Universiti Sains Malaysia: The First Ten Years 1969-1979*, pp.7-8. 3つの考慮とは、①国家的要請、②地域的特色、③研究分野のバランスとされている。Universiti Pertanian Malaysia; 1989, *Kalendar 1988-1989 & 1989-1990*, p.46, cited in Sufean Hussin, 1993, *op. cit*. p.375.
(11) David Lim, 1973, 'Malaysia: Section IV; Role of the University', in Yip

第7章 高等教育へのイスラーム・インパクト 273

　　　Yat Hoong ed., *Development Planning in Southeast Asia: Role of the University*, RIHED, Singapore, pp.136-137.
(12)　Ahmad Mohamad Said, 1992, *op cit.*, p.13.
(13)　Shaharir Mohamad Zain, 1994, 'Isu-ius Pendidikan Universiti di Malaysia Masa Kini', in Abu Bakar Nordin ed., *Reformasi Pendidikan Dalam Menghadapi Cabaran 2020*, Nurin Enterprise, Kuala Lumpur, p.199.
(14)　Ziauddin Sarder, 1989, *Explorations in Islamic Science*, Mansell, London, p.62.
(15)　Molly N. N. Lee, 1992, 'School Science Curriculum Reforms in Malaysia: World influences and National Context', in *International Journal of Science Education*, Vol.14, No.3, pp.259-260.
(16)　黒田壽郎、1983、『イスラーム辞典』東京堂出版、東京、3頁。
(17)　Chandra Muzaffar, 1987, *Islamic Resurgence in Malaysia*, Fajar Bakti, Kuala Lumpur, p.2. マレーシアの大学におけるイスラーム復古主義については、Zainah Anwar, 1987, *Islamic Revivalism in Malaysia: Dakwah Among the Students*, Pelanduk Publications, Petaling Jaya.
(18)　Sardar, *op. cit.*, 1989, p.1.
(19)　*Ibid.*, pp.1-2.
(20)　*Ibid.*, p.10.
(21)　C.A. Qadir, 1988, *Philosophy and Science in the Islamic World*, Routledge, London, pp.104-111.
(22)　Pervez Hoodbhoy., 1991, *Islam and Science: Religious Orthodoxy and the Battle For Rationality*, Zed Books, London; Sardar, *op. cit*, 1989.; P.S. Loo, 1995, 'The Four Horsemen of Islamic Science: A Critical Analysis', in *International Journal of Science Education*, Vol.17.
(23)　Shamsul Haq, 1983, 'The Quran and Modern Cosmology', in *Science and Technology in the Islamic World*, Vol.1, No.1, pp.47-52, cited in Sardar, *op. cit.*, 1989, p.34.
(24)　M. Manzoor-i Khuda, 1983, *Creation and Cosmos, Islamic Thought and Muslim Achievements in Science, Proceedings of the International Conference on Science in Islamic Policy*, Vol.1, Islamabad, pp.96-113, cited in Sardar, *op. cit.*, 1989, p.34.
(25)　Ziauddin Sarder, 1988/1989, 'Where's Where? Mapping out the Future

of Islamic Science (Part.1)/(Part.2)' in *MAAS Journal of Islamic Science*, Vol.4, No.2, pp.35-64/ Vol.5, No.1, pp.69. 第二の MAAS グループについては代表的個人の記述がないのでここでは分析から除外する。

(26) Abdus Salam, 1991, 'Notes on Science High Technology and Development for Arab and Islamic Countries', in *MAAS Journal of Islamic Science*, Vol.7, No.2, pp.84-99. また、'Forward by Mohammed Abdus Salam', in Hoodbhoy, 1991, *op. cit.*, pp.ix-xii では彼は「この惑星のすべての文明のなかで、イスラームの地において科学が最も貧弱であるということが、今日ほど問題となったことはない。この貧弱であることの危険性は決して強調しすぎではない、なぜなら社会の栄光ある存続は、現在の状況での科学と科学技術の水準に直接かかっているからである」と述べている。

(27) Hoodbhoy, 1991, *op. cit.*, p.137.

(28) S.H. Nasr, 1982, *Islam and Contemporary Society*, London, Longman, p.176, p.179, cited in Hoodbhoy, 1991, *op. cit.*, p.69, p.73.

(29) 黒田、1983、前掲書、1〜5頁。

(30) Osman Baker, 1991, *Tawhid and Science*, Univeristi Sains Malaysia, Secretariat for Islamic Philosophy and Science.

(31) Seyyed Hossein Nasr, 1987, *Traditional Islam in the Modern World*, KPI, London, pp.122-123.

(32) Hoodbhoy, 1991, *op. cit.*, p.147. 数式の出典は M.M. Qureshi, 1983, *Islamic Science Conference Proceedings*, Vol.2, p.255. 著者（杉本）はこの数式を検算したが、$No = 2,454.58$、恩寵量の最大値は$6,868.76$で、このときの自然数 N は$2,682〜2,686$の範囲となる。この研究は積極的にみてもイスラーム研究とはいえても「イスラーム科学」と呼ぶことは難しい。

(33) Sardar, 1989, *op. cit.*, pp.37-39.

(34) Hoodbhoy, 1991, *op. cit.*, p.xiii.

(35) Sardar, 1989, *op. cit.*, pp.95-97.

(36) *Ibid.*, p.65.

(37) *Ibid.*, p.170.

(38) Hoodbhoy, 1991, *op. cit.*, p.74. 仮想科学者のイニシャル C, D は A, B と替えた。

表7-5 現代の指導的なイスラーム科学者とその立場の概略

イスラーム科学指導者	国籍・在住	立場	宗教と科学の関係	決定主体
Maurice Bucaille 1920-	フランス	ブカイユ主義	宗教の科学的裏付	—
Abdus Salam 1926-	パキスタン／イタリア	近代派	科学と宗教の分離	科学者
Seyyed Hossein Nasr 1933-	イラン／アメリカ	正統派	知識と真理の統合	宗教家
Ziauddin Sarder	パキスタン／イギリス	正統派	科学を倫理的に指導	宗教家

㊴ Letter from publisher, *Arabia*, November 1986.

㊵ *Fifth Malaysia Plan, 1986-1990*, 1986, Malaysian Government, p.30. 教育におけるイスラームの制度化については、西野節男、1997、「マレーシアにおける教育改革とイスラーム化政策—価値多元化への対応をめぐって—」、『教育学研究』第64巻、第3号、36-45頁。

㊶ Abdul Hamid A. Abu Sulayman, 1988, 'Islamization of Knowledge: A New Approach Toward Reform of Contemporary Knowledge', in The International Institute of Islamic Thought (IIIT), *Islamization of Knowledge Series No.5, Islam: Source and Purpose of Knowledge*, Herndon, Virginia, USA, pp.99-100.

㊷ Ismail Raji al Faruqi, 1988, 'Islamization of Knowledge: Problems, Principles, and Prospective', in IIIT, *ibid.*, pp.26-27. イスラーム的視点からみた知識・科学・文明については例えば、Sayid Mujtaiba and Rukni Musawi Lari, 1977, *Western Civilisation Through Muslim Eyes*, QUM, Islamic Rep. of Iran; Fadil Haji Othman, 1992, *Pendidikan Sains Teknologi dan Alam Sekitar Menurut Pandagan Islam*, Syeikh Publisher, Kuala Lumpur; Sulaiman Nordin, 1995, *Sains Menurut Perspektif Islam*, Dewan Bahasa dan Pustaka, Kuala Lumpur など。

㊸ Syed M. Naquib Al-Attas ed., 1979, *Aims and Objectives of Islamic Education*, Jeddah, pp.158-159.

㊹ Mahathir, *Utusan Melayu*, 1984.10.26.

㊺ *ASEAN Forecast*, 1983, p.70.

㊻ *Berita Harian*, 1988.4.24.

㊼ *Straits Times*, 1988.4.25.

㊽ Hussin Mutaib 1993, 'Pro-Muslim Foreign Policy', *Islam in Malaysia: From Revivalism to Islamic State*, Singapore University Press, Singapore, pp.32-33.

⑷ Hussin Mutaib, 1993, *ibid.*, p.93.
⑸ 1982年導入の新初等教育カリキュラムにおいて週150分（旧課程120分）、1988年導入の統合中等教育カリキュラムにおいて全教育時間の8％（旧課程では7％）のイスラーム教育知識の時間が規定された。
⑸ Hj Abdullah Ishak, 1995, *Pendidikan Islam dan Pengaruhnya di Malaysia*, (Chapter 6, Institusi Pondok dan Pembelajarannya), Dewan Bahasa dan Pustaka, Kuala Lumpur, pp.191-193.
⑸ スーフィズム（sufism, イスラーム神秘主義）はウマイヤ朝初期以降、イスラーム教徒の間に起こった反律法主義・反世俗主義の精神運動、その修行者の教団。粗衣をまとって禁欲的修行を積み、瞑想・神秘体験のなかに自己と神の一体化を実現するための秘伝密法。一部は霊感や奇跡を示す聖者として崇められた（黒田壽郎『イスラーム辞典』東京堂出版、1983より抜粋）。
⑸ *Ibid*, p.208.
⑸ 藤本勝次、1966、「マラヤにおけるイスラーム教育制度」、『東南アジア研究』第4巻、第2号、京都大学東南アジア研究センター、2-39頁。同論文には1962年のケダ州バリンのMadrasah al-Khairiyah（生徒数319名）のカリキュラムも紹介されているが、それによれば低学年では地理、倫理、理科、健康教育、上級学年では教育原理、論理学、天文学などが教えられていた（31頁）。
⑸ *Legislative Council Proceedings (Skinner's Report)*, 1873, Appendix 34, cited in D. D. Chelliah, 1947, *A History of the Educational Policy of the Straits Settlements from 1800-1925*, Federation of Malaya, Singapore, p.64.
⑸ Awang Had Salleh, 1979, *Malay Secular Education and Teacher Training in British Malaya*, p.92 (Malay Version p.98).
⑸ 藤本、1966、前掲書、32頁。
⑸ Chai Hon-Chan, 1977, *Education and Nation-building in Plural Societies: The West Malaysian Experience*, The Australian National University, Canberra, p.68.
⑸ *Report of the Education Review Committee (Rahman Report)*, 1960, pp.47-48; *Education Act 1961*, 1961, Section 36, p.20.
⑹ *Sukatan Pelajaran Sekolah Rendah 1972*, Jilid 1, 1976, Dewan Bahasa dan Pustaka, Kuala Lumpur, pp.2-5. マレーシア小学校のイスラーム教育内

容については、西村重夫、1990、「マレーシアにおけるイスラーム教育の構造 —小学校用教科書の内容分析を中心として—」、『九州大学教育学部附属比較教育文化研究施設紀要』第40号、17-60頁に詳しい。

(61) *Perangkaan Pendidikan di Malaysia* (Educational Statistics of Malaysia) 2004, http://www.moe.gov.my/statistik/frinstat (2004.10.2)

(62) Mohd. Kamal Hassan, 1994, 'The Influence of Islam on Education and Family in Malaysia,' in Syed Othman Al-Habshi and Syed Omar Syed Agil eds., *The Role and Influence of Religion in Society*, Institute of Islamic Understanding Malaysia (IKIM), p.128.

(63) Amaran Kasimin, 1982, 'Sekolah Agama Rakyat Perlu Perancangan Sempurna', in Ibrahim Saad ed., *Isu Pendidikan di Malaysia*, Dewan Bahasa dan Pustaka, Kuala Lumpur, p.334.

(64) 1985年のブミプトラ（マレー系他先住民族）学生の比率72.5%より推定、*Fifth Malaysia Plan 1986-1990*, 1986、Malaysian Government, p.491.

(65) Wan Mohd Nor Wan Daud, 1989, *op. cit.*, pp.109-111.

(66) Syed M. Naquib Al-Attas, 1972, *Islam Dalam Sejarah dan Kebudayaan Melayu*, Kuala Lumpur, Penerbit Universiti Kebangsaan.

(67) Wan Mohd Nor Wan Daud, 1989, *op. cit.*, pp.110.

(68) フシン・ムタイブ（Hussin Mutaib, 1993, *op. cit.*）はマレーシアが「イスラーム国家」に向かう場合の可能性についていくつかのパターンを想定している。
　彼によれば、当時副首相のアヌワール・イブラヒムが政権をとった場合、もとABIMのリーダーでPASの要人とも交流があり、スルタンや政治腐敗に毅然とした態度をとる彼は、現政権の指導者のなかでは最も「イスラーム国家」に近い政策を打ち出す可能性がある、という（pp.81-91）。しかし当の本人は将来に「イスラーム国家マレーシア」の建設を宣言する意図を否定している（p.93）。これは多民族政権担当者としての立場もあれば、他のイスラーム化「先進国」の混乱に接しての慎重な態度とも考えられる。いずれにせよムタイブは「マレーシアのイスラーム再興運動家や原理主義者の期待や信念に反して、予測可能な未来にマレーシアに『イスラーム国家』が現実に成立する蓋然性はないであろう」(p.90)と結論している。

(69) Wan Mohd. Nor Wan Daud, 1989, *op. cit.*, p.111.

(70) Anne Sofie Roald, 1994, *Tarbiya: Education and Politics in Islamic*

Movements in Jordan and Malaysia, Lund Studies in History of Religious, Vol.3, Almquist & Wiksell International, Sweden, p.285. ABIM President, Muhammad Nor Monutty とのインタビュー。

(71) Zainah Anwar, 1987, *Islamic Revivalism in Malaysia: Dakwah Among the Students*, Pelanduk Pulications, Petaling Jaya, p.18.

(72) *Educational Program for ABIM's Formal Education System* (n.d.) cited in Anne Sofie Roald, 1994, *op. cit.*, p.301.

(73) Anne Sofie Roald, 1994, *op. cit.*, p.301. Ghazzali Basri とのインタビュー。

(74) Sidek Baba, 1991, *The Malaysian Study Circle Movement and Some Implications for Educational Development*, unpublished Dissertation at Northern Illinois University, cited in Anne Sofie Roald, 1994, *op. cit.*, pp.294-295. 彼によれば末端レベルのウスラでは、個人の教育レベルの差が大きく、議論というよりも一方通行的なコミュニケーションになりがちであったという。

(75) *Jurnal Pendidikan Islam*, Ahmad b. Muhammad Said (editor), Biro Pendidikan Angkatan Belia Islam Malaysia (ABIM), Kuala Lumpur.

(76) Hussin Mutaib, 1993, *op. cit.*, p.40.

(77) Zainah Anwar, 1987, *op. cit.*, p.24, pp.35-36.

(78) Anne Sofie Roald, 1994, *op. cit.*, p.259.

(79) *Ibid.*, p.259. ケダ、クランタン、トレンガヌ、プルリスの4州。

(80) *Asiaweek*, 1994.8.17.

(81) Anne Sofie Roald, 1994, *op. cit.*, pp.267-269.

(82) *Strait Times*, 1992.3.17.

(83) 中澤政樹、1988、「JEMAAH TABLIGH：マレー・イスラーム原理主義運動試論」、水島司編『マレーシア社会論集1、多民族国家における異化・同化形態の比較研究』東京外国語大学アジア・アフリカ言語文化研究所、104頁。他に中澤政樹『マレーシアにおけるイスラーム原理主義運動の動向』1991、『イスラームの都市性研究報告』第96号、東京大学東洋文化研究所を参照。

(84) Anne Sofie Roald, 1994, *op. cit.*, p.277.

(85) Judith Nagata, 1984, *Reflowering of Malaysian Islam: Modern Religious Radical and Their Roots*, University of British Columbia Press, Vancouver, p.112.

⑱ Anne Sofie Roald, 1994, *op. cit.*, p.279.
⑰ Ali Muhammad Mumtaz, 1995, 'Introduction: Contemporary Movement of Knowledge in the Muslim World — A Retrospect', in Muhammad Mumtaz ed., *Conceptual and Methodological Issues in Islamic Research: A Few Milestones*, Dewan Bahasa dan Pustaka, Kuala Lumpur, p.28.
⑱ Syed M. Naquib Al-Attas, 1978, *Islam and Secularism*, Kuala Lumpur, cited in *ibid.*, p.34.
⑲ Syed M. Naquib Al-Attas, 1973, Islamic Secretariat, Jeddah, Saudi Arabiaにあてた手紙、cited in Wan Mohammad Nor Wan Daud, 1991, *The Beacon on The Crest of a Hill*, Kuala Lumpur.
⑳ Anne Sofie Roald, 1994, *op. cit.*, p.241. Ghazzali Basriとのインタビュー。
㉑ 国際イスラーム思想研究所(The International Institute of Islamic Thought：IIIT)は1981年にバージニア州ヘルンドン(Herndon)に設立された、イスラーム思想の再興と「知識のイスラーム化」を目指す社会科学系イスラーム研究者の研究機関で、マレーシアには国際イスラーム大学内に支部を置いている。前述の国際イスラーム大学やその附属の大学院研究機関、国際イスラーム思想・文明研究所(ISTAC)と密接な関係がある。多くの英語・アラビア語の出版物の他『アメリカイスラーム社会科学雑誌(*American Journal of Islamic Social Science*)』(英語誌)を刊行している。
㉒ International Islamic University Malaysia, *Establishment of the University, 1991*, unpublished Brochure, IIUM, pp.3-4.
㉓ *Newsbulletin International Islamic University Malaysia*, 1995, April-June, p.3. Anne Sofie Roald (1994, *op. cit.*, pp.242-243)が1991年11月に行った、IIU医療顧問、保健センター長、ヤハヤ・アルビ (HM.D.Muhammad Yahya Alvi) とのインタビューによれば、新医学部では、ナービー医療*(Prophetic Medicine = *at-tibb an-nabawi*)を含む様々な分野での医学研究が行われているという。
  * ナービー医療とは、預言者モハマッド自らが用い、その使徒にも用いるように勧めた医学療法 (medical remedies) である。そのための薬品には蜂蜜、オリーブ油、酢および黒キャラウェイの実 (black caraway-seed = habbat as-sawda' or habbat al-baraka)が用いられる(*Ibid.*, p.243, 註1)。

⑼ 'Characteristics of the International Islamic University', in IIUM, 1991, *op. cit.,* p.5.
⑼ S. Waqar Ahmed Husaini, 1985+, *Teaching Islamic Sciences and Engineering: International Comparisons, and Case Studies from King Abdul Aziz University,* no information on publisher, Kuala Lumpur.
⑼ Admissions and Record Division, IIUM, 1995/96, における提供情報。
⑼ International Islamic University Malaysia, *Establishment of the University,* 1991, unpublished brochure, IIUM, p.6.
⑼ Anne Sofie Roald, 1994, *op. cit.,* p.247. 一般的なマレー語で 'kuliah' と称した場合は大学の授業・講義を指す。
⑼ *Undergraduate Prospectus 1996,* International Islamic University Malaysia, pp.238-245. 博士号データは pp.241-242 より集計。
⑽ *Ibid.,* pp.139-140.
⑽ Brochure by Student Affairs Division, cited in Anne Sofie Roald, 1994, *op. cit.,* p.243. アラビア語で 'usrah' とは family すなわち、小さな学習グループを指す。
⑽ Anne Sofie Roald, 1994, *op. cit.,* p.245. Anis Ahmad 教授とのインタビュー。
⑽ *Ibid.,* pp.244-245.
⑽ *Ibid.,* pp.246-251.
⑽ マレーシア国際イスラーム大学、イスラーム啓示知識および人文科学部のロウアイ・サフィ（Louay Safi）助教授（人間科学）は、著者とのインタビューで、「大学機関として特定のイスラーム科学の学派や哲学を支持したり、推進しようという意図はなく、イスラーム全体の興隆に貢献し、さらにはイスラームだけではなく、精神世界を重視する世界の思潮と対話を持ちたい」と話していた（1996.4.2）。
⑽ *Federal Constitution of Malaysia,* Article 160(2)(p.154), International Law Book Service.
⑽ *Undergraduate Prospectus 1996,* IIUM, *op. cit.,* pp.130-139.
⑽ Azizah Haji Baharuddin, 1990, 'Konsep kemelayuan menurut perspektif teologi, sains dan falsafah', in her *Science and Belief: Discourses on New Perspective,* Institute Kajian Dasar, Kuala Lumpur, pp.209-214. 例えばマレー服とイスラーム服の区別はその象徴的な問題である。マレー

シアの政治集団におけるマレー性とイスラーム性の分析については、田村愛理、1988、「マレー・ナショナリズムにおける政治組織とシンボル操作―イスラームをめぐる政治集団形成の分析―」、『アジア経済』第29巻、第4号、2-29頁、に詳しい。

(109) Hussin Mutaib, 1993, *op. cit.*, p.106.
(110) Murtaza Garia, 1986, 'Chapter II, Nationalism in the Light of the Qur'an and the Sunnah', in M. Ghayasuddin ed., *The Impact of Nationalism on the Muslim World,* The Open Press, Penerbit Hizbi, Shah Alam, Malaysia, p.27.
(111) Wat Montgomery, 1961, *Islam and the Integration of Society*, Routledge & Kegan Paul, London, pp.87-94.
(112) Wan Mohammad Nor Wan Daud, 1991, pp.21-22, cited in Anne Sofie Roald, 1994, *op. cit.*, p.249.

第8章　就学前教育のグローバル化対応と教員養成システム

(1) マレーシアの就学前教育の発展

英語による教育のリバイバル

　マレーシアでは就学前教育は、児童の発達の基礎を形成する重要な教育段階でありながら、永らく公教育体系の中心的構造と位置づけられることはなく、①その認知的教育内容において成文化されたガイドラインを提示することが難しいレベルであると考えられてきたこと、また②家庭による教育的要求のレベルや児童のレディネスに大きな差があることなどから、画一的な教育管理は避けられ、個々の家庭や幼稚園、保育所といったレベルでの選択に任される傾向があった。

　しかし、この時期 (5歳〜6歳以前) の教育は児童の身体的、情緒的発達にとってはもちろんのこと、認知的発達にとってもきわめて重要な時期であることから、様々な教育理論や哲学の実践者や支持者、宗教的・民族的団体にとっては、画一的な公教育プログラムに子どもが包摂されるまえの、比較的自由な教育実践の許される貴重な教育段階として、最も多様で、意欲的な試みが実践されるフィールドでもあった。したがって、マレーシアでも一般的ガイドラインが施行された今でも、実に多様な就学前教育の実践が行われており、きわめて興味深い側面がある反面、全体を統括する機構や統計がなく、その全体像をとらえることは容易なことではない。

　2002年7月マレーシア政府は初等・中等教育レベルの理科・数学 (算

表8-1 理数科科目の英語による授業の小学校と中学校での開始年

	小1	小2	小3	小4	小5	小6 UPSR	移動クラス	中1	中2	中3 PMR	高1	高2 SPM
2003	開始							開始				
2004		開始					英語で行う		開始			
2005			開始							開始		
2006				開始							開始	
2007					開始							開始
2008							開始					

註:UPSR, PMR, SPM, STPM 試験は2003年からすべて英語を含めた2言語で実施される。
移動クラスは華語・タミル語媒体の小学校からマレー語中学校に進学する場合の1年間の準備クラス。

数)の授業を、これまでの言語に代えて英語で教えるという内閣決定を発表した。マレーシアの小学校は授業言語媒体によって3種類の小学校が独立して管理されており、国民小学校はマレー語、華人やインド系の児童の多い、国民型小学校は華語もしくはタミル語で授業してきたが、とりあえずマレー語学校からこの措置は導入された。2003年から各段階の第1学年(小学校1年、初級中学校1年、フォルム6前期)に入学するコーホートから、理科・数学の授業が英語に切り替えられることになる[1]。

この理数科教育を英語で行うという決定は、各方面に大きな反響と動揺をもたらしており、とりわけ華語小学校やタミル語小学校、農村地域の小学校教員からの反発は大きい。就学前教育機関はこの決定を受けて、幼稚園段階での児童の英語への接触を拡大して、小学校での英語教育への準備をさせる必要に対応を迫られている。児童への負担の増加を心配する場合もあれば、すでに一部幼稚園では小学校より早く英語の授業や英語による授業を取り入れているために、英語の重要性を認識したという点においては歓迎できるとする意見もあるが、新カリキュラムも含めて今後のマレーシアの就学前教育にも大きな影響を与えることは間違いない。

就学前教育の発展と現状

マレーシアにおける近代的な就学前教育は、1950年代に都市部の私立

セクターにおいて開始されていたが、公的な補助がなく授業料が高額であったため、限られた階層にしか普及しなかった。これは就学前教育が、華文独立中学や私立カレッジとともに、当時のマレーシアの国民教育システムの概念から除外され「ノンフォーマル教育」としての認識を受けてきたこと、そしてその結果、所轄官庁が多岐にわたったことに由来している。したがって、1970年代以降推進されてきた、マレー系先住民（いわゆるブミプトラ／*Bumiputera*）の社会経済的地位の向上を優先する国家政策も、就学前教育の分野には部分的にしか及ばず、地域的、民族的、社会的格差が残されてきた[2]。

この偏在を改めるために、1970年代に農村開発省（KUMAS = Ministry of Rural Development）の地域開発部（Community Development Division）が農村地域の就学前教育を開始した。KUMAS の幼稚園は TABIKA（*Taman Bimbingan Kanak-kanak*）と呼ばれ、4歳から6歳までの児童に就学前教育プログラムを1971年に107園で実施し、1990年代には7,000園、20万人の児童をかかえる、国内最大の組織となった。TABIKA では1クラス35人以下の教室で、週に3時間ずつ5日間の授業を行っている[3]。

1980年代には国家統合局（Department of National Unity）が郊外地域の児童への就学前教育を開始した。社会開発統合省には福祉局の管轄下に、0歳から4歳までの保育所（child care centres）と、5歳と6歳児のための半日プログラムを提供する幼稚園（kindergarten, pre-school）がある。現在1,000園あまりの施設が運営されている。そのほか、マレーシアの半政府機関である、FELDA（連邦土地開発庁）や RISDA（ゴム産業小農開発庁）、FELCRA（連邦土地統合・再開発庁）などが開発に伴う労働力確保のために独自の就学前教育機関を発足させたが、これらは後に KUMAS の幼稚園に管理運営が委託されている[4]。

これらの公的努力により、表8-2に示すように1980年代には公立セクターが幼稚園数の76％に達したが、児童数では依然として半数以上が私立セクターに属しており、その教育環境水準にはかなりの格差が存在す

第8章　就学前教育のグローバル化対応と教員養成システム　285

表8-2　1980年代のマレーシアの幼稚園の公立・私立比(1981年)

	機関数	クラス	教員数	児童数	クラス規模	教員比
公立セクター	2,925 (76.0)	2,970 (49.4)	3,030 (48.7)	90,065 (46.0)	30.3人	29.7
私立セクター	925 (24.0)	3,046 (50.6)	3,187 (51.0)	105,681 (54.0)	34.7人	33.2
合　　計	3,850	6,016	6,217	195,746	32.5人	31.5

出典：Educational Research and Planning Division, Ministry of Education Malaysia, cited in Ling Chu Poh, 'Some significant aspects of inequalities in pre-school education in Malaysia and their implications', in *Masalah Pendidikan*, Vol.12, 1986/87, p.64.

ることが予想される。以上のような経緯により、公立セクターの就学前教育分野の所轄は、文部省、農村開発省、社会開発統合省、そして各州の宗教局の所轄に分かれている。

　1992年、文部省はようやく就学前教育の主体的施策に着手し、就学前施設の不足する地域の既存の小学校1,086校を選抜し、そこに付属幼稚園プログラム(Pre-school annexe' Programme)を導入した。これはより経済的に貧しい家庭の子どもに就学前の教育機会を提供し、すべての子どもに小学校入学までに少なくとも1年間の準備教育を与えることを目標として導入された。1997年までに全国7,084校の小学校のうち、1,021校に附属就学前クラスが設置され、25,609人の児童がここに所属している。これによって国内の53％の当該年齢の児童が幼稚園教育を受けるようになった[5]。

　就学前教育機関の設立において、公共セクターは農村部と都市部の貧しい家庭向けの就学前教育の機会を提供することに努力した。公立・私立、NGO立も含めて、それらが運営する就学前教育センターの数は1990年の6,960から1997年の9,605に増加した。就学前教育センターの8,638、すなわち90％は公共セクターであり、政府が設立したセンターの80％は農村地域にあり、30万9,700人の児童が学んでいる[6]。

　1998年現在のマレーシアにおける就学前教育機関は約1万校で、3歳以上の就学児童数は45万8千人に達しており、5歳児における就学前教育就学率は58％である。しかし今日でも文部省が関与する幼稚園や幼稚

表8-3 マレーシアの所轄機関別の就学前教育統計(2003年)

設立主体	機関数	クラス数	教員数*	児童数**	(構成%)
文部省	—	—	—	65,948	(10.94%)
農村開発省	8,275	8,290	848	217,079	(36.00%)
社会開発統合省	1,296	1,296	1,296	520	1,052
各州宗教局	520	1,052	1,276	24,907	(4.13%)
私立	3,474	3,787	14,675	239,971	(39.79%)
ABIM	358	375	976	18,561	(3.08%)
合計	13,923	14,783	26,441	603,029	(100%)

註 ＊1クラス1教員と想定。＊＊3歳から5歳の児童数。
出典：*Malaysian Education Statistics*, 2003 ; *Quick Facts*, 2000, p.3.

部は、マレーシアの就学前教育において機関数にして9％、児童数にして6％を占めるにすぎない。マレーシアにおける就学前教育機関の48％は私立セクターに属しており、主として政党系と宗教系、NGO系に分類される。政党系では与党系のUMNO(TADIKA UMNO)、MCA、MIC、野党系ではPAS(*PAS Tadika Islamiyyah*：PASTI)などがあり、宗教系ではマレーシア・ムスリム青年同盟 (*Angkatan Belia Islam Malaysia*: ABIM)、ダールル・アルカム (*Al-Arqam*)、PERTIWI ほかイスラーム、ヒンドゥー、キリスト教系などの幼稚園がある。そのなかではやや急進的なイスラーム系のABIMによる幼稚園が最も全国に普及し、独自のマレーシア・イスラーム・カリキュラムを導入して *Tadika Islam* もしくは TASKI (*Taman Asuhan Kanak-kanak Islam*) と呼ばれている[7]。

公立幼稚園も私立幼稚園もほぼ同じガイドラインに従っているが、公立のほうが児童の基礎技能、社会化や小学校への準備の側面が強調されるのに対して、私立幼稚園はアカデミックな内容とピアジェ、モンテッソーリ、フレーベルなどの特定の教育理論やデザインを用いたもの、あるいはイスラーム、キリスト教、シーク教など特定の宗教的教義や世界観を反映した教育アプローチがみられる。授業料は宗教系私立幼稚園の月60Mドル(1Mドル＝約30円)から大学の授業料より高いものまで様々である。また私立幼稚園の授業言語は様々で、後にみるようにマレー語、

英語、華語、タミル語、カダザン語、そしてそれらの組み合わせなど多彩である[8]。

　幼稚園の教員については現時点で明確な資格は規定されておらず、小学校卒業、宗教学校卒業、前期中等学校卒業（SRP）、高校卒業（SPM）、そして少数ではあるがフォルム6卒業（STPM）以上の教員もいる。就学前の教育は子どもの発達にとってきわめて重要であり、本来優れた教員と高度な知識を要求する段階であるが、実際にはそうした教員は幼稚園に就職することを好まない。さらにこの問題は幼稚園の教育の質と授業料などのコストに大きな格差をもたらすだけではなく、優秀な教員が都市部の私立の機関に集中することにより、地域的な格差や社会経済的格差が教育の質の格差につながるという問題を引き起こす。

　このような格差に対処するために、幼稚園の運営主体や所轄省庁については従来どおりの多様性を維持しながら、登録と管理運営、カリキュラム開発、教員養成などに関しては、文部省に一元化し、その質の保証を確実にしようという動向がある。とりわけ就学前教育のカリキュラムとそのガイドラインは、文部省のカリキュラム開発センター（*Pusat Perkembangan Kurikulum*: PPK/CDC）によって開発されてきた。

(2) 国民就学前教育カリキュラム

就学前教育ガイドライン

　これまでに文部省から出された就学前教育ガイドラインは1973年、1986年、1993年に改定されてきた。1993年の改定は前年の付属幼稚園プログラムの実施によって見直されたものである。1996年の新「教育法」は就学前教育の分野にも多大なる影響を与えた。この法律によって、初めて就学前教育が国家教育システムの一部として認知され、同時にすべての公立・私立の就学前教育機関は国家の就学前教育に関するガイドラインに従うことが義務づけられた[9]。

1996年教育法によれば、就学前教育(pre-school education)とは、「4歳から6歳までの児童のための教育プログラムである」とされ、「幼稚園(Kidergarten)とは10人以上の児童のいる就学前教育機関である」と規定されており、保育所(Child Care Centre)はこの法規の規制には含まれない(25条)。「すべての幼稚園のプログラムと活動は、文部大臣によって認められた幼稚園のためのカリキュラムガイドラインに基づいて行われる。(22条)」そして「幼稚園では国語が授業用語として用いられるか、そうでない場合は国語は必修科目として教えられる(23条)」とされている[10]。

　就学前教育カリキュラム／ガイドラインは、マレーシアの国家五原則(ルクヌガラ／*Rukun Negara* (1969))、国家教育哲学(NPE (1988))、マレーシア発展構想2020 (Vision2020 (1991))などの国家構想・政策を背景に開発・改定され、今回の2003年国民就学前教育カリキュラム (*Kurikulum Kebangsaan Prasekolah*/Preschool National Curriculum) に結実しようとしている。PNCへの連続性と新たな展開を考察するために、過去の1986年ガイドライン、1993年ガイドラインとの比較を含めて、その概要をみてみたい。

2003年国民就学前教育カリキュラム

　新しい国民就学前教育カリキュラム (PNC (2003))はカリキュラム開発センターを中心に試案が編集され、2003年から実施された。政府の小学校の理数科目を英語で教えるという方針を受けて、幼稚園と保育所の児童に英語への接触を促進する目的で、統合コンポーネントのなかに英語による授業を組み込んでいる。ただし特定の言語を教えるのではなく、特定の言語を使って教えるということを想定している。CDCはカリキュラムがあまりにアカデミックになることを憂慮しており、そのためにCDCは幼稚園用の教科書を編集せず、民間の教科書や参考書の使用は学校に任せている[11]。

　PNC (2003)は児童発達理論、児童心理学の基礎のうえに、近年の多面的知性 (Multiple Intelligence)、「こころの知能指数」(Emotional Quotient)、

E-ラーニング（E-learning）、そして到達度本位型アプローチ（Outcome-based approach）などの概念を考慮に入れてデザインされている。カリキュラムは教育と学習の到達度に従って、子どもが何を知り、理解し、行い、そして実践すべきかに力点を置いている。学習の到達目標は階層的に次第に複雑化するように設計されている[12]。

カリキュラムの一般目標としては、1996年のガイドラインでは9つの目標が、9つの実践領域(カッコ内)に対応して設定されていた。すなわち、①愛国への感情(国民性教育)、②[イスラーム教徒児童に対して]日常生活におけるイスラーム的価値の実践(宗教教育)、③高貴な価値の実践(道徳・精神教育)、④国語としてのマレー語への尊重・活用とコミュニケーション技能の向上(国語)、⑤第二言語としての英語力の日常生活での獲得(英語)、⑥健康の基礎としての身体活動の尊重(体育)、⑦積極的な態度と性格の形成のための自己概念の発達(社会性教育／Socio-emotional)、⑧知的好奇心、認知能力、問題解決能力の育成(認知発達)、⑨創造性と審美能力の育成(芸術教育)、である[13]。

これをまず初期の1983年ガイドラインと比較すると、同じく9つの目標が設定されていたが、そこでの③国語への尊重・活用と⑧コミュニケーション能力の向上という2つの目標が1996年の④の目標に統合されている。それによって減った1項目に⑤の英語力の獲得が新たに加えられ、この時期からすでに就学前教育レベルでの英語の重要性の認識があったことがわかる[14]。就学前教育の活動における簡単な英語の使用が、政府文書で言及されたのは、第7次マレーシア計画が最初である[15]。

続いて、これを今回のNPC (2003)の目標草案と比較してみると、1996年の9つの目標すべてが若干の表現の修正を経て収録されているのに加えて、③華語・タミル語幼稚園での華語・タミル語の授業用語としての適切な活用、の1項目が加えられて、合計10か条の目標が提示される予定である。これらの項目の順番は若干入れ替わって①④(華語・タミル語)⑤⑥③⑧⑦⑥⑨の順となっている。③華語・タミル語の活用の項目の追

加は、前回の英語力の項目の追加と異なり、すでに私立幼稚園では実践されてきたことであるので、教育領域への力点の変化というよりは、私立幼稚園の存在と役割の積極的な認知の意向が表明されたものととらえるべきであろう[16]。

　新カリキュラムでは、科目ではなく技能領域としての6つのコンポーネントが設定されており、より統合的で学際的なアプローチが強調されている。それらは、①言語およびコミュニケーション、②認知的発達、③精神的・道徳的発達、④社会的発達、⑤身体的発達、⑥創造性・審美的発達の6つのコンポーネントである。学習は統合された形で行われ、数学や理科や識字技能の発達は別々にというよりは同時に起こりうるものである。高品質のプログラムを提供するために、児童の成長に対応した学習環境と内容を準備し、個々の児童の個人差に可能な限り配慮した学習内容と方法を想定している[17]。

　就学前教育カリキュラムの時間的規定は、1日の授業時間は3時間ないし3時間半で週5日、したがって1週間の授業時数は15ないし17.5時間とされていた。科目として時間規定があるのは、国語（国語を授業用語としない幼稚園）、英語（英語を授業用語としない幼稚園）、そしてイスラームおよび道徳の3科目で、それぞれ少なくとも週2時間以上の授業が要求されていた。それ以外の領域については科目的規定はなく、統合的に行われることになっている。また授業における活動形態のガイドラインとしては、1日の授業時間が3時間半の場合、クラス活動90分、グループ活動60分、自由活動30分、休憩・お茶30分という目安が示されていた。1クラスの児童の人数は最大で25人である[18]。

新カリキュラムの英語への対応

　近年のグローバル化の影響をみるために、英語カリキュラムを中心にその変化について考察する。前カリキュラムでは英語の教育内容を、日常生活における会話技能 (oral skills) に限定しており、8つの目標が指定

第8章　就学前教育のグローバル化対応と教員養成システム　291

されていた。すなわち、①簡単な英単語の認識、②簡単な英語の指示を理解し従う、③様々なメディアにおける絵を刺激教材にして物語を話す、④簡単な会話を交わす、⑤簡単な詩を朗読する、⑥散文、韻文、会話文など様々な形態の文章を聞き、応答する、⑦簡単な歌を歌う、⑧挨拶やお礼、お願い、お詫びなどの簡単なやりとり、であった[19]。

新カリキュラムでは、英語の目標項目は4つに統合されているが、会話技能（リスニング・スピーキング）についても若干の高度化がみられるほかに、簡単な単語や文章の読解と筆記の技能が加えられ、いわゆるリーディング（reading）とライティング（writing）の技能が加えられたことが大きな特徴である。すなわち、①積極的に聞き、理解する、②簡単な英語で自分を表現する、③独力で簡単な単語や文章を読む、④簡単な単語や文章を筆記する、と規定されている[20]。これらをまとめると表8-4のように整理できる。

また政府は近年国家教育システムの一部として認知された私立高等教育とならんで、就学前教育分野でも、精神的な価値教育の強化を推進しており、この新カリキュラムでも、イスラーム的価値観（イスラーム教徒

表8-4　就学前教育ガイドライン、カリキュラムの言語・宗教に関する扱いの比較

	1986年ガイドライン	1993年ガイドライン	2003年国民カリキュラム
基本目標における言語目標	(4)マレー語とその他言語（英語、アラビア語、華語、タミル語）を科目として規定	(4)国語としてのマレー語の尊重と向上 (5)第二言語としての英語を日常会話で使用	(2)国語の言語技能向上 (3)授業用語としての華語、タミル語の向上 (4)第二言語としての英語の発達
英語技能に関する記述	記述なし	日常生活での会話技能	簡単な単語・文章の聞き取り理解、口頭表現、読解、筆記
宗教教育に関する単元	1.信仰箇条、2.信仰戒律、3.品性人格、4.伝記、5.聖クルアーン、6.朗誦／礼拝	1.信仰箇条、2.信仰戒律、3.伝記、4.道徳、5.聖典朗誦指導、6.アラビア語	1.信仰箇条、2.信仰戒律、3.伝記、4.道徳、5.アラビア語とJawi標記

註：信仰箇条（akidah/aqidah）、信仰戒律（ibadah/ibadat）、品性人格（budi pelerti）、朗誦（meladaz/tilawah）、伝記（sirah）、道徳（akhlak）、Jawiとはマレー語のアラビア語表記法を指す。
出典：GL(1986)：Shahril and Habib, 1999, p.46, pp.53-54；GL(1993)：(13)CDC, 1998, p.3, pp.7-8；PNC(2003)：(4)CDC, 2002?, p.6；(16)CDC, 2002, p.91より杉本が整理。

表8-5 国民就学前教育の英語カリキュラムの活動試案(2002年)

(抜粋：技能領域と学習内容案)

1 リスニング技能	
〈技能領域〉	〈学習内容案〉
1(1) 類似音の聞き取りと認識	①同音で始まる単語の認識 ②同音で終わる単語の認識
1(2) 音の聞き分けと認識	①異なる音で始まる単語の識別 ②異なる音で終わる単語の識別
1(3) 簡単な単語の意味の理解	①発声された単語を聞き、実物を指さす ②発声された単語を聞き、絵を指さす
1(4) 英語の指示を聞き従う	①英語で簡単な指示を聞き、実行する ②ゲームで指示された行動を実行する
1(5) 簡単な歌、詩、物語、会話を聞き、反応する	①歌やリズムを聴き、それに反応する ②歌、リズム、詩、物語を聞き、意味にそって反応する
2 スピーキング技能	
2(1) 児童、教員、社会人とコミュニケートする	①ジェスチャー、アイコンタクト、表情などに対して英語で反応する ②挨拶、感謝、質問などの簡単なやりとりをする ③簡単な会話をする
2(2) 簡単な単語を使う	①体の部分を英語でいう ②家族のメンバーを英語でいう ③まわりにある物を英語でいう ④知っている物語や詩、歌などの名前をあげる
2(3) 簡単な文章をいう	①好きな食べ物や遊びなどの経験について話す ②天気について話す ③物語の知っている文章を発表する
2(4) 簡単な質問をする	①好きな食べ物や遊びについて他の児童に尋ねる ②目に入った物について質問をする ③聞いた物語について質問する
2(5) 歌を歌い、詩やリズムを暗唱する	①歌を歌いながらアクションする ②簡単な詩やリズムを暗唱する
2(6) 簡単な物語を話す	①よく知っていることについて英語で話す ②人形や本などを使って物語りを英語で話す
2(7) 知っていることをドラマ化する	①日々の出来事をロールプレイで演じる ②知っている物語をドラマ化する
3 リーディング技能	
(1)〜(6) 〈省略〉	
4 ライティング技能	
4(1) ライティングの準備	①手と目の連携を必要とする活動を行う ②大きな動作と細かい動作を使って、線と円を描く ③文字を書く時の回転や上下動の手の動きを練習する
4(2) ライティング技能	①アルファベットを書く ②簡単な単語を書く ③簡単な文章を書く

出典：CDC, Ministry of Education Malaysia, *Huraian Kurikulum Kebangsaan Prsekolah: Edisi Percubaan*, 2002, pp.91-117 (試行版によるので確定内容ではない).

児童向け)と道徳価値観が、ひとつのコンポーネントを形成して強化されているが[21]、シラバスにみる単元数には大きな変化は予定されていない。

　国民就学前教育カリキュラムの試案(2002)にみられる、英語技能のガイドラインの概要は以下のとおりである。実際にはこの表には、それぞれの〈技能領域〉と〈学習内容〉について、具体的な〈学習活動例〉と〈教材〉の提案が付記されているが、本章では省略する。

　カリキュラムの試案では、これらの技能領域と学習内容案について、それぞれいくつかの活動案と教材案が、右頁コラムの対応する位置に記載されている。例えば、上記技能領域2(6)の「簡単な物語を話す」について、①の内容に関して、「〈show and tell〉の手法を用いて、子どもたちは好きなおもちゃなどを持ち寄って、そのことをまわりの子に話す」「写真や絵を使ってペットについて話す」「ハリラヤ(イスラーム正月)や春節(中国正月)、ディーパーバリ(インド系祭日)などのお祭りについて〈Circle Time〉を用いて話す」などの活動が記載され、その右に使用する教材として、「子どもが持ち込むおもちゃ」「写真や絵、ポスターなどのプロップ」「写真や小さな場合は実物」などの具体物や歌の種類、文章の例などが記載されている[22]。

　児童の学習と発達の評価についても、新カリキュラムではこれまでにない体系的な評価システムが推奨されている。評価プロセスの前提として、評価計画・評価項目の設定、システマティックな観察、子どもの作品等の評価、学習・発達の記録の編纂などが規定されている。とりわけ学習・発達の記録については、観察チェックリスト(*Senarai Semak*)、出来事記録(*Rekod Anekdot*)、継続的記録評価(*Rekod Berterusan/Running Record*)などの各種の情報をポートフォリオ型の総合ファイルに編纂してゆくことが指導されている[23]。

(3) 私立幼稚園の動向と教員養成

多様な所轄官庁

文部省私立教育局の統計によれば、2001年現在、私立の幼稚園は2,461園で、10,031人の教員と26万4,195人の児童が在籍しており、児童数にして全幼稚園児童の過半数が学んでいる。私立幼稚園に通う子どもは、**表8-6**にみるように、華人系が過半数を占めており、また**表8-7**にみるようにその授業言語(媒体)は華語が42％、英語が35％、マレー語が10％であるが、そのほかにバイリンガルの幼稚園もあわせて10％程度存

表8-6 1980年代のマレーシアの私立幼稚園の民族別児童数(1980年)

( )内は全体に対する％

	マレー半島	サバ州	サラワク州	合 計
ブミプトラ	13,128(13.4)	2,438(2.5)	2,354(2.4)	17,920(18.3)
華　　人	56,063(57.5)	6,518(6.7)	8,284(8.5)	70,865(72.6)
インド系	7,211(7.4)	91(0.1)	54(0.1)	7,356(7.5)
その他	966(1.0)	384(0.4)	71(0.1)	1,421(1.5)
合　　計	77,368(79.3)	9,431(9.7)	10,763(11.0)	97,562(100)

出典：Ministry of Education, Malaysia, cited in Ling Chu Poh, 'Some significant aspects of inequalities in pre-school education in Malaysia and their implications', in *Masalah Pendidikan*, Vol.12, 1986/87, p.60.

表8-7 1980年代の私立幼稚園の地域別授業言語(1981年)

( )内は全体に対する％

地　域	マレー語	英　語	華　語	タミル語
都市部	7,166(6.0)	30,652(29.0)	29,944(28.3)	113(0.1)
農村部	2,333(2.2)	5,232(5.0)	10,973(10.4)	79(0.1)
開拓村	653(0.6)	1,479(1.4)	3,419(3.2)	―
合　計	10,142(9.6)	37,363(35.4)	44,336(42.0)	192(0.2)

地　域	マレー語/英語	マレー語/華語	英語/華語	その他	合　計
都市部	2,554(2.4)	―	7,411(7.0)	58(0.05)	77,888(73.7)
農村部	129(0.1)	280(0.3)	3,175(3.0)	―	22,201(21.0)
開拓村	41(0.0)	―	―	―	5,592(5.3)
合　計	2,724(2.6)	280(0.3)	10,586(10.0)	58(0.05)	105,681(100)

出典：Education, Research and Planning Division, Ministry of Education Malaysia, cited in Ling Chu Poh, 1986/87, p.58.

在している。また地域的な分布では大半 (74%) が都市部に集中していることがわかる[24]。

本章では、このうち、イスラーム系団体が運営する幼稚園と華人系幼稚園教師の現職訓練機関について取り上げる[25]。

イスラーム系私立幼稚園の英語教育

ABIM (マレーシア・ムスリム青年同盟) は、1969年の民族間暴動に対して、マレー系およびイスラーム系学生が自らの自覚と団結を呼びかけて起こした政治的宗教運動である (詳細は第7章参照)。このグループは伝道主義的であるが、必ずしも原理主義的ではなく、国内華人の経済支配や、与党の政治腐敗などに批判的である。全国に5万人の会員を持ち、元副首相アヌワール・イブラヒムもその中心的人物である[26]。

ABIMは教育をその重要な活動のひとつと位置付けており、1971年には同朋基金 (*Yayasan Anda*) により、私立のイスラーム中等学校 (*Sekolah Menngah Islam*) 1校と小学校 (*Sekolah Rendah Islam*) 12校を設立しており、独自の初等イスラーム学校カリキュラム (*Kurikulum Sekolah Rendah Islamia*：KSRI) を開発し、公教育による世俗・宗教折衷型教育に満足しない、あるいは適応できない児童に独自のカリキュラムによって教育を行っている。しかしその教育的焦点は幼稚園レベルにあり、全国に400園の幼稚園と7万人の児童、2,000人の教員をかかえ、そのほかにABIMのメンバーによる個人的経営の幼稚園や保育所が多数存在している[27]。

イスラーム青年同盟幼稚園 (*Taman Asuhan Kanak-kanak Islam*：TAKSI) は、4歳から6歳までの児童に、KSRIに準拠したイスラームの世界観に基づいた教育環境において、すべての科目や教育活動を行い、知的・精神的・身体的・情緒的にバランスのとれたムスリムとして育成することを目指している。授業料は月100Mドル程度で、クラスサイズは20人、一般的なTASKIでは教育は教師中心的な講義である。また公立の教員養成カレッジを卒業した学生に対して、イスラーム的教育訓練を与えるセン

ターも存在している⁽²⁸⁾。

　ABIM幼稚園では、中心的な授業言語はマレー語であるが、授業の半分近くを占める聖クルアーン（コーラン）の学習にアラビア語を用いる一方で、国家の枠を越えたムスリムの連帯と知識の吸収・発信を目指す立場から、英語の重要性には早くから着目し、政府のマレー語中心の教育政策が全盛期の頃から、すでに英語教育を導入していた⁽²⁹⁾。

　TASKIで使用されている幼稚園向けの英語の教科書をみてみると、次のような特徴がみられる。まず各章の冒頭にメッセージや副題が朱書きされているが、そのおよそ半数は聖クルアーンの章句の英訳である。児童の学習のレベルよりも章句の引用の正しさが優先されているようで、かなり難しい単語や関係詞構文なども含まれている。

　そのほか、挿絵にはムスリムの服装をした児童の絵やモスクなどの宗教場面、マレー農村の家屋や田畑の場面が多く登場し、その学習者の環境には配慮がなされている⁽³⁰⁾。教科書から推測される授業内容や方法の情報には限りがあるが、少なくとも印刷物を用いている限り、読解と筆記の要素はかなり大きいと思われ、特に農村部の小規模園では実用的な英会話の実践には困難が予想される。

幼稚園教員の再訓練

　マレーシアではマラヤ大学（UM）、マレーシア理科大学（USM）、マレーシア・プトラ大学（UPM）の3大学に就学前教育の専門養成コースがあるが、先住民族優遇政策により、華人学生の大学入学の門戸が限られているために、これらのコースで学位を取得して幼稚園の教員になるものはきわめて少ない。そのためマレーシアの華人組織は1970年代から、華人系与党のMCA（Malaysian Chinese Association/馬華公会）の婦人部を中心に、幼稚園の教員を訓練するノンフォーマルな機関の設立を主張してきた。マレーシア就学前教育学院（Institute CECE: Courses in Early Childhood Education）はそうした声を背景に、幼稚園・保育所の教員に対して2年

間の現職教育を提供する機関として1993年にMCAの多目的訓練センター内に設立された。専門的訓練を受けることなく幼稚園の教員や児童ケアセンターなどの保育士になった者に対して訓練の機会と資格を与える機関である。

1996年12月にCECEは政府の私立高等教育機関(IPT)として登録され、1999年10月に正式の開幕式が行われた。2001年8月クアラルンプル郊外にある、華人系カレッジ、トゥンク・アブドルラーマン・カレッジ(TARカレッジ)の敷地内に3階建ての新校舎が完成したが、TARカレッジの付属機関ではなく独立した非営利の有限会社である。

1階に実習施設として幼稚園 (Tadika CECE) と保育所 (Nursery, 0-4歳)、保育センター (Child Care Center, 4-6歳) を運営している。児童は近隣の家庭の子どもとTARカレッジの教員の子どもなどを保育し、各教室の定員は10名である。幼稚園の授業はマレー語と英語は独立した科目で、それぞれの言語で教えられる。そのほかの算数・理科・社会は統合科目として教えられている。2・3階はCECEの講義・事務練で、教室のほか多目的ホール、講演室、理科・数学室、図書室、教職員室、医務室などがある。

CECEのコースは現在、6カ月の初級課程 (BC)、6カ月の中級課程 (ICⅠ・Ⅱ各3カ月)、6カ月の上級課程(AC)で合計2年間(フルタイムの場合)の就学前教育課程を提供し、それぞれの課程で就学前教育士証書 (pre-school educator certificate, 初級・中級・上級) を授与している。この学位に加えて、SPM資格と5年間の教育経験をもって、幼稚園の運営資格を取得できる。また幼い子どもを持つ両親を対象に夏休みなどの短期プログラムも実施している。

フルタイムのスタッフは17人、上級講師は12人で、そのほかに非常勤講師、地域活動指導者、幼稚園教員などのスタッフがいる。授業形態は、講義形式、個別指導 (英語、華語、マレー語の3言語から選択可能)、学生セミナー、教育実習、マイクロ・ティーチングなど様々な形式がある。

2001年度の受講生は250名で、首都圏のほか、ジョホール州、スランゴール州など全国から学生を受け入れ、8年間で1,243名の卒業生を輩出している[31]。また1993年からオーストラリアのエディス・コーワン大学 (Edith Cowan University) は CECE のコースを認定し、3年間の25単位の学位コース (Bachelor of Arts in Early Childhood Studies) のうちの9単位と入学資格を認定しており、10年間で70人が履修している (CECE-ECU Connection)[32]。

CECE のコースの特徴は、児童中心型方法論 (child-centered methodology) と統合型方法論 (Integrative Methodology) である。前者は児童の全人的成長に関する心理学的、社会学的研究を中心としたもので、(i)発達および児童心理学、(ii)早期児童教育原理・実践（通文化的カリキュラム）、(iii)文化および発達段階別カリキュラムを含んでいる。後者はコア科目として、(i)言語的・視覚的芸術表現、(ii)算数、理科、科学技術(科目および統合科目の一部として)、(iii)保健体育と表現活動、(iv)カリキュラム横断的な言語および文学学習、(v)社会および環境との関係理論、の5つを設定している。そしてこの2つの教育原理は遊びという学習過程の重要さを強調する。受講者は遊びの方法論についての小グループ活動や個人的課題を与えられ、児童の発達にとっての遊びの必要性について理解する[33]。

前述のとおり、2002年現在文部省は英語による理科・算数の授業や、6つのコンポーネント（領域）、児童中心型の教育を取り入れた新就学前教育カリキュラムの実施を計画しているが、CECE ではそれらの教育アプローチはすでに以前から取り入れており、特にそれに合わせたカリキュラム改革などは予定していないという[34]。

(4) 教員養成システムの発展

一国の国民の教育水準や、それがもたらす科学・経済の発展が、その教育サービスの提供者、すなわち教員の質に大きく依存していることは、

マレーシアに限らず多くの国で認識されていることである。とりわけグローバル化の時代において、国際的な人材の養成への圧力が高まるなか、これまで比較的ローカルなカリキュラムを維持していた教員養成システムにも大きな変革の波が押し寄せている。歴史的にはマラヤ・マレーシアの教員養成カレッジは、国内の数少ない中等後教育機関として、社会の指導的人材の輩出に貢献しており、マレー語学校に関してはマレー・ナショナリズムの思想的温床としても独特の地位と役割をになってきた。本節ではこうしたマレーシアの教員養成システムの伝統と近年の変革について分析してみたい。

植民地期の教員養成

マレーシアの教員養成システムは、その独立以前の英領マラヤの時代にその起源をさかのぼるが、その複合社会における分離した教育言語ストリームにそって、分離した教員養成システムを持っていた。初期のマレー語学校の教員は、イスラーム聖地巡礼経験のある村の知識人のなかからリクルートされていた[35]。組織的なマレー語小学校の教員の養成は、1878年にシンガポールに設立されたマレー・カレッジ(Malay College)において行われた記録が最初の確実なものである。その後1895年にこのカレッジは閉鎖されるが、タイピン(*Taiping*, 1898年)、マラッカ(*Malacca*, 1900年)、マタン(*Matang*, 1913年)、ジョホールバル(*Johor Bahru*, 1919年)などに設置された教員訓練所に引き継がれた。より専門的な教員養成を行うために3年間のカレッジを設立することを勧告した1917年の『ウィンステッド報告(*Winsted's Report*)』を受けて、マタンとマラッカのカレッジが1922年に統合されて、タンジョン・マリム(*Tanjung Malim*)にスルタン・イドリス教員養成カレッジ(Sultan Idris Training College:SITC)が誕生した[36]。このSITCは、その後1935年に設立されたマラッカの女子教員カレッジとともに、長らくマレーシアの教員養成システムの中核的学校として、また数少ないマレー系の中等教育学校として機能した。

英語学校の教員の養成は宗主国英国のバイナリーな教員養成システムの影響を強く受け、英語の理解できる植民地経営の中間管理職を養成するために、中等教育からカレッジ、そして海外留学までも含めた、最も高度な教育体系を持っていた。当初は第7学年もしくはジュニア・カレッジの卒業生を学生教員として雇い、2年間の現職訓練ののち正式の教員として採用していた。それ以上の教員は香港大学で訓練を受けていた。1928年、シンガポールに英語学校ラッフルズ・カレッジ（Raffles College）が開学し、将来の大学教育の基礎として主として英語学校の教員養成機関として機能を開始した[37]。英語学校に関する最初の正式な教員養成プログラムは現職訓練としての師範コース（Normal course）としてクアラルンプルで開始された。これは前期中等教育修了(9年間の学歴以上)の教員が放課後に参加する2年間のコースで、1926年から3年間コースに延長された。マレー語教員と同様に教員養成カレッジを設立しようという計画は何度も起こされたが、経済不況と1905年にマレー人のための英語学校、マレー・カレッジ（Malay College）がイギリスのパブリックスクールをモデルにクアラ・カンサール（Kuala Kangsar）に設立されたことなどにより、実現しなかった[38]。前述の師範コースはいくつかの州にも設置されたが1930年代にすべて閉鎖されている。

華人による華語学校の教員養成はさらに海外に依存していた。1930年代の教育年報には華語学校のスタッフの大部分が中国大陸からリクルートされており、マラヤは中国の知識層にとっても望ましいマーケットであったことがうかがえる。1925年の学校登録法修正法において、「華語学校の教員の採用はマラヤ生まれの者に限る」という条項が植民地政府によって導入されて以来、現地での教員養成が始まった[39]。1938年時点で996校の華人系の小学校があり、そのうちの36校が中等クラスを持っていたが、師範クラスを持っていたのは数校であった。師範クラスの学生は3年間の午後の訓練を受けながら、同時に午前中は同じ学校の下級クラスを観察し、あるいは授業実習をすることになっていた。その後2

年間、監督下で試用教員として働いた後、教職証書（teaching certificate）を与えられて、正式の教員となった。初等学校師範クラスは小学校6年間の卒業生、中等学校師範クラスは下級中等学校までの9年間の学歴の者を受け入れていた。しかし植民地政府は、華語学校の教員養成にはほとんど何の援助も行わなかったために、1948年に至っても華語学校の教員の50％は中国出身であった[40]。一方、インド系のタミル語学校に最初に現職訓練クラスが設置されたのは1938年のことであった[41]。

教員養成システムの統合

このような民族や言語にそった教員養成システムの統合が議論されるようになったのは、独立を控えた1950年代の教育政策に関する一連の諮問委員会の提言においてであった。独立後の教育政策、とりわけ授業言語の統合と存続に関して激しく対立した各委員会であったが、独立後の教員養成システムはマラヤ（後のマレーシア）に根ざしたものとなり、想定される教員養成カレッジが特定の民族ごとに分離されるべきではなく、多民族的性格を持つべきであるとする点では一致していた[42]。

第二次世界大戦後、著しい教員の不足に見舞われたマラヤは、1951年英語による臨時の全日制・全寮制のマラヤ臨時教員養成カレッジ（Malayan Teachers' College）を英国のカービー（Kirkby）に設置していた。カレッジは2年間の寄宿型コースによって各年150人の後期初等および前期中等教員を養成した。このカレッジは1954年に閉鎖されたが、その直後にマラヤで最初に開設されたコタバルやクランタンの多民族型教員養成カレッジのモデルとされた[43]。

1965年にマラヤ中等教育入学試験が廃止されたことにより、中等教育への進学率が急速に上昇し、それに伴って中等教育の教員の需要がにわかに高まった。それまでに西マレーシア（半島部）に設立されていた教員養成カレッジは2つの私立カレッジのほかは、先述のSITCとマラッカ女子(1935)、コタバル(1954)、ペナン(1954)、ラジャ・ムレクール(1957)、

マレー語教員養成(1958)、特殊教育(KL(1960))、技術教育(KL(1962))の8校のカレッジのみであった。

その後、テメンゴン（ジョホール(1965)）、パハン（1976）、イスラーム（1979）、アブドゥル・ハリム（ケダ(1979)）、トレンガヌ（1981）、イポー（1983）、ダルル・アマン（ケダ(1990)）、バトゥ・パハ（1992）、プルリス（1999）、国際(1999)、ブスット（トレンガヌ(1999)）に設立され19校を数える。一方東マレーシア(サバ州・サラワク州)には、バトゥ・リンタン(1954)、サラワク(1957)、ケント(1963)、ガヤ(1963)、ラジャン(1966)、サンダカン(1977)、キニンガウ(1984)、サマラハン(1999)に、計8校の教員養成カレッジが設置されている。

マラヤの教育政策の方向性を規定した1956年の『ラザク報告（*Razak Report*）』において、これまでの並立的な教員養成機構と不統一の給与体系は独立国家において不適切であるとして、全国統一のカレッジへの入学資格およびカリキュラム、そして（西マレーシアにおいて）教員の資格と教育経験によって一元的に決定される統一給与体系（スケール）の導入が行われた[44]。1960年代には、初等・中等学校において、民族母語とマレー語の二言語教育体系が模索され、マレー系児童はマレー語と英語、非マレー系児童には民族母語（華語、タミル語）もしくは英語とマレー語が必修とされ、教員養成カレッジにおいても同様の言語環境において2年から3年間のプログラムが実施されたが、1969年の民族間暴動を契機に、「国語法(1967)」の制定とともにマレー語の地位が強化され、すべての課程においてマレー語の履修が義務化された[45]。

1973年から2年間の統合教員養成プログラムが、初等および前期中等学校教員のために教員養成カレッジ(当時14校)において導入された。このプログラムへの参加資格はマレーシア教育証書(MCE, 後期中等学校卒相当、現在のSPMに相当)もしくはマレーシア職業教育証書（MVCE）を持ち、かつマレー語における単位取得が要件とされた。プログラムでは第1学年には全員が児童教育学(Middle Childhood Education)を学び、第2学年には

低学年教員向けに幼児教育学（Early Childhood Education）、高学年教員向けに少年期教育学(Early Adolescence Education)のコースが提供された[46]。大学における学卒教員の養成は、1969年までは唯一の大学であった、マラヤ大学教育学部において行われており、ディプロマ、学士、修士、博士の養成が行われた。その後1969年にマレーシア理科大学（ペナン）、1970年にマレーシア国民大学(バンギ)、1971年にマレーシア農科大学(スクダイ、現在のマレーシア・プトラ大学)、1972年にマレーシア工科大学（KL）と次々に大学が設立され、すべてにおいて学卒教員の養成が開始された。

(5) マレーシアの教員養成プログラム

二重の教員養成システム

　マレーシアの教員養成システムは強力な中央のコントロールを受けている。マレーシアの教員養成制度は、その歴史的経緯より英国の教員養成にみられるバイナリー・システムの影響を強く受け、文部省の教員養成カレッジと大学の二重のシステムを維持している。従来、前者が非学卒の初等学校および前期中等学校教員の養成に、後者が学卒の後期中等学校教員の養成に責任を持つ棲み分けが行われてきた。しかし実際にはこの2つの教員養成のタイプは資格要件や給与体系において同等ではなく、結果的に教員としての社会的地位においても明らかな格差を持った二重性を維持することになった。

　初等教育レベルの教員の養成は全国27の教員養成カレッジで後期中等教育修了（SPM）の教員希望者に対して行っている。これらのカレッジはすべて全国統一の3年間(6セメスター)のカリキュラムのもとで、文部省が実施する共通の教員試験を行い、マレーシア教員ディプロマ(Malaysian Diploma of Teaching: MDT)を発行している。1996年以前は、基礎教員免許(Basic Teaching Certificate)が2年半のコース修了者に対して授与されていたが、この3年間のディプロマコースに置き換えられた。カ

表8-8 教員養成カレッジ(2003年9月現在)統計

	カレッジ	所在州	学生数 男子	学生数 女子	学生数 合計	教員数 男性	教員数 女性	教員数 合計
1	テメンゴン・イブラヒム	ジョホール	361	721	1,082	88	64	152
2	スルタン・アブドル・ハリム	ケダ	214	859	1,073	89	37	126
3	コタバル	クランタン	286	460	746	78	31	109
4	マレー女子	マラッカ	—	752	752	57	43	100
5	ラジャ・ムレワル	スレンバン	272	791	1,063	81	67	148
6	Tkアンプアン・アファザム	パハン	236	781	1,017	81	32	113
7	キンタ・イポー	ペラ	159	482	641	93	50	143
8	連合(*persektuan*)	ペナン	292	628	920	73	64	137
9	ガヤ・コタキナバル	サバ	308	710	1,018	61	48	109
10	サンダカン	サバ	270	472	742	36	16	52
11	ケント	サバ	415	816	1,231	53	19	72
12	クニンガウ	サバ	296	499	795	58	21	79
13	サラワク・ミリ	サラワク	267	649	916	38	36	74
14	ラジャン・ビンタンゴル	サラワク	177	274	451	43	7	50
15	バトゥ・リンタン・クチン	サラワク	233	736	969	55	47	102
16	クアラ・トレンガヌ	トレンガヌ	235	441	676	82	38	120
17	ブスット・トレンガヌ	トレンガヌ	387	499	886	87	15	102
18	イスラーム・バンギ	スランゴール	335	492	827	57	58	115
19	国際語学教員	KL	50	131	181	23	65	88
20	ダルルアマン・ジットラ	ケダ	363	876	1,239	104	45	149
21	マレーシア・マレー語教員	KL	360	467	827	31	66	97
22	特殊教育	KL	458	504	962	69	91	160
	合　計		7,794	16,793	24,587	1,823	1,169	2,992

註:Tk＝トゥンク、KL＝クアラルンプル
出典:Ministry of Education Malaysia, *Malaysian Educational Statistics*, 2003, pp.129-130.

レッジへの入学要件は、30歳未満のマレーシア国民で後期中等学校修了書(SPM/SPVM,中等教育5年間)もしくはOレベル資格と同等の資格を持つものである。文部省と契約した訓練生は授業料が免除され、月々345Mドルの手当てが支給されるが、修了後には一定期間学校での勤務が義務づけられている[47]。

一方、中等教育レベルの科目専門教員の養成は大学および教員養成カレッジで行っており、そのコースには大学院付加学位と学部並行型学位

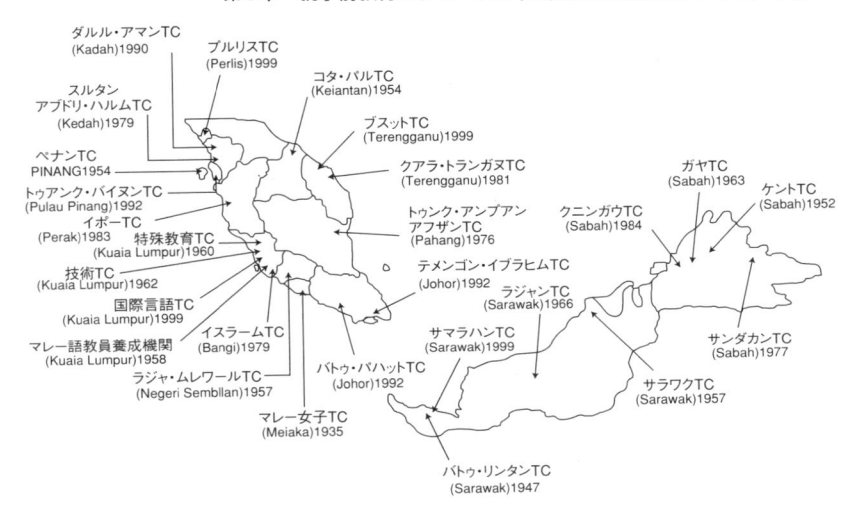

図8-1 マレーシアの教員養成カレッジの分布

(( )内州、右数字設立年)

の2タイプがある。前者はそれぞれの専攻において第一学位（学士号）を取得したあと、1年間大学院に残り、大学院教育学ディプロマ（Postgraduate Diploma of Education：PGDE）を取得するコースである。後者は4年間の専門分野の教育と教育学のプログラムを同時並行的に学ぶもので、ここで得られる学位は、例えば理学部なら Bachelor of Science with Education となる。

教員養成カレッジでのコース

教員養成カレッジで提供されているコースには、①新任プログラムとしては、マレーシア教員ディプロマ（MDT）と大学院教育学ディプロマ（PGDE）、②現職コースとしては、(a)特別学位プログラム（3年間）、(b)スペシャリスト証書コース（1年間）、(c)専門性向上プログラム、(d)マレーシア指導者訓練プログラム、(e)スマート・スクール・コース、(f)コンピューター管理コースがある。また③私立セクターにおいては、おなじくマレーシア教員ディプロマ（MDT）と大学院教育学ディプロマ（PGDE）

表8-9　小学校教員

	学卒教員			教員カレッジ卒			未訓練その他			合計		
	男	女	小計	男性	女性	小計	男性	女性	小計	男性	女性	合計
国民学校	3	4	7	49,226	79,759	128,985	2,031	6,310	8,341	51,260	85,073	137,333
華語学校	1	—	1	4,272	20,858	25,110	815	5,281	6,096	5,088	26,139	31,227
タミル語学校	—	—	—	1,426	3,951	5,377	165	1,067	1,232	1,591	5,018	6,609
特殊学校	—	—	—	199	324	523	—	9	9	199	333	532
合計	4	4	8	55,123	104,872	159,015	3,011	12,667	15,678	58,138	116,563	175,701

出典：Ministry of Education Malaysia, *Malaysian Educational Statistics*, 2003, p.23.

および短期コース、④国際プログラムとしてはマレー言語、文学教授学習コース、外国語教授学習コースが提供されている。

　マレーシアの大学・カレッジにおける教員養成カリキュラムは、他の多くの国と同様、学術専門科目、教育学基礎論および教育実習の3つのコンポーネントから構成されている。教育学系の科目(教育方法学、教育心理学、教育評価、カウンセリングなど)の比率は単位数で約30％、残りの約70％は専門科目の選択科目である。教育実習には大学の場合4年間8セメスターのうちの最終学年の1セメスター(12週・10単位)があてられる[48]。

　マレーシア教員ディプロマ(MDT)プログラムは、教科内容に関する深

表8-10　中等学校教員統計

	学卒教員			教員カレッジ卒			未訓練その他			合　計		
	男性	女性	小計	男性	女性	小計	男性	女性	小計	男性	女性	合計
普通	27,813	56,136	83,949	10,398	15,749	26,147	1,045	2,407	3,452	39,256	74,292	113,548
全寮校	1,017	2,525	3,542	113	96	209	1	4	5	1,131	2,625	3,756
宗教	1,023	2,533	3,556	143	232	375	6	29	35	1,172	2,794	3,966
特別校	39	59	98	22	22	44	—	—	—	61	81	142
技術	1,959	4,907	6,866	1,608	1,998	3,606	88	88	176	3,655	6,993	10,648
体育	58	111	169	13	8	21	—	—	—	71	119	190
モデル校	162	462	624	74	82	156	5	4	9	241	548	789
合計	32,071	66,733	95,248	12,371	18,187	30,558	1,145	2,532	3,677	45,587	87,452	133,039
初等・中等計	95,256(30.85％)			190,573(61.72％)			19,355(6.26％)			308,740(100％)		

出典：表8-9に同じ、p.111.

い知識、コミュニケーション・思考・IT・教育学に関する各技能、献身・革新・思いやり・積極性といった資質の3領域の総体的(holistic)な発達を目指しており、具体的には①教師活動論(teacher dynamics)、②知識と専門能力、③専門科目と選択科目に関する知識、④自己拡充(向上)、⑤課外活動、⑥教育実習というコンポーネントを持っている。2000年現在で27のカレッジでの在籍数は23,740人、卒業生は5,834人である。大学院教育学ディプロマ(PGDE)については後述する[49]。MDTはパートタイムでも取得でき、そのコース内容、評価方法はフルタイムのそれと同じであるが、学校の休暇中に開設され、その年限は4年半となっている。

教員養成の現職訓練コース

現職コースとしての(a)特別学位プログラムとは、大学卒の教員を増やそうとする目的から、公立学校の学卒資格を持たない現職教員に対して、1999年6月に開始された3年間のプログラムである。参加教員は3年間のうち1年間を教員養成カレッジで学び、あとの2年間を提携している公立大学で学んで、最終的には大学の学位(BA)が授与されるというトゥイニング・プログラムの一形態である。参加資格は少なくとも5年以上の教育経験のある43歳以下の教員である。専攻分野としては、数学、科学(理科)、技術工学、情報工学、生活技能、体育・スポーツ科学、音楽、家政、特殊教育、芸術、TESL、華語、タミル語である。

(b)スペシャリスト証書コースは、3年以上の教育経験を持つ教員に対して、技能の向上と技術や理論の更新のための1年間のカレッジ集中コースである。コースは2セメスターと8週間の教育実習からなっており、筆記試験の合格によって修了時に証明書が授与される。各教員カレッジは毎年1月、ひとつの専門分野に特化してコースを開設する。専攻分野は上記の特別学位コースの専攻のうち技術工学とスポーツ、家政を除くすべての分野に加えて、指導とカウンセリング、アラビア語、フランス語、イスラーム教育、クルアーン朗誦、視覚障害者教育、聴覚障

害者教育、就学前教育などがあり、より専門化した特殊な目的に対応している。2000年には1,203人の教員が修了している[50]。

また、(c)専門性向上プログラムとは、45歳未満の初等および中等教員に対して行われる14週間の短期コースで、毎年2月と6月にエントリーを行う。参加者はまず各校の校長によって推薦され、続いて各州の教育局においてチェックされ、最終的に受け入れる教員養成カレッジによって選抜される。目的はカリキュラムの革新のための最新の知識と技術に特化されており、具体的には教師活動論（teacher dynamics）、学習技能、思考および創造技能などのコースを含んでいる。コース修了に際してカレッジより証明書が授与される[51]。

(d)マレーシア指導者訓練プログラムは、1997年に開始された英語科主任教員、英語指導員および教員養成カレッジの上級講師のための英語プログラムである。当初、参加者は英国において訓練を受けたが、現在はマレーシアで行われている。カレッジの上級講師が参加する場合は修士号の取得が可能である。(e)スマート・スクール・コース（1998年開始）とは、コンピューター技能と3年以上の教育経験を持つ教員に対して、ICT重点校(スマート・スクール)における教員を養成するための、14週間の講義と4週間の教育実習による集中コースである。(f)コンピューター管理コース（computer maintenance course）とは、学校のコンピューター管理者のための1週間のコースでOS、セキュリティー、ウイルス対策などに関する短期コースである。2000年には600校の初等・中等学校の教員が27の教員養成カレッジでこのコースを履修した[52]。

大学における教員養成コース

国公立大学の教育学部や教育センターにおいては、中等レベルの学卒教員の養成を行っており、ディプロマ、学卒および大学院の学位を授与している。そのコースには大きく分けて、欧米型の大学院付加学位（consecutive programme）と日本型の学部並行型学位（concurrent programme）

の2タイプがある。前者はそれぞれの専攻において第一学位（学士号）を取得したあと、1年間大学院に残り、大学院教育学ディプロマ（Postgraduate Diploma of Education）を取得するコースである。1989年に始まり現在25コースが35歳までの教員志望者に提供されている。

　PGDEには現在、言語コース（マレー語、英語、アラビア語、華語）、人文社会生活コース（地理、歴史、商業、会計、経済、家政、芸術、体育）、および科学工学コース（数学、理科、生物、物理、化学、機械工学、技術工学、電気・電子工学、情報工学）、そして宗教（イスラーム宗教研究）が提供されている[53]。このコースは学生が民間企業に進むか、教職につくか、学部教育の終わりに選択できるので、就職状況に柔軟に対応できるという長所はあるが、一方で、教育学関係の理論や専門性を習得するのに1年間では短すぎるという欠点がある[54]。

　そこで近年、4年間の学部並行型学位コースが導入され、学生はその入学時点から専門分野の教育と教育学のプログラムを同時並行的に学ぶことができるようになった。これにより教育学の履修時間は十分に確保されるようになったが、学生はその入学とともに教職を目指す決意を求められることになる。将来的にはマレーシアの大学は大学院教育学ディプロマの授与を停止し、日本型の方式に移行する方針である。

　並行型学位は4年間の専門分野の教育と教育学のプログラムを同時並行的に学ぶもので、教育学士（Bachelor in Education）が授与される。この学士号コースは**表8-11**に示すように4年間（8セメスター）のコースを18の教育領域について提供している。これには12週間の教育実習が含まれている。1年間の修士号コース（M. Ed）については24コースが、博士号コース（Ph.D.）については14コースが提供されている[55]。

　マレーシアの大学における教員養成カリキュラムは、他の多くの国と同様、主専攻と副専攻の学術科目、教育学、教育学基礎論および教育実習の4つのコンポーネントから構成されている。マレーシアの学校に特有な問題として、多民族・多宗教の児童・生徒からなるクラス構成とい

表8-11　教育学士(B. Ed)コース必要単位構造(UPSI)

	コース	部門	単位
A	全学共通科目	英語 マレー語 イスラーム文明・アジア文明 共通カリキュラム	6 6 4 2
B	一般コース 主専攻・副専攻	基礎コース 主専攻 副専攻	18 48 24
C	選択科目		9
D	教育実習	(12週間)	10
	合計単位数		127

表8-12　スルタン・イドリス教育大学の提供プログラム(2002年)

学部	プログラムコード	プログラム名
言語学部	AT01	マレー文学教育
	AT05	マレー語教育
	AT06	英語(第二言語)教育(TESL)
社会科学・芸術学部	AT22	音楽教育
	AT23	芸術教育
	AT32	歴史教育
	AT33	地理教育
人間発達・認知科学部	AT03	スポーツ科学教育
	AT04	カウンセリング指導教育
	AT10	特殊教育
	AT19	幼児教育
	AT34	小学校教育
科学・技術学部	AT14	算数・数学教育
	AT16	理科教育
情報科学コミュニケーション学部	AT20	情報工学教育
ビジネス・経済学部	AT08	会計教育
	AT18	経済教育
	AT21	ビジネス・経営学教育

出典：http://akademik.upsi.edu.my/kemasukan

う環境がある。文部省はマレーシアの学校教員は、多様な児童・生徒の文化的・宗教的習慣について基本的知識を持つ必要があると考え、すべての教員希望者に「イスラーム宗教知識」または「道徳教育」、「マレーシア社会とイスラーム文明」という2科目の履修を義務化している。

教育修士号のコースにおける専攻分野は、マレー語研究、マレー文学研究、TESL、カリキュラム管理開発、教育評価・測定、教育社会学、教育学、教育心理学、教育工学、カウンセリング、情報工学、数学、理科教育(物理・化学・生物)がある[56]。

管理職教員訓練機関

管理職への昇進を希望する教員のために、IAB (Institute Aminuddin Baki) と呼ばれる、管理職訓練機関が1979年にクアラルンプル郊外とジットラに設置されている。このなかの管理者開発センターにおいて、1998年から学校管理者・指導者プログラムを提供し、修了者に対して国家学校指導者専門資格 (National Professional Qualification for Headtheachers: NPQH) を授与している。このプログラムはディプロマコースとインターンシップトレーニングの2つのコンポーネントからなり、ディプロマコースはさらに**表8-7**に示したように、6カ月(実質4カ月)のIABでの講義と、参加者の出身学校にもどり、3週間のインターンシップに従事し、その間の指定された領域についての5つのポートフォリオを作成することが求められている。そのほか1年間のディプロマコースや、3カ月の短期教育指導者証 (Certificate in educational leadership) のコースなど多数のコースが提供されている。また国内の大学や外国の大学とのトゥニング・プログラムによりポストグラジュエート・ディグリーも授与されている[57]。

(6)マレーシア教員養成制度の改革動向

機関提携学位プログラム

マレーシアの教員養成カレッジの学位(MDT)はどの大学や専門職団体によっても認定されておらず、文部省がその卒業生に独自に授与し、同時に教員として雇用している。このことは専門職の学位授与者と採用主

表8-13　IABによる学校管理職養成プログラム（NPQH）

コンポーネント		期間	内容
I	学校管理・指導コース（基礎）	4週間	組織の管理と指導 ・カリキュラムおよび学校行事管理 ・人的資源開発 ・財政管理および事務行政
II	学校管理・指導コース（中級）	4週間	将来洞察力 ・管理者としての校長 ・教授者・プログラム媒介者としての校長 ・TQM/ISO推進者としての校長 ・コンピュータ管理
III	学校管理・指導コース（特級）	4週間	パフォーマンス管理システム ・効果的な教育と学習の管理 ・学習評価の管理 ・統計および教育調査法
IV	学校管理・指導コース（特級）	4週間	指導力の自己開発 ・指導とカウンセリングにおける校長の役割 ・エチケットと儀礼 ・効果的な学校への戦略的な計画
V	実習	3週間	任意の学校における管理実習と観察 ・管理と指導 ・カリキュラムと教育内容管理 ・財政管理および事務行政

出典：Ministry of Education, *Education in Malaysia: A Journey to Excellence*, 2001, p.101.

体が未分化であり、カレッジでの教育の質をモニターする機構がないということを意味している。今後はマレーシアの教員資格も、高等教育機関や外部団体によって質と水準を維持するためのアクレディテーション（認可、本書第6章参照）が必要とされている。

そのひとつのステップとして、1997年から教員養成カレッジと国内公立大学との間でトゥイニングによる提携学位プログラムが開始されている。これによれば学生は3年間の学位コースのうち1年間をそのカレッジで学び、後の2年間を国内の提携大学に移って、カレッジにはない中等レベルの教職学位を取得することができる。1999年時点で14の教員養成カレッジと7つの大学がこのプログラムを実施している[58]。

例えばペラ州のイポー教員養成カレッジ（*Maktab Perguruan Ipoh Perak*）では定員40人の理科プログラムをマレーシア・プトラ大学（UPM）と、定員

表8-14 イポー教員養成カレッジのスタッフ(2004年)

	人数	うち女性	最終学位				免許・資格(重複あり*)		
			博士	修士	学士	他	BA	PGDE	Certificate
管理部	8	1	0	3	4	1	0	6	4
学生部	7	1	0	4	3	0	0	2	5
教育学科	19	6	0	12	6	1	2	9	8
マレー研究科	11	4	0	8	2	1	0	5	6
言語学科	29	6	0	20	9	0	3	8	17
社会科学科	7	4	0	1	6	0	1	3	3
数学学科	9	0	0	7	2	0	3	6	0
理科学科	11	3	0	9	2	0	4	5	1
保健体育学科	6	2	0	1	3	2	0	0	6
宗教・道徳学科	6	2	0	2	4	0	0	3	3
情報科学科	10	1	0	4	6	0	2	6	3
研究部	4	?	3	1	0	0	0	3	1
合計	127	30+?	3	72	47	5	15	61	57

註:*重複資格については1個人が違う種類の資格免許を持っている場合のみカウントした。BAはwith education(並行学位型)、PGDは追加型(Post-graduate Diploma)、Certificateは教職証書。
出典:Maktab Perguruan Ipoh Perak, *Buka Perancongan Tahunan Maktab: MPIP Cemerlang, Perak Gemilang, BPG Terbilang*, 2004 から著者が集計。

29人の英語(TESL)プログラムをマレーシア教育大学(UPSI、次節参照)と、定員90人の華語教育プログラムをマラヤ大学(UM)との間で提携している。このプログラムにおいては、全体のシラバス作成および最終的な評価、採点、学位授与式は大学側によって管理されている。

近年、学卒の教員の間で、修士や博士につながるコースへの人気が高く、教員が長期間職場を離れることなくパートタイムでこれらのコースをとれるように、国内の大学や外国の大学がオフショアなプログラムを提供し始めている。

カレッジから大学への昇格

もうひとつの道は教員養成カレッジ自身が大学に昇格することである。1922年設立の歴史を持つ、マレーシア最古の教員養成カレッジであったスルタン・イドリス教員養成カレッジ(SITC)が、1997年に最初のマレーシア教育大学(*Universiti Perguruan Sultan Idris*)に昇格した。これにより教育大学は大学院コースを開始し、教育学の研究により多くの資源と時間を

写真8-1　スルタン・イドリス教育大学（UPSI）

投じるようになり、これにより教育大学は大学院コースを開始し、修士および博士の教育学プログラムを提供している。

　さらに根本的な問題は、いかにして優秀な学生を教職にリクルートするかという問題である。マレーシアの教員の社会的地位は、他の専門職に比べて高いとはいえず、ペナンの教員養成カレッジの学生の男女比が1：4であるように、男子学生が他の職種に多く流れている。学卒教員の給与はそうでない教員よりも30％ほど高いので、教員養成カレッジへの入学資格が高卒のOレベル試験（SPM）から大学入学資格であるAレベル試験（STPM）に引き上げられる方針である。また学校における職位構造も、今後は学科長や主任を設置してよりヒエラルキカルな構造になるであろう[59]。

　マレーシアには2003年現在で29万人の初等・中等レベルの教員がいるが、大学で訓練を受けた者が32％、カレッジ卒業者が61％、その他7％は正規の訓練を受けていない。教員の資格と質の向上を目指して、マレーシア文部省は2010年までに中等レベルのすべての教員が第一学位を取得し、初等レベルの教員の50％が第一学位の保持者となることを目標

として掲げている(60)。この目標の実現のためには新規教員のための学位コースの充実とともに、現職教員のキャリア・アップのためのプログラムの充実が必要とされている。これらの教員のために教員養成カレッジでは学校の休暇時期に現職教育コースを提供している。新カリキュラムや今回の理科・数学の授業言語の変更など制度上の変更があった場合には、当該教員に対して必修の現職教育が提供される。その他の現職教育は任意のもので、自らのキャリア・アップのために大学などが提供する、短期もしくは長期の現職プログラムに参加している。任意の現職コース参加者の募集は各学校で行われ、希望者のなかで英語能力に問題のある場合は補習クラスを受講する。この間教員は給与の半分が保障され、多くは配偶者が働いて生計を支えている。

学校管理職の再教育

また1999年より、マラヤ大学の国立学校管理職センター（National Principalship Centre）が設置され、1年間の42単位のマスターレベルのコース（Master in Principalship Programme）が提供され、修了とともに、IABと同じくNPQHの資格が授与されている(61)。

現在、マレーシアの教育制度の発達と多様化が急速に進展していることを受けて、学校管理者、教育計画立案者、カリキュラム開発者、学校カウンセラー、就学前教育教員などの需要が高く、大学の教育学部はその養成機能の多様化と拡充が求められている。

以上のように、中央集権的な教員養成システムを維持するマレーシアでは、急速な科学技術の進歩、社会経済状況への対応、矢継ぎ早の教育政策の転換や変更に対応できるような迅速かつ質の高い新任および現職の教員養成システムが求められている。また教員自身のキャリア・アップと教育の質や教員の地位向上のために、教員養成カリキュラムの改善が急務とされている。そのために大きく分けて3つの方策がとられている。

ひとつは授業用語の英語転換などの政策変更に対応するための現職教育コースである。英語能力を向上したいという教員のために教員養成カレッジには多数の英語による科目授業のための短期コースが設置されている。そして各学校でも、各教員にコンピューターを用いた自己学習システムである ETeMS (English for Teaching Mathematics and Science) によって、その徹底をはかっているが、マレーシアの比較的英語が浸透した学校環境もそれを助けているといえる[62]。

　2つめには、新しいカリキュラムなどが導入された場合にとられてきたマスター・トレイニー制度である。まず中央のカリキュラム職員から全国からの代表教員に集中的な指導が行われ、そのマスター・トレイニーが各地に帰って地域指導員に指導を行う。そしてその指導員が各学区の対象教員に順次指導を伝えるという、いわゆるカスケード方式と呼ばれるものである。

　最後に、近年各地で普及してきている機関連携によるトゥニング・プログラムによる、資格・学位・単位の取得があげられる。例えば現職教員が自らの資格を非学卒から学卒に引き上げたいと思った場合、新たに大学に通うのではなく、教員養成カレッジの現職コースに登録して、そのコースの一部を提携大学において受講するか、あるいは提携大学の認定するコースにおいて受講することにより、学卒の資格を得ることができる。これにより大学コースの大幅な増設をすることなく、既存のコースを利用して教員の資格や水準を迅速に向上させることができる。マレーシアではこうしたコース履修の場と資格や学位の授与の機関が異なるバーチャルな学位の概念が普及しており、教員養成カレッジと公立大学、政府機関、外国の大学などとの間に様々な提携コースが発達してきている[63]。

(7) 結　語

国家教育システムへの包摂の影響

　マレーシアにおける就学前教育は、その中央集権的な教育システムにおいて、これまで最も政府の規制を受けない分野のひとつであった。規制を受けないということは、政府の統合主義的な圧力から比較的自由であり、教育の方法、内容、言語、課程において、規制の少ない自発的実践が可能な限られた分野でもあった。宗教や民族問題にかかわる自由な議論が制限されている社会において、教育家や実践家、特定の宗教団体や民族系団体も、幼稚園を中心としたこのレベルで、自らの信念や理論に基づく教育を実践することができた。しかしそれは規制が少ないと同時に政府による補助も少ない有償の教育が中心であり、裕福な家庭の子どもを集めることになり、結果的に民族間の経済的・教育的格差を助長する方向に機能していた。またそのために教員や保育士の資格は低く、社会的認知も遅れていた。

　マレーシアの公教育における多様性の問題は、民族的・言語的権利の問題にあまりに多くの焦点があてられ、そこでの議論や対立が教育発展の中心的な軸として展開してきたために、逆に教育方法や理念などのそれ以外の多様性に、マイノリティを含めた国民の関心があまり及ばない、というパラドックスが生まれた。例えば小学校レベルでは、マレー語、華語、タミル語という３つの教授用語による独立の６年間の学校の並立を維持するかどうかという問題は、常にマレーシアの教育問題の焦点であり、国民統合と民族アイデンティティの葛藤の現場となってきた。そこで民族言語による小学校が維持されたことをもって議論が収束し、公立学校のカリキュラムはナショナル・カリキュラムに統一され、教員が新たな実験や教育的実践を行う意欲や熱意が大きく阻害されてきた。

　マレーシア政府が近年、就学前教育を私立高等教育機関とともに、公教育体系に位置づけたのは、①これらの特定の宗教や理論に基づく幼稚

園教育が、それにかかわる政治的運動の温床として利用され始めたことを警戒したこと、そして、②グローバリゼーションの潮流に伴う、優秀性への国際的な競争の波が小学校にまで押し寄せ、その影響を受けて就学前教育も、その準備段階としての変化を余儀なくされたことが背景と考えられる。

政府は1986年と1993年に就学前教育のガイドラインを発行しているが、新たに2003年からの実施に備えて国民就学前教育カリキュラム（NPC）を開発してきた。これにより幼稚園や保育センターの教育の内容が均質化し、質が向上すると同時に、母語、英語、道徳・宗教教育についての細かいシラバスが規定され、これまでの比較的自由な教育実践や実験の場がかなりの部分失われることになりそうである。また政府は就学前教育の内容があまりにアカデミックに片寄らないように配慮はしているが、その詳細な教育規定からみる限り、児童の負担は増加し、大きな教育的圧力に直面することは間違いない。そしてそれは、就学前教育を受けるものと受けないものとの教育的格差をさらに拡大することにもなるだろう。

マレー語から英語へのスイングとその影響

これまでマレーシアは学齢人口の急速な増加と高い教育熱により、慢性的な教員の不足状態が続いていた。しかし一方で給与がさほど良くないにもかかわらす、職務は複雑で責任が重く、社会的に人気のある職業とはいえなかった。今日グローバル化の時代を迎えて、様々な活動が国際的な競争にさらされる状況に直面して、マレーシアの教員養成システムはその効率的な制度と水準の改善が求められているといえる。

本節冒頭で触れたとおり、マレーシア政府は2002年7月に、公立初等・中等学校の理科・数学（算数）の授業をこれまでの母語に代えて英語で教えるという内閣決定を行った。マレーシアの小学校は授業言語媒体によって3種類の小学校が独立して管理されており、国民小学校はマ

レー語、華人やインド系児童の多い国民型小学校は華語もしくはタミル語で授業を行ってきた。一方、中等学校以降の公立学校では、1970年代より授業言語はすべてマレー語に統一されていた。

　この授業言語の変換は半年後の2003年1月から、各教育レベルの第1学年(すなわち小学校1年、初級中学1年、フォルムシックス前期課程)に入学するコーホートから順次導入され、理科・数学の授業が英語に切り替えられた。この決定は各方面から大きな反響と動揺をもたらしており、とりわけ華語小学校やタミル語小学校、農村地区の小学校教員から大きな反発が起こっている。

　この反発には大きくわけて2つの流れがあり、ひとつは技術的な問題、もうひとつは民族的な問題である。すなわち特に農村部のマレー語小学校の理科・数学教員は英語に関する環境に慣れておらず、わずか半年の期間ですべての授業を英語に転換するだけの準備も人材も不足しているという理由によるもの。もうひとつは、マイノリティである華人系やインド系から、これまでのマレー語至上主義を撤回して、「英語の重要性を認識したという点においては評価できる」としながらも、民族語別小学校の存続とアイデンティティの面から受け入れられないと反対を表明している。

　本来英語学校は、英領マラヤと呼ばれた植民地時代に、都市部のエリート校として植民地政府によって設立されたもので、立地条件やミッションスクールを母体としていたことから、農耕民族でありイスラーム教徒の多いマレー系住民からは敬遠され、それが華人系やインド系がこうしたエリート学校に集中する原因となり、ひいては大学学生や専門職人口におけるマレー系の比率を低下させ、社会的な職業における民族的不平等を招いた根源として、独立後のマレーシア政府から忌避され、1970年代にマレー語マレー語媒体に転換された学校であった。

　しかし1990年代以降、マレーシア政府は国内児童・生徒の英語能力の低下が顕著であること、またグローバリゼーションの到来により、ITを

はじめとして知識を基盤とした社会において国際言語および多くの科学分野で有用である英語の重要性と貿易上の利便性を改めて認識するに至った。特に高等教育を中心に教育を媒介とした国際貿易、すなわち外国人留学生のマレーシア高等教育機関への誘致において、学校の授業言語が英語であることが国家としての財産もしくは社会・文化資源であるという視点もその背後にある。

　一般的に英語において優秀とされる華人系やインド系の人々が、この英語による授業の導入に反対する理由は何であろうか。これは民族別教員の採用問題にかかわっているからである。すなわち、これまで理科と数学がそれぞれの母語で教えられていた小学校では、その他の科目も含めて、当然その母語を話すマイノリティ出身の教員が採用され、職についていた。国語であるマレー語の担当教員についても、マレー系教員だけでなく、マイノリティの教員も言葉に流暢であれば採用されていた。

　理科と数学の授業用語が英語に転換されても、マイノリティ教員はマレー人教員より日常生活において英語を使う環境にある場合が多いので、授業言語の転換そのものにはマレー系教員ほどの抵抗はないことが予想される。しかし同時に各地域には英語の流暢なマレー系教員も多いため、現在のマイノリティ教員が退職や転職した場合に、少なくとも理科と数学の授業の担当を英語ができるという理由でマレー系教員によって補充される可能性も開かれることになる。教員の配属権限は校長にではなく地方教育局にあるため、これまでは言語という壁によって、民族ごとの雇用枠がほぼ確保されてきた国民型小学校の教員の民族構成が、将来的には大きく変化する危険性が生まれることになる。このようにマレーシアでは教育言語の転換の問題は、同時に民族文化の問題、教員の問題、そして教員養成の問題につながってゆくのである。

【出典および註】

(1) 'Tiga peringkat Bahasa Inggeris — Sains, Matematik di tahun 1,

tingkatan 1 dan 6 rendah mulai 2003', *Utusan Malaysia*, 2002.7.21, (Arkives Utusan Online: http://www.utusan.com.my (2002,7,21)).

(2) Ling Chu Poh, 1986/87, 'Some significant aspects of inequalities in pre-school education in Malaysia and their implications', in *Masalah Pendidikan*, Vol.12, pp.53-72; Shahril/Charil Marzuki and Habib Mat Som, 1999, *Isu Pendidikan di Malaysia: Sorotan dan Cabaran*, Utusan Publications, Kuala Lumpur, p.25.

(3) http://members.tripod.com/~kemas-malaysia/tadika (2002.9.10).

(4) CDC (Curriculum Development Centre), undated (2002?), *Pre-school Education in Malaysia*, a paper produced from CDC, pp.2-3; Shahril and Habib, 1999, *op. cit.*, p.26.

(5) Government of Malaysia, 1991, *Sixth Malaysia Plan 1991-1995*, pp.170-171; Ministry of Education Malaysia, 1997, *Perangkaan Pendidikan: Maklumat Umum Sekolah Seperti pada 6 Januari 1997*, p.8.

(6) Haji Azmi bin Zakaria, 2000, 'Educational Development and Reformation in the Malaysian Education System: Challenges in the New Millennium', in *Journal of Southeast Asian Education*, Vol.1, No.1, pp.113-133, p.119.

(7) Hussein Hj Ahmad, 1993, *Pendidikan dan Masyarakat: Antara Dasar, Reformasi dan Wawasan*, Dewan Bahasa dan Pustaka, p.386. ABIM、ダールル・アルカムなど伝道グループの活動については本書第7章を参照。

(8) *Ibid.*, 1993, p.389

(9) CDC, 2002?, *op. cit.*, pp.3-4.

(10) *Education Act 1996 (Act 550)*, 1996, International Law Book Services, pp.107-109. 施設によっては、就学前教育機関の総称を Kindergarten と呼び、4歳児クラスを Nursery、5歳児クラスを Junior、6歳児向けの就学準備クラスを Pre-school と表現する場合もある。

(11) CDC 就学前教育部長、Hj Maznah Harith へのインタビューによる (2002.9.2)。

(12) CDC, 2002?, *op. cit.*, p.5.

(13) CDC (Curriculum Development Center), Ministry of Education Malaysia, 1998, *Garis Panduan Kurikulum Prasekolah*, p.5.

(14) Shahril & Habib, 1999, *op. cit.*, p.27.

(15) Government of Malaysia, 1996, *Seventh Malaysia Plan 1996-2000*, p.304.
(16) CDC, Ministry of Education Malaysia, 2002, *Huraian Kurikulum Kebangsaan Prsekolah: Edisi Percubaan*, p.2.
(17) CDC, 1999, *Introduction to Curriculum Development Centre*, pp.8-10.
(18) *Ibid.*, p.8.
(19) CDC, 1998, *op. cit.*, p.13.
(20) CDC, 2002, *op. cit.*, p.91.
(21) *Berita Harian*,. (online: http://www.bharian.com.my) (2002.4.23).
(22) CDC, 2002, *op. cit.*, p.107.
(23) *Ibid.*, pp.340-355.
(24) Private Education Department, Ministry of Education Malaysia, 2001, *Data dan Maklumat Institusi Pendidikan Swasta*, p.1.
(25) マレーシアの就学前教育の多様な形態と実践については、手嶋將博、2004、「マレーシアにおける就学前教育の動向と教育実践―科学化・国際化への対応を中心に―」、池田充裕編『タイ・マレーシア・シンガポールにおける就学前教育の実態に関する実証的比較研究―民族性・国民性の育成と国際化への対応を中心として』(科研報告書)、43-74頁を参照。
(26) Anne Sofie Roald, 1994, *Tarbiya: Education and Politics in Islamic Movements in Joudan and Malaysia*, Lund Studies in History of Religions, Vol.3, Malmoe, pp.283-286.
(27) *Ibid.*, pp.301-304.
(28) *Ibid.*, pp.301-302.
(29) httm://www.abim.org.my/taski/ (2002.9.12)
(30) Kamariah Haron *et al.*, 1999, *English: Siri Buku Taman Asuhan Kanak-kanak Islam* (TASKI), (textbook), Tradisi Ilum, Petaling Jaya, pp.1-40. 章立ては以下のとおり。
 1) 挨拶 (1〜3)「ムスリムは他のムスリムに会ったとき、必ず平安を祈る挨拶をします。」
 2) 自己紹介
 3) 教室の物 (1〜3)
 4) 数 (1〜4)
 5) 私たちの体 (1〜4)
 6) 男女の区別 (1〜2)「アッラーは私たちをつがいに創造されました。」

7) 色 (1～2)「色とりどりの世界は、アッラーの偉大さの徴である。」
8) 自然「あなたは誤りのない、アッラーの創造物を周囲に見つけられますか。」
9) 果物 (1～2)「アッラーはあらゆる味と形の果物をおつくりになりました。」
10) 動物 (1～2)「アッラーは人間の便宜のために動物をおつくりになった。」「たとえ野生であっても、アッラーの創造には目的がある。」
11) 簡単な前置詞 (1～2)
12) 家族のメンバー「アッラーは私たちの両親に慈悲深い。」
13) 1日の時間 (1～4)「休息のための夜をおつくりになったアッラーは偉大である。」
14) 1週間 (1～3)「夜と昼の繰り返しは、それをお定めになったかたの徴である。」
15) 天気・簡単な単語

(31) Institut CECE Malaysia, 2002, *A Pictorial Journal, Capturing the Pre-school Community's Spirit of Endeavour in the Last Three Decades from 1976 to 2002*, p.vii.
(32) *Ibid.*, pp.17-25.
(33) http://www.mydotcom.com.my/cece (2002.10.14).
(34) CECE教員（プログラムコーディネーター）オ・イァン・チョー (Ms Oh Yean Choo) へのインタビューによる (2002.9.4)。
(35) Wong Hoy Kee and Chang Min Pang, 1972, *The Changing Pattern of Teacher Education in Malaysia*, Heinemann Educational Books (Asia) Ltd, Kuala Limpur, p.25.
(36) Awan Had Salleh, 1979, *Malay Secular Education and Teacher Training in British Malaya: With special reference to the Sultan Idris Training College*, Dewan Bahasa dan Pustaka, Kuala Lumpur, pp.23-71.
(37) Philip Loh Fook Seng, 1975, *Seeds of Separatism: Educational policy in Malaya 1870-1940*, East Asian social science monographs, Oxford University Press, Kuala Lumpur, pp.62-65. この時期の卒業生の83％近くが英語学校の教員に就職していた (*Ibid.*, p.117)。
(38) *Ibid.*, pp.113-114. 当時の英語学校の標準学制は初等 (primary) 4年、前期中等 (elementary) 5年、後期中等 (secondary) 3年であった。

(39) Kua Kia Soong, 1990, *A Protean Saga: The Chinese Schools of Malaysia*, The Resource and Research Center, Selangor Chinese Assembly Hall, Kuala Lumpur, p.32.
(40) Tan Liok Ee, 1997, *The Politics of Chinese Education in Malay 1945-1961*, South-East Asian Historical Monographs, Oxford University Press, Kuala Lumpur.
(41) Philip Loh, 1975, *op. cit.*, p.102.
(42) Wong and Chang, 1972, *op. cit.*, pp.43-44.『バーンズ報告(1951)』、『フェン・ウー報告(1951)』、およびそれを検討した政府の『ラザク報告』による国民教育政策についての議論に関しては、本書第2章を参照されたい。
(43) *Ibid.*, pp.47-48.
(44) *Report of the Education Committee 1956 (Razak Report)*, 1956, pp.18-19.
(45) Wong and Chang, 1972, *op. cit.*, pp.66-67.
(46) Ministry of Education Malaysia, 1974, *Education in Malaysia, 1974*, p.25.
(47) Molly N.N. Lee, 2002, *Educational Change in Malaysia*, School of Educational Studies, Universiti Sains Malaysia, p.81.
(48) *Ibid.*, p.82.
(49) Ministry of Education Malaysia, 2001, *Education in Malaysia: A Journey to Excellence*, p.91.
(50) *Ibid.*, p.93.
(51) *Ibid.*, p.94.
(52) *Ibid.*, pp.95-96.
(53) *Ibid.*, p.90.
(54) Molly, 2002, *op. cit.*, p.79.
(55) *Laporan Tahunan 2001 (Annual Report 2001): Towards Excellence and Eminence, 2001*, Universiti Pendidikan Sultan Idris, p.45.
(56) Ministry of Education Malaysia, *op. cit.*, 2001, p.107.
(57) *Ibid.*, pp.101-104.
(58) Molly, 2002, *op. cit.*, p.86.
(59) *Ibid.*, p.80.
(60) Institut Aminuddin Baki, Ministry of Education Malaysia, 1998, presentation handout, p.5.
(61) Molly, 2002, *op. cit.*, p.87.

(62) http://www.tutor.com.my/tutor/etems/ (2003.10.18).
(63) Molly, 2002, *op. cit.*, p.86.

第2部　国境を越える教育問題
―― 近隣諸国とマレーシア ――

第9章　インドネシアのイスラーム高等教育

(1) イスラーム社会の連続性と断続性

イスラーム社会の経済的発展と教育

　イスラーム教徒の人口は現在全世界で13億人に達し、キリスト教徒人口を凌駕しつつあるといわれる。特にアジアのイスラーム人口は8億3千万人と推計され(2000)、東南アジアはその4分の1にあたる2億人のイスラーム教徒をかかえている[1]。イスラーム諸国の教育水準は年々高まっており、多くの国でその関心は高等教育の拡大・拡充に移りつつある。イスラーム諸国における高等教育は、一部に中世イスラーム科学の伝統を誇りながら、近代西洋型大学の影響をも残しつつ、イスラーム独自の高等教育機構を模索しつつある点が特徴的である。

　マレーシアやインドネシア、トルコ、中東などのアジア・イスラーム諸国は急速な経済発展と近代化を経験し、その一部は西洋先進国の科学技術水準をその射程にとらえるほどの発展をみるに至った。なかでも1980年代後半以降年8％を越える経済成長をとげたマレーシアでは、マハティール(Mahathir Mohamad)前首相の強い指導力のもと、国家発展構想「ビジョン2020」(Vision 2020)を打ち出した。これは1990年以降、10年ごとにマレーシア人の所得を倍増させ、2020年までにいわゆる先進国と称される国々の範疇に入るという国家展望である[2]。近年(1997年)のアセアン諸国の通貨危機など、その前途は必ずしも平坦ではないが、もし計画どおりに進展すれば、マレーシアはイスラームを国教とする世界で

最初の先進国となる。そのときマレーシアはこれまでキリスト教世界と日本などが独占してきた政教分離の世俗サークルに風穴をあけるとともに、これまで自国では自明の前提としてきたイスラーム的法・経済・科学の概念などを西洋に説明し、調整するという新たな役割を担う、としてマハティールは次のように述べた。

> 「私たちは独自の形で先進国となるべきだ。経済だけでなく政治、社会精神、文化のすべての面で完全に発展した国でなければならない[3]。」

この首相の言葉にあるように、特定のモデルを追うのではなく、しかも文化・精神・価値の側面においても安定し成熟した社会を完全な先進国と想定している。特にこの精神および価値の側面において、教育およびその制度は重要な役割を担うものと位置づけられている。

一方隣国インドネシアもマレーシアを追うように経済の高度成長期を迎えた。インドネシアでは従来の石油・天然ガスといった一次産品の輸出に加えて、新興工業化諸国・地域(NIEs)における労働者の賃金の高騰により、先進国ばかりでなく近隣のNIEs諸国からの投資が増加し、経済発展を加速させた。1990年以降の4年間は年9％を越える成長を示し、特に1993年には20％を越える驚異的な成長率を記録した[4]。

こうした経済発展に刺激され、1980年代後半以降、特に中等教育と高等教育における急速な拡大が起こった。高等教育人口は1975年から85年までの10年間で27.8万人から98.0万人へと約3倍に増加し、さらにその後1992年までの7年間には197.3万人へと2倍近い増加を示した[5]。1995/96年には高等教育機関数は、国民教育省(1999年までは教育文化省、以下同様)管轄の大学だけで国立31校、私立263校を数え、その他の高等教育機関を含めると、国立78校、私立1227校に達した。当該年齢人口比就学率は1983/84年の5.3％から1995/96年の16.96％へと増加している[6]。

インドネシアの高等教育

インドネシアの高等教育はその規模において巨大であるばかりでなく、その設立主体の多くは私立である。国民教育省の管轄では、学校数では94％、学生数で77％が、宗教省の管轄では学校数の95％、学生数の20％が私立セクターに属している(1995/96)[7]。馬越によれば、アジアの高等

表9-1　インドネシアとマレーシアの教育関連指標の比較

		インドネシア	マレーシア
人　口		2億627万人	2,328万人
主な民族		ジャワ人、スンダ人	マレー系、華人系、インド系
国　語		インドネシア語	マレー語
主な民族言語		ジャワ語、スンダ語、マレー語	マレー語、華語、タミル語
国　教		―	イスラーム
イスラーム教徒比率		87％	56％
主な国民宗教		イスラーム、キリスト教、ヒンドゥー教	イスラーム、仏教、ヒンドゥー教
国民1人あり総生産(2000)		720 US$	3,920 US$
教育段階(標準年齢)		6-3-3-4+	6-3-2-2-3/4+
各教育段階就学率 (インドネシア粗就学率1999) (マレーシア2000)		112.2％(7-12) 71.9％(13-15) 39.2％(16-18) 11.6％(19-24+)	96.7％(6-11) 85.0％(12-14) 72.3％(15-16) 16.2％(17-18) 8.1％(19-24+)
義務教育制度		初等6年、中等3年	―
高等教育機関	公立(国民教育省／文部省)	国立大学 45校 単科大学 9校 高等カレッジ 5校 ポリテクニク 24校	国立大学 10校 カレッジ 2校 ポリテクニク 12校
	公立(宗教省管轄)	国立イスラーム大学 1 国立イスラーム専門大学 13校 高等カレッジ 33校	
	私　立	私立大学 318校 単科大学 43校 ポリテクニク 35校 アカデミー 570校 イスラーム系 251校	国際イスラーム大学 1校 私立大学 10校 外国大学の分校 4校 カレッジ 652校

出典：教育統計は Ministry of Education Malaysia, *Malaysian Educational Statistics 2003*, 2003, p.23；Departemen Pendidikan Nasioanl, *Indonesia: Statistik Pendidikan Tinggi* 2001/02, 2002, p.1, p.57, in 服部美奈, 2004＝註(9)；就学率等 http://www.pdk.go.id/serbaserbi/Fact&Figures (2004.10.15)；その他 総務省統計局『世界の統計』2004。

教育の拡大はその多くが私立セクターの拡大によってになわれてきた傾向があり、各国の高等教育機関に占める私立セクターの比率が、高等教育の規模（当該年齢人口比の大きさ）の増加率と関連があるというが[8]、私立大学を厳しく制限してきたマレーシアと積極的に活用してきたインドネシアの高等教育はその発展類型の両極端の姿を示しているといえる。

インドネシアとマレーシアは赤道直下に位置し、ともにマレー・ポリネシア系民族を国民の主体とし、それぞれの国語、インドネシア語とマレーシア語はともにリアウ・マレー語に源を発する方言である。インドネシアでは人口の87％が、マレーシアでは56％がそれぞれイスラームを信奉し、東南アジア・イスラーム圏の中核を形成している。しかし同時に両国はキリスト教、仏教、ヒンドゥー教などの世界的な宗教の信者が軒を接して共存している多民族・多宗教社会でもある。インドネシアは1945年にオランダより、マレーシアは1957年にイギリスより独立を達成し、政治および社会制度の脱植民地化を開始した。移民系非ムスリムの比率の高いマレーシアでは、その不安定な支配力を強化するためにイスラームを国教と定めているが、人口の大多数がイスラーム教徒であるインドネシアでは唯一の国教は定めず、イスラーム・キリスト教（新教・旧教）・ヒンドゥー教・仏教を国の公式の宗教として併置している[9]。

イスラーム諸国では常に、イスラーム国家の建設を目指す急進的な勢力の動きがあるが、とりわけ1980年代後半以降、イスラーム改革運動（あるいはイスラーム「原理主義運動」）が顕著な影響を与えるようになった。これらの運動は一般的に、①過去のイスラームの創成期の生活を理想とし、②『クルアーン（コーラン）』などの聖典の記述により忠実にあろうとしながら、③その理想社会を現代的な文脈で今日に再現しようとする運動、といえるが、その実際の運動内容は国によって異なり、国内でも一様ではない[10]。

その一般的特徴は非西洋、反快楽主義（anti-hedonism）、反物質至上主義ではあるが、反知識や反科学ではなく、むしろ積極的にコンピュー

ターやマスメディアを利用し、知識層に多くの支持者を獲得している。また抑圧されたグループへのシンパシーが強く、今日の社会的堕落(permissive way of life)の拡散、価値の喪失や精神的求心力の欠如など、現代の社会病理の多くがイスラーム信仰からの乖離のためであると考える傾向がある[11]。

　イスラーム改革運動の拡大とともに、イスラーム諸国やムスリム人口比率の高い国々の高等教育機関は、その学部や学科にイスラーム文明やイスラーム研究などのコースを取り入れることになる。また逆に各国のイスラーム組織や運動団体が設立した私立の教育機関が、公的な国家の教育政策に取り込まれて、一般的な世俗科目をも教えるようになり、大学などの高等教育機関に発展するケースもみられる。そのいずれの場合も、大学のカリキュラムに宗教科目と世俗科目が隣り合わせに並ぶことになるが、これはイスラームの世界観、文明観、科学観からして好ましいことではない。ムスリムあるいは非ムスリム双方の学生は同じ校舎で、場合によっては対立する2つの科学観・文明観の葛藤に直面することになる。

　1977年、サウジアラビアのメッカで開かれた第1回世界イスラーム教育会議(First World Conference for Islamic Education)では、これまで主としてノンフォーマルな文脈で論じられてきたイスラーム教育(Islamic teaching)の問題を公的な教育システム、公教育でのイスラーム教育(Islamic education)の問題にまで拡大し、各国の公教育におけるイスラーム教育が形骸化され非イスラーム化されつつある傾向に懸念が表明された[12]。高等教育における宗教教育と一般教育の調和的統合については、中近東アラブ諸国におけるいくつかの大学で改革運動が行われてきたが、(パキスタンのイスラマバード・イスラーム大学 (Islamabad Islamic University)、サウジアラビア、ジェッダのアブドル・アジズ王大学 (King Abdul Aziz University) など) 政治的経緯や民族的環境によりその内容にはかなりの違いがみられるようである。

東南アジアでは、マレーシアおよびインドネシアに近代型イスラーム高等教育機関がみられるが、両国の歴史やイスラーム人口の規模の差により、イスラームによる高等教育機関への超国家的な要請と、国民教育機関としての性格(国家主義的性格)、あるいは国際性と地域性への重点の置き方に微妙ではあるが重要な変異をみることができる。本章では東南アジアの2国、マレーシアとインドネシアのイスラーム高等教育機関を主に取り上げ、超国家的なイスラーム改革運動やイスラーム科学の受容、およびその文明観の影響について比較検討を試みることにする。

2つの国家5原則

　多民族からなる両国は、その国家統合原理として共に5つの柱からなる条項、インドネシアのパンチャシラ（*Panca Sila*）、マレーシアのルクヌガラ（*Rukunegara*）を定めて国家原理としている（表9-2）。共和国と立憲君主国という違いはあるが、ともに第1条に神への信仰を掲げており、インドネシアでは「全能・唯一神」という限定辞が加えられている。両国の国家政体は、イスラームやその唯一神の存在は認識しながらも、制度としての国家組織は世俗にとどめるという、折衷的なものであり、イスラーム急進派と非ムスリム勢力の双方から批判を受けることになった。しかし、その左右からの批判の比重は両国で対照的であった。

　1956年、国家の依って立つ原理の制定に際して、インドネシアでは事実上スカルノ（Soekarno）や共産党、社会党、キリスト教団体などの押す「パンチャシラ」原理と、マシュミ（Majlis Syura Muslimin）などのイスラーム政党の主張する「イスラーム」原理の対決となった。273対230(その他9)という議席勢力で前者が押し切ることになったが、パンチャシラ国家原理はイスラーム勢力の様々な批判にさらされることになった。例えばマシュミの指導者ナスィル（Muhammad Natsir）は、パンチャシラのいう「信仰」にイスラームが明記されていないだけでなく、それを5条のひとつに押しとどめたのは、神の存在を相対化することであると厳しく批判し

た[13]。

　一方マレーシアのルクヌガラは1969年のマレー系と華人の民族間暴動の直後、非常事態を鎮圧する過程でマレー系の支配する国家諮問委員会によって宣言された経緯から、一般的には非マレー系（華人・インド系など）への牽制（警告）のニュアンスで受け取られている。「神（*Tuhan*）への信仰」という第1条はインドネシアより曖昧な表現ではあるが、ルクン（*rukun*, イスラームの基本原理）という用語は、その背後にある国家宗教の存在を強く匂わせていた。非マレー系にとっては、「国王」（第2条）および「憲法」（第3条）という言葉に、マレー人統治とマレー人の先住民としての特権という背後の圧力を感じ、より多くの抵抗を感じている。パンチャシラと異なり、「神」と「国王」という両立し難い帰属概念を内包したルクヌガラがイスラーム教徒からの支持を得たのは、このような経緯を考慮する必要がある[14]。

　インドネシアではイスラーム教徒が大多数であるがゆえにかえって統一勢力としてまとまることができず、国家独立闘争の過程で軍部と民族主義者が主導権を握り、イスラーム急進派は各地で蜂起して弾圧され、大きな勢力となりえなかった。これに反してマレーシアでは独立前後に激しい武力衝突はなく、しかも、イスラーム以外にマレー系グループをまとめるシンボルがなかったため、政府はイスラーム改革派に譲歩し、後には一部グループを政権に加えるようにまでなる。マレーシアでは、独立直後は共産党ゲリラの反乱に悩まされるが、それは多民族政権におけるイスラーム色の相対的強さの裏返しであったともいえる[15]。

表9-2　インドネシアとマレーシアの国家原理（National Ideology）

インドネシア パンチャシラ（*Panca Sila*）	マレーシア ルクヌガラ（*Rukunegara*）
(1)全能唯一神への信仰 (2)公正にして礼節に富む人道主義 (3)インドネシアの統一 (4)協議と代表制に基づく英知によって導かれる民主主義 (5)すべての国民に対する社会正義	(1)神への信仰 (2)国王および国家への忠誠 (3)憲法の遵守 (4)法による統治 (5)良識ある行動と徳性

この比重の違いは、教育の面にも影響することになる。マレーシアの公立初等・中等学校のカリキュラムでは、宗教教育としてはイスラームのみが行われ、他の宗教の生徒は同じ時間に道徳教育を受けることになる。一方、インドネシアでは宗教教育とパンチャシラ道徳教育の双方が必修で、しかも宗教教育には原則として5つの宗教のどれでも導入可能とされ、実際生徒からの要請に基づいて可能な限り個別の授業が行われている[16]。

　教育体系として、インドネシアでは国民教育省管轄の世俗型教育システムと、宗教省管轄のイスラーム教育体系が並列して存在しているのに対して、マレーシアでは文部省が、世俗の教育体系と学生数にして2％程度の公立宗教学校の双方を管轄しているという点が最大の相違点である。これはマレーシアにおけるイスラーム教育が世俗教育に取り込まれているとみることもできるが、むしろ公教育におけるイスラーム教育の扱いが相対的に大きいために、別個の宗教専門学校の存在の意義を弱くしているとみることができる。またインドネシアのイスラーム人口の大きさも、インドネシアの教育システムの二重性の背景となっている。

(2) インドネシアの国立イスラーム専門大学(IAIN)[17]

イスラーム高等教育体系

　インドネシアにおける近代型イスラーム系高等教育機関は、マレーシアより長い歴史と多様な形態、大きな規模を誇っている。国立大学としては各地に14校存在する国立イスラーム専門大学(*Institut Agama Islam Negeri*：IAIN/State Institute of Islamic Studies)がまず注目される。私立大学ではインドネシア・イスラーム大学(UII, ジョクジャカルタ)、バンドン・イスラーム大学 (UNISBA)、スルタン・アゴン大学 (Sultan Agung University：UNISULA, スマラン)、ボゴール・イスラーム大学 (UIB)、イバウ・チャルドゥン大学(Ibau Chaldum)など、ジャカルタ、ボゴールの5つの私立イ

スラーム系大学と、ムハマディア運動に基づく一連のムハマディヤ大学 (Muhammadiyah University) がソロ (Solo) をはじめとして14校設立されている。その他一般の大学309の学部でイスラーム研究が行われている[18] (1997)。

ナカムラおよびニシノ (Nakamura and Nishino) によれば、国立イスラーム専門大学の機能は中等および高等教育レベルでの宗教教師を養成すること、宗教省その他の行政官・調査官、そしてイスラーム法廷の判事などを養成することにある。そして博士課程を含む大学院教育においてIAINや宗教省自身の指導者の養成を行い、さらに全国に展開する私立大学のイスラーム研究科のカリキュラムや教授法の改善を指導することにある[19]、という。

その前身はモハマッド・ハッタ (Mohammad Hatta) らを指導者とする、1945年7月8日ジャカルタに設立された高等イスラーム学校 (*Sekolah Tinggi Islam*/Advanced Islamic School) にさかのぼるが、そもそも当時反植民地主義の傾向があったイスラーム勢力に、敗戦色の濃い日本軍が肩入れして、後ろ盾となったものであった[20]。国家の手によるイスラーム高等教育機関の設立は、ナショナリストの要求に応えたカジャ・マダ大学 (*Universitet Negeri Gajah Mada*, 1946、1950年より国立大学、ジョクジャカルタ) の設立に対する、イスラーム勢力へのバランス政策であったといわれている。

その後、1946年にジョクジャカルタに移って宗教省の管轄に入り、1948年5月22日にインドネシア・イスラーム大学 (UII: Indonesian Islamic University) に改編された。そしてUIIの宗教学部が1950年9月26日、イスラーム国立カレッジ (PTAIN) (*Perguruan Tinggi Agama Islam Negri*/Islamic State College of Higher Learning) として独立し[21]、1960年8月24日にジャカルタの宗教科学アカデミー (*Akademi Dinas Ilum Agama*: ADIA/Religious Science Academy, 1957～)[22] と合体して、国立イスラーム専門大学 (IAIN) が誕生した。

IAINはカイロのアル・アズハル大学をモデルに設計され、ジョク

ジャカルタ本部に法学部 (*Syari'ah*) と神学部 (*Ushuluddin*) を持ち、ジャカルタ支部に教育学部 (*Tarbiyah*) と人文学部 (*Adab*) を開設した。両校は伝統的プサントレンの卒業生を主な対象とし、彼らをイスラーム世界のメインストリームで活躍できるような、国家機関の教師や指導者に養成することを目的としていた[23]。しかしインドネシア全土のイスラーム教育への要求は、この両校ではにないきれず、1960年の設立からわずか3年の間に18の地方支部(faculty)がインドネシア全土に開設された。教育学部、人文学部、法学部がジョクジャカルタとジャカルタの両校に開設された他、教育学部がマランとアチェに、法学部がアチェ、バンジャルマシン、パレンバン、スラバヤ、スラン、ウジュン・パンダンに開設された[24]。

1963年、宗教省はジュクジャカルタ、ジャカルタの両校を独立のIAINとして昇格させ、IAINジョクジャカルタは東部ジャワ以東の、ジャカルタIAINは西部ジャワ以西の分校を管轄することになった。IAINは、インドネシアの二元的教育システム、すなわち国民教育(教育文化)省の管轄する西洋型近代学校の系統と、宗教省の管轄するイスラーム学校の系統との対抗図式のなかで、近代型世俗大学の拡充への対抗策

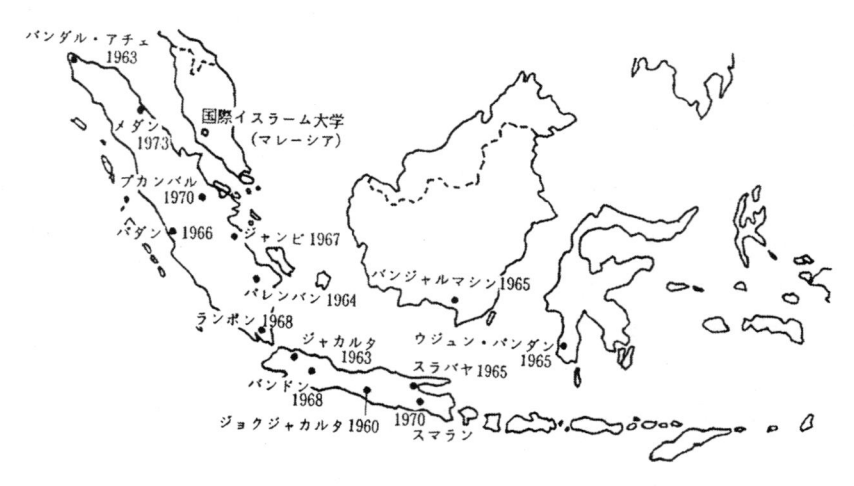

図9-1 国立イスラーム専門大学(IAIN)の分布と国際イスラーム大学(IIUM)

として、宗教省によって1960年以降各地に設立されることになった[25]。

イスラーム近代派の抬頭

　西洋起源の近代的知識およびテクノロジーに対するインドネシアのイスラーム・グループの基本的態度には、大きくわけて二通りのアプローチがみられた。ひとつは知識・思想とテクノロジーを分離し、西洋の知識・思想の輸入は拒否し、純粋な実践レベルでのテクノロジーのみを受け入れようという伝統派の立場（*kolot*）。もうひとつは、西洋のテクノロジーはもとより、その背景にある知識・思想もイスラームには害ではないとして受け入れに抵抗を示さなかった近代派の立場（*moderen*）である。1926年に結成されたナフダトゥール・ウラマ（*Nahdltul Ulama*）は前者に属し、農村の保守的な宗教導師（*ulama* もしくは *Kiyai*）を中心に、推定3,500万人といわれる支持があるという[26]。1912年に生まれたムハマディア運動（Muhammadiyah Movement）は後者の範疇に入り、比較的都市部の教育ある若年層を中心に支持されている。ムハマディア運動は全国に600万人以上の組織を持ち、伝動組織でありながら教育および社会運動にその主力を注ぎ、今日インドネシアで最も顕著な非政府の教育および社会福祉組織となった[27]。

　IAIN の設立は、イスラーム政党やイスラーム教師の熱意によるものであったが、基本的に彼らはマレーシアのようなイスラーム復古派ではなく、イスラーム近代派に属しており、したがって IAIN はインドネシアにおけるイスラーム研究を近代化しようとする、国家の支援を得たプロジェクトという性格を持つことになった。この一方で伝統的な宗教学校プサントレンの系統はイスラーム高等教育機関として存続しており、復古的なイスラーム改革運動は、宗教教育体系内部における近代派と伝統派の対抗図式のなかに、食い込める場所が見出し難い状況であった。

　IAIN はスカルノ政権末期、スハルト政権初期にかけて急速に拡大し、1973年に14校目の IAIN が北スマトラ、メダンに設立されて以後、新し

いIAINは作られていない。IAINの拡大はその大部分が新秩序期（*Orde Baru*）に属する時代であり、中等教育の拡大とスハルト政権の経済的近代化、政治的安定、1945年憲法とパンチャシラの受容・高揚という三原則に力点が置かれた時代であった。したがって、イスラーム教育機関が政治的運動に関与することが強く警戒され、IAINの創設・拡大にあたっては、伝統主義的なナフダトゥール・ウラマ（NU）や復古主義的イスラーム協会（*Persatuan Islam*）の指導者を避け、宗教省大臣のムクティ・アリ（Mukti Ali, 在任1971-76）はハルン・ナスティオン（Harun Nastion）などの西洋の大学で教育を受けた、いわゆるイスラーム近代派と呼ばれる人々に組織・運営を依頼した[28]。

国立イスラーム専門大学の特徴

彼らは基本的にイスラームを近代的宗教であると認識し、合理的思考、科学的思考、自由、他の宗教への寛容を尊重するグループであった。彼らは宗教導師への無条件の模倣を否定し、分析と研究に基づく独自の宗教解釈（*ijtihad*）を支持した。IAINの高等教育機関としての機能は次の7つにまとめられている[29]。

(1)イスラーム的価値と科学を伝播させる。
(2)イスラームの伝統を保持・伝承させる。
(3)イスラームの宗教的科学を一般科学やテクノロジーと統合する。
(4)学生を前向きで問題解決志向的に指導し、合理的分析的思考に導く。
(5)宗教とパンチャシラ原理に基づいた国家との親和力（affinity）を橋渡しする。
(6)イスラームおよび国家のビジョンに基づく社会文化的価値と生活の質の向上と完成に向かっての建設的で創造的な貢献を行う。
(7)世界平和と人類の福利を実現するための努力に参加する。

ここではIAINの歴史的起源のひとつであり、最大規模の学生を擁するジャカルタのIAINを例に学部・学科構成をみてみる[30]（比較宗教学科以

外の「科目」の記載は省略した）。

```
┌ 教育学部… 宗教教育学科、アラビア語・文学科
│ 人文学部… アラビア文学科、イスラーム史・文化学科
│              ┌ 比較宗教  宗教哲学  宗教社会学
│              │ 宗教心理学  社会心理学、東洋学
│  比較宗教学科 │ ヒンドゥー研究  仏教研究  ユダヤ
│              │ 教研究、キリスト教研究  ジャワ伝
│              └ 統文化研究  比較宗教学方法論
│ 神学部…… ┌ イスラーム神学科
│          └ コーラン解釈学科
│ 法学部…… イスラーム法学科、イスラーム社会・刑法学科、比較
│           イスラーム宗派学科
└ 伝道学部… イスラーム伝動・情報学科、イスラーム宗教指導学科
```

　IAIN の特徴を示す部局に神学部（*Ushuluddin*）の「比較宗教学科（*Perbandingan Agama*/Comparative Religion）」がある。ジョクジャカルタおよびジャカルタの創成期の IAIN の比較宗教学科は、ムクティ・アリの存在を抜きには考えられない。彼はジャワ、トゥルマス（Termas）の地方宗教運動家であったが、パキスタンのカラチ大学を卒業し、カナダ、マックギル（McGill）大学のイスラーム研究所で博士号を取得する過程で、彼のイスラーム理解に大きな変化が生じた。ここで彼は宗教が近代化の要求にいかに対応すべきか、また近代化の文脈で宗教的教義を再解釈する手段として、イスラームに実証的アプローチを導入する必要があることを痛感した。彼は帰国後、IAIN の設立に際して、比較宗教学科の指導者に任命され、他の宗教を知ることは、自己の宗教のより深い理解につながると主張した[31]。

　1960 年に IAIN に初めて比較宗教学のプログラムがスタートした。それまでにも宗教間関係学科（*Jurusan Hubungan Antara Agama*/Department of Inter-Religious Relations）という部局はあったが、教員の不足のために十

分に機能していたとはいえなかった[32]。当時にあっては、イスラーム研究の分野では、教義やイデオロギーが支配し、その研究に科学的方法論を取り入れるなどということは「知的な汚名であり罪」でさえあった。また当時のイスラーム研究は古典研究や細分化された分野に狭く閉じこもり、いかなる逸脱も異端もしくは無意味な行為とみなされた。彼の講義は学生ばかりでなく同僚からも西洋かぶれであるかのように疑惑の目でみられた。しかし彼は次のようにいっている。

　「比較宗教学は西洋から輸入された学問だと思われているようだが、それは誤っている。多くの中世イスラーム学者は、他の宗教の徒と信仰を語り合うことに、何の強制からでもなく、心から関心を持っていた。それゆえ、比較宗教学の方法論の基礎を築いたのは西洋人ではなくイスラーム学者であると私は信じている[33]。」

　IAINの特徴のひとつは実証研究の重視と宗教的寛容性である。伝統的なイスラーム研究ではキリスト教をはじめとする他宗教は客観的研究の科目としては存在しえなかった。IAINでは他宗教は正しい宗教からの逸脱であるという見解をとらず、客観的研究の対象としている。これにより学生は隣人の宗教に対して寛容になり、異なった宗教間の対話の能力を身につけることができる。実際にIAINにキリスト教徒の講師が招かれて、キリスト教についての説明をするという授業も実現している[34]。

　ムクティ・アリの後を継いだアラムシャ（Alamsyah Ratuperwiranegara）宗教相（1978-83）の時代に、IAINは大学院プログラムを持つようになる。続くムナウィール（Munawir Sjadzali）宗教相（1983-93）の時代にはIAINは、①高等教育機関としての法的地位の確立、②入学者の質の向上、③外国大学とのスタッフ交流といった懸案が改善された。従来からIAINへの入学者は、宗教省のマドラッサ（*Madrasah*）教育体系すなわち、宗教小学校（*Ibtidaiyah*）、宗教中学校（*Tsanawiyah*）、宗教高等学校（*Alyyah*）を経由した卒業生が主流であった。しかしこれらの宗教学校は一般の世俗学校との同質性を確保するために、教育カリキュラムの70％を一般科目にあて、

宗教科目は残り30％の配分しか与えていなかった。したがってこれらの学校の卒業生はウラマ養成の候補としては十分な知識に欠けていた。そこでムナウィールは宗教科目の比率を70％に拡大したマドラッサ・アリヤ (*Madrasah Alyyah*) 特別プログラムを導入し、入学者の質の改善をはかった(35)。

　ムナウィールは雑誌のインタビューに答えて、「インドネシア・ムスリムのイスラーム・イデオロギーとしてのパンチャシラ」という記事を寄せている。そこで彼はパンチャシラはインドネシアのムスリムにとっての政治的希望の最終的到達点であり、いわゆる「イスラーム国家」への中間的ステップではないことを強調した。彼によれば宗教国家とは、①公式の宗教を持ち、②法的体系の法源が聖なる書であり、③国家元首が宗教を代表する指導者の影響下にあるという3点をあげている(36)。

スタディア・イスラーミカ

　次のタルミジ (Tarmizi Taher) 宗教相 (1993-98) はイスラーム研究の実証性に強い関心を持っており、IAINがインドネシアの宗教社会での知的センターとなることを希望した。IAINをユニバーシティへと発展させたいという構想を持つタルミジは、英語とアラビア語で書かれた紀要『スタディア・イスラーミカ (*Studia Islamica*)』を刊行し、ジャカルタIAINの付属研究機関としてイスラーム・社会研究センター (*Pusat Pengajian Islam dan Masyarakat*：PPIM) を1996年に創設した(37)。IAINの卒業生の多くは宗教省や国民教育省といった政府機関で働いている。そのほか宗教科目の教員や判事、イスラーム導師、伝道師、研究者などを輩出している(38)。

　タルミジはインドネシア・イスラーム（あるいはジャワ・イスラームなど）といったイスラームの地域的変異は否定するが、ムスリム（イスラーム教徒）やイスラーム国家の多様性は積極的に肯定している。

　「イスラーム教徒は実に様々な国家政体と文化に属している。ムスリムには共和国や王国、イスラーム国家や世俗国家、資本主義、社会

主義、そして共産主義でさえもいかなる政治的システムも採用できる。しかしムスリムはこれらの相違にもかかわらず『祈り』によってひとつに統合されるのである。民族的にも文化的にも宗教的にも多様なインドネシアのような国民国家という環境では、宗教的寛容性、宗教的多元主義はとりわけ重要である。インドネシアの宗教的戦略はインドネシアのムスリムを中庸で高い質を志向する信徒 (ummatan washatan) に開発することである。この中庸を志向する戦略によって達成されるものは、今日および将来のイスラームおよびムスリム世界における理想的目標となるであろう[39]。」

『スタディア・イスラーミカ』の掲載論文には、IAINの性格を表すものがいくつかみられる。例えば、「チレボン・ジャワの信仰システムにおける神と霊体」(1996)や「インドネシアにおけるイスラームと国家」(1995)、「近代性と多元主義の挑戦：インドネシアの教訓」(1995) などは、マレーシアの国際イスラーム大学(本書第7章第5節参照)の研究者が投稿している雑誌には決してみられないテーマである[40]。

IAINでの教育と研究の傾向には、インドネシアに根付いたイスラームのあり方やインドネシア的イスラームの探求といった側面に比較的焦点があてられている。イスラーム世界のなかでも、中央であるアラブ・イスラームに対するインドネシア・イスラームあるいは東南アジア・イスラームのアイデンティティの模索という地域主義的傾向がうかがえる。前出のジャカルタIAIN付属のイスラーム・社会研究センターのパンフレットには次のような記述がある。

「イスラームとはいまだにアラブ世界のことであると同一視されている。例えば東南アジア地域、とりわけインドネシアはいまだに世界の周縁であるとみなされている。国際社会はインドネシアが世界最大のイスラーム人口をかかえ、政治的に安定し、経済的に高度に発展しつつある国であることを認めようとしない。(中略) インドネシアもしくは東南アジアのイスラーム社会についての研究は、アラブ世界のイ

スラーム研究に比べればまだ遅れている。実際、インドネシアのイスラームについての研究や分析を行い、それを他の地域のイスラーム社会と比較することは、今日および将来の世界におけるイスラームの姿を想起するにおいて、きわめて重要な前提となるに違いない[41]。」

伝統と近代の融合

1990年末に結成された全インドネシア・ムスリム知識人協会（*Ikatan Cendekiawan Muslim se-Indonesia*：ICMI）は42,000人の会員を擁しているといわれるが、多くの著名なイスラーム知識人とともに、これまで対立関係にあるとされてきた政府要人や政党代表もそのリストに含まれており、スハルト大統領自身もその後援者とされている。1980年代中頃からインドネシア政府のイスラームへの歩み寄りがみられ、教育文化省（当時）は公立学校での女子生徒のイスラームベール（*jibab*）の着用を認め、異宗教間の結婚やスポーツくじが禁止され、イスラーム銀行の設立も認可された[42]。

一方、これまでの伝統派ムスリムと近代派ムスリムの対立の構図のなかに、イスラーム伝統派から転じてネオ近代派（neomodernist）と呼ばれる知識人が存在している。ナフダトゥール・ウラマ（NU）のリーダーであるアブドゥルラフマン・ワヒド（Abdurrahman Wahid, 後第4代大統領）やN・マジッド（Nurcholish Madjid）、ジョハン・エフェンディ（Djohan Effendi）などがその代表であるが、彼らの多くは伝統派としての社会背景を持ちながら、IAINで学び、海外留学の機会を得て、これまでのインドネシアにはみられなかった新しいスタイルのイスラーム観を提唱した。一般的に彼らは伝統派と近代派の対立を融合（synthesis）する立場にあり、イスラーム社会と国家の関係により自由で寛容で多元主義的な態度をとっている。彼らは信仰儀礼を減らし、各世代によるクルアーンのメッセージの再解釈を要求し、またパンチャシラに基づく国家形態を含めて、現存する様々な国家形態は神の意志にそったものであるという理解を認めている[43]。その主要メンバーの多くがIAINとのかかわりを持ってい

る、というのも全く不思議ではない[44]。

　インドネシア社会のイスラーム化は着実に進行しているが、その運動の存立形態や性格は中東諸国やマレーシアのそれとはかなり異なったものである。ラディカルな宗教組織や党が世俗的な政府に対抗して、国家のイスラーム化を唱えるという、他の地域のような構造ではなく、政府に強く指導された枠組みのなかでイスラームの比較的穏健な団体や党派が相互批判させられている構図が存在する。IAINとその指導者は必ずしも常に1つの立場にあったわけではないが、過激な運動を否定し、国家の発展と近代化をイスラームの概念に矛盾させないという意味で、スハルト政権のイスラーム政策を理論的に支えてきた側面は無視できないであろう。

(3) マレーシア国際イスラーム大学との比較

マレーシア国際イスラーム大学[45]

　前節において国家を代表するイスラーム高等教育機関として、スハルト時代の国立イスラーム専門大学の成立の背景と特徴についてみてきたが、国家と大学の関係において、すでに本書第7章でみたマレーシアの国際イスラーム大学（International Islamic University, Malaysia: IIUM）の特徴といくつかの点で興味深い対照性をみせていることに気づく。詳しくは第7章に譲り繰り返しを避けるが、重要なポイントについて比較情報を抽出しおく。

　インドネシアのIAINは宗教学校プサントレンとのバランスのうえに、国家との親和性を持つイスラーム研究の中心機関として、政治的運動への関与を強く警戒するなかでスハルト政権期を中心に14校設立されてきた。一方、マレーシアのIIUMは1983年、マレーシアの著名なイスラーム学者アル・アッタス（Al-Attas, Syed M. Naquib）の強力な影響のもとに、サウジアラビア・パキスタン・トルコ・リビアなどの加盟国からなるイ

スラーム諸国機構 OIC とマレーシア政府の合弁で1校設立された。彼はイスラーム文明をひとつの世界観として考え、高等教育を西洋文明や世俗的方法論から解放し、ひいては国家的な束縛からも解放しなくてはならないと主張していた[46]。これはイスラーム研究を近代化し、国家に親和的な実証研究を行うことを目的としていたインドネシアの IAIN の方向性とは正反対のものである。当時マレーシアは国家機構の穏健なイスラーム化の道を模索しており、83年にはイスラーム改革派マレーシア・ムスリム青年同盟（ABIM）のリーダーを内閣に引き抜くなど、イスラーム勢力の吸収統合に力を入れていた。さらにアメリカの国際イスラーム思想研究所（IIIT）の元所長、アブドゥルハミド・アブスレイマン（Abd al-Hamid Abu Sulayman）を大学学長に迎え、イスラーム改革運動の知的拠点としての機能が期待されていた。

以下に IIUM の大学の目的を記し、IAIN のそれ（340頁）と比較してみる[47]。

(1)イスラーム的知識と真実の追求の伝統に基づき、学問の全分野におけるイスラームのプライマシー(優越性)を再構築する。
(2)知識の追求こそが信仰行為であり、科学的探求の背後にある精神はクルアーンの教えによって発揚されているとする、イスラームの学習概念を再活性化する。
(3)アッラーおよびその地上での委託者たちの従順な執事としての責任を意識したイスラーム教育の専門家を養成するために、タウヒード（*Tawhid*, 一化・神の唯一性）およびアッラーへの帰依の精神をもって知識を普及させる。
(4)高等教育においてイスラーム理想社会へ開かれた選択肢を広げ、あらゆる分野の学術において優れた業績を追求する。

以上のような IIUM の目的を、前述のインドネシアの IAIN の目的と比較するなら、イスラームの価値の伝播(1)、宗教科学とテクノロジーの統

合(3)、世界平和と人類の福利(7)などは両校にみられる共通の目的であるが、一方でIAINの合理性への強調(4)やパンチャシラおよび国家との親和力(5)といった項目に対して、IIUMの目的には国家といった文言はみられず、代わりにイスラーム理想世界という表現がみられる。

学部・学科構成

　学部構成についてみると、IAIN（ジャカルタ）では教育学部、人文学部、神学部、法学部、伝道学部などから構成されており、神学部に比較宗教学科を持っていたことが大きな特徴であった。IIUMには設立当時から法学部、経済・経営学部、工学部の3クリヤと並んで、「イスラーム啓示知識・人文科学部(Kulliyyah of Islamic Revealed Knowledge and Human Science)」を独立クリヤとして持つ点などに「知識・科学のイスラーム化」のための大学という特徴が現れている。1996年にクアンタン・キャンパスに医学部が開設された[48]。国際イスラーム大学の学部・学科構成は以下のとおりである[49]。

経済・経営学部 ……	会計学科　ビジネス経営学科　経済学科
工学部 …………	コンピューター情報工学科　生産工学科　機械工学科
法学部 …………	公法学科　私法学科　家族法およびイスラーム法学科
イスラーム啓示知識・人文科学部	アラビア語・文学科　英語・英文学科 歴史・文明学科　イスラーム啓示科学・遺産学科 哲学科　政治学科　心理学科　社会・人類学科

　一方マレーシアでも比較宗教学が大学に存在しないわけではなく、ISTACのワン・ダウド自らその重要性を主張しているが、現在のところそのコースを持っているのは国際イスラーム大学ではなく、世俗大学で

あるマレーシア国民大学(Universiti Kebangsaan Malaysia)のイスラーム研究学部、神学・哲学科(4年次対象)である[50]。

またマレーシアのIIUMは医学部や工学部などの自然科学系学部を持つことも大きな特徴であるが、これは医学や工学をイスラーム科学や世界観に合致した方向に発展・応用させるという意味で全く矛盾するものとはとらえられていない。例えば、工学部の教育方針は次のように記されている。「工学部の使命は高い質の工学教育を提供することであり、経営・倫理・人文科学における幅広い基礎と、工学における基礎および専門知識と実践を積んだ卒業生を送り出し、今日の社会の危急の要請に応えることである。システムズ・アプローチに基礎を置く工学部の哲学に基づき、プログラムは学問領域を越えた統合・総合教育を提供している。これは生命の精神と物質の側面を調和的な連続体として統合するという、イスラームのタウヒードの概念に合致している[51]。」そのイスラームと諸学問のタウヒード的調和の概念図が図9-2に示されている。

この例のように、大学内で行われる授業は、自然・社会・人文科学の別を問わず、すべてイスラーム科学やイスラーム文明史観に基づく内容およびアプローチにおいて教えられる。イスラーム文明、イスラーム生活様式、イスラーム価値システムおよびイスラームの神概念についてのコースは全プログラムの基礎とされ、全学生の必修とされる。マレーシアの国際イスラーム大学が思想的にイスラーム復古主義的立場の影響を受けているとはいえ、教育志向や形態が必ずしも復古主義的であるというわけではない。むしろコンピューター実習(情報学科)やマーケッティング戦略(経営学科)、デジタル・コントロール(機械工学科)などのように、最先端のテクノロジーや情報でイスラーム教徒を武装させようという先進主義もあわせ持っている[52]。またイスラームのシステムと軋轢を起こす可能性のある世俗のシステムのすべてを教育から排除しているわけではない。例えば通常大学のイスラーム系法学部では、コースはイスラーム法関係に絞られているのに対して、マレーシアIIUMでは社

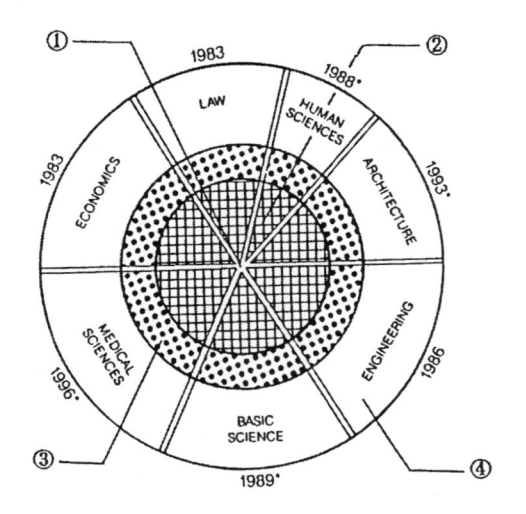

図9-2　タウヒードの原理に基づく学部教育の統合

註：① タウヒードの原理（アッラーの唯一性、およびすべての知識・創造の中心としてのその権威の絶対的卓越性）。
　　② 全学生必修カリキュラムとしてのイスラーム宗教知識（基礎知識センター担当）。全学生に必修のアラビア語（語学センター担当）。
　　③ イスラーム宗教原理を各分野の学問に反映させたコース。
　　④ 各学問分野の専門コース
　　＊学部設立年は計画当時の予定である。

会的需要に対応して、世俗法とイスラーム法の双方を学ぶ二重コースになっている[53]。

教育内容・活動

　インドネシアのIAINの研究・教育の特徴のひとつは実証研究の重視と宗教的寛容性であった。IAINでは他宗教は正しい宗教からの逸脱であるという見解をとらず、客観的研究の対象としており、キリスト教をはじめとする他宗教も客観的研究の対象となっていた。また学生の育成方針も、インドネシアのムスリムを中庸で高い質を志向する信徒に開発することとしたように、あくまでインドネシア人の育成を目指していた。
　一方、マレーシアのIIUMの教育内容はきわめて国際志向でマレーシ

ア現地色が薄く、例えば歴史・文明学科で開講されている40講義のうち、イスラーム世界史関係の講義が11講義なのに対して、現地の歴史関連は2講義にすぎず、マレーシアにある大学という印象をほとんど与えない。教員の研究姿勢もマレーシアという国家からの乖離の傾向がみられる[54]。再びワン・ダウドを引用すれば、「イスラーム研究機関としてのこの研究所(ISTAC)は、社会経済的・政治的発展における国家の利益を代弁する道具であってはならない[55]」という言葉はきわめて象徴的である。

またイスラームの教育組織によくみられる、小集団学習組織ウスラ(*usrah*)を学生組織に取り入れ、サークルのような親密な雰囲気での自由な交流をはかっている。IIUMのもうひとつの特徴は、広く世界から留学生を受け入れていることで、その比率は全学生6,700名の20％に達する。またマレーシアの他の伝統的大学と異なり、授業はすべて英語かアラビア語で行われる点も特徴的である。大学は精神的に強固で、合理的で、身体的に壮健で、イスラーム理想社会の建設に貢献可能な専門知識もった卒業生を送り出すことを目指している[56]。

IIUMがマレーシアにおける「知識のイスラーム化」やイスラーム科学の重要な拠点であることは疑いないが、マレーシアでのそれらの研究がIIUMもしくはISTACに独占されているという見方は正しくない。これに関しては断片的な情報しかあげられないが、インドのアリガルで、ムスリム先端科学学会(The Muslim Association for Advanced Science)が発行している雑誌(*MAAS Journal of Islamic Science*)にはIIUM以外にもマラヤ大学、マレーシア国民大学、マラ工科カレッジなどの一般大学のイスラーム研究者からの投稿が顕著である[57]。またイスラーム関連研究所や一般大学研究センターなどの研究者の関連分野での出版も多数みられる[58]。

(4) 結　語

以上、2つのアジア・イスラーム社会の高等教育機関について、マ

レーシアのIIUMとインドネシアのIAIN(ジャカルタ)を取り上げて、その制度・性格について比較的に検討してきたが、それらの大学と「科学(知識)のイスラーム化」の運動とのかかわりや、国家に対するスタンスは、両国におけるイスラーム運動や勢力、歴史的経緯、指導的立場にある個人の特性などにより必ずしも一様ではなく、むしろ対照的でさえありうることが明らかとなった。

両校はイスラーム高等教育機関としての共通性も多くみられた。イスラームをその教育の基本原理としている以上、イスラーム精神・伝統・世界観を、研究・教育・社会生活をとおして学生に、ひいては社会に伝達し、伝播させることをその目的のひとつに掲げている。また同時に高等教育機関として、高い学術・研究水準を維持し、国際的学界および所在する地域社会への貢献、卒業生のより良い職業的キャリアのために、常時努力と働きかけが行われている。また西洋型世俗大学と異なり、学生・教員の間に宗教的均一性があるため、人間関係がなごやかで、協力的・援助的雰囲気があることは、両校を訪問した印象からも、文献からも裏づけられた。

しかし両校はその設立の歴史的経緯と国際的環境の違いから、その所在する国家および政府との関係、国家からの関与への許容性において大きな差がみられた。マレーシアのIIUMはその名称にも示されているとおり、学生のみならず、教員団の構成においても、その国際性は群を抜いていた。その設立母体が国際機関であることを考えれば当然でもあるが、出資の半分はマレーシア政府であるので経済的にはかなりの負担がかかるものと思われる。しかしその教育的スタンスはきわめて超国家的であり、国境を越えたムスリムの連帯とイスラーム理想世界の実現を目標にする以上、国家レベルの介入やコントロールに強い拒否反応を示している。授業用語にマレーシア語を用いていないこともその表れである。1970年代以降、マレーシア政府の基本的教育政策によれば、教育機関を国家発展と民族統合の最も有効な手段として位置づけてきただけに、こ

の落差は不自然なほど大きく感じる。しかしマレーシア政府も国際イスラーム大学を誘致したことによって、イスラーム世界の周縁に位置していたマレーシアの国際的地位を大きく上昇させることになったことは間違いない。また20％を越える留学生の存在は、これまでの留学生送り出し国というイメージに変化を与える可能性もある。大学の誘致によってマレーシア政府や現地イスラーム界が享受する利益は決して小さくない。

　一方インドネシアの国立イスラーム専門大学（IAIN, ジャカルタ）も決して国内に閉じこもった教育機関ではない。むしろ、その宗教的寛容性、実証性、客観性への志向などは先駆者の国際的経験と活躍によって初めて採用され、大学に伝えられたと考えることもできる。授業用語はインドネシア語であるが、アラビア語以外にも英語教育にも力点を置いており、スタッフの多くはカナダのマックギル大学をはじめとする西洋型大学への留学経験や交流を持っている。機関紙はインドネシアの14校のIAINの共同発行ではあるが、その掲載論文は多くが英語かアラビア語の論文である。またIAINは独立した学位授与機関であり、大学の自治と学問の自由は十分に確立されている。教員の人事に宗教省の関与があるが、それが逆にIAINのインドネシアのイスラーム高等教育におけるユニークな立場を生んでいるといえる。

　宗教省の基本的方針は、大学の教育と研究が訓古主義や特定の宗派・セクトによる支配に陥ることを防ぎ、宗教的に寛容で視野の広い、多民族社会での活動能力あるインドネシアのためのイスラーム教師もしくは専門職を養成しようというものである。大学は現在のところその要請によく応えており、多くの教員が国家原理であるパンチャシラにも積極的な支持と理解を与えている。またその国家原理とイスラームの反ナショナリズム的な性格との調和を探る研究も行われている。

　インドネシアにおいてもマレーシアにおいても、イスラーム大学の構想が生まれた当時、イスラーム知識界に幾人かの傑出した指導者がおり、それらの思潮や哲学が新大学の性格に大きく反映したことも無視できな

表9-3 国立イスラーム専門大学(IAIN)と国際イスラーム大学(IIUM)の対照表

ジャカルタ IAIN (1993/94)			マレーシア IIUM (1995/96)		
	学生数	教員数		学生数	教員数
教育学部	2,934	91	経済・経営学部	1,212	72
人文学部	619	29	法学部	1,244	110
神学部	1,013	43	イスラーム啓示 科学・人文学部	2,898	173
法学部	829	23	工学部	108	16
伝道学部	309	24	大学院	1,029	
大学院	126				
合 計	5,830	210	合 計	6,491	371
名称 Institut Agama Islam Negeri			名称 International Islamic University		
創立年(地) 1963年(ジャカルタ)			創立年(地) 1983年(クアラルンプル近隣)		
設置者 国立(宗教省)			設置者 私立(OIC、マレーシア政府)		
授業用語 インドネシア語他			授業用語 英語・アラビア語		
スタッフ数 346人(非常勤を含む)			スタッフ数 371人 (＋語学センター 88)		
博士号取得率 11.9%(常勤のみ)			博士号取得率 43.1%(語学センター除外)		
研究所 イスラーム社会研究センター (PPIM) 1996年設置			研究所 国際イスラーム思想・文明件究 (ISTAC) 1991年設置		
機関誌 Studia Islamica (全国IAIN共同編集)			関係雑誌 American Journal of Islamic Social Science (IIIT) に投稿可		
その他 教員海外派遣 カナダ17 中東11 米国7 欧州4 豪州3			その他 留学生数・比率 1367人 20% (1995/96) 外国人教員比率 33.9%(1991)		

出典：インドネシア：IAIN, *(Prospectus Booklet) IAIN Jakarta*, 1994+, pp.19-24；*Data in Broad Outlines IAIN Jakarta*, 1995, pp.12-15；*Buku Pedoman IAIN Jakarta*, 1996/97.
　　　マレーシア：*Undergraduate Prospectus 1996, IIUM*, pp.235-253；Admissions and Record Division IIUM 提供資料（1995/96）。

い。インドネシアでいえば「比較宗教学」のムクティ・アリ、マレーシアでは「知識のイスラーム化」のアル・アッタスがその代表である。しかし両国におけるイスラーム知識界において彼らの思想が疑いのない主流として認められていたとはいい難い。それらが新大学の基本的哲学として取り入れられた背景には、それらを必要とし、それらを受け入れた社会環境、政治的経緯、学生の要請などが存在していた。

　インドネシアではイスラーム人口が大多数のために、他宗教・民族の脅威よりはイスラーム内部での伝統派と近代派の対立のほうが大きな問題となり、イスラーム全体としては宗教的寛容性を受け入れるだけのゆとりがあった。また近代派のなかでも実証主義、宗教相対主義の素養のある西洋大学留学帰国者のグループが、当時政府の必要としていた多民

族国家における調和的・先進的イスラーム教師・官職の養成という、危急の要請に最もふさわしい知識人であった。

　一方、人口の半数近くを非イスラーム人口が占めるマレーシアでは、マレー人を結束させるにはイスラームのプライマシーを主張するアッタスの思想は魅力的であり、特に若い都市部のムスリムにイスラーム改革運動が浸透していた。政府はその指導者を内閣中枢に迎えるが、多民族連立与党のマレーシア政府では、いかなる民族・宗教に基づく勢力も、他のグループとの調和的・妥協的調整なくしては政治的混乱に陥ることは、先の民族間暴動の苦い経験から誰にも自覚されていた。急進的なイスラーム勢力にとっても事情は同じで、マレーシアのそれはインドネシアよりも政権により近づいたが、むしろインドネシアよりも宗教的寛容性・相対性の必要性は、その主張の言外に認識されていたといえる。国際イスラーム大学が経営的には公的性格が強いのにもかかわらず、マレーシアの国家原理に真っ向から対立する汎イスラーム主義（ナショナリズムの否定）を全面に掲げることが黙認されているのは、そうした背景から理解する必要がある。

〈追録〉

　この後インドネシアはアジア通貨危機に続く経済不況と宗教的衝突による政治不安のなかで、スハルト政権は崩壊し、1999年宗教指導者アブドゥルラフマン・ワヒドが第4代大統領に、2年後の2001年にはメガワティ副大統領が第5代大統領に就任した。この間インドネシアの高等教育も大きな転機を迎え、国民教育省（1999までは教育文化省）管轄の高等教育機関は2001/02年度には国立83校、私立1,846校、学生数2,915,291人に拡大したのに対し、宗教省管轄の高等教育機関は国立47校、私立251校、学生数203,042人とほぼ安定している。2000年には4校の主要国立大学、インドネシア大学、ガジャマダ大学、ボゴール農科大学、バンドゥン工科大学が法人化され、大学が企業体を組織し自律的な経営を行

うことが可能になった一方、教育・研究の質の評価とアカウンタビリティが課せられるなど、この展開はマレーシア他アジア諸国の展開にきわめて類似している。2003年には第3次高等教育発展大綱が公布され、高等教育機関の国際競争力の強化と中央集権化された機構からの脱皮が模索されている[59]。

ジャカルタ IAIN は表9-3にあるように、教育、人文、神学、法学、伝道の5学部に加えて、2001年に心理学部、およびイスラーム研究学部の2学部を開設したほか、専攻としては農業経済、情報工学、経営学、会計学などのコースを開設して、総合大学としての拡大を続けた。これらの結果、1998年にアズマルディ(Azyumardi)によって開始された昇格事業が実を結び、2002年5月に大統領決定によりジャカルタ IAIN は国立イスラーム大学(*Universitas Islam Negeri Syarif Hidayatullah Jakarta*)として総合大学の地位を正式に与えられることになった。将来的には経済学部、技術学部(Faculty of Techniques)、農学部、保健学部、数学および自然科学部が開設される計画がある[60]。

【出典および註】

(1) 世界のイスラーム教徒人口については片倉もとこ編集代表『世界イスラーム事典』明石書店、2004、87頁。アジアのイスラーム教徒人口については、J. Gordon Melton and Martin Baumann, eds., *Religion of the World*, ABC-CLIO, 2002, cited in 井上順孝編『現代宗教事典』弘文堂、2004.

(2) マレーシアの1人あたり GNP(国民総生産)は1995年で4,500US ドルであるが、購買力平価で調整した国内総生産 GDP (ppp) = (per capita Gross Domestic Product purchasing power parity)は1人あたり8,630US ドルにのぼり、韓国の GDP(ppp)9,810US ドルに迫る勢いである。

(3) Mahathir Mohamad, 1993, 'Malaysia as a Fully Developed Country: One Definition', in Ahmad Sarji Abdul Hamid ed., *Malaysia's Vision 2020: Understanding the Concept, Implications and Challenges,* Pelanduk Publications, Petaling Jaya, p.404.

(4) *International Financial Statistics,* International Monetary Fund. 1993年の

第9章　インドネシアのイスラーム高等教育　357

インドネシアの経済成長はGNPで前年比24.7％増、1人あたりGNPは22.5％の伸びをみせて810USドルに達した。

(5) *Unesco Statistical Yearbook*, 1995, Paris, p.355.
(6) Ministry of Education and Culture, 1997, *INDONEISA: Education Statistics in Brief 1995/1996*, pp.18-19, pp.24-25.
(7) *Ibid.*, pp.18-19, pp.32-33.
(8) 馬越徹、1995、「アジアにおける韓国高等教育の位相」、『韓国近代大学の成立と展開—大学モデルの伝播研究—』名古屋大学出版会。
(9) イスラーム再興運動（Islamic Resurgence/ Revitalism）の概念はマレーシアとインドネシアでは必ずしも同じではない。例えばジャカルタ IAIN 神学部のサイフル・ムザニ（Saiful Muzani）によれば、この用語はマレーシアではイスラーム原理主義（Islamic Fundamentalism）やイスラーム復古主義（Islamic Revivalism）などの狭い意味にとられることが多く、インドネシアでしばしば含まれるイスラーム近代主義（Islamic Modernism）の要素が排除されていると指摘している, Saiful Muzani, 1994, 'Identitas Negara-Bangsa dan Kebangkitan Islam: Perbandingan Malaysia dan Indonesia' in *Studia Islamica*, Vol.1, No.2, pp.158-185.
(10) Chandra Muzaffar, 1986, 'Islamic Resurgence: A Global View with Illustrations from Southeast Asia', in Taufik Abdullah and Sharon Siddique eds., *Islam and Society in Southeast Asia*, ISEAS, Singapore, pp.5-39.
(11) Mohd Kamal Hassan, 1994, 'The Influence of Islam on Education and Family in Malaysia', (Chapter Seven), in Syed Othman Alhabshi and Syed Omer Syed Agil eds., *The Role and Influence of Religion in Society, Institute of Islamic Understanding Malaysia (IKIM)*, Kuala Lumpur, pp.119-154.
(12) Mohd Kamal Hassan, 1986, 'Some Dimensions of Islamic Education in Southeast Asia', in Taufik and Sharon eds., *op. cit.*, p.54.
(13) Saifddin Anshari, 1985, 'Islam or the Panca Sila as the Basis of the State', in Ahmad Ibrahim, Sharon Siddique and Yasmin Hussin eds., *Readings on Islam in Southeast Asia*, ISEAS Singapore, pp.221-228; M. Kamal Hassan, 1986, p.48-51, *op. cit.*
(14) Leon Comber, 1983, *13 May 1969: A Historical Survey of Sino-Malay*

Relations, Heinemann Educational Books, Kuala Lumpur, pp.79-81; Wan Hashim, 1983, *Race Relations in Malaysia*, Heinemann Educational Books, Kuala Lumpur, pp.91-93.

⑮ Manning Nash, 1991, 'Islamic Resurgence in Malaysia and Indonesia', in Martin E. Marty and R. Scott Appleby eds., *Fundamentalism Observed*, Chapter 12, University of Chicago Press, pp.691-739.

⑯ Ministry of Education and Culture, 1995, 'The Structure of Teaching Learning Programs Based on the 1994 Curriculum of Primary Education (Primary School and Junior Secondary School),' in *A Glance at Primary Schools in Indonesia*, Directorate General of Primary and Secondary Education; Ministry of Education, 1993, *Education in Malaysia*.

⑰ IAINの日本語名称については以下に拠った。西野節男、1990、『インドネシアのイスラーム教育』勁草書房、81頁ほか；西野節男、1992、「インドネシアのイスラーム教育－1960年代の大学拡充とIAIN（イスラーム専門大学）」、『火曜研究会報告』第18号、東京大学教育学部比較教育学研究室、113-114頁。英語訳についてはIAINでは 'State Institute of Islamic Studies' (CENSIS 1996, 註⑳) を採用しているが、他に 'State Islamic Religious Institute' (T. Murray 1973, 註㉔) や、「イスラーム教員養成カレッジ ('Islamic Teachers' Training College')」(W. Liddle, 1996, 註㊷) として表現している場合もある。なおIAINはユニバーシティへの改組計画を持っているが、そこで提案されている名称は *Universitas Islam Negeri* (State Islamic University) であった (CENSIS 1996, pp.88-94＝註⑳) （章末〈追録〉参照）。マレーシアの国際イスラーム大学が法制上私立大学である以上、厳密な比較対象はこれらの私立イスラーム系大学になるはずである。しかしIIUMが事実上OICとマレーシア政府の共同出資であることと、本書の主要テーマがイスラームと国家関与であること、また特定の私立イスラーム系大学やその他学部にインドネシアのイスラーム高等教育の代表性を求めることに疑問の余地があることから、国立イスラーム専門大学 (IAIN) を比較の対象に選んだ。

⑱ 私立イスラーム高等教育協議会（BKS-PTIS, 1979）およびイスラーム大学間協議会（IIUC）も結成されている。Yahaya A. Muhaimin, 1987, 'Muslim Society, Higher Education and Development: The Case of Indonesia (2)', in Sharom Ahmat and Sharon Siddique eds., *Muslim*

第9章 インドネシアのイスラーム高等教育 359

　　Society, Higher Education and Development in Southeast Asia, ISEAS Singapore, pp.28-42.
(19)　Nakamura Mitsuo and Nishino Setsuo, 1995, 'Development of Islamic Higher Education in Indonesia', Albert H. Yee ed., *East Asian Higher Education: Tradition and Transformations*, IAU Press, Pergamon, pp.97-98.
(20)　Center for the Study of Islam and Society (CENSIS), IAIN Jakarta (= PPIM), 1996, *The Baseline Study of IAIN: The Guidelines of IAIN Development Plan for the Twenty-five Years*, pp.17-19.
(21)　1951年当初、PTAIN は教育（*Tarbiyah*/education）、法律（*Qadha'*/judicature）、伝道（*Dakwah*/missiology）の3部門からなり、67名の学生を擁していた。提供された科目には、アラビア語、宗教学入門、イスラーム法理学（*Fiqh*/jurisprudence）、イスラーム法理論（*Ushul Fiqh*）、クルアーン注釈学（*Tafsir*/exegesis）、予言者言行録（*Hadiths*）、イスラーム神学（*Ilmu Kalam*）、哲学、論理学、イスラーム倫理学（*Akhlaq*）、スーフィズム（神秘主義）、比較宗教学、伝道学（*Dakwah*）、イスラーム史、イスラーム文化史、教育および文化研究、心理学、法学入門、公私法学原論、民族学、社会学および経済学があった（CENSIS, 1996, *op. cit.*, p.20）。
(22)　ADIA は中等レベルの一般学校、職業学校、宗教学校における宗教学を教える、ディプロマ資格を持つ教員を養成することを意図していた。ADIA には宗教教育、アラビア語、従軍祭司（Military Religious Chaplain）の3部門を持ち、インドネシア語、アラビア語、英語、フランス語、ヘブライ語（Ibrani）、教育学、一般およびインドネシア文化研究、イスラーム文化史、クルアーン解釈学などの科目を提供していた（CENSIS, 1996, *op. cit.*, pp.20-21）。IAIN 設立までの主要な経緯は以下のとおり。
　　1945年7月8日、高等イスラーム学校（*Sekolah Tinggi Islam*/Advanced Islamic School、ジャカルタ）設立；1946年、STI がジョクジャカルタに移って宗教省の管轄となる；1948年5月22日、インドネシア・イスラーム大学（Indonesian Islamic University：UII）が STI からの改編により成立；1950年9月26日、UII の宗教学部が改組されイスラーム国立カレッジ（PTAIN）（*Perguruan Tinggi Agama Islam Negeri*/Islamic State College of Higher Learning）となる；1957年1月1日、宗教科学アカデミー（*Akademi Dinas Ilum Agama*：ADIA/Religious Science Academy）がジャカルタに設立される；1960年8月24日、PTAIN と ADIA が合体して、国立イスラーム専

門大学(IAIN)が誕生；1963年2月2日、IAINジャカルタがIAINジョクジャカルタから独立。

⑳ Manning Nash, 1991, *op. cit.,* p.718.
㉔ R. Murray Thomas, 1973, *A Chronicle of Indonesian Higher Education: The First Half Century 1920-1970*, Chopmen Enterprises, Singapore, pp.76-83.
㉕ CENSIS, 1996, *op. cit.,* p.25.
㉖ Manning Nash, 1991, *op. cit.,* pp.718-720; Greg Barton, 1995, 'Neo-Modernism: A Vital Synthesis of Traditionalist and Modernist Islamic Thought in Indonesia', in *Studia Islamica*, Vol.2, No.3, p.7.
㉗ Yahaya A. Muhaimin, 1987, *op. cit.,* pp.31-32.
㉘ CENSIS, 1996, *op. cit.,* p.59.
㉙ *Ibid.,* p.60.
㉚ IAIN, (Prospectus Booklet), 1994+, *The State Institute of Islamic Studies (IAIN) 'Syarif Hidayatullah' Jakarta,* pp.4-14.
㉛ Ali Munhanif, 1996, 'Islam and the Struggle for Religious Pluralism in Indonesia: A Political Reading of the Religious Thought of Mukti Ali', in *Studia Islamica*, Vol.3, No.1, pp.79-126. ムクティ・アリの見解は、彼のマックギル大学での指導教官であった Wilfred Cantwel Smith の影響を強く受けているという(p.92)。
㉜ Burhanuddin Daya Abdurrahman, and Djam'annuri eds., 1993, *Agama dan Masyarakat: 70 Tahun H.A. Mukti Ali*, IAIN Sunan Kalijaga Press, Yogyakarta, p.7, cited in Ali Munhanif, 1996 *op. cit.* p.123.
㉝ Ali Munhanif, 1996, *op. cit.,* p.96.
㉞ CENSIS, 1996, *op. cit.,* pp.43-45.
㉟ *Ibid.,* pp.33-37.
㊱ Hendro Prasetyo, 1994, 'Interview with Munawir Sadzali: Pancasila as a Islamic Ideology for Indonesian Muslims', in *Studia Islamica*, Vol.1, No.1, p.197.
㊲ CENSIS, 1996, *op. cit.,* pp.37-39.
㊳ IAIN, 1995, *Data in Broad Outline: the State Institute of Islamic Studies (IAIN) 'Syarif Hidayatullah' Jakarta,* p.18.
㊴ Tarmizi Taher, 1996, 'Changing the Image of Islam and Muslim World: Indonesian Exercises', *Studia Islamica,* Vol.3, No.2, p.8, p.16,

第9章 インドネシアのイスラーム高等教育 361

pp.20-21.
(40) A.G. Muhaimin, 1996, 'God and Spiritual Being in Cirebon-Javanese Belief System: A Reluctant Contribution against the Syncretic Argument', *Studia Islamica*, Vol.3, No.2, pp.23-57; Bahtiar Effendi, 1995, 'Islam and State in Indonesia: Munawir Sjadzaki and the Development of a New Theological Underpinning of Political Islam', *Studia Islamica*, Vol.2, No.2, pp.97-121; Robert W. Hefner, 1995, 'Modernity and the Challenge of Pluralism: Some Indonesian Lessons', *Studia Islamica*, Vol.2, No.4, pp.21-45.
(41) *Risalah Pusat Pengajian Islam dan Masyarakat (PPIM) IAIN Jakarta* (Brochure of the Center for Islamic Studies and Society), 1995+, PPIM IAIN Jakarta, p.3.
(42) R. William Liddle, 1996, 'The Islamic Turn in Indonesia: A Political Explanation', in *The Journal of Asian Studies*, Vol.55, No.3, p.613, p.618.
(43) *Ibid.*, p.617, p.624.
(44) Greg Barton, 1995, 'Neo-Modernism: A Vital Synthesis of Traditionalist and Modernist Islamic Thought in Indonesia', in *Studia Islamica*, Vol.2, No.3, pp.5-71.
(45) マレーシア国際イスラーム大学について詳しくは本書第7章参照。
(46) Ali Muhammad Mumtaz, 1995, 'Introduction: Contemporary Movement of Knowledge in the Muslim World: A Retrospect', in his *Conceptual and Methodological Issues in Islamic Research: A Few Milestones*, Dewan Bahasa dan Pustaka, Kuala Lumpur, pp.27-36.
(47) 'Objectives and Philosophy of the University', *International Islamic University Malaysia, Establishment of the University*, 1991, unpublished brochure, pp.3-4.
(48) IIUM, *Undergraduate Prospectus 1996*, 1996, pp.238-245; *Newsbulletin International Islamic University Malaysia*, 1995, April-June, p.3.
(49) *Ibid.*, (Newsbulletin IIUM, 1995), p.3.
(50) Wan Muhammad Nor Wan Daud, 1989, *The Conceptual and Methodological Issues in Islamic Research: A Few Milestones*, Dewan Bahasa dan Pustaka, p.109.
(51) IIUM, *Undergraduate Prospectus 1996*, 1996, *op. cit.*, p.72.

⑫ *Ibid,* p.83, p.64, p.101.
⑬ *Ibid.,* p.194.
⑭ *Ibid.,* pp.130-139.
⑮ Wan Mohammad Nor Wan Daud, 1991, pp.21-22. cited in Anne Sofie Roald, 1994, *Tarbiya: Education and Politics in Islamic Movement in Jordan and Malaysia,* Lund Studies in History of Religions, Vol.3, Almqvist & Wiksell International, Sweden.
⑯ IIUM, *Establishment of the University,* 1991, *op. cit.*, p.6. 留学生の統計については、Admissions and Record Division, IIUM, 1995/96における提供情報。
⑰ *MAAS Journal of Islamic Science,* 1990, Vol.6, No.1; 1992, Vol.8, No.2, The Muslim Association for Advancement of Science, Aligarh, India.
⑱ Azizan Haji Baharuddin, 1985, *Science and Belief: Discourse on New Perceptions,* Institut Kajian Dasar (IKD), Kuala Lumpur; Sulaiman Nordin ed., 1995, *Sains Menurut Perspektif Islam,* Pusat Pengajian Umum, Universiti Kebangsaan Malaysia, Dewan Bahasa dan Pustaka, Kuala Lumpur.
⑲ 服部美奈、2004、「インドネシアにおけるグローバリゼーション対応の高等教育改革戦略―改革戦略動向と大学評価の問題に焦点をあてて―」、大塚豊編『アジア諸国におけるグローバリゼーション対応の高等教育改革戦略に関する比較研究』(科研報告書)、79-93頁。
⑳ 西野節男、2003、「インドネシアの公教育と宗教」、江原武一編著『世界の公教育と宗教』東信堂、295-315頁; 西野節男、2004、「インドネシアの高等教育」、馬越徹編『アジア・オセアニアの高等教育』玉川大学出版部。IAINジャカルタの国立イスラーム大学への改組については http://www.uinjkt.ac.id/ttgUIN_sejarah.asp (2004.10.10)。

第10章 シンガポールのマレー人の教育

(1) マレー社会の連続性と断続性

シンガポールの社会と教育

　シンガポール共和国は南シナ海、赤道直下に位置する島国であり、人口300万の都市国家でもある。マレーシア、インドネシアというマレー系民族を中心とするマレー半島、島嶼部の国家に囲まれながら、シンガポールは19世紀中国南部からの移民（華僑）に起源を持ついわゆる華人が過半数（76.8%）を占める、東南アジア唯一の華人系国家である。この地域の先住民とされるマレー系はここでは13.9%を占め、最大のマイノリティ・グループを形成している。その他に、主としてプランテーション労働者として南インドから流入したインド系住民の子孫が7.9%を占めるという、典型的な多民族複合国家である[1]。

　シンガポールは1963年にマラヤ連邦、英領北ボルネオとともに、マレーシア連邦を形成して独立したが、2年後の1965年、リー・クァン・ユー（Lee Kuan Yew（李光輝））率いる人民行動党（People's Action Party: PAP）が民族政策を中心とする路線の衝突から分離独立し、シンガポール共和国を形成した。独立以来、生き残りイデオロギーによる徹底した能力主義に

表10-1　シンガポールとマレーシアの人口と構成（2000年）

民　族	シンガポール	マレーシア
華人系	76.8%	26.0%
マレー系	13.9%	65.1%＊
インド系	7.9%	7.7%
その他	1.4%	1.2%
総人口	3,263,209人	23,274,690人

註：＊マレー系先住民族（ブミプトラ）を含む。
出典：*Singapore Census Population 2000*, 2000.

基づく社会・教育政策を推進し、10歳からの早期選抜教育や高学歴者優先政策などによって、高い教育水準と識字率(91%、1995)、国民の高い技能水準を達成してきた。

1995年、約40カ国の小・中学生延べ50万人が参加した第3回国際数学理科到達度調査(TIMSS)の結果は多くの国で少なからぬ驚きをもって報道された。小・中学生の数学理科の認知的達成度において、シンガポールや韓国といったいわゆるNIEs諸国が、これまでの2回の調査(1964/70年、1980/83年)で上位を占めてきた日本などをしのいで、いきなり上位を独占したことが話題のひとつとなった。10年前の第2回試験ではシンガポールは19カ国中14位であったから(10歳、数学)、これは大躍進にあたる[2]。

このことは、アジアの教育レベルの高さを改めて世界に印象づけるとともに、その背後にある厳しい競争社会の存在を暗示させた。とりわけ多民族国家シンガポールの好成績は、都市国家という一方での特殊性はあるとしても、これまでの社会の平均的な学力水準の競争においては均質的社会が優位という常識を覆したという意味で、多くの多民族途上国に示唆を与えるものであった。天然資源も少なく、軍事的プレゼンスにも欠けるシンガポールは、独立以来、人間こそが社会の最も重要な国家資源であると位置づけ、教育・人間開発を最優先とする社会政策をとってきた。

表10-2　過去3回の国際数学理科到達度調査(IEA, TIMSS)結果(上位5カ国)

数学(13歳)				理科(14歳)			
第1回(1964)	第2回(1981)	第3回(1995)		第1回(1970)	第2回(1983)	第3回(1995)	
イスラエル	日　本	シンガポール	601	日　本	ハンガリー	シンガポール	607
日　本	オランダ	韓　国	577	ハンガリー	日　本	チェコ	574
ベルギー	ハンガリー	日　本	571	オーストラリア	オランダ	日　本	571
西ドイツ	フランス	香　港	564	ニュージーランド	カナダ	韓　国	565
英　国	ベルギー	ベルギー	558	西ドイツ	イスラエル	ブルガリア	565
12カ国	20カ国	39カ国	484	18カ国	26カ国	41カ国	516

出典：国立教育研究所編『中学校数学教育・理科教育の国際比較』、1997、35頁、132-133頁。

今回の成績はこの取り組みの成果の一端ではあるが、このことが直ちにシンガポール社会全体として均質的にレベルを向上させたことを必ずしも意味しない。むしろ80年代以降の目覚しい経済的発展は社会内部の教育格差を表面上目立たなくさせてきたという見方も可能である。次節では、シンガポールの社会において問題とされている民族間（とりわけマレー系と他の民族と）の教育格差と、その背後にある社会経済的格差や文化的問題について、英領植民地時代およびマラヤ連邦との合併によるマレーシア連邦時代、そして分離独立後のシンガポール共和国の状況について歴史的に振り返ってみたい。

シンガポールの起源と発展

1819年にラッフルズ（Stanford Raffles）がシンガポールをジョホールのスルタン（王）から取得し、イギリスの港湾を建設した当初のシンガポール島（シンガプラ）はマレー人120人、華人30人程度の寒村であったといわれるが、商人、労働者として華人やインド系の移民が組織的に流入するにつれて、この島におけるマレー人はマイノリティとなり、1836年以降、華人人口はマレー系を凌駕し、今日に至るまで華人が最大の人種グループを構成している[3]。

ウィリアム・ロフ（W. Roff）は『マレー・ナショナリズムの起源』（1967）おいて、シンガポールのマレー・イスラーム社会（The Malayo-Muslim World of Singapore）について描写している。シンガポールにおけるマレー人の出身地はジャワ、スマトラ、セレベス、リアウ諸島などであったが、その他に、インド系のムスリムやアラブ人などとイスラーム社会を形成していた。マレー・イスラーム系住民は島で最も古いモスクのひとつジャミア・モスク（Jamiah Mosque）と、ラッフルズがジョホールのスルタンにまつりあげたフセイン（Sultan Husain）の居留地カンポン・グラム（Kampong Glam）を中心に居住区を形成していた。中国南部からの華僑が裸一貫で渡来し、数年で財をなし土地所有者となったのに対して、マ

レー人は地価の上昇とともに町の中心から追い出されてゆくという一般的なイメージが当時すでに存在していたという[4]。

シンガポールのマレー系人口の少なくとも4分の3は全く読み書きができなかったが、同時にシンガポールのマレー・イスラーム社会は19世紀、地域の文学と出版の中心地としても名を馳せていた。インド系ムスリム (*Jawi Pranakan*) を中心に、多くの印刷所が生まれ、20世紀初めには、この地域で16以上のマレー語雑誌が創刊されていたが、そのうち7つはシンガポールの発行であった。そのなかには、『東星 (*Bintang Timor*)』(1894) のように、マレー系の経済的・教育的遅れや、自助の精神や野心の欠如について指摘する記事も現れている。1906年にはマレー系住民の覚醒を目的としたマレー語の雑誌『アル・イマーム (*Al-Imam*)』がシンガポールで発刊されている[5]。

ムスリム組織と植民地政府の交渉窓口として1915年に設立されたムハマディアン諮問委員会 (Muhammedan Advisory Board) も、セポイの乱 (1857-59) などにみる反英感情の波及に対する対策という性格が強かった。マレー系の利益団体としては、1926年には海峡植民地立法委員のモハメッド・ユノス (Mohd. Eunos Abdullah) によってシンガポール・マレー・ユニオン (Singapore Malay Union/*Kesatuan Melayu Singapura*) が設立され、マレー系への居住地 (*Kampong Melayu*) の確保に成功したほか、教育面ではマレー系児童への英語教育の機会拡大やマレー系向けの商業学校の設立などを政府に訴えた。SMU/KMS はマレー語小学校が英語中等学校への接続がない点を、マラヤの教育システムの大きな欠陥として指摘していた[6]。

シンガポールの近代教育

シンガポールにおける近代教育の歴史は、1823年にラッフルズ自らが設立に関与したシンガポール・インスティチューション (Singapore Institution. 後に Raffles Institution と改称され、一時閉鎖された後、1837年 Singapore Free School として再開された) に始まり、海峡植民地 (シンガポール、ペナン、

マラッカの総称)においては、1816年設立のペナン・フリースクール(Penang Free School)に次ぐ歴史を持っている。当時の英語学校の多くがミッショナリーによる設立で、主としてヨーロッパ人の子弟を対象としていたが、全住民に開かれており、しばらくするとその植民地政府の中間官吏の養成という出世機能が認識されるにつれて、華人系の子弟の入学が増加し、過半数を占めるようになった[7]。

華語学校も歴史は古く、すでに1829年に広東語と福建語の学校が存在していたという記録がある。多くは伝統的な大陸タイプの華語学校で、四書五経を用い、中華ナショナリズムを植えつけるものであった。1900年以降、日本の影響を受けた近代型学校が各地に生まれ、1918年には最初の高校(華教中学)が設立されている[8]。

マレー人の教育機関としては、ポンドック(pondok)タイプの寄宿学校はシンガポールではあまり発達しなかったが、数校のクルアーン(コーラン)学校がラッフルズの到着以前にすでにシンガポールに存在していたという。その起源は15/6世紀のイスラームの伝来にさかのぼり、その教育内容は当然、イスラーム教義とアラビア語を中心としたものであったが、いくらかのマレー語教育も含まれていたと考えられる。ラッフルズはクルアーン学校を訪問し、子どもたちがアラビア語の章句を空で覚える教育に驚くとともに、マレー人のためにマレー語を教える世俗の学校の必要性を認識していた[9]。

植民地政府の援助によるマレー語学校としては、1855年、ジョホール州の宰相とブランデル総督の寄進により、マレー人生徒のための職業学校と2校のマレー語学校が設立され[10]、1863年までに海峡植民地に8校のマレー語学校と228名の生徒の在籍が記録されている。これらは新たに設立された場合もあれば、クルアーン学校が改組された場合もあり、その場合、マレー語学校の建物のなかで、午後にクルアーン教室が維持されるというケースが多かった[11]。海峡植民地における教育政策の性格について、1871年の母語学校における宗教と言語教育の分離規則につ

いて次のような記述がみられる[12]。
(1)世俗のマレー語学校において、クルアーンを教えることはできるが、マレー語の学習とは厳格に分離すべきである。
(2)マレー語の学習は午前中に行い、クルアーンは午後に限定させるべきである。
(3)教員への(政府)給与はマレー語の授業への従事時間に基づいて算出されるべきであり、クルアーン教室の維持費用は両親が負担すべきである。

1870年代にマラヤの経営が殖民省に移管され、教育行政への関心が増大し、1972年には初めて1人の視学官が派遣されている。この時期にマレー語学校の数も増加し、1874年でシンガポールに8校(生徒数266人)、海峡植民地(マラッカ、ペナンを含む)全体で50校(生徒数1,222人)が記録されているが、その10年後の1884年には96校にまで増加している[13]。

マレー半島部のマレー連合州(Federated Malay States)では、スランゴール州(Selangor)のマックスウェル(W.E. Maxwell)が英語教育政策を支持し、ペラ州(Perak)のスウェッテナム(Swettenham)がマレー語教育に力を入れたという統治者の個人的な思い入れはあったが、1900年以降の植民地政府の教育政策は基本的にマレー人とその母語の教育を保護する後者の立場に近いものに移ってゆき、その母語教育政策は基本的にはシンガポールにも適用された[14]。これは英語教育を徹底させてきた当時の英領植民地一般においては例外的な政策で、その背景には独自の教育制度と教育的伝統を持つ華人への牽制の意味があったといわれている[15]。

民族教育格差の形成

フィリップ・ロー(Philip Loh)やハーシュマン(Hirshman)など多くの論者が指摘しているとおり、この地域には独立前より、民族にそった職業的分離(特定の職業や階層が特定の民族によって占められている)と、その背景として社会的上昇につながる教育機関における民族的片寄りが報告され

表10-3 英領海峡植民地における英語学校の民族別生徒数と比率(1901年)

	マレー系	華人系	インド系	その他	合計
5-14歳人口	24,971 54.6%	16,144 29.5%	3,422 7.8%	1,218 2.7%	45,755 100%
英語学校生徒	400 5.7%	4,500 59.2%	1,600 4.8%	1,100 14.4%	7,600 100%

出典：Philip Loh Fook Seng, *Seeds of Siparatism: Educational Policy in Malaya, 1874-1940*, 1975, p.51.

ていた[16]。より具体的には、植民地政府の中間管理職や専門職への登竜門である英語学校の学生の大部分が華人やインド系の子弟によって占められており、「土地の子(ブミプトラ)」と呼ばれる先住マレー系の子弟の入学がきわめて少ないことが、社会的格差を再生産しているという構造である。

　その原因のひとつは英国植民地政府の教育政策に求められている。すなわち、植民地政府が英領マラヤ地域において行った教育的関与は、都市部の英語学校と農村部のマレー語学校に限られていた。英語学校はもともとミッショナリーによって設立された都市部の私立学校を政府の所管に移し、初等・中等教育を提供したのに対して、マレー語学校は19世紀後半から農村を中心に設置され、日常生活に必要な農民向けの初等教育のみを与えた。そこでの教育はシンガポールにおける生徒の社会的上昇や商業的実践に役立つものではなく、また同時に宗教的な知的啓発につながるものでもなかった。主として農村で農業に従事するマレー系のグループにとっては、都市部の英語学校に通うのは容易ではなく、しかもほとんどがイスラーム教徒のマレー人にとっては、もとキリスト教ミッションスクールである場合が多い英語学校への進学はかなりの抵抗があった[17]。さらにベー・ラン (Bee-Lan) は、マレー語学校は無償であったのに対して、これらの英語学校は1945年まで学費を徴収していたことを指摘している[18]。

　1949年にはシンガポールには39校のマレー語学校が存在したが、いずれも初等教育レベルにとどまっていた。このような英国の一面で温情主

義的な政策は、皮肉なことに長期的には、「マレー半島の正当な住人」とみなされたマレー人を新たな経済的発展から隔離し、農村の貧しい大衆へと押しとどめるという副作用をもたらすことになった。たとえ教育制度や当局が機会の均等を標榜しても、それを利用すべき生徒たちの環境に大きな不平等があれば、結果として教育制度は機会の平等化には役立たず、むしろ不平等を拡大することがあることを示している。

マレー系の特別な地位

　第二次世界大戦後英領マラヤが独立に向かう過程の1948年のマラヤ自治連邦の結成においても連邦協定に「マレー人の特別な地位」が規定され、市民権の獲得要件、公共サービスの優先権、奨学金などの優先給付や特別な教育訓練施設の付与、マレー語の国語としての地位などが保証されたのは、このような過去にマレー人が置かれた教育的に劣勢な環境に対する補償措置という意味合いが含まれている。1957年にマラヤ連邦が憲法を施行して正式に独立主権国家となるのに続いて、1959年にシンガポールは英連邦内自治州となったが、華人を多数派とし、英語と華語が支配的な言語環境で、マレーシアとの合併による独立以前に、マレー語を公式用語、州歌の歌詞もマレー語と規定していたのは、このような歴史的、文化的、政治的な環境を反映したものである[19]。

　1963年にマラヤ連邦とシンガポール、北ボルネオはマレーシア連邦を形成して合併した。しかしマレーシア中央政府とシンガポール州政府は、州の経済的、政治的地位についての合意に至らず、それがマレー系と華人系の種族対立（1964.6）にまで発展するに及んで、合併からわずか2年後の1965年に、シンガポールが分離独立することになった。この結果、新生国家は人口的にはマレー系は15％を切り、華人系が8割近くに達する華人国家となり、シンガポールのマレー系住民にとってみれば、極端にいえば一夜にして国家の主人公から脇役に押しやられた形になった。

　マラヤとの合併に際して、独自のスルタンを持たないシンガポールの

マレー系は、同じ状況のペナンやマラッカにならって、その宗教的代表者としてマレーシア全体の国王（マラヤ各州の州王から相互選挙で選ばれる）（*Yang di-pertuan Agong*）を戴くことになっていたが、両国の分離後はこれが不可能となったため、1966年に通過したイスラーム管理法（Administration of Muslim Law Act: AMLA）のもとにイスラーム宗教評議会（*Majlis Ugama Islam Singapura*：MUIS）を設立して、独自のイスラーム行政を行うことになった[20]。

一方、新生シンガポール共和国においても、国語としてのマレー語の地位は維持され、「マレー人の特別な地位」はシンガポール憲法第89（現152）条第2項に、「（シンガポール政府は）国家の先住民であるマレー人の特別な地位を承認し、彼らの政治的、教育的、宗教的、経済的、社会的そして文化的利益を保護し、支持し、育成し、促進する義務を負う」という形で基本的に継承された[21]。

(2) シンガポール共和国の教育政策

民族平等とメリトクラシー

1965年に経済政策や市民権問題などにおける対立により、シンガポール州政府はマレーシア連邦から分離し、独立した共和国となった。マレーシア中央政府とシンガポール州政府の最も根本的な対立点は、新生国家をマレー人を優遇する「マレー人国家」にするか、多人種を前提とした「マレーシア人の国家」にするかという国家理念の問題であった[22]。共和国の政権を握った華人は、マレーシアにおけるマレー人のように、自らの言語や教育機会を保護する必要はなく、むしろ天然資源も軍事力もないシンガポールは、差別も優遇もない国民どうしの厳しい自由競争と能力主義（メリトクラシー）による人間開発によって、国際競争を勝ち抜く、「生き残りの戦略」を選んだ。PAP政府は多人種主義（multiracialism）、多言語主義（multilingualism）、多文化主義（multiculturalism）を打ち出し、

「マレーシア人のマレーシアとは、ある特定の人種やグループの優位性、福利、利益によって国家が定義されないという意味である[23]」と説明している。

教育の分野におけるこの基本概念は、シンガポールが英連邦内自治州の地位を獲得する1959年より以前の1956年、「中国語教育に関する全党委員会」(All-Party Committee on Chinese Education) の報告[24]にすでに表明されていた。それによれば、

(1) マレー語、華語、英語、タミル語という教育における4つの言語ストリームに対して、平等な待遇を与える。
(2) 政府立および私立（政府補助）いずれの学校においても、補助金、事業条件、給与体系について平等な扱いを行う。
(3) すべての学校に対して、共通内容のカリキュラムとシラバスを作成し、マラヤの視点に立つ教科書の編纂、言語教員の学校ストリーム間の自由な移動を確立する。
(4) 倫理(道徳)の教育を行う。
(5) 多人種社会の建設のために、様々な言語ストリームからの学生がスポーツ分野で交流することを奨励する。
(6) 小学校における2言語教育、中等学校における3言語教育を導入する。
(7) 4言語すべての学校ストリームをカバーする諮問委員会、審査委員会、財政委員会を設立する。

この勧告の理念は1957年の「教育令(Educational Ordinance)」、1959年の教育5カ年計画 (Five-Year Education Plan) において反映された。4つの教育言語ストリームの平等性を高める手段は、教育水準と制度の互換性を高め、共通カリキュラムと試験を導入することによってのみもたらされると考えられ、1960年に最初のマレー語媒体の中等学校が136人の生徒でスタートした。分離独立直後の1966年、シンガポール憲法制定委員会は、先住民としてのマレー人の特別な地位を承認しながらも、「少数派

を保護する最善の手段は、いかなる差別も制限も、同じに特権をも受けずにすべての市民を法の前に平等にすることである(25)」と主張した。

また先の勧告の(5)で提唱された多人種交流は、統合学校という形で追求された。社会における結合力を高めるために異なる言語ストリームの学校2校または3校を管理権を維持しながら、ひとつの屋根のもとに統合し、スポーツや学校行事などの活動において学生を交流させる統合学校を積極的に建設した。1960年から1967年までの間に、英語－華語、英語－マレー語、あるいは英語－華語－マレー語の学校を統合して84校の統合学校 (integrated school) が設立された(26)。シンガポールはマレーシアのように教育言語を統一することによって国民の統合をはかるのではなく、勧告(3)の共通カリキュラムとシラバスの導入によって、国民アイデンティティや国家への忠誠心の高揚をはかろうとした。

結局のところ、分離後のシンガポールの教育場面において、「マレー人の特別な地位」は、国語としてのマレー語をすべての学校で週5時限教えることと、マレー人学生・生徒の教育費を無償とする経済的援助に限定されることになった。政府は1960年2月にすべてのシンガポール生まれのマレー人学生は、政府立および政府補助学校の教育を無償とし、大学もしくはシンガポール・ポリテクニクに入学したマレー人学生の授業料を無償とする計画を発表した(27)。しかしその一方で、マレー系などへの入学優先枠や、単一民族向けの教育機関の設置、授業言語の変換などのような、教育場面における人為的操作を拒否し、あくまで自由競

表10-5 シンガポールの民族別最終学歴分布(1970/1980/1990/2000年)

	マレー系				華人系				インド系			
	1970	1980	1990	2000	1970	1980	1990	2000	1970	1980	1990	2000
大卒以上	0.1	0.2	0.6	2.0	0.9	2.4	5.0	12.6	1.5	2.5	3.8	16.5
中等後以上	0.2	2.4	4.3	5.8	0.6	6.0	11.0	22.0	0.6	6.0	8.3	18.5
中卒以上	3.2	11.7	25.4	30.0	7.2	12.5	24.5	23.2	7.7	14.8	25.2	27.8
中等未満	96.5	85.7	69.7	50.1	91.3	79.1	59.5	42.1	90.2	76.7	62.7	38.4

出典：Department of Statistics, Singapore, *Census of Population*, 1970, 1980, 1990, 2000.

表10-6 シンガポールの大学生の民族分布

	マレー系	華人系	インド系	その他
1970	1.4%	92.6%	3.6%	2.4
1982	2.3%	92.8%	2.9%	2.0
1993	3.8%	90.5%	3.7%	2.0

出典:Zhang X. X. *Singapore:Education & Change of Class Stratification*, in 田村、1994[28]

争による機会の平等を目指すことになった。

無差別と平等の相違

　一般的には「平等」や「無差別」は近代民主社会にとってプラスの価値であり、その対概念の「不平等」や「差別」はともに社会から除去されるべきマイナスの価値である。しかし現実の社会では常にこの組み合わせがセットとなって追求・除去されるとは限らない。すなわち、これらを結ぶことばによっては、「平等」を実現するためには「差別」を導入せざるをえない状況、あるいは「無差別」を堅持するがゆえに「不平等」を認めざるをえない状況というものも存在している。まさに前者がマレーシアのブミプトラ政策で、「平等のための差別」、後者がシンガポールのメリトクラシーで、「無差別による(結果としての)不平等の承認」という対照的な政策がその例である。社会改革をめぐる議論のなかで、同一のフレーズに一般的にはプラスとマイナスの相反する価値を含むこれらの政策は矛盾を含んだものという感じを与え、正義・公正をめぐる問題に非常に難しい判断を要求することになる。

　マレーシアの前首相、マハティールはかつて『マレー・ジレンマ』(1970)という一時は発禁処分とされた著作のなかでこう述べている、「いわゆる差別的といわれる法律を廃止することは人種的平等を作り出すことに失敗するだけでなく、人種間の分裂と不均衡を事実上深めることになろう。」「いったん平等が確立すると、社会に歪みや緊張が少なくなり、結果的に調和がもたらされることはおおいにありうることである[29]。」

　この主張が正しいことを証明するには、マレーシアのように帰属的カ

テゴリーに基づく、結果における平等（高等教育ならば、民族別入学枠の採用による学生比率の矯正など）を追求しない限り、社会（教育）における民族的ヒエラルキー構造はそう簡単に改善されることはないことを示さなくてはならない。逆に、そのような政策を拒否したシンガポールが、マレー系の教育達成や社会経済的地位の著しい改善に成功したならば、マハティールの論拠は崩れることになる。以下の節では、こうした観点のもとで、進学における経済的援助とマレー系に的を絞った教育的努力だけにより、民族間の格差を克服しようと努力してきた、シンガポールのマレー系教育団体の活動とその成果について検討することにする。

(3) マレー系コミュニティの教育的自助組織

マレー系の政治活動

シンガポールにおけるマレー系の教育に関して、英国植民地政府の関与は前述のとおり、その大部分の期間、初等教育の無償提供という方針を越えるものではなかったが、マレー系社会とその指導者の側にも、マレー人社会の教育と文化に対するあらゆる変化を歓迎しない保守的な傾向が存在した。植民地政府の方針の最初の変化は、1951年の教育誘導計画（Reorientation Plan）と呼ばれるもので、マレー語学校におけるマレー語による授業を初等3年までに限定し、その後はマレー語以外の科目の授業用語を英語に変換しようとする案であった。これはより多くのマレー系の児童を英語ストリームに進学させようとするために計画されたものであったが、マレー社会はこの案に反対する形で最初の政治的活動を起こした[30]。

そのなかでも最も早い動きは1955年のマレー教育評議会（*Majlis Pelajaran Melayu*/Malay Education Council）の結成にさかのぼる。MECは教育誘導計画が、マレー社会の伝統や家族関係の持つ価値観と対立する新しい価値をその子どもに植えつけることになるとして反対し、7年間のマ

レー語による教育と英語の科目の導入を対案として示し、同時に道徳と宗教教育を小学校1年から、ジャウィ（アラビア文字表記のマレー語）の教育を小学校3年から導入することを求めた。その他に MEC はマレー語中等学校の設立と、マレー語カレッジや大学の設立までも提唱した[31]。また1958年にはマレーシアの与党アムノ（UMNO）のシンガポール版であるアムノ・シンガポール（UMNO Singapore）が結成され、MEC の勧告を受け入れるよう、連立政府に圧力をかけた。これはシンガポールのマラヤへの合併を念頭においた動きであった。結果的にリム・ヨウ・ホック（Lim Yow Hock）自治政府は誘導計画を撤回し、MEC の提案を受け入れたが、「これはシンガポール、とりわけマレー系社会の福利にとってマイナスに働くであろう」というコメントを残した[32]。

　独立後の1960年代から70年代は、シンガポールのマレー人がマイノリティとしての自らの立場を認識し、教育においてもマレーシアなみのマレー系への配慮を求めて多くの団体が行動を起こした時期であった。1965年に設置された預言者モハマッド記念奨学金基金（*Lembaga Biasiswa Kenangan Maulud*）は、イスラーム教徒を貧困のサイクルから解放するために、有能な学生に奨学金を与え、社会的上昇の手段としての教育の重要性を説いてきた[33]。

　1968年、シンガポール・マレー人教員組合（*Kesatuan Guru-guru Melayu Singapura*：KGMS）は、マレー系の教育達成の低さに鑑み、マレー系の教育に関する全国セミナーを開き、教育システムの欠点を検討したうえで、新しい制度（National System of Education）を提案し、マレー系エリート学校とマレー語媒体の大学の設立を要請した[34]。また前述のイスラーム宗教評議会（MUIS）は傘下にマレー文化組織中央会議（*Majlis Pusat* = The Central Council of Malay Cultural Organization）を組織し、1970年には他の団体とともに、シンガポール発展へのマレー人の参加に関するセミナーを開き、政府にマレー事務局（Malay Secretariat）を開設するよう要請した[35]。

　しかし、こうした動きに対して、これまで植民地政権下で冷遇されて

きた華人社会と華語教育へのフラストレーションに対処する必要にせまられたシンガポール政府の反応は冷たく、リー・クァン・ユー首相(当時)は、「これらは国家が拠って立つ多人種政策と相容れないコミュナルな要求である」と非難した[36]。これ以降、マレー系社会の活動は、政府の補助を受けないマレー人学生への経済的支援、マレー人への補習クラス、意識変革活動に限定されるようになった。例えばMUISは1970年から79年の間に、1,353人に総額81万5千ドルの奨学金を提供した[37]。

マレー系の教育問題

独立後間もないこの時期のマレー系児童学生の教育レベルは、マレー系内部における時系列的比較においては明らかに改善されたといえる。1966年から78年までの間に、中等後以上の卒業資格を持つマレー人の比率は0.7%から4%に上昇した。またシンガポール・ポリテクニクと義安(Ngee Ang)工科カレッジの学生に占めるマレー系の比率は、それぞれ1.5%から4%へ、0.5%から2%へと増加した[38]。しかしシンガポール大学および南洋大学に進学したマレー語媒体の学生は、1967年から72年までの6年間でわずかに58人であり、その専攻もほとんどがマレー文学か社会科学であった[39]。さらに他民族との相対的な教育達成の比較でみるならば、例えば小学校修了時のPSLE試験における数学の合格率では、華人系生徒とマレー系生徒の差は1973年入学者(1979年受験)からほとんど変化なく、GCE-Oレベル(中等教育卒業試験)の数学合格率は1969年小学校入学者(1978年受験)の30%から1980年入学者(1989年受験)の43%へと逆に拡大している状況が認められた[40]。

1980年代に入り、シンガポールの教育政策とシステムに大きな変化が訪れた。まず1979年の『ゴー教育報告(*Goh Report on Education*)』により、小学校1年から児童の言語能力別に3つのストリームに分岐する選抜型の「新教育システム(New Education System)」が導入された。続いて、1981年、華語教育の最高学府、南洋大学が進学者減少から、国立シンガポール大

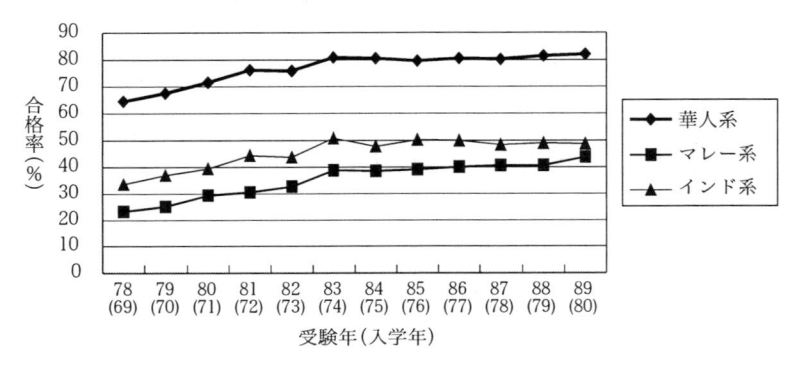

図10-1　PSLE 試験民族別数学合格率 (1978-89年)

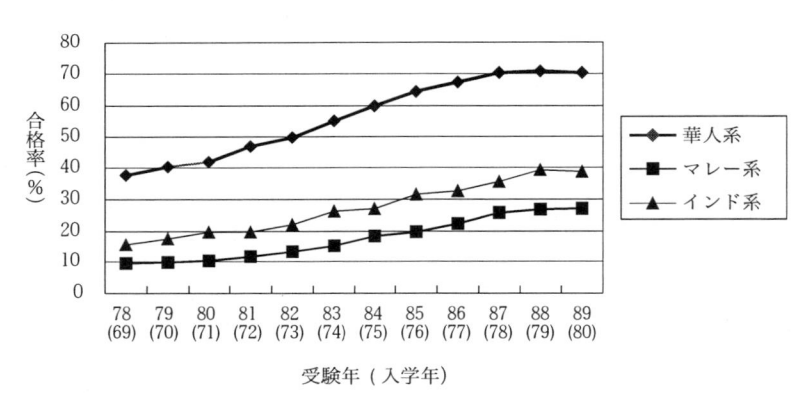

図10-2　GCE-O 試験民族別数学合格率 (1978-89年)

学 (National University of Singapore) に吸収合併され、さらには、1983年にはシンガポールの4言語平等政策が放棄され、1987年より英語を共通の教育第一言語とし、母語を第二言語とする方針が宣言された。これらの一連の政策は、シンガポールの教育制度を選抜型、英語中心型に導くもので、社会の分離を促進する側面もあったが、激化する国際競争と急速に変化する産業構造に対応するための小国シンガポールの生き残りをかけた戦略のひとつとして正当化された。

ムスリム児童教育評議会の結成

　こうした教育の優秀化政策のなかで、これまで政府が基本的に不介入の立場をとってきた民族教育格差の問題が、放置しえない緊急の国民課題として認識されるに至った。1980年の人口統計（1980 Census of Population）の結果が発表され、それによってマレー系の社会経済的、教育的な遅れが改めて認識されたことが、直接の契機と考えられている[41]。1981年8月、首相はマレー系指導者にその教育レベルの向上に最優先で取り組むことを要請し、それを受けて環境大臣兼ムスリム関連代理大臣であった、アーマッド・マター（Ahmad Matter）を代表として、9人のマレー系議員全員、そしてMUISをはじめとする指導的マレー系8組織の代表を加えて、ムスリム児童教育評議会（*Majlis Pendidikan Anak-anak Islam*/Council on Education for Muslim Children, 略称MENDAKI）が結成された[42]。

　MENDAKIはシンガポールのマレー人の自助による教育水準向上のためのボランティア組織(協議体)であったが、政府の全面的な支援を受け、国会議員も参加するという点で、マレー系社会の活動が新局面に入ったことを示すものであった。MENDAKIは1982年5月にムスリム児童教育会議を組織し、国内の182の教育、社会、文化、経済、宗教組織の代表者426人を招き、ムスリム児童の教育向上への積極的支持と貢献を要請した[43]。

　主催者アーマッド・マターはその目的について、「マレー人およびムスリムの学生の教育的達成のレベル向上と高学歴マレー人およびムスリムの数と比率を増加させることである」と端的に述べている。マレー人とムスリムは必ずしも同一ではないが、ここではあえてどちらかを特定せず、インド系やアラブ系のムスリムもその活動対象としている[44]。

　この会議に基調演説を行ったリー首相(当時)は次のように述べた。

　「両親は家庭で子どもたちとマレー語や母語で話をする便利さのために、子どもの英語の試験（EL1）を犠牲にすることは避けなければならない。政府はこれらの前提を実現するために必要なすべての支持を

与えると、私は約束する。問題はただ単にシンガポールのマレー人のためではなく、すべてのシンガポール人にかかわる問題である[45]。」

MENDAKI 基金 (Yayasan MENDAKI) は1981年10月に設立され、1982年2月から60人のＡレベル試験（大学進学前）を控えた生徒に対して、週末補習クラス (Weekend Tuition Scheme) において教育活動を開始した。プログラムの計画段階で教育段階の底辺からてこ入れすべきか、問題の差し迫った受験生を焦点にすべきかについて議論が分かれたが、当面後者からのスタートとなった。学生は毎週日曜日に2時間モスク内の教室で特訓を受けたが、教師は学生10人に対して1人という恵まれた環境であった[46]。その過程で、政府は1985年シグラップ・インダ (Siglap Indah) 小学校跡地を MENDAKI 本部として提供し、その他の公立学校の教室や施設を安価で利用することを認め、教育省からの研究者を計画立案等に派遣するなどの全面的協力を行った[47]。

MENDAKI の活動

ジェイソン・タン (Jason Tan) によれば MENDAKI の教育活動は次の三分野に重点化されている[48]。

(1) 週末補習クラスによる、小学校から大学予備レベルまでの公的試験準備の支援。1987年からは週末クラスに参加できない者のために家庭教師派遣を開始し、試験前の学生に教育クリニックも行っている。

(2) 試験で優秀な成績をおさめた学生と、大学および大学院に進学する学生に対して、奨学金や教育ローンを提供する。

(3) 様々なメディアを通じての教育的成功のための家庭支援をイスラーム的価値の促進を通じて行う。

MENDAKI の活動資金は当初は個人の寄付に基づいていたが、1984年からは中央積立基金 (CPF) と呼ばれる給与引き落としシステムを利用した、マレー人／ムスリム勤労者1人あたり月50セント (1991年より1ドル) の任意の寄付に基づくようになった。政府はその募集金額と同額を資金

援助するシステムになっている (a dollar-for-dollar incentive scheme)。1982年に6つの補習教室の883人の参加者、347人の教員でスタートしたMENDAKIも1989年には16教室と4,628人、1999年には10万人に迫る勢いである[50]。

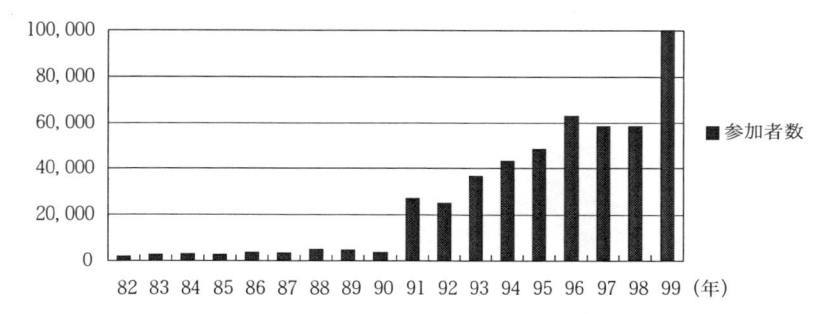

図10-3 MENDAKI 参加者数 (1982-99年)

表10-7 MENDAKI の教育プログラム (1997年)[49]

プログラム	内容	開始年	1997年参加者
MENDAKI補習クラス	ムスリム学生児童の英語と数学を中心とした技能向上プログラム	1982	8,400人
MENDAKI奨学プログラム	ムスリム社会の学術に優秀な児童生徒を表彰	1982	182人
寄付金奨学金プログラム	各種団体からの寄付による奨学金、助成金、協賛金によってムスリム専門家のプールを作る	1983	139人
学習ローン計画	重点分野の高等教育 (学部・大学院) を目指すムスリム学生を増加させる	1983	158人
情報技術(IT)訓練プログラム	ITへの理解とリテラシーを向上し、ムスリムのIT関連資格の取得を援助する	1985	1,418人
MENDAKI奨学金	様々な教育レベルでの優秀なムスリムの表彰	1990	25人
才能教育 (enrichment)	初等修了試験成績上位10%のムスリム児童を援助	1991	346人
高等教育学費免除スキーム	国内高等教育機関で学ぶマレー人学生への財政的支援の提供	1991	1,080人
追加補助スキーム	国内高等教育機関で上記スキームをはずれたり、部分支給となったマレー人学生への財政的「安全ネット」の提供	1991	52人
特別マレー助成金	国内高等教育機関で学ぶマレー人学生にメリットベースで財政支援を提供	1995	6人
万人のための教育	学生が学校の要求を満たし、より良い成績をあげるよう財政面以外での技術や戦略技能の教育	1996	1,211人

MENDAKIが採用した「総体的アプローチ（total approach）」によって、その活動分野はさらに拡大され、上記の補習クラス、奨学金・教育ローン援助のほかに、「家庭および児童発達コース」ではムスリムの両親に対して、子どもの教育的可能性を高めるための、近代的教育学的な指導を与え、「対話セッション」ではムスリムの子どもの教育的向上のためにMENDAKIと両親やマレー系組織の果たしうる役割についての対話の場を提供している。さらに活動分野は教育にとどまらず、社会文化、経済開発、経営・情報などの幅広いコースの提供と社会活動を行っている[51]。

MENDAKIの改組

　1989年6月、MENDAKIはボランティア組織からMENDAKI Ⅱという法人（有限会社）に改組し、その正式名称もシンガポール・ムスリム・コミュニティ開発評議会（Council for the Development of Singapore Muslim Community）と改称した。この開会演説でゴー・チョク・トン（Goh Chok Tong（呉作棟））第一副首相は、これまでマレー系の学生に与えられてきた高等教育の無償特権を廃止し、裕福なマレー系学生は受益者負担を行い、その代わりにマレー系学生の授業料免除に用いられるはずの資金をMENDAKIに委託し、貧しい学生の奨学金や教育ローンその他の教育プロジェクトに活用することを提案した[52]。

　「1960年以来、マレー人は中等・高等教育の無償特権を享受してきた。（中略）昨年(1988)、シンガポール国立大学、南洋工科大学、および2つのポリテクニクのマレー人学生の学費免除のために使われた金額は150万ドルであった。もしマレー人社会が受け入れることができるならば、政府はこの全額をMENDAKIに委託し、独自の奨学金や奨学プログラムに活用するという考えを提案したい[53]。」

　シンガポールのマレー系に残された数少ない実質的特権を失うことについて、多くのとまどいと不安と非難が起きたが、マレー系指導者はMENDAKIと教育省の共同委員会を開いて、見解は大きく分かれたもの

の、結果的に「(ゴー) 提案はマレー人の自助の精神に資するものであり、マレー人を他のグループと平等に扱ってほしいという、非マレー人への強い意思表示である」として条件つきで受け入れた[54]。政府は1991/92年に学費免除費用の7年分にあたる1千万ドルを前払いでMENDAKIに与えた。これによってシンガポールのマイノリティ政策は、さらにアファーマティブ・アクションの性格を弱め、メリトクラシーへの移行を推し進めることになった。

(4) 民族別自助組織(Ethnic Based Self Help)の並立

ムスリム専門家協会(AMP)の結成

1980年代の結成から、シンガポールのマレー系社会をまとめる中核組織として発達してきたMENDAKIであったが、その政府の関与の強さは、法人化した後もその強みであるとともに弱点でもあった。先の高等教育の学費の自動的免除制度の廃止のようなセンシティブな問題によって、マレー人社会が二分された場合、MENDAKIは政府見解に十分な反論と意見表示ができるのかという、一部のグループが抱いてきた疑問が噴出することになる。

1989年頃から少数のマレー人専門家の集団が、マレー系住民のフラストレーションと疎外感を背景に、別個の教育活動を開始した。彼らは1990年10月にシンガポール・マレー／ムスリム専門家会議を開催し、政府関係者やマレー系議員から独立したマレー／ムスリム社会のための専門家組織の設立を提案した。ゴー第一副首相は、健全な競争は望ましいこととして、政府の介入のない民間版MENDAKIの設立を促し、新組織への政府の財政的支援を約束した。しかし、その一方で、共通の目標を持つ2つの組織が限られた資源を争うことへの反対も、マレー人指導者から聞かれたという[55]。

1991年10月にムハマッド・アラミ・ムサ(Mohad Alami Musa)らを中心

にムスリム専門家協会 (Association of Muslim Professionals：AMP) が結成され、有限会社、慈善団体として登録された。その設立メンバーの多くはマレー語やイスラーム関係の大学研究者が中心であった。その目的は、教育的に卓越し、社会的に進歩的で、経済的にダイナミックで、政治的に影響力を持ち、文化的に活気に満ち、宗教的に深遠なムスリム・コミュニティのモデルとなることである[56]。

設立に際して政府はハイグ (Haig) 小学校の跡地を本部として提供し、中央積立基金 (CPF) によるマレー人からの募金のうち初年度は25万ドルをAMPに配分した[57]。当初2人の常勤スタッフと小さな事務所からスタートしたが、1999年にはイスラーム・マレー問題研究センター (Centre for Research on Islamic and Malay Affairs: RIMA) を開設して、マレー社会のシンクタンクとして機能を開始した。そのほかに現在では8つの就学前センター、5つのトレーニングセンター、2つの保育所を保有し、93人のスタッフで年間20,000人を越える参加者を受け入れている[58]。

AMPの活動

AMPは次の4つの領域、すなわち、①就学前教育、②家庭教育、③初等レベルの学習遅滞児への支援プログラム、④優秀な中等教育レベルの生徒への才能教育、をその教育活動の中心として位置づけているが、近年の支出配分をみても、その焦点は就学前や家庭教育にあてられていることがわかる。前掲の**表10-7**のMENDAKIの教育プログラムが高等教育にかなりの比重を持っているのと対照的である。

AMPはマレー人児童生徒の教育達成に及ぼす家庭の影響を重視しており、**表10-8**に示された以外に4つの家庭教育プログラムを提供している (1,500人と60世帯)。1995年に出された1,313人のマレー系児童 (小学校3年・5年) に対する調査報告によれば、その約1割の者に学習能力 (ability) と教育達成 (achievement) の間にずれがあり、両親の子どもの教育への関与は子どもの学習能力に関連し、両親の学歴や友人からの援助は子ども

第10章　シンガポールのマレー人の教育　385

表10-8　AMPの教育プログラム(1998/99年)と参加者数
(児童生徒の教育プログラムのみ)[59]

プログラム	対象	目的	参加者数
保育発達プログラム	2〜6歳児	勤労女性の幼児の保育教育（北部地域）	210人
幼児教育ネットワーク	4〜6歳児	コンピューターを用いた3年間の認知・道徳の早期補償教育	4,789人
EMAS 英語・数学・理科	小学生	3教科における児童の能力向上 コンピューター学習と両親フィードバック	241人
低学年プログラム (LPP)	小学校 1〜4年	算数と英語における弱点の克服 人格形成と生活技能の向上を含む	(7校) 225人
高学年プログラム (UPP)	小学校 5〜6年	算数の基礎強化と進学意欲促進	(11校) 335人
読書き思考(SWAP) プログラム	進学 中学校	中学校での成績促進、将来の役割モデル形成	200人
休日才能プログラム (enrichment)	幼稚園〜 中等学校	創造性、意欲、IT能力、宗教認識 言語能力、数学・理科のワークショップ	500人
コンピューターコース	小学校〜 中等学校	言語、創造性、計画性向上へのコンピューターの応用	650人
IFA・AMP兄弟補習 (buddy tuition)スキーム	EM3コース 小学5〜6年	算数・英語の基礎補強・進学促進 イスラム基金と共同	70人
特別補習プログラム (STEP)	学習に問題を持つ小学生と親	英語・算数の学習補助 (Pasir Ris近郊)	148人
青年才能(YEP)コース プログラム	普通コース 中高校生	普通コース学生の10年間の教育継続と進学の促進	450人 休日687

AMP 支出配分の推移（Sドル）

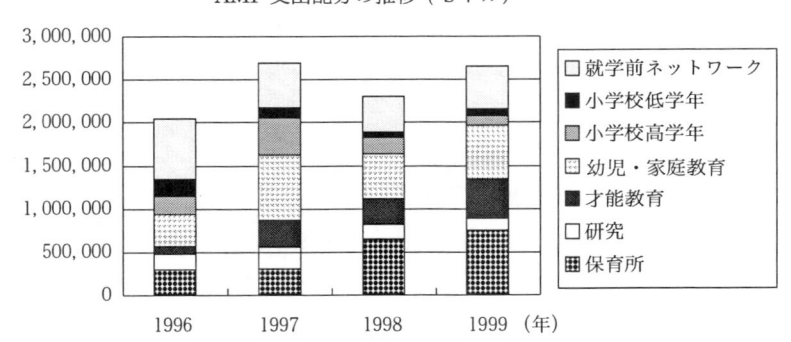

図10-4　AMPの支出配分

出典：*AMP Annual Report*, 96/97, p.52；98/99, p.48.

写真10-1　AMPの幼児教室

の教育達成に関連していることを明らかにした。また調査は個人的・小グループによる補習学習（組織的な補習クラスはこの場合考慮されてはいない）も児童の高い教育達成に関連しており、「教育達成の低い児童は個人的な補習学習に参加するように勧められるが、経済的その他の理由でそれが難しい場合は、コミュニティの組織的補習クラスがその代わりになる」とAMPなどの活動の意義を示唆している[60]。

(5) 結　語

民族別教育自助支援組織の評価

　MENDAKIとAMPの協力関係と競合関係の位置付けは多くの論者により微妙である。両者の違いとしては、その成立の経緯からMENDAKIはより政府による関与が強く、AMPはより独立的で非政治的であるという点以外には、提供しているプログラムの内容や運営上の政府との関係という点では決定的な違いは見出せない。活動分野では、MENDAKIが

教育では高等教育分野のプログラムが比較的多く、英語能力への強調がみられる傾向があり、AMPには就学前や家庭教育のプログラムが多く、数学・科学のコースが多いという特徴は認められる。また教育分野以外では、MENDAKIのほうが経済や文化など幅広い展開がみられ、AMPの活動は教育に比較的特化している[61]。

　これらの教育自助支援組織の活動による、マレー系児童・生徒の教育達成への影響は認められるが、顕著とはいえない。そのひとつの理由としては、教育効果が主としてPSLEやGCEといった国家試験でのマレー系児童生徒の合格率によって議論されるため、毎年問題の難易度の変動する試験のため、マレー系自身の経年的な変化がみえにくいということがある。そこでどうしても他民族の平均との比較という形になりやすいが、一方でシンガポールのマレー系以外のグループも、MENDAKIやAMPのような民族別の教育自助支援組織（ethnic-based self-help group）を次々に成立させて、同様の教育支援を開始したことがその原因としてあげられる。1992年の華人系の華人開発支援評議会（Chinese Development Assistance Council: CDAC）、1991年のインド系のインド系開発協会（Singapore Indian Development Association: SINDA）、ユーラシア協会（Eurasian Association, 設立は1919年）などがそれである。

　2000年9月に教育省からプレスリリースされた民族別教育達成（performance by ethnic group）によれば、マレー系と華人系のPSLEにおける数学の合格率の差は1990年の37％から1999年の28％へと約10ポイントの改善がみられ、同様にGCE-Oレベルでの数学合格率では約5ポイントの改善がみられた。英語の合格率では民族間の差は初等終了時では2％以内にまで減少してきているが、中学修了時の試験では依然20％程度の差が残っている[62]。マレーシアとの比較においてシンガポールに期待された、教育的自助努力による民族間の教育格差の解消という目標は、少なくとも現時点においては、マレーシアのブミプトラ政策の導入の正当性を突き崩すほどに目覚しく達成されたとはいい難く、この仮説

において白黒を論ずる検証能力はまだ得られていない。

　最後にシンガポールの民族別教育自助組織の存在と社会統合の関係について考察したい。多民族・多言語主義をその基本政策に掲げるシンガポールにとって、特定の民族の福利と向上を目的とした組織を認め、さらには政府の支援を与えるということは、社会の個人レベルの完全な自由競争とメリトクラシーの原則に、わずかとはいえ制限を加えるものである。各組織の目指したものは、英語・数学能力やITリテラシー、さらには経済的上昇などの共通価値といえるものが大半ではあったが、同時にMENDAKIやAMPではイスラーム的価値や宗教教育もその活動の柱として位置づけられており、これらは当然ながらコミュナルな凝集力を高める方向に働くであろう。

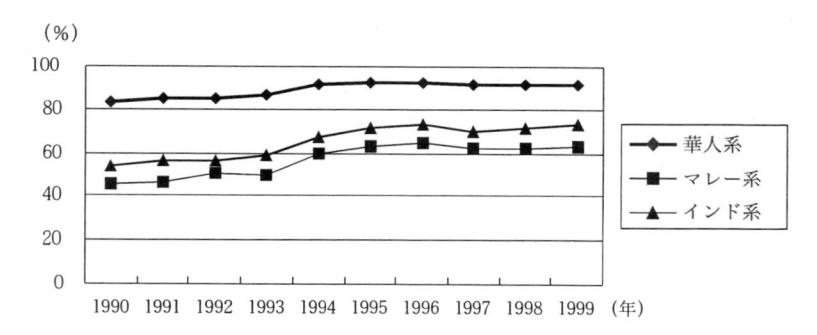

図10-5　PSLE試験民族別数学合格率 (1990－99年)

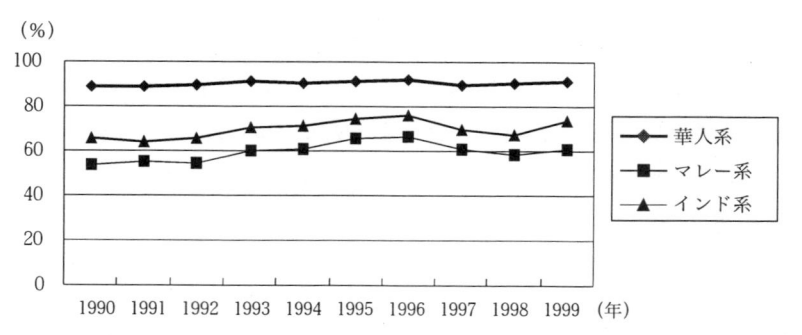

図10-6　GCE-O試験民族別数学合格率 (1990－99年)

シンガポールの無差別の原則から学習遅滞の子どもと国家発展の関係を考えれば、最も理にかなった対策は、試験で子どもたちを能力選別し、問題の大きな児童・生徒を民族にかかわらず集めて、無償かもしくは十分に低負担な集中的特訓を与えるという方法であり、これは1980年代からの新教育システムの基本的理念に織り込まれてきたものである。政府は1987年に各小学校1年次の入学者グループにおいてマレー系児童が25％を越えてはならないという、「民族枠（quota）」政策を導入した。これはマレー系児童が一部の学校に集中して、「ぬるま湯」的環境に安住するのではなく、多民族による相互刺激と競争の環境に彼らをさらそうという意図によるものである[63]。

　しかしシンガポール国民の自由競争への支持と向上意欲は、基本的に差別化の思想にドライブされており、その競争が公正に行われたと認識された限り、その結果として個人が受ける報酬や威信の格差と不平等は正しいものとして受け入れ、敗者に対するケアーとボトムアップへの取り組みへの熱意が欠ける傾向はそれと表裏一体ものである。この自由競争に遅れをとったとみなされるグループに対して、最も親身にかつ効果的にケアーを与えるには、より小さな帰属的集団の同朋意識やアイデンティティに訴えるのが有効である。その集団としては家族・親類では小さすぎ、郷土や町内というカテゴリーもほとんど意味を持たないシンガポールでは、民族という単位が着目され、政府がそれに援助とお墨付きを与えることになったのである。

　もちろん政府はこの政策を国家の基本原則に対する、微調整もしくは部分的補完と考えており、再び民族どうしの集団間競争の世界に立ち戻ることを警戒しており[64]、自助組織の指導者もその点については慎重な配慮と対応を行っている。「民族別自助組織が行うことがシンガポールの多人種主義に及ぼす影響について危惧する人々は、それを危惧し続けるべきである。なぜなら、シンガポール人はそのような問題に常に警戒し、注意してしすぎることはないと、政府は我々に教えているからで

ある⁽⁶⁵⁾。」

【出典および註】

(1) *Singapore Census Population 2000: Demographic Characteristics* (Statistical Release 1), 2000, Singapore; *Population and Housing Census 2000* (Malaysia), 2001. http://www.statistics.gov.my/English/pressdemo
(2) 国立教育研究所編、1997、『中学校の数学教育・理科教育の国際比較―第3回国際数学・理科教育調査―』東洋館出版社、35頁、132-133頁。
(3) 中原道子、1983年、「歴史的背景」、綾部恒雄・永積昭編『もっと知りたいシンガポール』(もっと知りたい東南アジア3)弘文堂、15-16頁、41頁。
(4) William R. Roff, 1967, (1980), *The Origins of Malay Nationalism*, Penerbit Universiti Malaya, Kuala Lumpur, pp.33-35.
(5) *Ibid.*, p.44, p.50, p.54.
(6) Wan Hussin Zoohri, 1989, 'Education and the Malay Community', in *Commentary: Journal of the National University of Singapore Society*, Vol.8, Nos.1/2, p.86.
(7) Philip Loh Fook Seng, 1975, *Seeds of Separatism: Educational Policy in Malaya, 1874-1940*, East Asian Social Science Monographs, Oxford University Press, p.21.
(8) T. R. Doraisamy ed., 1969, *150 Years of Education in Singapore*, TTC Publications Board, Teachers' Training College Singapore, pp.82-86.
(9) *Ibid.*, pp.100-107.
(10) Sharom Ahmat, 1973, 'University Education in Singapore: The Dilemma of the Malay-Medium Educated', in Yip Yat Hoong ed., *Development of Higher Education in Southeast Asia: Problems and Issues*, Regional Institute of Higher Education and Development (RIHED), Singapore, p.167.
(11) *Ibid.*, p.132.
(12) D.D. Chelliah, 1947, *A History of the Educational Policy of Straits Settlements from 1800-1925*, (CIRCA), Government Press, p.64.
(13) 津田元一郎、1969、「第三章マラヤ イギリスの言語教育政策」、多賀秋五郎編著『近代アジア教育史研究上巻』岩崎学術出版社、415-416頁。
(14) Wong Hoy-Kee and Ee Tiang Hong, 1971, *Education in Malaysia*,

Heinemann Educational Books (Asia), Hong Kong.
⒂ K.G. Tregonning, 1964, *A History of Modern Malaya*, Eastern University Press, London, p.184.
⒃ Philip Loh Fook Seng, 1975, *op. cit.,* pp.67-83; Charles Hirshman, 1979, 'Political Independence and Educational Opportunity in Peninsular Malaysia', in *Sociology of Education*, Vol.52, No.2, April, pp.67-83.
⒄ W.R. Roff, 1967, *op. cit.,* p.76, p.252; Tham Seong Chee, 1977, *Malays and Modernization: A Sociological Interpretation*, Singapore University Press, Singapore, p.101; Ibrahim Saad, 1981, *Pendidikan dan Politik di Malaysia*, Utsusan Publication, Kuala Lumpur, pp.39-40; Mok Soon Sang, 1991, *Pendidikan di Malaysia*, Siri Pendidikan Perguruan, Kuala Lumpur, pp121-122; Keith Watson, 1993, 'Rulers and Ruled: Racial perceptions, curriculum and schooling in colonial Malaya and Singapore', in J.A. Mangan ed., *The Imperial Curriculum: Racial Images and Education in the British Colonial Experience*, Routledge, London, pp.164-165.
⒅ Bee-Lan Chan Wang, 1978, 'Educational Reforms for National Integration: The West Malaysian Experience' in *Comparative Education Review*, Vol.23, Oct., p.464, p.469
⒆ Barbara Watson Andaya, and Leonardo Andaya, 1982, *A History of Malaysia*, Macmillan Asia History Series, Macmillan Education, Houndmills, pp.254-264.
⒇ Sharon Siddique and Yang Razali Kassim, 1987, 'Muslim Society, Higher Education and Development: The Case of Singapore', in Sharom Ahmat and Sharon Siddique eds., *Muslim Society, Higher Education and Development in Southeast Asia*, Institute of Southeast Asian Studies, Singapore, pp.148-149.
(21) Sharon Siddique, 1986, 'The Administration of Islam in Singapore', in Taufik Abdullah and Sharon Siddique eds., *Islam and Society in Southeast Asia*, Social Issues in Southeast Asia, Institute of Southeast Asian Studies, Singapore, p.315.
(22) 岩崎育夫、1996、『リー・クアン・ユー、西洋とアジアのはざまで』(現代

アジアの肖像15)、岩波書店、68-74頁。
(23) Sharon and Yang Razali, 1987, *op. cit.*, p.140.
(24) *Report of the All-Party Committee of the Singapore Legislative Assembly on Chinese Education* (*White Paper*), 1956, cited in T.R. Doraisamy 1969, *op. cit.*, pp.52-53.
(25) *Report of the Constitution Committee*, 1966, Singapore, cited in Sharom Ahmat, 1973, *op. cit.*, pp.177-178.
(26) T.R. Doraisamy, 1969, *op. cit.*, p.64.
(27) Sharon and Yang Razali, 1987, *op. cit.*, p.139.
(28) 表10-6 は田村慶子、1994、「シンガポールのマレー人」JAMS 第3回総会発表レジメより。
(29) Mahathir Mohammad, 1970, *The Malay Dilemma* ＝高多理吉訳、1983、『マレー・ジレンマ』勁草書房、130頁、84頁。
(30) Sharom Ahmat, 1973, *op. cit.*, pp.169-170.
(31) Sharom Ahmat, *ibid.*, p.170.
(32) Wan Hussin Zoohri, 1989, 'Education and the Malay Community', in *Commentary: Journal of the National University of Singapore Society*, September 1989, MCI(P) No.68/4/89, p.89.
(33) MENDAKI Homepage, 1998, 'Milestones of the Malay/Muslim Community, About MENDAKI'. http://www.mendaki.or.sg/ mileston access time 1998.7.14.
(34) Sharon and Yang Razali, 1987, *op. cit.*, pp.146-147.
(35) Jason Tan, 1995, 'Joint Government-Malay Community Efforts to Improve Malay Educational Achievement in Singapore', in *Comparative Education*, Vol.31, No.3, p.342.
(36) *Straits Times,* 1970, cited in *ibid.*, p.343.
(37) Sharon and Yang Razali, 1987, *op. cit.*, p.150
(38) *Ibid.*, p.151.
(39) Sharom Ahmat, 1973, *op. cit.*, pp.161-164.
(40) Tony Tan Keng Yam, 1990, 'Differences in Educational Achievement — A Cause for Concern', in *Speeches*, Vol.14, No.6, p.49.
(41) MENDAKI Homepage, 1998, *op. cit.* (39), p.2.
(42) 略称 *mendaki*（ムンダキ）はマレー語で上昇（ascent）の意味を持っている。

⑷ Yayasan MENDAKI, 1992, *Making the Difference: Ten Years of MENDAKI*, Singapore, p.98 .
⑷ Ahmad Matter, 1982, Opening Speech at the Congress of MENDAKI on May 28, 1982, in *ibid.* p.18.
⑷ Lee Kuan Yew, 1982, Key Note Address for the Congress of MENDAKI on May 28, 1982, in *ibid.* p.16.
⑷ Yayasan MENDAKI, 1992, *ibid.*, pp.89-90.
⑷ *Ibid.*, p.68.
⑷ Jason Tan, 1995, *op. cit.*, pp.346-347.
⑷ Yayasan MENDAKI, 1997, *Annual Report '97*, p.20.
⑸ Yayasan MENDAKI, 1999, *Annual Report '99*, p.5.
⑸ Wan Hussin Zoohri, 1989, *op. cit.*, p.91.
⑸ Yayasan MENDAKI, 1992, *op. cit.*, pp.130-134.
⑸ Goh Chok Tong, 1989, 'Total Effort: Raise Malay community's performance', *Speeches*, Vol.13, pp.8-9.
⑸ Yayasan MENDAKI, 1992, *op. cit.*, p.132.
⑸ Jason Tan, 1995, *op. cit.*, p.349.
⑸ AMP, undated, *AMP Singapore Corporate Profile*, p.1.
⑸ AMP, 1996, *Tanahairku Singapura Malay/Muslims 1991-1996, Commemorative Karyawan*, Publication of the Association of Muslim Professionals, Singapore, pp.77-91.
⑸ AMP, 1997, *Association of Muslim Professionals Annual Report 96/97*, Singapore; AMP, 1999, *Association of Muslim Professionals Annual Report 98/99*, Singapore.
⑸ *Ibid.*, 1999, pp.6-9, 抜粋。
⑹ AMP, 1995, *Factors Affecting Malay/Muslim Pupils' Performance in Education*, AMP Occasional Paper Series, pp.10-16, p.26.
⑹ MENDAKI と AMP の比較について、国内の関連論文としては、池田充裕、1999、「シンガポールにおけるマレー／ムスリムに対する教育支援活動の状況―MENDAKI, AMP, MUIS を訪問して―」、『比較・国際教育』第7号、筑波大学比較・国際教育学研究室、191-196頁。国内学会等での研究報告には田村慶子、1994、「シンガポールのマレー人」、JAMS（マレーシア研究会）第3回総会発表資料；池田充裕、1998、「シンガポールにおけるマイノ

リティ教育政策―マレー系に対する教育支援政策を中心にして―」日本比較教育学会第34回大会発表資料；金子芳樹、1999、「シンガポールにおけるマレー人コミュニティの自助と自立―開発・イスラーム・マレー・ムスリム団体―」JAMS（マレーシア研究会）第8回総会発表資料などがある。

(62) Press Release No.04300, N25-02-004V61, Ministry of Education, Singapore, 30 August 2000, 'Performance by Ethnic Group'. http://www1.moe.edu.sg/press/pr_30082000, pp.4-5; National Convention of Singapore Malay/Muslim Professionals, 2000, *Vision 2010: Setting the Community Agenda in 21st Century Singapore*, p.139.

(63) Soh Kay Cheng, 1997(1993), 'Chapter 18, Ethnic Relations in Neighbourhood Schools', in Jason Tan, S. Gopinathan and Ho Wah Kam eds., *Education in Singapore: A Book of Readings*, National Institute of Education, Nanyang Technological University, Prentice Hall, Singapore, pp.297-300.

(64) 例えば、Goh Chok Tong, 1994, 'Ethnic-Based Self-Help Groups: To Help, Not to Divide', in *Speeches*, Vol.18, No.4, pp.10-14.

(65) Simon Tay, Zainal Abidin Rasheed, Cherian George and Dr. Tan Cheng Bock eds., 1996, *Self-Help and National Integration*, AMP Occasional Paper Series No.3-96, Association of Muslim Professionals, Singapore, p.21.

第11章　ブルネイ王国の言語・価値教育

(1) ブルネイ王国の社会と教育

豊かなマレー・イスラーム王国

　ブルネイは1984年1月に独立を達成した東南アジアの新興国家であるが、その国家的起源はアセアン随一の歴史を誇り、すでに6世紀に中国の歴史書に交易の記録がある。14世紀から16世紀にかけて、ブルネイは北ボルネオ島の大部分とフィリピンの北部にまで広がる帝国を形成していた。しかし19世紀末以降、東南アジアへの欧米植民地勢力の進出のなかで、その領土を徐々に侵食され、現在ではボルネオ島の北部、マレーシアのサラワク州に囲まれた、人口約30万、国土面積6,000平方キロ（ほぼ我が国の三重県の面積に相当）の小国として主権を維持している。ブルネイは1888年に英国の保護領となり、1906年に英国の現地総督（Resident）を受け入れ、イスラーム信仰とマレーの慣習にかかわる事項以外のすべてについての権限が国王（スルタン）の手を離れた[1]。
　しかし1929年、ブルネイ西部のスリア（Seria）に油田が発見されたことから、その経済的環境は一変し、石油および天然ガスの輸出による歳入は、国家財政を潤し、1人あたりの国民総生産は1万8,000ドルを越える、アジアでは日本、シンガポールに次ぐ高所得の国家となった。1959年に自治権を獲得した後、1968年に第29代ハッサナル・ボルキア国王（*Sultan Hasanal Bolkiah Mul'ssadin Waddaulah*）が即位し、84年の独立達成後も同国王が暫定的な統治を続けている。人口は15％を占める華人を除くと、その多

図11-1　ブルネイ王国とその近隣

くがマレー人およびマレー系諸部族からなり、宗教もイスラーム教徒が大半である。国語はマレーシア、インドネシアと共通のマレー語であるが、社会的にはブルネイ・マレー語、イバン語、カダヤン語、英語などが広く話されている。

ブルネイ王国の教育制度

ブルネイの教育システムはおおむね英国の教育システムに従っているが、ブルネイ独自の特徴としては初等教育（小学校）には5歳から開始される1年間の就学前教育（Pre-school）が含まれ、合計7年間を同一の学校

で過ごす。そしてその7年間がカリキュラムのうえで最初の4年間と後半の3年間で大きく区切られ、小学校下級（Lower Primary）と小学校上級（Upper Primary）と称されている。また中等教育は3つのレベルに分けられ、最初の3年間が前期中学（Form 1-3）、次の日本の高校にあたる2年間のコースを後期中学（Form 4-5）、そして大学予備課程としての2年間を高等中学（Form 6）と称し、このレベルはさらに初年度を予科前期（Lower Form 6）と次年度を予科後期（higher Form 6）と分けている。

　学校教育費用は豊富な天然資源財政を背景に、初等前教育から高等教育に至るまで、公立の教育機関はすべて無償である。また直接費用だけでなく、宿舎費、給食費、通学費用も支給され、高等教育では国内に限らず、海外の大学に留学する際の諸費用も国家が負担してくれる。就学率は1993年で就学前教育で59％、小学校で89％、中等学校で61％であった。進学試験としては初等教育終了時に初等教育証書（PCE: Primary Certificate of Education）、前期中等学校の終わりに受けるブルネイ・ジュニア教育証書（Brunei Junior Certificate of Education：BJCE）、後期中等学校のおわりのGCEOレベル（General Certificate of Education 'O'level）試験、高等中学の終了時に受ける大学入学資格を兼ねたGCEAレベル（General Certificate of Education 'A'level）試験がそれぞれの段階の間に設けられている[2]。これらをまとめると図11-2のようになる。

　ブルネイの伝統的な教育は、他のアジア周辺諸国と同じく、クルアーン（コーラン）の章句を読み書き解釈するためのイスラーム教育にその起源を求められるが、マレー半島と異なりポンドックと呼ばれる寺子屋形式の寄宿学校は発達しなかった。近代的な学校は英国の現地総督の事実上の統治により導入され、1912年に首都バンダル・スリ・ブガワン（Bandar Sri Begawan, 当時はBrunei Town）に最初のマレー語学校が設立された。続いて1916年には華人コミュニティによって、ムアラ（Brunei Muara）に最初の中華学校（華語学校）が設立された[3]。1931年には最初の英語学校がクアラ・ブライト（Kuala Belait）にミッション・スクール

| 高等教育(大学／カレッジ)
Higher Education | 21＋
19　(UBD)
GCEA レベル試験 | ← | ITB(工科学院)
(2.5年間) |

◇ GCEA レベル試験

| 高等中学(予科)
Higher Secondary | 18　フォルム 6(上級)
17　フォルム 6(下級) | | 技術・職業
(3 年間) |

◇ GCEO レベル試験

| 後期中学
Upper Secondary | 16　フォルム 5
15　フォルム 4 | | 技術・職業
(2.5年間) |

◇ BJCE ジュニア教育

| 前期中学
Lower Secondary | 14　フォルム 3
13　フォルム 2
12　フォルム 1 |

PCE 初等教育修了試験

小学校上級 Upper Primary	11　初等 6 年　Primary 6 10　初等 5 年　Primary 5 9　初等 4 年　Primary 4
小学校下級 Lower Primary	8　初等 3 年　Primary 3 7　初等 2 年　Primary 2 6　初等 1 年　Primary 1
(標準年齢)	5　就学前教育　Pre-Primary

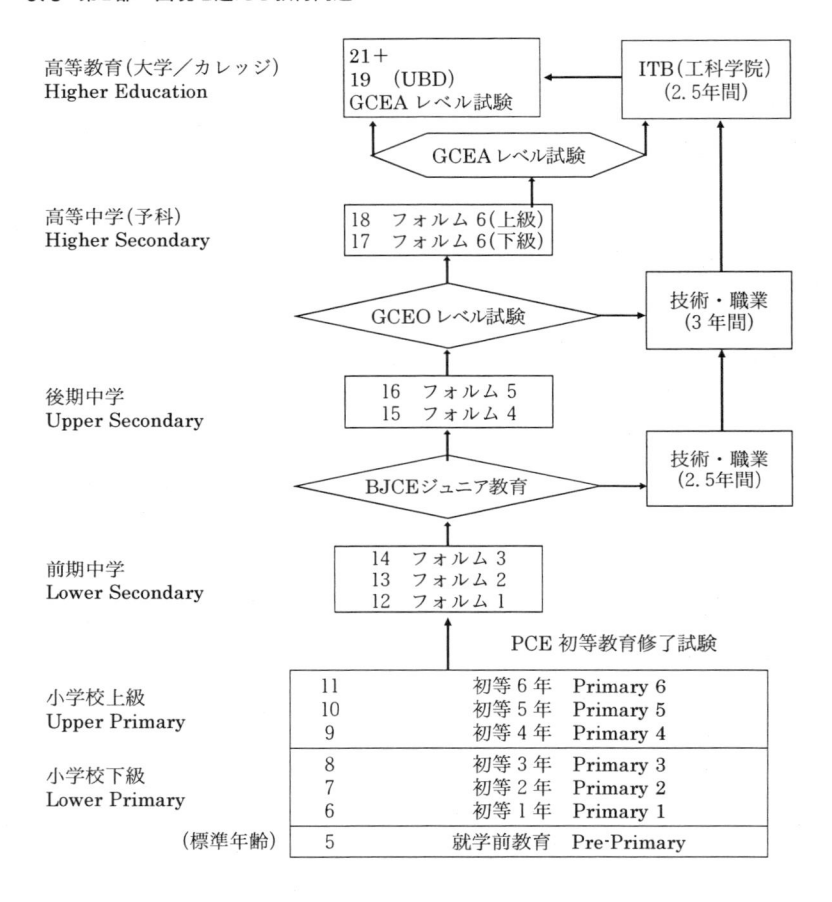

図11-2　ブルネイ教育制度体系図

(Anglican Mission School)として開校したが、その後1930年代にさらに2校が開設され、英国植民地政府や英国系企業(石油関連)への人材養成校としての役割を果たした。英語学校は初等教育から中等教育レベルを併設していたが、マレー語学校は初等教育止まりであった。これによって小学校はその授業言語媒体によって4種類が分立する状態となった。すなわちマレー語、英語、華語の各7年間の学校と、最初の4年間をマレー語で、後半の3年間を英語中等学校に進学する準備のために英語で

行うハイブリッド型小学校である[4]。

中等教育についても、言語的複合社会を反映して、次のようなタイプの学校が1980年代まで併存していた。
 (1)文系のためのマレー語公立学校
 (2)宗教とアラビア語を専攻するマレー・アラビア・英語媒体の公立アラビア語学校
 (3)理系のための英語媒体の公立学校
 (4)英語媒体の私立学校(高校レベルまで)
 (5)華語媒体の私立学校(中学レベルまで)

アラビア語学校はかつてのコーラン学校に起源を持ち、今でも宗教省の管轄にある。この学校は生徒がイスラーム大学、多くはカイロのアル・アズハル (Al-Azhar) 大学への進学準備をするためのもので、アラビア語が重視され、宗教関連の数科目もアラビア語で教えられる[5]。英語学校の目的は生徒を英国などの英語圏の大学への進学準備をさせることにあり、その外部資格基準としてケンブリッジ教育証書（Cambridge Certificate of Education）を用いている。授業用語だけでなく、学校のカリキュラムもマレー語学校とは異なっている。マレー語学校は国内の中間層の養成とマレーシアの大学でのマレー語と文学の学習を続ける生徒のために設立されたが、大部分の生徒は第9学年(中学終了)で学校を離れていった。

ブルネイ王国の教育政策

ブルネイの近代的教育制度の確立は1950年代に入ってからである。1951年に文部省が設立され、1952年に最初の公立英語媒体中等学校を設立、1956年からは教員養成センター (Teachers Training Center) においてマレー語と英語による初等教員養成が開始された。しかし中等教育機関の教員は依然としてマレーシアや英国の大学・カレッジにおいて行われていた。最初のマレー語媒体の中等学校が設立されたのは1966年になって

からであった⁽⁶⁾。

　1959年に自治権を獲得したブルネイは、最初の教育委員会としてクアラルンプルから招いたアミヌディン・ポールチャン委員会（*Aminuddin Baki*/Paul Chang Commission）を設立し、1962年に教育政策検討委員会の勧告を受けて、「国家教育政策（1962）」を採択した。独立後のブルネイの教育政策の基本方針の基礎となったのは、1970年教育委員会（Education Commission 1970）によって起草された『1972年教育報告（*Report of the Education Commission of 1972*）』であった。

　この報告の骨子は以下の8つの基本勧告にまとめられている⁽⁷⁾。

(1)我が国の公立小学校と中等学校の主要な授業用語を可能な限り早くマレー語にする。

(2)我が国の小学校と中等学校で用いられる英語の水準を向上させる。

(3)憲法の定めに基づき宗教（イスラーム）教育により力点を置く。

(4)すべてのブルネイの児童に9年間（小学校6年間、中学校3年間）の継続教育を提供する。

(5)共通内容シラバスの提供によって、すべての学校の教育水準が平準化することを保証する。

(6)すべての者がその能力と必要に応じて中等教育にアクセスできるようにする。

(7)すべてのブルネイの子どもが国家の須要を満たし、国家の発展に役立つ人材となるようあらゆる可能な機会を提供し、国家のすべての需要がブルネイ人自身によって満たされるようにする。

(8)上記の手段を用いて、ブルネイへの忠誠心を育むナショナル・アイデンティティを促進し、国家の発展要求に応える教育システムに必要な効率と柔軟性を生み出す。

　若干の修正の後、この計画は「ブルネイ・ダルサラームにおける教育システム」として1985年に公式に施行され、現在でも7項目にまとめられて「教育の国家目標」として生きている。その国家目標をうけて5つの

「ブルネイ教育システムの目的(Aims)」導かれている[8]。
  (1) 1972年ブルネイ教育委員会報告で打ち出された教育政策の目標を、近年の国家発展の状況にあわせて修正しながら実施する。
  (2) ブルネイ・ダルサラーム教育システムとして知られる、異なる言語媒体を含まない単一の教育システムを建設する。
  (3) ブルネイ・ダルサラーム教育システムによって、「マレー・イスラーム王権（MIB: 後述）」というアイデンティティを最高位に持つ社会と国家を作り上げる。
  (4) 異なる授業言語を持たない、ただひとつの教育システムを通じて国民の団結心を植え付ける。
  (5) 学校カリキュラムを通じて、国家教育システムのなかにイスラームの価値観を盛り込む。

　独立以前のブルネイの中等教育は、そのほとんどの学校が卒業後の進路を海外の大学やカレッジに求め、高等教育とはすなわち留学と同義語であった。そのなかでも英国植民地政府の役人と英国系石油関連企業への就職の可能性のある英語学校は、ブルネイの生徒の考えられる進路と職業のなかで最も高い地位と安定性をもたらす選択として、多くの親はその子どもをマレー語学校ではなく、英語学校に送ろうとした。子どもたちがその授業言語によってその早い段階から隔離され、それぞれの学校体系が独立的に分立し、そのなかでも植民地宗主国の言語を媒体とする学校が最も高い評価と威信を持ち、現地の民衆の多くの母語を授業用語とする学校が低い評価を受けるというパターンは他の東南アジアの諸国と同じものであった。

　新たに独立した東南アジアの諸国が、この教育的な複合性を克服して国民統合を達成するためにとった教育政策は、その多くが同化・統合政策であった。シンガポールを除くほとんどの国は国民教育制度における国語教育の価値を高めるために、国語による高等教育機関に至るまでの教育ストリームを作り上げ、国語や国語による授業を必修化し、元植民

地宗主国の言語や華僑の言語(華語)による学校や授業を廃止や転換させ、もしくはそこまではしなくても、積極的な財政的支持を与えないという差別政策を導入した。マレーシアでは1962年に公立中等レベルの華語学校の体系を英語媒体に転換させ、さらに1970年以降、その英語媒体の学校をすべてマレー語（マレーシア語）媒体に転換させるという統合政策をとってきた。華人が人口の大多数を占めるシンガポールでは、東南アジア諸国のなかで唯一、文化（言語）的に多元的な政策を許容してきたが、すべての言語媒体の学校を高等教育まで並立させようという教育政策は、国民の圧倒的多数が、経済的に有利な英語学校を選択することによって、結果的に教育言語が英語に統合された形になってしまった。

バイリンガルによる学校種統合

ブルネイはこれらの東南アジアのどの国とも異なる言語教育政策を選択した。すなわち、国語であるマレー語の地位と重要性を維持しながら、英語の経済的効用と国際性を考慮して、ひとつの学校の授業を科目別にマレー語と英語に配分したのである。つまり、マレー語学校か英語学校かという二者択一ではなく、マレー語学校のある科目を英語に転換し、英語学校のある科目をマレー語に転換し、結果的に学校間の言語媒体の違いを相殺してしまったことになる。このような政策が可能であった背景として、ブルネイにおける英語およびその背後にある宗主国英国の影響力が、ブルネイの土着の言語や文化に対して否定的、破壊的、もしくは脅威として認識される度合いが他の東南アジア諸国に比べて低かったことがあげられる[9]。ブルネイではその英国統治時代でさえ、多数派グループも政治的支配層もその地位が危機にさらされたことはなかった。マレー語、あるいはより正確には、ブルネイ・マレー語は過去も現在も公用語であり、一般的に使われる言語である。したがって、ブルネイでは、国語の定義を通じてナショナル・アイデンティティを模索したり、マレー系グループの優位性を確保したりするというマレーシアのような

問題は存在しなかった。

　マレー系と華人系以外に多くの先住系諸部族をかかえる北ボルネオでは、マレー語とともに英語はこれらのグループの間で交易を行う際のリンガ・フランカのひとつであった。そしてマレー半島では人口の３割強を占める華人が、母語や華語（中国標準語）の次に選択する言語は多くが英語であったのに対して、マレー系が７割を占めるブルネイでは、華人も含めて、母語および第二言語としてのマレー語の話者はかなりの比率にのぼり、その地位が英語にとって代わられる危険性はきわめて低かったことも、英語に対する寛容性の度合いが高い理由として考えられる。

　そしてもちろん、国家的な規模も重要な背景である。シンガポール、ブータンなどアジアの比較的人口規模の小さな小国は、その国の母語とは関係ない言語である英語を教育用語として積極的に取り入れている。人口が少ないということは、教育機関特に高等教育の完全な形での保持はコストが高く、部分的に外国の教育制度に依存する傾向が強くなる。それは学生を留学という形で外国に送り出すだけでなく、国内の教育機関の教員の一部を外国からリクルートする必要が出てくる。その際、学生の多くが国際的な言語で教育を受けていたり、国内授業の多くが国際語を授業用語として用いていれば、学生の留学はより容易になるし、外国の教員にもそのままの準備ですぐに教壇に立ってもらうことができる。ブルネイの場合は、マレー語（媒体）の教員は隣国マレーシア、インドネシアから、英語（媒体）の教員はフィリピンから容易に募集できるという環境も外国人教員への依存につながった。また小規模な国は当然ながら様々な局面で外国の制度や製品、外国人との接触の頻度は高くなるが、その際に国民の国際性は重要な素質とみなされ、国際的な言語、特に英語の役割を否定することは非常に難しくなる。

外国人教員問題

　ブルネイの学校教育統計に特徴的な点としては、児童・生徒・学生数

表11-1　ブルネイの教育統計(1996年)

	小学校(PS〜P6)			中等学校(F1〜F6)			中等後教育	大学・ITB
	公立	私立	小計	公立	私立	小計		
児童・生徒数	32,296	22,876	55,172	22,773	3,258	26,031	1,992	1,835
クラス数	1,557	835	2,392	850	102	952	—	—
教員数ブルネイ人	1,312	497	1,809	1,300	38	1,338	224	259
外国人	1,231	501	1,732	686	154	840	181	93
生徒／教員比率	12.7	22.9	15.6	11.5	17.0	12.0	4.5	5.2
教員外国人比率	48.4%	50.2	48.9	34.5	80.2	38.6	44.7	26.4

出典：Ministry of Education, Brunei, *School Enrolment Statistics*, 1996.

に比べて教員数が比較的多く、教員1人あたりの児童・生徒数は小学校で15.6、中等学校平均で12.0と日本よりも恵まれたマンパワー環境にある反面、その教員のうちの外国人の比率がきわめて高いということである。小学校の教員の約半分の49%、中等レベルでも39%、大学・カレッジでも26%という高さである[10]。

1956年に教員養成センター(TTC)ができるまで、ブルネイの国内教員はすべて、シンガポール、マレーシア、英国その他英連邦諸国の教員養成機関で教育を受けていた。1967年からは国内の小学校の教員への現職教育が開始され、教育技術とアカデミック水準の向上が目指された。教員養成センターはスルタン・ハッサナル・ボルキア教員養成カレッジ(Sultan Hassanal Bolkiah Teachers' College)と名を変えた後、1985年1月、スルタン・ハッサナル・ボルキア教育学院(Sultan Hassanal Bolkiah Institute of Education)として学位授与機関に昇格し、小学校と下級中学の教員養成と現職教育のために学士(B.Ed)コースを提供するようになった。この昇格はブルネイの他の高等教育機関の発展の基礎になったという点でさらに大きな意味を持っていた。というのは同年10月国内初のブルネイ大学(University of Brunei Darussalam: UBD)が創設され、この教育学院は新大学の1学部(教育学部に相当)として中核を形成することになったからである[11]。

ブルネイの教育システムの対外依存性は、ブルネイ大学の設立によっ

て若干緩和されたといえる。1976年から表明されていた大学設立の構想は、ブリティシュ・カウンシルや英国およびマレーシアの大学の援助のもと、1985年4月の国王の宣言により実現した。初年度は176人の入学生でスタートした大学は、教育学院のほか人文社会学部、理学部、経営学部、イスラーム研究学部、ブルネイ研究アカデミー（Academy of Brunei Studies）の6学部から構成されている。大学教務課によれば、1998年度の学生数は約1,700人（うち外国人留学生95人）、1998年までの累積卒業生数は3,928人、1999年5月現在のアカデミックスタッフ数は276人、そのうち外国人スタッフは158人（57.2％）であった[12]。授業用語は人文教育学士課程のマレー語媒体と、イスラーム研究学士課程のアラブ語媒体のほかは英語媒体であり、マレー語プログラムはマレーシアの理科大学、国民大学との、英語プログラムは英国のリーズ大学、カーディフ大学カレッジとの公式の学術リンクを持っている[13]。

(2) 二言語（Dwibahasa）教育政策

授業言語の転換と教員の手配

1984年にブルネイ王国はマレー語と英語を授業用語とするバイリンガル教育政策を導入した。これは地元では二言語システム（Dwibahasa/ドゥィバハーサ）と表現されるもので、それまで子どもたちをマレー語媒体と英語媒体に分離していた旧システムにとって代わるものであった。新システムの施行は1985年に開始され、1993年に完了した。新システムは、主として外国人の子どもを教える国際学校および当時2校、2004年で6校のアラビア語学校を除くすべての国内の公立・私立の学校に適用された[14]。マレーシアでは中等レベルの一部の華語学校（華文独立中学）は、国家の教育言語政策への包摂を拒否したが、ブルネイの華語学校はこの寛容な新バイリンガル政策を受け入れた。ブルネイは基本的にマレー語の国であり、国語であるマレー語を授業用語のひとつとして選択するこ

とは当然である。英語の選択はその地域やグローバルな国際共通語としての役割を考慮した現実的な理由からである。

　新教育システムの目的のひとつは、すべてのブルネイ人児童の機会の均等を保証するためであり、政府は、「単一の教育システムによって国民に団結心を植え込むことである[15]」(1984)と説明している。このシステムの採用以前には、マレー語媒体校の卒業生はマレー語媒体の雇用機会しかなかったが、英語媒体校の卒業生にはそのどちらでも働くことができる選択があった。かなりの数の科目の授業用語が別の言語にスイッチすることになるバイリンガル教育システムの採用は、必然的にかなりの教員の解職と再訓練を必要とすることになったが、段階的な実施と、この変化によって不利益を被った教員へのきめ細かな配慮によって、混乱は最小限に押さえられた[16]。

　授業言語の変換はある科目の教員の余剰と他の科目における人材不足をもたらした。文部省は再教育プログラムや適当な教員養成コースの拡充、そして外国からの教員リクルートによってこの問題を緩和しようとした。十分な数の学校と教室および施設を供給することに加えて、文部省はこの新教育システムが成功するには、十分な数の適切な資格を持った教員をすべてのポストにつけることが不可欠であることを認識していた。この問題はその後も常に表明されてきた問題である。1990年の政府の文書によれば[17]、「ブルネイ国家教育政策の完全な実施に向けての1ステップとして、適切な教員の十分な供給のために次のような方策が必要であると考えられる。

(1)マレー語で教えられることになる科目を担当する教員の質を向上するコースを設置する。

(2)英語で教えられることになる科目を担当する教員の質を向上するコースを設置する。

(3)就学前教育のコースを設置する。

(4)1972年教育委員会報告における非政府系学校に関する項目、第2-7

(c)および4-8項に従って、教育局より派遣される教員は、この報告の勧告を実現するために段階的にマレー語で教えられることになる科目を引き継ぐように奨励される。
(5)海外からのバイリンガル教員の雇用を増加する。
(6)バイリンガルの非常勤教員(日雇い)の雇用を増加する。
(7)教員が正規の教育業務のほかに兼任業務ができるような制度を組織する。」

　新システムの授業はマレー語か英語のどちらかで、その混合ではないので、教員はバイリンガルである必要はないが、学校教育の早い段階ではマレー語・英語のバイリンガル教員が歓迎される場合がある。このような教員は、教育学的にも、心理学的にも不安定な時期にある子どもの要求により敏感に対応できる。授業は公式にはマレー語か英語ではあるが、学齢期の若い時期に児童は第二言語(この場合は英語)を習得しようと努力する際に、彼らの母語での助けを必要とすることもある。バイリンガルの教員や児童の悩みにとりわけ敏感な教員だけがそのような助けを提供できるのである。もちろん英語媒体の授業を翻訳するために、児童がバイリンガル教員に依存しないということも同様に重要である。英語の使用を妨げるのではなく促進し、また教師への依存ではなく言語による自立を促す、自然な離乳プロセスを目指している。

カリキュラムと授業言語

　バイリンガル教育は児童がおよそ9歳に達する小学校の第4学年から導入される。この年齢までは児童は授業の大部分をマレー語で受け、英語は分離した科目として教えられる。**表11-2**に示したように第4学年からは英語により力点が置かれる。この表に示されたとおり、それぞれの授業科目の配分から、ほとんどすべての科目でマレー語は英語に置き換えられることが明らかになる。しかしこの表には児童が自分で選択できる非必修科目が含まれていないが、それらオプションの大部分はマレー

表11-2　ブルネイの小・中学校における必修・試験科目

	英語媒体科目	マレー語媒体科目
小学校下級 (就前 P1-3年)	英語(語学)	マレー語　算数　公民　総合科目 イスラーム宗教知識　体育　芸術・工芸
小学校上級 (P4-6年)	英語 算数 歴史 理科 地理	マレー語　イスラーム宗教知識　体育　芸術・工芸　公民
前期中学(F1-3)	英語 数学 理科 地理 歴史 選択科目*	マレー語　イスラーム宗教知識
後期中学(F4-5)	英語 数学 専門科目**	マレー語　選択科目

註：＊農業、商業、木工、金属加工が英語、芸術・工芸がマレー語、音楽が両言語、第3言語はその言語による。
　　＊＊専攻によって異なるが、提供科目数の9割は英語。
出典：Gary M. Jones, *The Bilingual Education Policy in Brunei Darussalam*, 1996, p.127；Kementerian Pelajaran dan Kesihatan, *Sistem Pendidikan Negara Brunei Darussalam*, 1985, pp.19-28.

語で教えられる。それにもかかわらず、ブルネイの学校教育システムの大部分の科目について、授業用語としてマレー語は英語に段階的に転換されてゆくという印象を与える。

　英語媒体で教えられることになっている科目は、少なくとも建前では英語のみを使用し、マレー語媒体の科目はマレー語のみで教えられる。しかし現実には特に初等教育レベルでは児童の英語への接触は限られているので、言語が混合されるのが普通である。すでに述べたように理想的には、そのようなクラスの教員はバイリンガルで、英語を段階的に導入することが望ましい。もちろん実際の教室での授業は教員によって様々である。ブルネイの教育システムのなかで、特に小学校上級のクラスの教員は、バイリンガル教育の初期を担当する重要な職務にある。要約すれば、ブルネイの新教育システムはマレー語と英語の授業を科目により別個に提供し、その結果児童は科目の内容を習得しながら、同時に両言語の能力を獲得して卒業することを目指している。

　多くの科目で授業用語の転換を必要としたブルネイのバイリンガル教育システムの導入は、大きな混乱もなく実施された。国家の教育哲学の根本的な転換により、多くの教師は重大な影響を受けたが、特に問題となったのはマレー語で授業をする教師で、その科目が英語に転換された場合である。そのような教師は職場にとどまるためには再教育コースで

訓練を受けることになった。マレーシアでは英語が国語への脅威であり、ひいてはマレー文化への脅威であるとみなされたが、ブルネイではマレー系は明らかな多数派であり、英語や華語も含めてそれに挑戦できる言語は存在しなかった[18]。この安心感が彼らを英語に対してはるかに寛容にさせ、英語は脅威ではなく、むしろ外部世界に向かって開かれる鍵と考えられた。

二言語システムの評価

　政策文書にみられるマレー語重視の姿勢とはうらはらに、ドゥイバハーサ・システムの実態は従来の英語学校のわずかな修正版にすぎないという見方もある[19]。小学校下級レベルでも週45時限のうちの10時限がESL（第二言語としての英語）教育にあてられ、小学校上級では、授業科目の半分は英語で行われ、しかもその科目には進学に重要な科目の大部分が含まれている。英語、数学、初等理科、歴史、地理は英語で行われ、マレー語、宗教、体育、芸術そして公民科目がマレー語で教えられた。

　アラビア語学校以外の前期中学では、マレー語の授業はさらに週40時限中の11から14時限にまで減少し、後期中学（高校）および高等中学（予科）では週40時限中の4時限までに減らされる。小学校1年からESLが学校の授業として導入され、小学校4年からマレー語を少なくともカレッジまでの科目として維持しながら、英語が授業用語となりその数が増加していく。このシステムはカナダなどで行われているイマーション・プログラム（Immersion Program）と呼ばれるものに近く、アメリカ型の複数教員によるバイリンガルクラスとは異なるものである。

　このような形のバイリンガル教育の利点としては、カミンズおよびスワン（Cummins and Swain）が次のような点をあげている。第一に、授業の中や後での母語の翻訳がないので、第二言語への習得意欲が高まること、第二に、第二言語での授業では、教師生徒ともに努力水準が高く、結果的に思考能力を高めること、第三に、翻訳に割かれる時間をより創造的

に用いることができること、そして第四にコード・スイッチングを避けられることである[20]。

　しかし、このようなバイリンガル教育の成果は、教員自身の多くがバイリンガルであるか、生徒の母語や文化に深い認識がある環境でのデータに基づいて導かれた場合が多い。外国人教員の比率が高いブルネイでは、英語の短期契約外国人教員はブルネイの母語や文化的環境にほとんど知識や理解を持たない場合も多く、時には母語や現地文化に劣等意識を持っていた場合もある。このような環境での、ブルネイの生徒は萎縮しやすく、教師からの英語の質問や話題への参加レベルがかなり低くなってしまう。一方、ブルネイ人の教員の場合、生徒との距離は近くなるが、正式の訓練を受けた教員が少なく、英語とマレー語の混合授業になり、先にあげられたこのシステムの利点が生かされないという結果になってしまう[21]。

　また小学校3年次から4年次への進級の際の授業用語の変換は児童にかなりの負担と混乱を与えているようである。この前後で、算数がマレー語から英語に転換され、3年までのマレー語の理科社会 (General Studies) も、4年からは歴史、理科、地理の科目に独立して英語で教えられるようになる。これらの科目が1週間の授業時間に占める割合は約38％であり、その多くは進学に重要な科目である。これだけの比率の授業言語が突然切り替わる際の児童の適応能力の差や、認知的、情緒的な問題への対応がどの程度きめ細かく行われているかが課題である[22]。

シンガポールとの比較

　1988年、ブルネイ政府はシンガポールにおける英語習得プログラム (Reading and English Acquisition Programme：REAP) の成功に刺激され、小学校にその修正版の RELA (Reading and Language Acquisition Programme) を導入した。これは言語体験アプローチ (Language Experience Approach) と共有図書アプローチ (Shared Book Approach) などを用いて児童の英語の表

現力と読解力を養うプログラムで、1989年に20の実験小学校の第1学年で実施され、第2・3学年へ、そして一般校へと拡大された。1993年からは全120校がこのプログラムに参加している[23]。

　ブルネイのバイリンガル教育政策がシンガポールの英語教育政策を意識していることは間違いないが、同時に多数派の母語であるマレー語の社会的役割と統合力を学校教育の、特に低学年の教育において、積極的に維持していこうという姿勢がみられる。一方英語に対するかなり差し迫った需要については、シンガポールのような英語への社会的支持力（日常生活での必要性[24]と英語教員の自国人での補充率）に欠けるために、実際のバイリンガル社会の実現にはまだ遠いようである。ブルネイの言語教育政策を東南アジア諸国の政策パターンのなかで位置づければ、(1980年代までの) マレーシアのような政治的・民族的な操作のためのマレー語優先政策でもなく、シンガポールのような経済性・国際性最優先の戦略型の英語政策のいずれでもない、その中庸をゆく政策であるといえる。

(3) 価値教育「マレー・イスラーム王権(MIB)」科目

ブルネイの国家イデオロギー

　学校教育における言語政策での「英語」への寛容でやや依存的な姿勢と対照的に、道徳、伝統文化、宗教、国家観に関するいわゆる価値教育 (values education) については、ブルネイ政府は一転してきわめて同化主義的、単一文化志向的科目を必修として導入している。それが「マレー・イスラーム王権 (*Melayu Islam Beraja*/Malay Islamic Monarchical Study, 以下MIBと略称する)」と呼ばれる科目である。MIBは学校における宗教・道徳・公民・文化・保健の内容を含んだ合科科目の名前であるが、より広く国民のアイデンティティを規定する概念（哲学）(concept of nationhood) で、マレーシアのルクヌガラ (*Rukunegara*)、インドネシアのパンチャシラ (*Pancasila*) などの国家原理に対応するものである[25]。ブルネイの学者に

よれば、その理念としての起源は初代イスラーム・サルタン、ムハマッド1世(Sultan Muhammad I, 在位1363-1402)の時代にさかのぼり、イスラームがマレー文化に浸透したムハマッド・ハッサン(Muhammad Hassan, 在位1582-1598)の時代にさらに強化されたという[26]。その意味でMIBは、民族対立や独立をめぐるイデオロギー対立の問題を解決するために、特定の時期に人工的に生み出されたルクヌガラやパンチャシラとの相違点も強調されている[27]。

しかしMIBという連語の直接のモデルとなったのは、英国植民地政府がブルネイの政体を表現した「Malay Islamic Sultanate」という術語のようである。1959年の自治権の獲得を機に、最後の「スルタン制」という部分が、より強固で中央集権化された王権を描く言葉として「Monarchy (Raja)」という言葉に置き換えられた[28]。1959年の「ブルネイ憲法」においてMIBの各要素は公式に法的基礎を与えられ、ブルネイの国語としてマレー語が(82条1項)、国教としてイスラームが正式に地位が保証され(3条1項)、そして宗教と国権の最高位に国王をいただくことがうたわれた(3条2項、4条1項)[29]。

さらにこれら3つの構成要素が統合された概念として具体化されたのは、1984年1月1日のブルネイ王国独立宣言においてである。第一の構成要素「マレー (*Melayu*)」とはブルネイがマレー民族、マレー文化の国であり、マレー語をその国語としていることを意味している。第二の構成要素である「イスラーム (Islam)」は、ブルネイがイスラームを国教とする非世俗国家であり、イスラーム教徒である国王が国民を統治する機構としてイスラームのシステムを用いることを意味している。第三の構成要素である「国王 (*Beraja*)」とは、ブルネイの宗教および国権、そして政府、軍隊、社会組織(慣習)のすべてにおける最高の存在であることを意味している。これらの概念の統合体として、MIBはブルネイの、①国家統合の基礎であり、②ブルネイ人としてのアイデンティティの基礎であり、③生活・思考・行動様式であり、④発展・経済の哲学であり、⑤教

育哲学である$^{(30)}$。そしてこれらの3要素は相互に不可分、無矛盾のユニークな統合体であり、抽象的・静的ではなく具体的、動的で未来志向的であるとされる$^{(31)}$。

MIB 科目の導入

ブルネイ大学には1990年ブルネイ研究アカデミー（*Akademi Pengajian Brunei*：APB/Academy of Brunei Studies）が、第6番目の学部として開設された。この学部の第一の研究目的は、MIBを含むブルネイ研究のあらゆる側面の研究を行い、MIB国民最高議会（MIB National Supreme Council/*Majlis Tertinggi Kebangsaan* MIB）の顧問機関として機能することが明記されている$^{(32)}$。既存の研究領域でいえば歴史、地理、文学、言語、教育、社会学を含む地域研究学部であるが、その優先研究分野の第一にMIBがあげられていることからも、このアカデミーがブルネイのMIB概念の理論的拠点として機能することが期待されていることは明らかである。

このような国家イデオロギーの普及の第一のエージェントとして着目されたのは学校であった。教育哲学としてのMIBは、その理念と概念を教育の場面でブルネイの児童・生徒・学生に正しく理解させることにあるが、より具体的には、国民の統合を強化し、ブルネイ人としてのアイデンティティを植え込み、ブルネイの安定と安寧、福利に貢献できる人材を要請することをその目的としている。

まず第一の「マレー」の要素については、マレー民族の思考、言い回し、慣習、性格、態度、風俗、風習、生活様式が国民の生活の柱となることが導かれ、第二の「イスラーム」については、イスラームの教えの慈善・恩恵・中庸などの側面をすべての子どもに伝えることによって、国内のイスラーム教徒と非イスラーム教徒が「反目を避け、善隣に努めよという命令」に基づいて、相互理解することによって、社会の安定と平安を確保できるようにするという意味である。国教はイスラームであるが、もちろんそれ以外の宗教も全く自由に完全に信仰可能である。国家の全

土においてイスラームの教えと理解が教育の基礎となり、そのシステムが日常生活とすべての学校において存在するように導かれる。

　そして第三の要素である「国王」については、宗教と国権の最高位にあり、ブルネイ社会と国家のシンボルでもある国王への揺るぎない忠誠と献身の精神を子どもたちに植え込むことを示している。ブルネイにおいて国王とはイスラームにおけるカリフであり、信仰の拡大と国家と社会の発展のために力を尽くす最高位の統治者である[33]。

　MIB は単に認知的知識を与える科目ではなく、最終的目標として児童・生徒の精神的体験を通じて、態度や行動、性格に影響を与える科目であるので、基本的に試験科目としてはなじまないところがある。1992年に独立した教科書ができるまで、MIB は他の一般科目のなかで教えられる価値教育として織り込まれていた。小学校では公民科とイスラーム宗教科において、中等学校ではイスラーム教育と国民基礎道徳科 (*Asuhan Budi dan Kenegaraan*) において、そして教員養成課程では公民科、高等教育においては国家基礎研究科 (*Pegajian Dasar Negara*) といった科目において、これらの価値が特に伝達されるべきであるとされた[34]。

　MIB を少なくとも中等教育以降高等教育までの教育において、ひとつの科目として独立させようという努力は文部省のカリキュラム開発局 (MIB 教科書編纂委員会) において、MIB 教育カリキュラムの開発と教科書の編纂という形で始められた。またブルネイ大学のハッサナル・ボルキア教育学院 (教育学部) では、MIB をマイナー専攻する学生のための「MIB 教育法」のコースを開設し、1995年にはブルネイ大学のブルネイ研究アカデミー (APB) が「学校管理者のための MIB コース」を開始した。1997年には MIB 国民最高議会により、「教師のための MIB 教育ワークショップ」が開催され、ブルネイ大学ブルネイ研究アカデミー、ハッサナル・ボルキア教育学院、文部省カリキュラム開発局、同視学局 (*Jabatan Kenaziran Sekolah-Sekolah*) など関係機関・部局が参加して教員の MIB 現職教育について研修を行った[35]。

ブルネイ大学ハッサナル・ボルキア教育学院 (教育学部) の「MIB 教育法」の講義は、便覧によれば次のような目的を持つと説明されている。すなわち、「このコースの目的は、学生に MIB 教育および学習のアプローチ、モデル、戦略を紹介することによって、MIB 教育の価値と概念を応用する技能を与え、さらに彼らが MIB をよりうまく効果的に教えられる能力を与えることにある。」そしてその内容としては教育技術的側面以外では、「MIB の定義、MIB 教育の目的、MIB カリキュラム、MIB シラバスの哲学・目的・目標、ブルネイ的価値を要素として持つ国家アイデンティティの明示、家庭・学校・社会といった人間組織の基礎構造、社会的・国家的問題における個人の役割と関連、民族主義とナショナリズムの概念の意味、宗教・言語・文化・民族・国家に対する責任についての情報、政府機関の構造・機能・責務・責任」などがあげられていた[36]。

MIB の内容

　1992年に試験的に編纂された下級中等学校1年生用の MIB の教科書(A)および1997年の下級中等学校3年用の MIB の教科書(B)の概要は以下のとおりである。全体的な印象は、低学年ではマレー慣習や道徳的内容が多く、高学年では国王と国家の側面の比重が大きいようである。教科書は写真図版が豊富で、練習問題にはクロスワードパズルなどを織り込むなど、生徒の関心を引く工夫がみられる[37]。

(A)　『MIB 下級中等学校1年 (*Melayu Islam Beraja Menengah I*)』
第1章　社会(22頁)
　　第1節　個人の家族に対する役割と責任(敬意　思いやり)
　　第2節　地域、地区、村落に対する個人の役割、責任、貢献、奉仕
　　　　　　(思いやり　共同作業　協力)
　　第3節　村落共同体、組合組織における関与、活動、および利益(村落
　　　　　　共同体　組合組織)
　　第4節　望ましくない活動(薬物　飲酒　喫煙　檳榔ガム[習慣性噛み煙草]社

会問題）
第2章　文化(25頁)
　　第5節　家内および社交場での家族、親類、友人への礼儀作法(衣服　話法　応対　食事)
　　第6節　ブルネイ郷土芸術への知識と理解(遊戯　歌謡　舞踊)
第3章　国家(18頁)
　　第7節　規則と順守(交通規則　モスクと礼拝所　公共施設　公共機関　役所　近隣環境)
第4章　宗教(18頁)
　　第8節　完結した生活様式としてのイスラーム(イスラーム原理　信仰原理)
　　第9節　信仰（奨励される善い行い）(挨拶　祈り　喜捨　援助　冠婚葬祭　慈愛)
(B)『MIB 下級中等学校3年(*Melayu Islam Beraja Menengah III*)』
第1章(57頁)　皇族への呼称　国王と国民の友好関係　国防
第2章(36頁)　王家の貴器(*Alat-alat Kebesaran Diraja*)　建築
第3章(11頁)　憲法
第4章(5頁)　イスラーム国庫(*Baitulmal*)　布教・勧誘

　ここで問題となるのは、既存の科目「イスラーム教宗教知識」やその他の社会系科目との内容の重複である。特にイスラームの要素は、MIB が教育学部をはじめ一般学部で養成された教師が教えることになっているのに対して、「イスラーム教宗教知識」は宗教学校出身の教師や宗教家によって教えられているので、その内容や教え方に差があれば、生徒の理解に混乱が生ずる可能性もあるし、全く同一であれば少なくとも時間的には重複してしまう。また世界宗教であるイスラームの教えのなかには国王や国家的要素を越えた、普遍主義的、脱ナショナリズムの要素も包含している。MIB においてマレー、イスラーム、国王が不可分・無矛盾

の要素であることは社会の調和的現状において受け入れられており、ブルネイ社会の発展にとってきわめて有益であるが、その概念が整合性をもって学校教育に取り入れられるためには、イスラーム宗教教育の側にも、MIBに配慮したカリキュラム編成が必要不可欠であろう。

東南アジア諸国の価値教育科目

こうした道徳・公民科目と宗教科目の導入のパターンについては、東南アジア諸国の間にも興味深い差がみられる。隣国マレーシアでは、少数派グループの生徒に配慮して、イスラーム宗教知識または道徳科目かの選択必修となっている。それに対して、インドネシアではさらに宗教的マイノリティへの配慮があり、イスラーム、キリスト教(新旧)、仏教、ヒンズー教のいずれかの科目が選択可能である。ただし全生徒はそれとは別に国家道徳であるパンチャシラ道徳教育が必修とされている。一方シンガポールは公教育における宗教的内容は排除して、世俗的な道徳教育のみを必修としている。ブルネイではイスラーム宗教教育の時間を全員に必修としているうえに、さらにイスラーム的要素を含むMIBを世俗的文脈で必修としており、価値教育における統合主義的（同化主義的）傾向はかなり強いといえる。その意味では、宗教も民族も全く異なる仏教国タイで、民族・宗教・国王をあわせて国民統合のシンボルとして教える、「ラック・タイ（タイ原理）」の教育に類似点がみられる[38]。カリ

表11-3　東南アジア諸国の宗教・道徳・公民科目の導入パターン

	宗　教　科　目	道徳・公民科目
インドネシア	5宗派*からひとつ選択 かつ	パンチャシラ公民道徳(必修)
マレーシア	イスラーム　または道徳(どちらか選択)	
ブルネイ	イスラーム(必修)	マレー・イスラーム王権(必修)
シンガポール	—	公民・道徳(必修)
フィリピン	—(課外選択)	価値教育(中等レベル必修)
ベトナム	—	道徳(初等)公民(中等)(必修)
タイ	宗教・道徳・倫理(必修)	

註：*イスラーム、カトリック、プロテスタント、ヒンドゥー教、仏教。

キュラムの面でも、主流派宗教の教育と宗教的要素を含んだ道徳教育の双方を必修としている点で共通性がある。

(4) 結　語

　ブルネイ王国の教育制度に関する特徴について概観するなかで、王家の歴史とは別にブルネイの近代国家としての発展の後発性と、人口規模的な理由による教育の外的依存性が観察された。学年が上昇するにつれて英語(媒体)への比重が増す、マレー語・英語のバイリンガル教育政策、すべての教育段階で顕著な外国人教員の比率、高等教育と教員養成レベルにおける海外教育への依存、価値教育を中心としたカリキュラム・教科書の外国との関連性などは、すべて上記の理由の双方が背景にあることはうかがえる。

　ブルネイが教育の分野で外国との協力関係を維持しなくてはならない必要性は十分に理解でき、マレーシア、インドネシア、シンガポール、フィリピンなどの近隣諸国との制度的、人的、理念的交流がさかんであることはもっともである。また教育用語としての英語の重要性も、シンガポールやブータンなどの人口規模の小さな国の例にもれない。しかし、英語を母語とし、教育用語とする国は数あるなかで、ブルネイのアジア以外の国との教育交流の比重は大きく英国に傾斜しているように思われる。もちろんブルネイの元宗主国であり、同じ立憲君主国として英国が特殊な地位にあることは認めながらも、近年のアジア諸国からアメリカへの留学の増大と、カナダ、オーストラリアなどの英語圏大学の盛んなキャンペーンなどで、シンガポールやマレーシアからの留学先国が多角化しているなかで、ブルネイからの英国への一貫した学生・研究者の流れはやや特異に映る。

　例えば1993年のブルネイ文部省派遣の海外留学生数238人（学部、大学院）のうち、留学先国では英国が233人、オーストラリア4人、マレーシ

ア1人と圧倒的な比率である[39]。またブルネイ大学のハッサナル・ボルキア教育学院のスタッフで、修士(MA, MSc, M.Ed など)以上の学位を持つ教員のうち、最高学位を英国の大学で取得した人の比率は44％にのぼる[40]。これは「ブルネイの伝統」や「人的コネクション」のためであると説明されれば、それで終わりで、明確な背景は特定できないが、そのような理由は他の元英領植民地でも同様であるので、ブルネイの異常なまでの英国志向の構造は今後の研究課題である。

いまひとつは、ブルネイの人口の15％を占める華人系ブルネイ人の静かな動向が特徴的である。マレー語・英語バイリンガル政策の陰で、華人系コミュニティは華語による教育の道を失い、いままた必修化されたイスラーム宗教知識科目や MIB によって、教育における文化的同化圧力に直面している。ブルネイ大学の華人系学生への調査(1992)では、彼らの半数が仏教徒で、3割がクリスチャンである。ほぼ全員が英語を話し、華語(標準中国語)を話す者は87％、福建語が77％、広東語が42％で、標準マレー語は69％の者が話すという[41]。バイリンガル政策に関しては、英語への強調はむしろ歓迎される方向であり、MIB などについても、試験科目ではない限り大きな反対は起こりにくいであろう。またこれらの背景には、華人系のブルネイ定住の歴史の長さや民族的経済格差の問題がないということも影響していると考えられる。

【出典および註】

(1) 14世紀のジャワの歴史書（1365年）にマジャパヒト帝国の属国として Buruneng の名がある。D. S. Ranjit Singh, 1984, *Brunei 1839-1983: The Problems of Political Survival,* Oxford University Press, Singapore, pp.12-13.

(2) T. Husen and T.N. Postlethwaute eds., 1994, *The International Encyclopedia of Education,* Pergamon Press, pp.570-577.

(3) 1952年までに7校の華語学校が設立されたが、その生徒の多くは英国マラヤ石油会社の社員の子弟であった。Tan Pek Leng, 1992, 'A History of

Chinese Settlement in Brunei', in Tan Pek Leng, Geoffery C. Gunn *et al.* eds., *Essays on Modern Brunei History*, Universiti Brunei Darusslam, p.125.

(4) Ministry of Education, 1987, *Education System of Negara Brunei Darussalam*, Star Trainding & Printing, p.10.

(5) 1950年には3人の学生がシンガポールの *Madrasah al-Junied al-Islamiah* に送られたという記録がある。Iik Arifin Mansurnoor, 1992, 'Islamic Reform in Brunei 1912-1959: Introductory Remarks', in Tan Pek Leng and Geoffery C. Gunn *et al.* eds., 1992, *op. cit.*, p.81.

(6) Ministry of Education, 1987, *op. cit.*, p.10.

(7) Brunei Education Commission, 1972, *Report of the Education Commission of 1972*, cited in Brunei Education Council, 1976, *Scheme for the Implementation of the New Education Policy*, Dewan Bahasa dan Pustaka, pp.ciii-cvi.

(8) Ministry of Edication, 1987, *op. cit.*, p.13. 1985年の教育目標第一項目はこの1と2を結合して、「英語の重要性を認識しながら、国語であるマレー語の機能を維持するバイリンガル教育システムを確立する」とまとめられている。

(9) G.M. Jones, 1990, 'How Bilingualism is being integrated in Negara Brunei Darussalam: Some implemental considerations', in J.T. Collins ed., *Language and Oral Traditions in Borneo*, Williamsburg, VA, Borneo Research Council, p.297.

(10) Ministry of Education, *School Enrolment Statistics*, 1996, Brunei Dalssalam. http://www.brunet.bn/gov/moe/schools (1999.9.7) より著者が集計した。ただし Tutong District の小学校のデータ6校に欠損値がある。2004年度統計については〈追録〉(表11-4)参照。

(11) Ministry of Education, 1987, *op. cit.*, pp.27-28.

(12) 教務課提供資料 (1999.7.14) unpublished. 文部省統計ではブルネイ人スタッフ237人、外国人スタッフ64人 (1996年) と大きな隔たりがある。

(13) *Prospectus 1998/99 Universiti Brunei Darussalam, 1998*, UBD, pp.6-8. ただし各学部のなかでも、専攻コースによって授業用語の言語媒体は分かれている。

(14) この2校とは Hassanal Bolkiah Arabic Secondary Boys School、および Raja Isteri Pengiran Anak Damit Girls School であり、宗教省の管轄下に

ある。
(15) Ministry of Education, 1987, *op. cit.*, p.13.
(16) John Edwards, 1993, 'Implementing Bilingualism: Brunei in Perspective', in Gary M. Jones and A. Conrad K. Ozóg eds., *Bilingualism and National Development,* Multilingual Matters Ltd., Clevedon, p.31.
(17) Ministry of Education, 1990, *Education in Brunei Darussalam,* p.19, cited in Gary M. Jones, 1996, 'The Bilingual Education Policy in Brunei Darussalam', in Peter W. Martin, Conrad Ozóg *et al.* eds., *Language Use and Language Change in Brunei Darussalam,* Ohio University Center for International Studies Monographs in International Studies, Southeast Asia Series Number 100, Athens Ohio, p.124.
(18) John Edwards, 1993, *op. cit.*, p.29.
(19) Hans G. Scheerer, 1988, *Brunei: Bilingual Education in a Monolingual Society,* 1988 Area Annual Meeting, New Orleans, April 5-9, p.4.
(20) J. Cummins and M. Swain, 1986, *Bilingualism in Education,* London, Longman.
(21) Hans G. Scheerer, 1988, *op. cit.*, pp.7-8.
(22) *Ibid.*, pp.8-9.
(23) Ng Seok Moi, 1994, 'Changing the English Language Curriculum in Brunei Darussalam', in *International Journal of Educational Development,* Vol.14, No.4, pp.361-370.
(24) 1978年の言語使用調査によれば、ブルネイ人の公的場面での使用言語（複数回答）はマレー語（ブルネイ・マレー語）64％、英語62％とほぼ拮抗していたが、私的場面での使用言語はマレー語95％に対して、英語20％であった。Peter W. Martin and Gloria Poedjosoedarmo, 1996, 'An Overview of the Language Situation in Brunei Darussalam', in Peter W. Martin, Conrad Ozóg *et al.* eds., *op. cit.*, pp.30-31.
(25) ルクヌガラとパンチャシラの項目と対比については本書第9章「インドネシアのイスラーム高等教育」を参照。
(26) Haji Awang Abdul Aziz, 1993, 'Melayu Islam Beraja Negara Brunei Darussalam', in Akademi Pengajian Brunei ed., *Melayu Islam Beraja: Kertas-Kertas Kerja Seminar 'Melayu Islam Beraja',* p.7.
(27) Haji Abdul Latif bin Haji Ibrahim, 1995, 'Melayu Islam Beraja：

Sejarah dan Takrif', in *Janang, Warta Akademi Pegajian Brunei UBD,* Vol.4, p.7.

(28) *Ibid.,* p.8.

(29) *Perlembagaan Brunei 1959* (Brunei Constitution 1959), para.3, 4, 82.

(30) *Ibid.,* pp.13-26.

(31) *Ibid.,* p.10.

(32) *Prospectus 1998/99 Universiti Brunei Darussalam,* 1998, UBD, p.103, p.109.

(33) Kementerian Pelajaran dan Kesihatan, 1985, *Sistem Pendidikan Negara Brunei Darussalam,* (Konsep Melayu Islam Beraja: M.I.B), pp.35-36.

(34) *Ibid.,* p.38.

(35) Hj Abu Bakar bin Pg Hj Sarifuddin, 1998, 'Melayu Islam Beraja Dalam Sistem Pen-didikan Brunei Darussalam', in *Janang, Warta Akademi Pengajian Brunei UBD,* Vol.7, pp.3-6.

(36) Sultan Hassanal Bolkiah Institute of Education, 1998, *Handbook 1998/99,* Univeristi Brunei Darussalam, p.115. コースの参考図書としてMIBの教科書以外には、マレーシアの合科科目「人間と環境（Alam dan Manusia）」科目に関する手引書が多くあげられている点は興味深い（p.112）（「人間と環境」科については本書第3章第3節を参照）。

(37) Jabatan Perkembangan Kurikulum, Kementerian Pendidikan, 1992, *Melayu Islam Beraja Menengah I,* (Edisi percubaan); Jabatan Perkembangan Kurikulum, Kementerian Pendidikan, 1997, *Melayu Islam Beraja Menengah III.*

(38) 村田翼夫、1987、「タイの国民統一と宗教・道徳教育」、『第三世界における国民統一と「宗教・道徳教育」筑波大学教育学系比較教育研究室、65-67頁；野津隆志、1994、「タイ農村の幼児教育と文化伝達の構造―文化伝達に対する家庭と幼児教育施設の相互関係の検討―」、『比較教育学研究』第20号、124-125頁。

(39) Kementerian Pendidikan, 1993, *Laporan Tahuan,* p.164. 政府派遣外では282人中、英国は112人、オーストラリア58人、マレーシア53人、シンガポール32人、カナダ27人であった（p.168）。

(40) Sultan Hassanal Bolkiah Institute of Education, 1998, *op. cit.,* pp.4-6.

(41) Kevin Dunseath, 1996, 'Aspects of Language Maintenance and Language Shift among the Chinese Community in Brunei', in Peter W.

Martin, Conrad Ozóg *et al.* eds., *op. cit.*, pp.287-294.

〈追録〉
表11-4　ブルネイの学校・教育統計(2004年)

(外国人教員の情報を含まない)

学　校　種		学校数	児童・生徒数			教員数
			男　子	女　子	合　計	
政府立	幼・小学校	126	17,186	15,235	32,421	2,549
	中等学校	28	14,590	14,904	29,494	2,941
	高等中学	6	1,232	1,843	3,075	
私　立	幼・小学校	78	12,632	12,030	24,662	747
	中等以上	13	2,786	2,398	5,184	
技術・職業学校		6	1,671	1,442	3,113	616
アラビア語学校		6	832	911	1,743	313
宗教教員養成カレッジ		1	162	153	315	40
ブルネイ工科学院(ITB)		1	246	236	482	89
ブルネイ大学(UBD)		1	NA	NA	3,638	NA
合　計*		266	51,337	49,152	100,489	7,295

註：＊男子数、女子数、教員数にはブルネイ大学を含まない。
出典：Ministry of Education Brunei, *Educational Statistics for the Year 2004*, 2004. http://www.moe.gov.bn/index2004

おわりに

　多くの方々の協力と支援によって本書の刊行が実現したことはいうまでもない。本書の研究の基礎となったのは1986年から87年までのマレーシア、マラヤ大学留学、そして1990年から93年までの英国・レディング大学留学における研究である。それぞれの留学における指導教員であったマラヤ大学の Leong Yin Ching 教授、そしてイギリス・レディング大学の Keith Watson レディング大学名誉教授に、丁寧なご指導と暖かい援助に対して感謝の意を表したい。そしてその2回の留学の実現を支えていただいた小林哲也京都大学名誉教授、この研究へのきっかけを与えていただいた江渕一公元九州大学教授に改めてお礼申し上げたい。また留学を助成していただいた日本の文部科学省（当時文部省）のアジア諸国等派遣留学制度、英国のブリティッシュ・カウンシル奨学金に対して感謝の意を記したい。

　研究および調査の現場において、Isahak Haron 教授（マラヤ大学、現教育大学）、Molly N.N. Lee 助教授（理科大学）、V. Selvaratnam 教授（マラヤ大学、世界銀行）、M. Rajendran 教授（マラヤ大学）、Mohamad Ali 氏（言語文書局）、Bryan Cowan 教授（レディング大学）、Elwyn Thomas 教授（ロンドン大学）ほかには多大なご協力とご指導をいただいた。

　そのほか帰国後も10数回にわたる現地調査において、学校、大学、教育機関の訪問を受け入れていただいた方々、調査に協力していただいた方々など、お世話になった多数のお名前をここに記せないのは残念である。その調査に関しては、文部科学省および日本学術振興会から科学研究費補助金の援助を受けた。研究代表者としての6件の受給のみあげれば、奨励研究(A)「マレーシアの国民教育制度の発展に関する比較教育学

的研究 (1989〜1990)」、奨励研究(A)「教育における国際関係論：マレーシア・英国・日本の多国間時系列的比較研究 (1994)」、基盤研究(C)(2)「高等教育における教授理念と授業改善に対する教育支援の国際比較研究 (1996〜97)」、基盤研究(C)(2)「アジア諸国の教育後発効果と価値教育に関する国際比較研究－『先進国』化政策の検討 (1998〜99)」、基盤研究(C)(2)「アジア諸国における経済危機への教育の対応－先端技術教育と価値教育の多国間比較研究(2000〜01)」、基盤研究(C)(2)1553042「児童・生徒の潜在的能力開発プログラムとカリキュラム分化に関する国際比較研究 (2003〜04)」である。また現地調査にあたっては永田淳嗣東京大学助教授、西野節男名古屋大学教授、大塚豊名古屋大学教授（当時）、村田翼夫筑波大学教授（当時）、一見眞理子国立教育政策研究所統括研究官、山﨑高哉京都大学教授（当時）の研究プロジェクトより助成をいただいた（初出一覧参照）。ここに改めて謝意を表したい。

　またマラヤ大学に同時に留学していた日本人研究者の方々による小さな研究会の存在と、そこでえた交流を忘れることができない。私がいた時期に重なるごく一部のお名前をあげれば、ティー・プランテーション土地所有の研究からインド人を追ってマレーシア研究を始められた水島司氏（現東京大学教授）、東南アジア漂流民の足取りを追ってマレーシアの歴史研究を手がけた野村亨氏（現慶應義塾大学教授）、オーストラリアの対アセアン政策の政治学研究を展開された金子芳樹氏（現獨協大学教授）、インドネシア語の文法研究をマレー語に拡大された佐藤宏文氏（現ブルネイ大学上級講師）、タイ南部の社会史から国境を南に越えた黒田景子氏（現鹿児島大学教授）など多くの方々のご指導と助言を受け、時には同じ釜の飯をいただいた。こうしてみるとイスラーム民間信仰と儀礼研究の中澤政樹氏＊など文化人類学専攻の方々を除くと、マレーシア以外のフィールドからそれぞれの研究テーマを追ってマレーシア研究にたどり着いたケースが多いことに気づく。このこと自体が、マレーシアという社会が様々な分野で、それを取り巻く世界といかに密接に連続しているかとい

うことを実感させてくれる。(*本書校正中に九州産業大学助教授中澤政樹氏の突然の訃報に接した。マラヤ大学同期留学生として、またマレーシア研究者として早すぎる死を悼むとともに、氏のご冥福を心よりお祈り申し上げる。)

　本書の刊行にあたっては日本学術振興会平成16年度科学研究費補助金、研究成果公開促進費からの助成をいただいた。申請時の見積もりから編集、出版に至るまで、この煩雑な作業を快く進めていただいた東信堂の下田勝司・二宮義隆両氏にお礼申し上げたい。原論文には文献目録を用意していたが、各章末の註にほとんどが含まれることと、分量が膨大なため収録を断念せざるをえなかった。そのぶん索引を充実させるように努めたが、不便についてはお詫びする以外にない。また本書編纂の過程で大学公務等様々な面でご迷惑をかけ、またご配慮いただいた京都大学大学院教育学研究科比較教育政策学講座の江原武一教授に謝意を表したい。そして物心両面で長期間の研究を支えてくれた妻季子と両親に感謝の意をささげたい。

　2005年2月

著　者

初出一覧

第1部
第1章　マレーシアの教育へのグローバル・インパクト
　　　2001年「各国編、マレーシアにおける教育改革とグローバル・インパクト」西野節男編『アジア諸国の国民教育におけるグローバル・インパクトに関する比較研究―中等学校カリキュラム改革を中心に―』(平成11〜12年度)、67-84頁
第2章　アカデミックな人的流動にみる国際教育関係
　　　1994年「アカデミックな人的流動にみる国際教育関係：英国とマレーシアの関係を中心に」『京都大学教育学部紀要』40号、173-193頁
第3章　中等理科カリキュラムの国際「移植」と開発
　　　1995年「マレーシアにおける中等理科カリキュラムの開発と「移植」―国際教育関係の観点より―」『京都大学教育学部紀要』第41号、114-139頁
第4章　教育言語と華人教育ネットワーク
　　　1999年「マレーシア華人の民族教育動態と国際関係―ジョホール州華語教育の動向を中心に―」『京都大学大学院教育学研究科紀要』第45号、17-44頁、永田淳嗣代表、国際学術研究『多民族国家マレーシアの地方都市における「文化生態」に関する総合的研究』
第5章　民族統合学校ヴィジョンスクール構想
　　　2001年「マレーシアにおける民族統合学校(ビジョン・スクール)の動向」『京都大学大学院教育学研究科紀要』第47号、84-98頁
　　　2002年「第9章　マレーシアにおける親の学校参加」一見眞理子編『親の学校参加に関する国際比較研究　最終報告書』164-177頁
第6章　高等教育へのグローバル・インパクト
　　　2002年「マレーシアの大学教育におけるグローバリゼーションとコアカリキュラム」『大学教育学会誌』第24巻第1号、54-59頁
　　　2002年「マレーシアの大学教育と大学評価の動向」『大学評価研究』第2号、43-51頁
　　　2003年「マレーシアの高等教育の民営化」村田翼夫編『アジア諸国の中等・高等教育における民営化についての実証比較研究―その特質と問題点に関する考察』43-68頁
第7章　高等教育へのイスラーム・インパクト
　　　1995年「高等教育における科学と哲学：アジア・イスラーム社会の視点―そ

の1―」『京都大学高等教育研究』創刊号、65-77頁

　　　1996年「高等教育における科学と哲学：アジア・イスラム社会の視点―その2―」『京都大学高等教育研究』第2号、165-183頁

第8章　就学前教育のグローバル化対応と教員養成

　　　2003年「マレーシアにおける就学前教育の実践と改革動向―英語教育を中心に―」『京都大学大学院教育学研究科紀要』第48号（ベーシューキーとの共同執筆のうち杉本執筆部分）

　　　2005年「マレーシアの教員養成システム」日本教育大学協会『諸外国の教員養成制度』

第2部

第1章　インドネシアのイスラーム高等教育

　　　1998年「東南アジアのイスラーム高等教育機関の国家性と超国家性―インドネシアとマレーシアの比較より」『京都大学教育学部紀要』第44号

第2章　シンガポールのマレー人教育

　　　2000年「シンガポールの競争選抜社会とマイノリティの子どもの教育」山﨑高哉編『21世紀を展望した子どもの人間形成に関する総合的研究』伊藤忠記念財団調査研究報告書、218-250頁

第3章　ブルネイ王国の言語・価値教育政策

　　　2000年「ブルネイ王国の言語・価値教育政策―シンガポール・マレーシアとの比較の視点から―」『京都大学大学院教育学研究科紀要』第46号、42-59頁

マラヤ・マレーシア教育史年表

註：原則として、学校など創立年と開校年が違う場合は前者、教育委員会報告などで委員会任命年と報告書提出年が異なる場合は後者を採用した。

1786	[フランシス・ライト（Francis Light）によるペナンの獲得（ケダ州より）]
1815	ロンドン・ミッショナリー協会（London Missionary Society）による中華フリー・スクール（Chinese Free School）がマラッカに開設される
1816	ペナン・フリースクール（Penang Free School）をハッチンス（Hutchings）が設立
1819	[ラッフルズによるシンガポールの獲得] ペナンに五福書院（Wefu Shuyuan）開設（マラヤで記録を持つ最古の中国語学校）
1821	ペナン・フリースクールにマレー語とタミル語のクラスが付設される
1823	シンガポール・インスティチューション（Singapore Institution）をS.ラッフルズが設立
1825	聖ザビエル・フリースクール（St. Xavier's Free School）ペナンに開設
1826	マラッカ・フリースクール（Malacca Free School）開設
1834	シンガポール・フリースクール（Singapore Free School）設立
1849	シンガポール Teluk Ayer St. に崇文閣（Chung Wen Ge）（中国語学校）開校
1852	キリスト教ミッション（Christian Brothers, the Holy Infant Jesus）が英語教育機関開設のためにマラヤ到着
1854	シンガポールに萃英書院（Cuiying Shuyuan）開設
1856	最初のマレー語母語学校をシンガポール テロック・ブランガ（Teluk Belanga）に設立
1860	ラッフルズ・インスティチューション（Raffles Institution）、シンガポール・フリースクールから改称
1863	海峡植民地に8校のマレー語母語学校を設立
1872	海峡植民地の教育局長に視学官（Inspectorate）を派遣
1874	[パンコール条約（Pangkor Engagement）（英国とペラ州スルタン間）]

1885	女王陛下奨学金(Queen's Scholarship)導入(1886 in [Loh 1975: 50])
1886	最初のメソジスト派学校、アングロ・中華学校 (Anglo-Chinese School)をシンガポールに設立
1888	ペナンに南華義學(*Nanhua Yixue*)(中国語学校)開校
1891	ケンブリッジ海外試験 (Cambridge Local Examination) をマラヤに導入
1894.1	ビクトリア学院(Victoria Institution)をクアラルンプルに設立(1893?)
1896	[マレー連合州(Federated Malay States)を形成]
1900	マレー連合州で男子初等義務教育制を導入(1920年まで)
1902	ケネルズレイ報告(Kennerseley Report)(植民地の英語教育に関して)
1904	ペナンに最初の「新式」華語学校 中華學校(Chunghwa School)開校
1905.1	マレー・カレッジ(Malay College Kuala Kansar)(*Maktab Mulayu*)をクアラ・カンサール (Kuala Kansar) に設立 (マレー人男子寄宿制英語中等学校)
－．1	シンガポール医学校(Singapore Medical School)開校
1906	タイピン・セントラルスクール (Taiping Central School, 後のクアラルンプル・エドワード7世学院／ Kuala Lumpur King Edward VII School)
－	尊孔學堂 (Confucian School, 後の尊孔独立中学) クアラルンプルに創立
1908	クアラルンプル坤成女校 (Kuen Cheng Girls School, 最初の華語女子中学)開校
1910	マレー人官吏養成計画(Malay Administrative Service Scheme)
1911	[辛亥革命]
1912	エドワード7世医科カレッジ (King Edward VII College of Medicine, シンガポール医学校(1905-)から改称
－	蔴坡中華中学(*Chung Hua* High School, 最初の華語中等学校)がムアール(Muar)に開設
1914	華人教育協会(Chinese Education Association)シンガポールに設立
－	イポーに霹靂女子中学(Perak Girls School)開校
1915	最初のマドラッサ(*Madrasa*)アル・マシュール(*Al-Mashhur*)をペナンに開設
1917	ウィンステッド教育報告 (*Winstedt Report*, マレー語のローマ字綴り、

	マラヤ歴史教育、SITC の設立を勧告）
—	（この頃）中国語学校の教授用語が北京標準語（Mandarin = *Kuo Yu*）に統一される
1919	［五四運動］
—	レモン報告（*Lemon Report*）（マレー連合州における産業技術教育について）
1920	ペナン・フリースクールが政府の管轄に入る
—	海峡植民地の全学校と教員の教育局登録制度義務化（Registration of School Ordinance）
1921	マラヤ連合州の全学校と教員の教育局登録制度義務化
1922.11	スルタン・イドリス教員養成カレッジ（Sultan Idris Training College）をタンジョン・マリム（Tanjong Marim, Perak）に設立（最初のマレー語中等学校）
1923	シンガポール年次教育報告（*Annual Report on Education*）（華語方言による教育に政府援助を勧告）
—	労働規約（Labour Code）（茶農園の管理人に労働者子弟のための学級設置を義務化）
1925.10	ウィンステッド技術教育報告（Winstedt Report on Technical Education）
1926	（インドネシア）ナフダトゥール・ウラマ（*Nahdatul Ulama*）結成
1929	ラッフルズ・カレッジ（Raffles College）をシンガポールに設立
—	（ブルネイ）［ブルネイ・スリア油田発見］
1930	［マラヤ共産党(Malayan Communist Party = MCP)結成］
1935.1	最初のマレー女子師範学校をマラッカ（Malacca）に設立
—	クアラルンプル尊孔學堂が初めて後期中等教育（Senior Middle Class）開設
1937	マクリーン報告（*McLean Report*）（マラヤの高等教育について）
1938	チーズマン報告（*Cheeseman Report*）（職業教育について）
1942.2	［日本軍マレー半島上陸、シンガポール陥落（日本軍マラヤ・スマトラ占領）］
—.4	小学校再開ニ関スル件（日本軍政監部）（初等教育科目・授業用語日本語／マレー語・タミル語）
—.5	興亜訓練所を昭南市に設置

1943. 1 南方圏教育ニ関スル基本方針(南方総軍)(英語教育の停止)
1944. 3 華僑ニ対スル文教施策(華語私立学校を廃止)
1945. 8 [日本軍降伏]
― . 10 [マラヤ連合案(Malayan Union Proposal)]
1946 評議会文書第53号(Council Paper No.53 of 1946)(3母語および英語による無償初等教育、英語の必修化を目指す、中央教育審議会の設立)
― . 3 第1回汎マラヤ・マレー人会議(Pan-Malayan Malay Congress)
― . 5 [統一マレー人国民組織(United Malay National Organization：UMNO)発足]
1947 カー・サウンダーズ卿委員会(Commission of 1947)マラヤ大学設立準備調査
― . 8 (シンガポール)植民地教育政策10カ年計画(Ten Years Programme)(6年間無償初等教育、4言語母語教育勧告)
1948. 2 [マラヤ連邦(Federation of Malaya)成立]
― . 2 カー・サウンダーズ委員会報告(*Carr-Saunders Report*)(マラヤ大学の設立を勧告)
― . 5 (インドネシア)インドネシア・イスラーム大学(UII)成立
― . 6 非常事態宣言(1948-1960)(マラヤ共産党非合法化)
1949 中央教育審議会(Central Advisory Committee on education)
― . 2 マラヤ華人協会(馬華公会／Malayan Chinese Association：MCA)結成
― . 10 マラヤ大学(シンガポール校)設立(ラッフルズ・カレッジとキング・エドワード7世医学校の合併による)
1950 中央教育審議会報告(*Paper No.29 of 1950 Federation of Malaya*)(英語を最終的な教授用語として構想)
1951. 1 バーンズ報告(*Report of the Committee to Consider the Problem of Malay Education*(*Barnes Report*))(英語とマレー語の6年無償の国民学校を提言)
― . 6 フェン・ウー報告(*The Report of a Mission invited by the Federal Government to Study the Problem of the Education of Chinese in Malaya*(*Fenn-Wu Report*))(3言語主義と華語学校の保存改善を提言)
― . 12 華校教師会総会(教総＝United Chinese School Teachers Association：UCSTA/華語学校教師会総会)結成
― マラヤ回教党(Pan Malayan Islamic Party, 後のPAS＝*Parti Islam Se-*

Tanah Melayu)結成
1952.1 [連盟党(Alliance Party) UMNO と MCA により形成 (1955年より MIC 加盟)]
— 新教員給与国家補助計画 (New Salary Aid Scheme)発表 (私立学校の権限削除)
— 1952年教育令 (Education Ordinance 1952)
1953 「三大機構」(教総 (UCSTA)、馬華公会華文教育中央委員会 (MCA/CECC)、董事連合会 (CSCA, 董総の前身))を結成 (1952年教育令に反対)
— 林連玉 教総(UCSTA)主席(1953-61)
—.12 (シンガポール)1953年12月白書
1954 1954年教育令 (Education Enactment 1954)
— 華校董事連合会総会 (董総= United Chinese School Committees Association: UCSCA)創設(全マラヤ華語学校理事連合会総会)
— 「華語教育に関するメモランダム」提出
— シンガポール南洋大学 (Nanyang University)設立 (1953?/1956?)
— (シンガポール)シンガポール・ポリテクニック(Polytechnic)設立
1955 ムスリム・カレッジ (Kolej Islam Malaya)をクラン(Kelang)に設立
—.7 [第1回連邦議会選挙、連盟党圧勝52議席中51議席]
—.9 ラザク委員会任命(15名)
1956.5 ラザク報告 (教育委員会報告= Razak Report) (国民学校(マレー語)と国民型学校 (英語・華語・タミル語) 制度を提案、共通シラバス、統一試験の勧告、文部省・地方教育当局の設置を規定)
—.2 シンガポール全党委員会報告 (All-Party Committee Report) (4言語ストリームに対する平等待遇を勧告)
— 言語文書局 (Dewan Bahasa dan Pustaka) (マレー語・文学振興機関)設立
— 下級中等教育卒業証書) (Lower Certificate of Education: LCE, 15歳+) 導入、上級中等教育卒業証書) (Federation of Malaya Certificate of Educaiton: FMCE)
1957.8 [独立マラヤ連邦]、マラヤ連邦憲法 (Federation of Malaya Constitution) (マレー語を国語に規定、10年間の英語による公文書・法令・裁判手続きを認める(152条)、イスラーム教を国教と規定、マレー人の特別な地位を認める)

	－	1957年教育令(Education Ordience 1957)(ラザク報告勧告の法文化)
	－.12	1957年シンガポール教育令(Education Ordinance 1957)
1958		最初のマレー語媒体新中等学校設立
1959.1		マラヤ大学クアラルンプル校開設（シンガポール校と対等な学位授与機関）
	－	[シンガポール共和国(Republic of Singapore)成立]
1960.2		ラーマン・タリブ(教育再検討 Rahman Talib Committee)委員会任命
	－.6	ラーマン・タリブ(教育再検討委員会)報告(*Rahman Talib Report*)(15歳までの普通教育、無償初等教育の実施、華語中等学校の英語学校への転換を勧告)
	－	下級中等学校第3年次試験(華語)(Junior Middle III Examination)廃止
	－	下級中等学校修了資格試験(SRP = Sijil Rendah Pelajaran)(国語)開始
	－	(インドネシア)ジャカルタに最初の国立イスラーム専門大学(IAIN)設立
1961		1961年教育法(Education Act 1961)制定(文部大臣に国民型学校を国民学校へ時転換できる権限を付与、中央視学官設置)
	－	UTS 教員養成計画(UTS scheme for school teachers)
	－	マラヤ大学法(University of Malaya Act)
1962.1		公立華語中等学校への補助を停止（70校中54校が公立英語媒体に転換、残り16校は私立校(華文独立中学)となる）
	－.1	シンガポール大学(University of Singapore)がマラヤ大学から分離
	－	初等教育無償化を実施
	－	中等学校修了資格試験(MCE/SC)を初めてマレー語で実施(SPM)
	－	上級中等学校第6年次試験(華語)(Senior Middle III Examination)廃止
1963.9		[マレーシア連邦(Federation of Malaysia)形成、アブドル・ラーマン首相]
	－.6	(シンガポール)義安カレッジ(Ngee Ann College)設立(1967年に公教育機関に)
	－	マラヤ大学教育学部設置
	－	大学予備課程にマレー語のコースを設置
1964		マレーシア中等学校入学試験（MSSEE）を廃止（Malaysia Secondary

	School Entrance Examination, 12歳＋：1957－)(中学校への自動進学が可能となる)
1965. 8	［シンガポール共和国、マレーシア連邦から離脱独立］
－	学区制(School District System)導入
－. 6	マラ(*Majlis Amanah Rakyat*：MARA ＝マレー人殖産振興公社)開設
－	東南アジア諸国文部大臣会議(SEAMEO)に加盟
1966	第1次マレーシア計画(First Malaysia Plan)1966-1971
－	(シンガポール)学校で4言語のうち2言語を義務化
1967. 3	1967年国語法(National Language Act 1967)(マレー語を唯一の国語・公用語とする。海外留学にMCE試験合格を義務化)
－	初等5年次評価テスト(Standard Five Evaluation Test)導入
－	マラ工科大学(Institut Teknologi MARA ＝ ITM)設立
1968. 4	独立大学(Merdeka University)発起人大会宣言
－	小学校特別プロジェクト(*Projek Khas*)(理数科技能向上計画)開始(-75)
1969. 5	［1969年総選挙(DAP・Gerakan 躍進)］
－. 5	［5月13日民族暴動勃発(Riot 13 May)；外出禁止令布告；国家運営評議会(NOC ＝ National Operation Council)(Abdul Razak 議長)］
－. 6	文部大臣、公立英語媒体校の国語媒体への転換を発表(大学を含む)
－. 8	マラヤ大学学生キャンパス生活調査委員会任命(マジッド・イスマイル議長)
－	マレーシア理科大学(*Universiti Sains Malaysia*：USM)をペナンに設立
－	アブドル・ラーマン・カレッジ(Tun Abdul Rahman College：TAR)をKLに設立
－	ウンク・オマール・ポリテクニック(Ungku Omar Polytechnic)イポーに設立
－	マレーシア統合中等理科カリキュラム (Integrated Science for Malaysian Schools) を英国(Scottish Integrated Science Syllabus)より導入
－	ダルル・アルカム運動(*Darul Arquam*)がアシャリ(Ashaari)によって組織される
1970. 1	英語媒体公立小学校(SRJK)を第1学年から国語媒体(SK)に変換開始
－. 3	マハティール著『マレージレンマ(*Malay Dilemma*)』発禁処分
－. 8	ルクヌガラ(*Rukun Negara*)国家原理制定

	－． 9	［アブドゥル・ラザク(Abdul Razak)第2代首相就任］
	－	マレーシア国民大学（*Universiti Kebangsaan Malaysia*：UKM）をバンギ(Bangi, Selangor)に設立(全課程を国語で教授)
	－	中等学校修了資格試験(MCE/SPM)で国語科目の合格が必須化
1971. 7		［第2次マレーシア計画(Second Malaysia Plan 1971-75)］
		［新経済政策（New Economic Policy 1971-1990）開始，（ブミプトラ政策）］
	－． 6	PAS(*Parti Islam sa-Malaysia*)、マラヤ回教党(PMIP)より改称
	－	マジッド・イスマイル報告（*Report of the Committee Appointed by the National Operation Council to Study Campus Life of Students of University of Malaya*）(大学における民族別入学割当(Quata)を勧告)
	－	1971年憲法修正法(Constitution(Amendment)Act 1971)(153条8Aにおいてマレー人等への高等教育機関への割り当て(reservation)を国王の権限に置く)（中央大学入学管理局（Central University Admission Unit））
	－． 8	国民文化会議(Congress of National Culture)(国民文化原理の表明)
	－	大学および大学カレッジ法(Universities and University College Act：UUCA)公布(私立民族語大学の設立を事実上否定)
	－	マレーシア農科大学（*Universiti Pertanian Malaysia*）をスルダン(Serdan)に設立
	－	マレーシアイスラーム青年運動（*Angkatan Belia Islam Malaysia*：ABIM）結成
1972. 12		［国民戦線（*Barisan Nasional*/National Front)結成］
	－	高等教育諮問委員会（Higher Education Advisory Council）設置（大学の学長・副学長の任命権を大学審議会から文部省に移行）
	－	修正教育法（Amended Education Act）(バハサ・マレーシアがマレーシアの学校の正式の授業用語として規定される)
	－． 8	マレーシア語とインドネシア語の共通綴字法について合意 トゥン・ラザク(Tun Razak)首相とスハルト(Suharto)大統領が同時発布)
	－	マレーシア工科大学（*Universiti Teknoligi Malaysia*）をKLに設立
	－	現代物理・現代化学・現代生物が上級中学（中等4-5年）理系理科のカリキュラムに導入される(英国ナフィールド（Nuffield)理科Oレベルからの移植)

1973		カリキュラム開発センター（Curriculum Development Centre）をKLに設立
	―	初等3年診断テスト（Diagnostic Test for Standard 3）を導入
	―.2	ドロップ・アウト調査（Dropout Study/*Kajian Keciciran*）報告（ムラッド（Murad）報告）
1974		マレーシア現代科学（Modern Science for Malaysian Schools）が上級中学（中等4-5年）文系理科に導入される（英国ナッフィールド中等理科からの移植）
	―	マレーシア農科大学（UPM）の分校がサラワク、クチン（Keching）に開校
	―	マハティール・モハマッド（Mahathir Mohamad）文部大臣（1974-78）
1975		サラワク中学校入学試験（Secondary School Entering Examination）廃止
	―	華文独立中学で統一考試（Unified Examination for ICSS）開始
	―	大学・大学カレッジ法改正（大学の参与会（court）に政府代表の参加を容認）
1976.1		［フセイン・オン（Hussein Onn）第3代首相就任、第3次マレーシア計画(-81)］
	―.1	政府補助英語中学校が第1学年よりマレーシア語媒体校に転換される
1977		下級中等学校卒業証書（LCE:1956-）廃止 SRP（*Sijil Rendah Pelajaran*）に統合（1978?）
	―	サラワクの英語小学校が第1学年からバハサ・マレーシア媒体に転換される
	―.4	独立大学財団（*Merdeka Univeristy Berhad*）第2次提訴
	―	サウジアラビア・メッカにて第1回世界イスラーム教育会議開催
1978		ケンブリッジ在外教育証書（Cambridge Overseas Certificate:1891-）廃止
	―.1	独立大学設立認可請願書提出
	―.4	華人経済会議（中華商工連合会主催）
	―	ムサ・ヒタム（Musa Hitam）文部大臣（1978-81）
1979.2		（シンガポール）ゴー教育報告（*Goh Report*）1978年文部省報告）（複線型システムを提案）
	―.11	マハティール報告（*Mahathir Report*）（教育政策実施状況再検討内閣委員

	会報告 (*Report of the Cabinet Committee to Review the Implementation of Education Policy*) 提出
—	(シンガポール) 道徳教育報告 (*Report on Moral Education*)
1980	中等学校修了証書 (MCE) を廃止し SPM (*Sijil Pelajaran Malaysia*, マレーシア語) に統一
—.10	(英国) 留学生授業料全額自己負担政策 (Full-cost Fees Policy for Oveseas Students) の導入宣言 (サッチャー政権)
—	(シンガポール) 新教育システム (New Education System) 導入 (特進コース)
1981	(シンガポール) シンガポール大学 南洋大学を吸収 国立シンガポール大学 (NUS) となる
—.3	第4次マレーシア計画 (1981-86)
—.7	[マハティール・モハマッド (Mahathir Mohammad)、第4代首相就任]
—.8	(シンガポール) 南洋工科学院 (Nangyang Technical Institute) 設立
—.9	ガスリー事件 (Guthrie Issue) (農業商社国営化と英国証券市場規制強化)
—.10	英国製品排除措置 (Buy British Last)
—.11	独立大学訴訟、高等裁判所判決 独立大学設立要求を却下
—.12	首相、日本と韓国の労働倫理や勤勉さを含む東洋的価値観志向を強調
1982.1	新初等教育カリキュラム (*Kurikulum Baru Sekolah Rendah*：KBSM) 発表
—.2	第5回マレーシア・日本経済会議年次総会で首相がルック・イースト (Look East) 政策を宣言
—.2	大学および大学カレッジ法 (UUCA)、修正法案可決
—	上級中等教育修了証書 (Higher School Certificate：HSC) が STPM (*Sijil Tinggi Persekolahan Malaysia*, マレー語媒体試験による) に転換される
—	(シンガポール) ムンダキ計画 (Council on Education for Muslim Children/*Majlis Pendidikan Anak-anak Islam* = MENDAKI) 開始
1983	大学の授業用語が原則的に国語に転換される
—.1	新初等教育カリキュラム (KBSM) が小学校第1学年から実施される (基礎学力＝読み書き算重視、統合科目「人間と環境 (*Alam dan Manusia*)」科導入)
—.5	国際イスラーム大学 (International Islamic University Malaysia) をペ

	タリンジャヤ(Petaling Jaya)に設立
—.12	(シンガポール)1987年より学校の授業用語の英語への統一を発表
1984	マレーシア北部大学(*Universiti Utara Malaysia*)をジットラ(Jitra, Perak)に設立
—.1	最初の政府日本留学生(UM-Japan Programme)39名が日本に出発
—.1	(ブルネイ)[ブルネイ・ダルサラーム王国独立、ハッサナル・ボルキア国王]
—.4	(シンガポール)大卒女性出産奨励計画(Graduate Mother Scheme)施行
1985	マレーシア工科大学(UTM)の分校をジョホールバル(Johor Bahru)に設立
—	(ブルネイ)ドゥイバハーサ・システムにより初等・中等教育の言語媒体を統一(〜1990)
—	(ブルネイ)ブルネイ大学(UBD)創立
1986.6	アヌワール・イブラヒム(Anwar Ibrahim)文部大臣(1986-1991)
—	第5次マレーシア計画(Fifth Malaysia Plan 1986-1990)
1987	マレーシア文部省の名を *Kementrian Pelajaran* から *Kementrian Pendidikan* に改称
—.3	(シンガポール)文部省報告「学校における卓越性に向けて」(自律性拡大)
—.8	トゥイニング・プログラム(Twinning Programme)(外国大学のコースの一部をマレーシア国内で履修) サンウェイ・カレッジ(Sunway College)等で開始
—.9	華語小学校管理職昇進問題(華語の資格を持たない教員の昇進を計画)
—.10	国内治安法(Internal Security Act)発動(教育活動家等106名拘留)
—	小学校5年次評価試験(*Peperikasaan Penilaian Darjah 5*)を廃止
1988	国家教育哲学(*Falsafah Pendidikan Negara*)の制定(文部省)(1987?)
—.1	統合中等教育カリキュラム(KBSM)が中等1年語学コースに試験導入
—	小学校到達度テスト(*Ujian Pencapaian Sekolah Rendah*:UPSR)開始
—	学校準拠進度評価(*Penilaian Kemajuan Berasaskan Sekolah*:PKBS)開始
—.1	(シンガポール)Catholic High School 他3高校が私立学校に転換
1989.1	統合中等教育カリキュラム(*Kurikulum Bersepadu Sekolah Menengah*:KBSM)が中等1年次から完全導入される

―	（シンガポール）ムンダキⅡ計画開始（ムンダキの組織再編）
1990	（シンガポール）ラッフルズ・インスティチュートが私立学校に転換
―	（シンガポール）マレー／ムスリム専門家国民会議（AMPの発足）
―	（ブルネイ）ブルネイ大学（UBD）にブルネイ研究アカデミー（学部）新設
1991	英語媒体カレッジ（Tuanku Jaafar College）がマンティン（Mantin）に設立される
―	マハティール首相 国家発展計画（NDP）、ビジョン2020（*Wawasan 2020*）を提唱、首相経済訪中帰国後、マレーシア人に中国語学習を奨励
―	スレイマン・ダウド（Amar Sulaiman Daud）文部大臣（1981-84、再任91-）
―	国際イスラーム思想・文明研究所（ISTAC）を国際イスラーム大学に付設
1992	（シンガポール）華人育成協会（Chinese Development Association Council：CDAC）結成
―	（シンガポール）初等教育改善案報告（Improving Primary School Education）
―	（ブルネイ）「マレー・イスラーム王権（MIB）」独立科目
1993	下級中等学校卒業資格試験（SRP：1960-）を下級中等学校評価試験（*Penilaian Menengah Rendah*：PMR）に転換
―.12	高等教育における科学・技術科目での英語による教授容認（首相発言）
―	マレーシア・サラワク大学（UNIMAS）をクチン（Kuching）に開設
1994.8	アル・アルカム（Al-Arqam）イスラーム運動を非合法化
―	董総教教育センターをカジャン（Kajang）に設置
1995	ナジブ・トゥン・アブドル・ラザク（Najib bin Tun Abdul Razak）教育大臣（1995-99）
―.1	新KBSR施行、地域学習科（*Kajian Tempatan*/Local Studies）を小学校に導入
―.3	公開国際セミナー「イスラームと儒教：文明の対話」マラヤ大学で開催
―.10	1995年教育法修正草案提出（12 同草案可決）
1996	マルティメディア・スーパー・コリドー（Multimedia Super Corridor：MSC）プロジェクト発表
―	基礎教職資格コース（*Kursus Sijil Perguruan Asas*）を教員ディプロマコース（*Kursus Diploma Perguruan*）に変更

	クアンタンに国際イスラーム大学(IIUM)の医学部を開設
	最初の私立大学、マルティメディア大学(Universiti Multimedia：MMU) をマラッカに設立
	1996年教育法(Education Act 1996)(Act550)
	1996年私立高等教育機関法 (Private Higher Educational institutions Act 1996)(Act555)
	1996年国家基準委員会法(National Accreditation Board Act 1996)
	1996年国家高等教育評議会法 (National Higher Education Council Act 1996)

1997　マラヤ大学、新大学憲章を採択
- 国家高等教育基金法(Akata Perbadanan Tabung Pendidikan Tinggi Nasional)制定(大学生向け政府奨学金 PTPYN を設立)
- テレコム大学(Universiti Telekom Malaysia)(企業立大学)設立
- 秀才児の小学校3年から5年の飛び級を認める
- マレーシア農科大学（UPM）の名前をプトラ大学（Universiti Putra Malaysia）に改称
- .2 スルタン・イドリス教員養成カレッジをマレーシア教育大学（Universiti Pendididkan Sultan Idris: UPSI)に昇格
- .5 国家アクレディテーション委員会(Lembaga Akreditasi Negara)設置
- .6 ビジョン・スクール（Vision School/Sekolah Wawasan）（SR/SRJK (C)/SRJK (T) の統合学校)をコタティンギ(Kota Tinggi)に開校
- .7 ［タイ　通貨バーツの為替相場急落に始まるアジア通貨危機］

1998　全国立大学、新大学憲章を採択(法人化を想定)
- .3 新紀元学院(New Era College)をカジャン(Kajang)に開校(3言語使用の私立校)
- 高等教育機関において「イスラーム文明とアジア文明」の授業必修化
- .9 ［アンワール副首相兼蔵相更迭、拘留］
- .12 マレーシア理科大学はビジネス実践部門として持ち株会社 USAINS を設置

1999　ムサ・モハマッド(Musa bin Mohamad)文部大臣
- .1 マラヤ大学(UM)を法人化(Corporatisation)
- .5 マレーシア理科大学（USM）マレーシア国民大学（UKM）マレーシア・プトラ大学(UPM)マレーシア工科大学(UTM)の4大学を法人化

	―	マレーシア公開大学(Unitem)をスリペタリンに開校
	―	ノッティンガム大学(英国)マレーシア分校をカジャン市に開校
	―	デモンフォルト大学(英国)マレーシア分校をスランゴール州に開校
	―	教員養成コースを私立セクターに開放
	―	スマート・スクールの第一群パイロット・プロジェクトを14州で開始
	―	(インドネシア)[アブドゥルラフマン・ワヒド第4代大統領]
	―	(インドネシア)教育文化省を国民教育省に改組
2000	.9	ビジョン・スクール・ガイドライン(Vision School Guideline)発行
	.10	マラヤ大学研究・経営およびコンサルタンシー機構(IPPP)を設置(民営化業務を統合)
	―	(インドネシア)主要国立大学4校を法人化
2001	.1	ダマンサラ(Damansara)華語小学校閉鎖、親の一部が現校に立てこもり
	.12	文部省に大学質保証局(Quality Assurance Division: QAD)を設置
	―	(インドネシア)[メガワティ第5代大統領]
2002		マレーシア理工科大学(MUST)をスランゴール州に開校
	―	トゥンク・アブドル・ラーマン大学をスランゴール州に開校
	.7	初等・中等教育の理科・数学(算数)の授業を、英語で教えるという内閣決定
2003	.1	小学校1年、中学校1年、で理科・算数の英語授業を開始(国民学校中心)
	.1	(シンガポール)6年間の義務教育を導入
	.10	[アブドゥラ(Abdullah Badawi)・第5代マレーシア首相就任]
	―	国民就学前教育カリキュラム(*Kurikulum Kebangsaan Prasekolah*)施行
2004		マレーシア・日本国際工科大学を開校(予定)
	―	ヒシャムディン・フセイン(Hishammudin Tun Husein)文部大臣

事項索引

(1) （ ）内は、関連する追加語句、略号、別称、説明等である。
(2) ／の後に併記された語句は、同義、同種の別表現を示す。
(3) 複数の同種の見出し語がある場合は、→で示すほうに頁数を記し、後者を〔 〕内に示している。
(4) マレーシア以外の国に関する固有名等で区別が必要と思われる場合は、下記の略号で該当の国名を示した。
(イ)：インドネシア、(シ)：シンガポール、(ブ)：ブルネイ、(英)：英国、(豪)：オーストラリア、(米)：米国、(日)：日本、(ス)：スリランカ、(エ)：エジプト、(サ)：サウジアラビア、(パ)：パキスタン

〔ア行〕

アクレディテーション　　195, 204, 208, 312
アジア通貨／経済危機　　19, 210, 329, 355
アファーマティブ・アクション〔大学入学優遇措置〕　vii, 192, 217, 383
アブドル・アジス王大学(サ)　262, 333
アミスディン・ポールチャン委員会(ブ)　400
アムノ(UMNO)・シンガポール　376
アル・アズハル大学(エ)　248, 337, 399
『アル・イマーム』(シ)　366
イジュマリ学派　233
イスラーム科学　111, 228-236, 238-241, 243, 260, 262, 266, 351
　　中世——　230
　　現代——　231
イスラーム協会(イ)　340
イスラーム共和国運動／グループ　252, 254
イスラーム近代派　233, 234, 339, 340
イスラーム高等教育機関　vi
イスラーム国家　241, 242, 245, 252, 254, 277, 343
イスラーム再興／改革運動　229, 256, 267, 332, 333, 357
イスラーム・社会研究センター(イ)　343, 344
「イスラーム宗教知識」(科目名)　416, 419
イスラーム宗教評議会　371, 376
イスラーム諸国機構　246, 346
イスラーム政体における科学　233
イスラーム中等学校　253
イスラーム伝道(パ)　254
「イスラームと儒教：文明の対話」(公開セミナー)　136
イスラーム文化圏　i
「イスラーム文明」(科目名)　246, 250, 251, 261, 269, 310, 333
「イスラーム文明とアジア文明」(科目名)　17, 28
イスラーム・マレー問題研究センター(シ)　384
イスラーム(青年同盟)幼稚園(TASKI)　253, 286, 295
イスラーム幼稚園(PASTI)　255
イスラーム理想世界(*Ummah*)→ウンマ

イスラマバード・イスラーム大学(パ)
　　　　　　　　　262, 266, 333
一化→タウヒード
移動学級／クラス　　　12, 127, 160
イバウ・チャルドゥン大学(イ)　336
イポー教員養成カレッジ　　312, 313
イマーション・プログラム　　　409
インド系開発協会(シ)　　　　　383
インドネシア　　　vi, 11, 196, 202,
　　　　　　　211, 213, 262, 329-362
　　　　　　　（第9章), 363, 396, 418
インドネシア・イスラーム大学
　　　　　　　　　　　　336, 337
インドネシア大学　　　　　　　355
ヴァーチャル・ユニバーシティ　198
ヴィクトリア・インスティチューショ
　ン　　　　　　　　　　　　　 83
『ウィンステッド報告』　　　　　299
ウスラ　　　253, 257, 265, 266, 278
ウンマ〔イスラーム理想世界〕　251,
　　　　　　　　　　261, 270, 271
英語学校　79, 82, 107, 120, 300, 397
英語習得プログラム〔REAP〕　　410
エッセンシャリズム（カリキュラム理
　論として）　　　　　　　　　 72
エリート型高等教育　　　　191, 192
エリート教育　　　　　　　76, 102
オープンエンド　　　　　　　93, 94

〔カ行〕

カーティン工科大学(豪)　　　　196
海外教育開発センター(英)　　　 90
海峡植民地　　　　　80, 119, 367
外国人教員　　　　　　　　　　403
外部学位プログラム　　　　　　200
科学高等教育　　　　　　221, 222
華僑ネットワーク　　　　　　　iii
学部平行型学位　　　　304, 308, 309
隠れたカリキュラム　　　　　　 70
華語学校　　　　　119, 120, 170, 177
華語学校教師会〔CSTA〕　　　　123
華語学校教師総会〔UCSTAFM〕（後に
　教總〔UCSTAM〕）　　　　　 123
華語学校州理事連合会〔CSCA〕　123
華語学校理事連合会総会〔UCSCAFM〕
　（後に董總〔UCSCAM〕）　124, 165
華語教育　　　　　　138, 148, 160
華語小学校　　　　　　　　　　113
華語見直し(政策)　　　　　140, 170
カジャ・マダ大学(イ)　　　337, 355
華人開発支援評議会(シ)　　　　387
ガスリー事件　　　　　　　　　 46
華文独立中学　　115, 116, 127-129,
　　　131, 137, 141-146, 160, 201, 405
――統一考試　　　　　　　　131
カリキュラム開発センター　 87, 287
カリキュラムの移植　　　　　70, 90
カリキュラム・パッケージ　　74, 90,
　　　　　　　　　　　　　91, 104
カンポン・グラム　　　　　　　365
官僚制　　　　　　　　　　　　220
義學　　　　　　　　　　　　　117
企業化　　　　　　　　　　　　 18
企業型大学　　　　　　　　　　213
企業制　　　　　　　　　　　　220
規制緩和　　　　　　　　　iv, 15
キタブ　　　　　　　　　　　　 69
義務教育　　　　　　　　　vii, viii

「吸収」	70, 97, 99, 101, 103	ケンブリッジ外地試験審査局	11, 81, 83, 87
教育5カ年計画	372	ケンブリッジ教育証書	399
「教育法」(1961)	87, 126, 137, 249	原理主義運動	223, 252, 332
「教育法」(1996)	16, 116, 137, 165, 201, 202, 287	後期中学(ブ)	397
教育誘動計画	375	高等イスラーム学校(イ)	337
「教育令」(1952)	122, 126	高等教育(機関)	vi, vii, 15, 116, 192-196, 198, 215, 250, 258, 259, 269, 320, 329, 330, 336, 352, 401
「教育令」(1957)	85, 125, 126, 249, 372		
教員養成	vi, 298-303, 306		
——カリキュラム	315	——の中継貿易	61, 202
——カレッジ	250, 302-305, 307, 308, 311-314, 316	——の輸出	39, 40
		高等教育局	215
教総〔UCSTAM/UCSTA〕	123, 124, 126, 134, 143, 147, 165	高等中学(ブ)	397
		『ゴー教育報告』(シ)	377
共通内容シラバス	12, 102, 373	コーポラタイゼーション→法人化	
キラファ	238	『ゴールドリング委員会報告』(豪)	36
クイーンズ・スカラシップ(試験)	81, 83	「刻印」	97, 99, 101, 103
クリヤ	264	「国語法」(1967)	302
クルアーン(コーラン)	10, 229, 232, 236, 237, 243, 247, 248, 249, 253, 256, 261, 266, 296, 307, 332, 345, 367, 368, 397	国際イスラーム思想研究所(IIIT)(米)	243, 260, 279, 347
		国際イスラーム思想・文明研究所 (ISTAC)	258, 266, 267, 271, 348
グローバル・インパクト	vi, 5, 6, 21	国際イスラーム大学(IIUM)	16, 27, 55, 135, 194, 243, 258, 260, 262-270, 344, 346-355, 358
グローバリゼーション／グローバル化	ii-iv, vi, 5-10, 14, 21, 26-28, 191, 208, 216		
		——イスラーム啓示知識・人文科学部	264, 280, 348
董總〔UCSCAM/UCSCA〕	124, 126, 134, 143, 147, 165		
		国際教育関係	v, 33
計画評価部	209	国際数学理科到達度調査	364
啓示／黙示	99, 222, 228, 232, 236, 239, 243	国際的リンケージ	200
		「国内治安法」(1987)	113, 134
言語教育	vi, 405	国民型学校	123, 167, 172, 249
検証可能性	226	国民型小学校	12, 87, 126, 139, 140, 142, 159, 165, 183, 283, 319
現職教育コース	315		

国民型中学校	127	国家統合局	284
国民学校	159, 161, 167, 172, 183, 249	国家発展構想「ビジョン2020」	15, 135, 194, 226, 329
——構想	122		
国民小学校	12, 87, 116, 151, 165, 283	五福書院	116
国民教育原理	223	コロンボ大学(ス)	56-58
国民教育省(イ)	331, 336, 338, 355	コンピューター管理コース	305, 308
国民就学前教育カリキュラム	283, 288, 293, 318	コンポーネント	290, 293, 298, 309

(サ行)

国民文化原理	223, 272
国立イスラーム専門大学(IAIN)(イ)(現在国立イスラーム大学)	336, 337, 339-348, 350, 352-354, 356, 358, 360, 362
——ジョクジャカルタ	338
——比較宗教学科	341
「国立高等教育基金法」(1997)	212
国立シンガポール大学	57-59, 377, 382
国立大学の法人化	viii, 18-20, 211, 214, 215
国家アクレディテーション委員会〔LAN〕	202-205, 207-209, 218
「国家アクレディテーション委員会法」(1996)	156, 202, 203
国家科学高等教育哲学	222-225
国家学校指導者専門資格(NPQH)	311, 312
国家教育原理	133, 272
「国家教育政策」(ブ)	400
国家教育哲学	21, 28, 98, 207, 223, 224, 242, 288
国家原理	334, 335
「国家高等教育評議会法」(1996)	156
国家五原則→ルクヌガラ	
国家作戦会議	129

サンウェイ・カレッジ	199
三言語児童交流計画	161, 163, 164
三大機構	124, 126
3＋0プログラム	196, 211
私塾	117
実践上のカリキュラム	70
シッラ	253
児童交流計画委員会	164
児童中心(アプローチ)	73, 102, 182, 298
社会開発統合省	284
社会的収益率	36
社団	123
シャリア	69, 247
就学前教育	vi, 282-288, 291, 296, 317, 322, 396
宗教・価値教育	vi, 15, 28, 172, 336
宗教高等学校(イ)	342
宗教小学校(イ)	342
宗教中学校(イ)	342
従属のカリキュラム	77
従属理論	39, 41, 60
ジュマア・タブリー	252, 256, 257
小学校下級(ブ)	397
「小学校再開に関する件」(日)	84, 108

小学校上級（ブ）	397
初等イスラーム学校カリキュラム（KSRI）	253, 295
初等教育	vi
初等教育証書（ブ）	397
ジョホール・バル	139-143, 148
私立教育局	198, 201
私立高等教育（機関）	18, 199, 201-205, 210, 211, 291, 317
「私立高等教育機関法」(1996)	17, 197, 201, 202, 208
自律的大学	213
シンガポール	11, 35, 147, 213, 363-394（第10章）, 395, 401, 403, 410, 418
シンガポール・インスティテューション	366
シンガポール・フリー・スクール	80
シンガポール・マレー人教育組合	376
シンガポール・ムスリム・コミュニティ開発評議会（MENDAKI Ⅱ）	382
進化論	100
新紀元学院	137
新教育システム（シ）	377
新「教育法」→「教育法」(1996)	
信仰キャンプ	266
新興工業化諸国・地域〔NICs/NIEs〕	34, 39, 364
「新式」学校	117
新植民地主義	38
新初等教育カリキュラム（KBSR）	96, 171
人民行動党（シ）	363
水準評価ネットワーク	209
スーフィー（神秘主義）	247, 248, 255, 259
崇文閣	117
『スキナー報告』	248
スコティッシュ統合理科（英）	88, 89, 93
『スタディア・イスラーミカ』（イ）	334, 343
スプートニク・ショック	73
スプリット・コース	51
スペシャリスト証書コース	305, 307
スマート・スクール	21-23, 25, 28, 184
――・コース	305, 308
スマート・ビジョン・スクール	184
スリランカ	40
スルタン	52, 365, 395
スルタン・アゴン大学（イ）	336
スルタン・イドリス教育大学→マレーシア教育大学	
スルタン・イドリス教育養成カレッジ（後にマレーシア教育大学）	81, 82, 249, 299, 313
スルタン・ハッサナル・ボルキア教育学院（ブ）	404, 414, 415, 419
政府機構のイスラーム化	245
生物学教科課程研究会（米）	73
成文カリキュラム	70
西洋合理主義科学	226
世界イスラーム教育会議	244, 260, 333
全インドネシア・ムスリム知識人協会	345
前期中学（ブ）	397
『1972年教育報告』（ブ）	400
潜在的カリキュラム	70
先修班	145, 147

専門性向上プログラム	305, 308
綜合学校計画	161, 162, 164
相互従属	39, 60
尊孔學堂	118, 119, 123

〔夕行〕

ダールル・アルカム	252, 255-257, 286, 321
大学院教育学ディプロマ	305, 307, 309
大学院付加学位	304, 308
「大学および大学カレッジ法」(1971)	131, 133, 191, 260
——の改正(1996)	213
大学質保証局〔QAD〕	210
大学設置委員会(英)	44
大学入学優遇措置→アファーマティブ・アクション	
大学予備門レベル	212
台湾	49, 145-147
タウヒード〔一化〕	229, 235, 238, 248, 261, 265, 347, 349, 350
多言語主義	371
多人種主義	371, 389
ダックワ	251
——(伝道)運動	251, 252
タフシール	69, 248
多文化主義〔文化的多元主義〕	ii, 371
ダマンサラ華語小学校	179-182
知識のイスラーム化	vi, 242, 243, 252, 256, 257, 259, 260, 266, 267, 279, 351, 352, 354
中央カリキュラム委員会	12, 86
中華學校	117
中国語教育に関する全党委員会	372
中等学校修了試験	24
中等教育	vi, 301, 330
中等後カレッジ	195, 198
中等理科教育カリキュラム	v
朝礼集会	174
直感	99, 228, 236
提携学位プログラム	312
テクスチュアル・アプローチ	91
テロック・スンガット校	162
——学校統合体	166, 168, 171, 176
——学校統合体科学クラブ	175
——国民型学校	167, 172
——国民学校	167, 172
——南亜国民型学校	167, 169, 174, 175
——・ビジョン・スクール	166, 169
——・ラダン国民型学校	175
トゥアンク・ジャアファール・カレッジ	136
トゥイニング・プログラム	51, 195, 196, 199, 200, 201, 211, 307, 311, 316
ドゥイバハーサ(二言語システム)(ブ)	405
——・システム	409
統合学校	167, 183, 373
統合中等学校カリキュラム(KBSM)	23, 96
『東星』(シ)	366
到達度評価試験	177, 180, 182
同僚制(文化)	215, 220
トゥンク・アブドゥラーマン・カレッジ	297
特別学位プログラム	305, 307
特別プロジェクト(*Projek khas*)	88, 90

独立大学　　　　　　　132, 133, 136

（ナ行）

ナービー医療　　　　　　　　　279
内容普遍主義　　　　　　　　　102
ナショナリズム　7, 8, 21, 27, 270, 355
ナフィールド計画(英)　　　　　73
ナフィールド財団(英)　　　　73, 89
ナフダトゥール・ウラマ(イ)　　339,
　　　　　　　　　　　　340, 345
「南方圏教育に関する基本方針」(日)
　　　　　　　　　　　　84, 108
南方特別留学生　　　　　　　　34
南洋工科大学　　　　　　　　　382
南洋大学　　　　　　　　　　　377
『21世紀の留学生政策の展望について』
　(日)　　　　　　　　　　　41
日本文化センター　　　　　　　49
ネオ近代派　　　　　　　　　　345
農村開発省　　　　　　　　　　284
　　──幼稚園(TIBIKA)　　　　284
ノッティンガム大学(英)　　　　196

（ハ行）

『バーンズ報告』　85, 109, 121, 122, 324
バイナリー・システム　　　300, 303
バイリンガル教育　　　　　vii, 294,
　　　　　　　　　　406-408, 418
　　──政策　　　　　160, 405, 419
発見学習(アプローチ)　73, 88, 93, 101
ハディース　　　　　69, 243, 248, 253
ハマディアン諮問委員会　　　　366
汎イスラーム主義　　　　　　　355
パンチャシラ(イ)　　　　　334, 345,

　　　　　　　　348, 353, 411, 412, 421
「──道徳教育」(科目名)　336, 417
バンドン・イスラーム大学(イ)　336
汎マレーシア・イスラーム党〔PAS〕
　　　　　　　245, 252, 254, 255, 286
比較宗教学　　　341, 342, 348, 354, 359
ビジョン・スクール　　　　v, vii, 161,
　　　　162, 165, 166, 179, 183-188
ビジョン・スクール・ガイドライン
　　　　　　　　　　　183, 185-188
「ビジョン2020」→国家発展構想「ビ
　ジョン2020」
ビジョン・プログラム　　　172, 173
ピム・パッケージ(英)　　　　　50
百科全書主義(カリキュラム理論とし
　て)　　　　　　　　　　　　72
評価員パネル　　　　　　　206, 207
費用—効用分析　　　　　　　　44
寛柔(*Foon Yew*)中学　　　13, 118,
　　　　　　　　　　127, 141-143
『フェン・ウー報告』　85, 109, 122, 324
フォード財団(米)　　　　　　　74
ブカイユ主義　　　　　　　231, 232
複合社会　　　　　　　216, 241, 268
プサントレン　　　80, 338, 339, 346
プッシュ要因・プル要因　　　　35
ブミプトラ　　　49, 129, 277, 284, 369
　　──政策　　ii, vii, 16, 147, 192, 374
プラグマティズム(カリキュラム理論
　として)　　　　　　　　　　72
フランチャイズ学位　　　　　　vii
フリー・スクール　　　　　　　80
ブリティッシュ・カウンシル　33, 74,
　　　　　　　　　　90, 221, 405

ブルネイ　　　　　　vi, 11, 35, 196,
　　　202, 211, 395-423（第11章）
ブルネイ・ジュニア教育証書　397
ブルネイ大学　　　　　　404, 413
　――ブルネイ研究アカデミー
　　　　　　　　　　405, 413, 414
プロセス・アプローチ　　　73
文化的多元主義→多文化主義
ペナン・フリー・スクール　80, 367
法人化〔コーポラタイゼーション〕
　　　　　　18, 211, 213, 214, 355
法人制　　　　　　　　　　220
放送大学　　　　　　　　　198
方法普遍主義　　　　　102, 103
ポートフォリオ　　　　　　293
ボゴール・イスラーム大学（イ）　336
ボゴール農科大学（イ）　　355
ポリテフニズム（カリキュラム理論と
　　して）　　　　　　　　72
香港　　　　　40, 45, 50, 59, 147
香港大学　　　　　　　58, 300
ポンドック　　　　10, 80, 247,
　　　　　248, 249, 255, 367, 397

〔マ行〕

馬華公会→マラヤ華人協会
マジッド・イスマイル委員会　13
『マジッド報告』　　　　13, 129
マシュミ（イ）　　　　　　334
マスジト　　　　　　　　　247
マドラッサ　　　　244, 247, 342
マドラッサ・アリア特別プログラム
　（イ）　　　　　　　　　343
マドラッサ・アル・マシュール　248

『マハティール報告』　　　　95
マフムド・カレッジ　　　　248
マラヤ・イスラーム・カレッジ　250, 260
マラヤ・インド人会議　　　245
マラヤ華人協会〔MCA/馬華公会〕
　　　　121, 124-126, 244, 296, 297
マラヤ大学（UM）　19, 49, 53-59, 213,
　　　251, 253, 254, 296, 303, 313, 351
　――研究・経営およびコンサルタン
　　シー機構（IPPP）　19, 214, 219
　――国立学校管理職センター　315
マラヤ臨時教員養成カレッジ　301
マラヤ連合　　　　　　　　85
マラヤ連合州　　　　　119, 368
マルカス　　　　　　　　　257
マルチメディア・スーパー・コリドー
　（MSC）　　　　　　　8, 20, 21
マルチメディア大学（MMU）　198, 199
「マレー・イスラム王権」〔MIB〕（科
　目名）（ブ）　　　　401, 411-417
マレー・カレッジ　　　299, 300
マレー教育評議会　　　　　375
マレー語文化圏　　　　　　11
マレー人官僚組織　　　　　43
マレーシア教育修了試験　　93
マレーシア教育大学（UPSI）〔スルタン・
　イドリス教育大学〕　310, 313, 314
マレーシア教員ディプロマ　303, 305
「マレーシア研究」（科目名）　208
マレーシア現代理科　　　89, 90
マレーシア工科大学（UTM）　55, 147,
　　　　　　213, 225, 250, 303
マレーシア国民大学（UKM）　14, 54,
　　　57, 131, 213, 219, 221,

事項索引　451

	225, 250, 303, 349, 351
マレーシア指導者訓練プログラム	305, 308
マレーシア就学前教育学院	296
マレーシア中等学校入学試験	88
マレーシア統合科	88, 93
マレーシア日本国際工科大学	199
マレーシア農科大学（後にマレーシア・プトラ大学）	55, 303
マレーシア・プトラ大学（UPM）	213, 225, 251, 296, 303, 312
マレーシア北部大学（UUM）	251
マレーシア・ムスリム青年同盟〔ABIM〕	245, 252-254, 257, 259, 260, 286, 295, 321, 347
マレーシア理科大学（USM）	54, 57, 132, 225, 251, 296, 303
マレーシア連邦	86, 370
「マレーシア連邦憲法」(1963)	132
『マレー・ジレンマ』（マハティール著）	46, 65, 374
「マレー人の特別な地位」	370, 371, 373
マレー文化組織中央会議	376
マレー・ポリネシア系民族	332
マレー／ムスリム専門家会議（シ）	383
ミッション・スクール	82
民営化	iv, 15, 18, 116, 197, 211
民主行動党	245
民族間暴動	ii, 113, 115, 150, 192, 215, 252, 302
民族別自助支援組織	387, 389
ムスリム児童評議会（MENDAKI）（シ）（後にシンガポール・ムスリム・コミュニティ開発評議会）	379-384, 386-388, 393
ムスリム先端科学学会〔MAAS〕	233, 274, 351
ムスリム専門家協会〔AMP〕（シ）	383-388, 393
ムスリム同志会（エ）	254
ムハマディア運動（イ）	337, 339
ムハマディア大学（イ）	337
ムハマディアン諮問委員会	366
メリトクラシー	vi, 371, 374, 383, 388
黙想会	266
モナシュ大学（豪）	196
問題解決（アプローチ）	93, 96

〔ヤ行〕

役員理事会	213
ユーラシア協会（シ）	387
4言語平等政策（シ）	378

〔ラ行〕

『ラーマン・タリブ報告』	126, 165
『ラザク報告』	86, 109, 125, 126, 132, 302, 324
ラック・タイ（タイ原理）	417
ラッフルズ・カレッジ	58, 300
リアウ・マレー語	332
リージョナリズム／ローカリズム	7
リーズ大学理科教育研究センター（英）	75
理科教育	vii
留学生基金（英）	50
留学生10万人計画（日）	61
留学生授業料全額負担制（英）	45, 59
ルクヌガラ〔国家五原則〕	95, 223,

288, 334, 335, 411, 412, 421
ルック・イースト政策　46-48, 61
ルラッ・ビルット統合学校　162, 178
連合党　244
連合マレー人国民組織〔UMNO〕　121, 124, 125, 131, 244, 252, 270, 286, 376
連邦土地開発庁　284
『ロビンズ報告』(英)　44

〔欧字〕

Association of Muslim Professionals：AMP →ムスリム専門家協会
Angkaran Belia Islam Malaysia：ABIM →マレーシア・ムスリム青年同盟
Chinese School Committees' Association：CSCA →華語学校州理事連合会
Chinese School Teachers Association：CSTA →華語学校教師会
ETeMS (English for Teaching Mathematics and Science)　316
GATT/GATS　37, 199
IAB(管理職教員訓練機関)　311, 315
IT リテラシー　26
Lembagd Akreditasi Negara：LAN →国家アクレディテーション委員会
Malayan Chinese Association：MCA →マラヤ華人協会
MENDAKI →ムスリム児童評議会
MARA 工科カレッジ(ITM)　250, 351
MIB →「マレー・イスラーム王権」
MIB 国民最高議会(ブ)　413

New Zealand Qualification Authority：NZQA　209
NICs/NIEs →新興工業化諸国・地域
Parti Islam Se-Malaysia：PAS →汎マレーシア・イスラーム党
Quality Assurance Authority(英)　209
Quality Assurance Division：QAD →大学質保証局
Reading and English Acquisition Programme：REAP →英語修得プログラム
RELA (Reading and Language Aquisition Programme)　410
The Muslim Association for Advance Science：MAAS →ムスリム先端科学協会
UNESCO　34, 42, 74
UNICEF　74, 91
United Chinese School Committees' Association of Malaysia：UCSCAM →董總
United Chinese School Committees' Association of the Federal Malaya：UCSCAFM →華語学校理事連合会総会
United Chinese Teachers Association of Malaysia：UCSTAM →教總
United Chinese Teachers Association of the Federation of Malaya：UCSTEAM →華語学校教師総会
United Malay National Organization：UMNO →連合マレー人国民組織

人名索引

※欧米人の場合、通例に従ってラスト・ネームを先に掲げたが、他の場合は原則として本文中の記載に準じている。

〔ア行〕

アーマッド・サイド	222
アーマッド・マター	379
アイヌディン・アブドゥル・ワヒド	225
アインシュタイン, アルバート	229
アシャアリ・ムハマッド	255
アシュビー卿	43
アヌワール・イブラヒム	224, 245, 246, 252, 260, 277
アブドゥス・サラム	233
アブドッラ・アーマッド	61
アブドゥルハミド・アブスレイマン	243, 260, 347
アブドゥル・ラーマン	125
アブドゥル・ラーマン・ヤコブ	129
アブドゥル・ラザク	86, 125
アブドゥル・ラヒム	97
アブドゥルラフマン・ワヒド	345, 355
アミール・アワン	132
アル・アッタス	244, 251, 252, 258, 259, 266, 267, 346, 354, 355
アル・ガザーリ	267
アル・キンディ	230
アルトバック, フィリップ	35, 38, 75, 115
アル・ラジ	230
イスマイル・アル・ファルキ	243, 252, 267
イブン・シーナ	230
イブン・ハルドゥーン	230
イブン・ルシュッド	230
ウインステッド(英国官僚学者)	81, 82
ウー・テー・ヤオ(呉徳耀)	85, 122
ウィリアムズ, リン	51
ウイルキンソン(英国官僚学者)	81
ウイルソン, ブライアン	74
ウィンカー, ドナルド	36
ウォン・フランシス H.K.	114
馬越徹	331, 357
大前研一	48

〔カ行〕

ガザリ・バスリ	260
カミングス, ウィリアム	40
カミンズ, J.	409
クア・キア・ソン(柯嘉遜)	132, 156
クームス, フィリップ	33
グッドソン, I.E.	70
グレゴリー, J.	101
クレシ, M.M.	236
黒田壽郎	228
ケリー, ゲイル	76
康有為	118
コーガン, ジョン	77
ゴー・チョク・トン(呉作棟)	382, 383

〔サ行〕

サイド・フセイン・ナスル	234, 235, 238, 267
サッチャー, マーガレット	45
サンバンタン, T.	125
ジアウディン・サルダー	229-231, 233, 238-240
ジェイソン・タン	380
スー・ブー・タン (Soo-Boo Tan)	91
スカルノ	334, 339
スハルト	339, 346, 355
スレイマン・ダウド	165, 166
スワン, M.	409
ソロモン, ルイス	36
孫文	118

〔タ行〕

タイラー, R.W.	104
タジュール・アリフィン	222
ダニエル, F.	83, 84
タルミジ・タヘル	343
タン・アイ・メイ (Tan Ai Mei)	198
タン・シュー・シン (陳修信)	126
陳禎禄	121
トゥ・ジョン・ヒン (朱遠興)	125
トゥン・スフィアン	133

〔ナ行〕

ナガタ, ジュディス	257
ノラニ・オスマン	14

〔ハ行〕

ハーシュマン, チャールズ	368
パーセル, ヴィクター	117
ハッサナル・ボルギア	393
ハリム・サレー	28
ハルン・ナスティオン	340
ファーニバル, J.S.	80
ファハミ・イブラヒム	131
フェン, ウイリアム P.	85, 122
フォン・チャン・オン	165
ファズル・ラーマン	260
ブカイユ, モーリス	231-233
フシン・ムタイブ	277
ブラウ, マーク	36
ベー・ラン	369
ベッドウ, ルース	36
ホームズ, ブライアン	71, 78
ホッドポイ, P.	231, 234, 236, 238, 241

〔マ行〕

マウラナ・イリアス	256
マクリーン, マーティン	71, 78
マックスウェル, W.E.	368
マハティール	8-10, 15, 28, 46-48, 52, 61, 65, 135, 188, 194, 224, 242, 245, 260, 329, 330, 374, 375
マリス, ロビン	36
ミルネ, ウイリアム	116
ムクティ・アリ	341, 342, 354
ムサ・ヒタム	133
ムサ・モハマド	184
ムスリム・サジャッド	100, 101
ムナウィール・シャジャリ	342, 343
ムハマド・アラミ・ムサ	383
ムハマド1世	412
ムハマド・ハッサン	412

メガワティ	355	リム・チョン・ユー(林蒼佑)	125
モハマッド・ナスィル	334	リム・ヨウ・ホック(Lim Yow Hock)	
モハマッド・ハッタ	337		376
モハメッド・ユノス	366	リム・リェン・ゲオク(林蓮玉)	123, 127
モンゴメリー, ワット	271	レウィン, キース	93
		ロアルド, ソフィ	256
		ロー, S.P.	231

〔ラ行〕

		ロー, フィリップ	368
ラーマン・タリブ	126	ロジナ・ジャマルディン	22
ライト, フランシス	116	ロビア・シディン	6
ラシッド・アジザン	99	ロフ, ウィリアム	365
ラシャッド・カリファ	237		
ラッフルズ, スタンフォード	365, 366		

〔ワ行〕

ラヒム・スラマット	25	ワトソン, キース	39, 79, 161
リー・クアン・ユー(李光輝)	363, 377,	ワン・ダウド	259, 266, 267, 348, 351
	379, 391		

著者紹介

杉本　均(すぎもと　ひとし)
1958年生まれ。京都大学教育学部卒業。同大学大学院博士課程学修認定退学。英国レディング大学大学院教育・地域研究科 Ph.D. 比較教育学専攻。京都大学教育学部・同高等教育教授システム開発センター助手を経て、現在、京都大学大学院教育学研究科助教授。

編著書
『ティーチング・ポートフォリオと大学授業改善の研究』(1998年)、『アジア教育研究報告』(2000年)。『教育の比較社会学』(共編著、学文社、2004年)、『大学の管理運営改革―日本の行方と諸外国の動向』(共編著、東信堂、2005年)。

Malaysian Education from an International Perspective:
Globalization Impact on Education

マレーシアにおける国際教育関係―教育へのグローバル・インパクト―

2005年2月28日　　初　版第1刷発行　　　　〔検印省略〕
＊定価はカバーに表示してあります

著者 ©杉本均／発行者 下田勝司　　　印刷／製本 中央精版印刷

東京都文京区向丘1-20-6　　郵便振替00110-6-37828
〒113-0023　TEL (03)3818-5521　FAX (03)3818-5514　　株式会社 東信堂
Published by TOSHINDO PUBLISHING CO., LTD.
1-20-6, Mukougaoka, Bunkyo-ku, Tokyo, 113-0023, Japan

ISBN4-88713-595-5　C3037　　© H. SUGIMOTO
E-mail : tk203444@fsinet.or.jp　　http://www.toshindo-pub.com

東信堂

比較・国際教育学【補正版】	石附実編著	三五〇〇円
比較教育学の理論と方法	J・シュリーバー編著 馬越徹・今井重孝監訳	二八〇〇円
教育改革への提言集1～3	日本教育制度学会編	各二八〇〇円
世界の公教育と宗教	江原武一編著	五四二九円
世界の外国語教育政策——日本の外国語教育の再構築にむけて	大谷泰照他編著 林桂子他編著	六五七一円
アメリカ教育史の中の女性たち——ジェンダー・高等教育・フェミニズム	坂本辰朗	三八〇〇円
アメリカ大学史とジェンダー	坂本辰朗	五四〇〇円
アメリカの女性大学：危機の構造	坂本辰朗	二四〇〇円
アメリカの才能教育——多様な学習ニーズに応える特別支援	松村暢隆	二五〇〇円
教育は「国家」を救えるか——選択の自由・質・均等【現代アメリカ教育1巻】	今村令子	三五〇〇円
永遠の「双子の目標」——多文化共生の社会と教育【現代アメリカ教育2巻】	今村令子	二八〇〇円
アメリカのバイリンガル教育——新しい社会の構築をめざして	末藤美津子	三三〇〇円
ボストン公共放送局と市民教育——マサチューセッツ州産業エリートと大学の連携	赤堀正宜	四七〇〇円
カナダの教育（カナダの教育2）はばたく21世紀に	小林順子・関口浪田他編	二八〇〇円
現代英国の宗教教育と人格教育（PSE）	柴沼晶子・新井浅浩編著	五二〇〇円
ドイツの教育	天野正治・結城忠・別府昭郎編著	四六〇〇円
21世紀を展望するフランス教育改革——一九八九年教育基本法の論理と展開	小林順子編著	八六四〇円
フィリピンの公教育と宗教——成立と展開過程	市川誠	五六〇〇円
社会主義中国における少数民族教育——「民族平等」理念の展開	小川佳万	四六〇〇円
中国の職業教育拡大政策——背景・実態・帰結	劉文君	五〇四八円
東南アジア諸国の国民統合と教育——多民族社会における葛藤	村田翼夫編著	四四〇〇円
オーストラリア・ニュージーランドの教育	笹森健実編	二八〇〇円

〒113-0023 東京都文京区向丘1-20-6
☎03(3818)5521 FAX 03(3818)5514 振替 00110-6-37828
E-mail:tk203444@fsinet.or.jp

※定価：表示価格（本体）＋税